**2026**

# 최종합격을 위한
# 음악 수업 실연
# SECRET

# 들어가며

"똑똑, 관리번호 O번입니다. 수업 실연 시작하겠습니다!"

 2020년 1월, 떨리는 제 마음과는 달리 따뜻하고 포근한 햇살이 비추던 시험장의 공기를 저는 잊을 수 없습니다. 1차 시험을 마무리하고 2차 시험을 준비하는 선생님들의 마음을 누구보다 잘 알기에, 꽤 긴 시간이 지났음에도 임용의 계절이 다가오면 왠지 모르게 마음이 싱숭생숭합니다. 또한 힘들었던 1차 공부를 마치고, 약간의 해방감을 누리며 즐거워하실 많은 선생님들을 생각하니 한편으로는 미소가 지어지기도 합니다.

 임용 시험을 준비하던 시절, 저는 좋은 음악 수업이 무엇인지 끊임없이 고민했지만 명확한 답을 찾을 수 없었습니다. 현직에 나아온 지 어느덧 6년 차가 된 지금도 그 답을 정확히 내릴 수는 없습니다. 다만 분명한 것은, 현장의 많은 선생님들이 더 유익하고 재미있는 음악 수업을 위해 노력하고 계신다는 것입니다.

 수업은 교육과정을 토대로 선생님들만의 개성을 더해 새롭게 태어납니다. 정답이 정해져 있지 않기에 수험생 입장에서는 수업 실연이 매우 두렵습니다. 기간제·시간강사 경험이 있는 일부를 제외한 대다수의 수험생들은 실제 학교 현장이 어떠한 지 짐작하기도 어렵거니와, 직접 학생을 마주해 본 것이라고는 잠깐의 교생실습이 전부입니다. 저 또한 준비할 때 가장 막막했던 것이 수업 실연 평가였습니다. 15-20분이라는 시간동안 오롯이 혼자 이끌어가는 것도 부담스럽고, 실제 교사들의 음악 수업은 어떠한 지도 짐작이 되지 않았습니다.

 이러한 이유로 음악 임용 수험생들을 위한 현실적인 수업 관련 서적이 전무한 것이 항상 아쉬웠습니다. 오랜 고민 끝에, 부족하지만 저의 수험 경험과 실제 교육 현장에서 느낀 점들을 토대로 음악 수업 실연 수험 서적을 집필하게 되었습니다.

 1차 시험이 이뤄진 후 약 2달이라는 짧은 시간에 준비할 뿐 아니라, 음악은 실연보다 비중이 높은 실기와 면접을 함께 준비해야 하기에 효율적인 전략이 꼭 필요합니다. [최종합격을 위한 음악 수업 실연 SECRET]에서는 체계적이고 전략적인 과정을 토대로 자신만의 수업 실연 구조를 갖추어 최종합격을 쟁취할 수 있는 방법을 소개하고자 합니다.

수업 실연 준비에 있어 가장 중요한 부분은 어떤 문제가 나와도 나만의 체계적인 방법을 적용하여 빠르게 수업을 구상하고, 문제의 조건에 맞춰 핵심 내용을 실연하는 것입니다. 이에, 선생님들께서 짧은 시간 안에 수업 실연을 숙달할 수 있도록 다양한 노하우를 전달해 드리고자 합니다. 음악 교과의 영역(가창, 기악, 감상, 창작)별로 적용할 수 있는 여러 지도 방안과 학생과의 소통을 실연에서 보여줄 수 있는 방법(문답법, 모델링 등)들을 소개합니다.

　선생님들만의 수업 실연 방법을 만드신 후에는 기출문제와 모의고사 문제로 수업을 구상해보면서 빠르고 정확하게 수업 실연 문제를 풀어내는 연습이 필요합니다. 이를 위해, 그간의 기출문제 유형을 분석하고 교과서를 기반으로 다양한 수업 주제를 실연해 볼 수 있도록 모의 문제를 제작하였습니다. 특히나, 실전 모의평가는 저자의 역량을 총동원하여 실제 기출문제와 가장 유사한 형태로 제작하였습니다.

　더불어, 본격적으로 적용이 시작된 2022 개정 음악과 교육과정에 대비하기 위해 가장 최신의 교육 트렌드를 책 전반에 담아내려 노력하였습니다. 이 책을 통해 선생님들께서 2022 개정 교육과정에서 요구하는 미래 교사의 모습을 갖춰나갈 수 있기를 바랍니다.

　사실, 음악 수업 실연 수험서를 제작하는 것은 저자인 저의 버킷리스트 중 하나였습니다. 패기 넘치는 20살 시절, 음악교육과에 입학하며 꿈꾸었던 임용고시 만점 합격(?)이라는 꿈은 이루지 못했지만 오랜 시간 공들인 덕에 [최종합격을 위한 음악 수업 실연 SECRET]을 완성해낼 수 있었습니다. 선생님들께서도 이 책을 통해 '최종 합격'이라는 목표를 이루는 큰 기쁨을 누리셨으면 좋겠습니다.

　교육이라는 숭고한 사명을 향해 나아가는 예비 선생님들을 위해 이 책이 작은 발판이 되기를 소망합니다. 선생님들의 마지막 경주를 열심히 응원하겠습니다.

2025년 11월

저자 **김범수(범쌤)**

# 목차

## 제1부 합격으로 가는 수업 실연의 길

### 제1장 수업 실연이란? ······················ 8
- 01 수업 vs 수업 실연 ··················· 8
- 02 수업 실연의 과정 ··················· 9
- 03 수업 실연의 평가영역과 우리의 전략 ······ 9

### 제2장 스터디 활용 방법 ················ 11
- 01 스터디의 필요성 ··················· 11
- 02 유의사항: 스터디보다 중요한 것은 나만의 수업 체계를 구축하는 것 ··········· 11
- 03 스터디의 구성과 시기별 운영 방법 ······· 11
- 참고 2025학년도 지역별 2차 시험 시행계획 요약 ································ 17

## 제2부 수업 실연의 기초

### 제1장 음악 수업 실연의 핵심 원리 ········ 20
- 01 문답법: 학생들의 학습과 교사의 의사소통 능력을 보여주는 만능 도구 ········· 21
- 02 모델링: 수업 실연에서 실음 중심 수업을 구현하는 방법 ··············· 23
- 03 활동 간의 연계: 모든 사람에게 인정받는 '좋은 수업' ······················ 25
- ❏ 연습문제 ······························ 27

### 제2장 수업 실연의 기본구성과 만능틀 만들기 ······ 33
- 01 수업 실연의 기본구성 ··············· 33
- 02 만능틀 ···························· 35

### 제3장 교과서 기초 분석 ················ 37
- 01 기초 개념 재정립 ··················· 37
- 02 기본이 되는 교수법: 교과서에서 힌트를 얻자! ································· 38

### 제4장 지도안 작성법(서울, 대전, 경북, 경남, 부산, 울산) ····· 40
- 01 지도안이란? ······················· 40
- 02 지도안과 수업 실연 ················· 41
- 03 지도안 작성 가이드라인: 평가자의 시선에 맞는 지도안을 작성하는 방법 ········· 41
- 참고 2025학년도 지도안 작성 유의사항 ······ 44

### 제5장 수업설계역량(경기) ··············· 45
- 01 '수업설계역량' ····················· 46
- 02 수업설계역량의 핵심 포인트 ········· 46
- ❏ 2025년 기출문제를 토대로 한 수업설계역량 답변 예시 방향 ····················· 49

### 제6장 기초 연습문제 – 활동 영역별 ······· 51

### 제3부 수업 실연의 발전

**제1장 기출부터 확실하게** ················· 90
  01 음악 수업 실연의 기출 경향 ············ 90
  02 복기 모의고사 ······························ 92

**제2장 교과서 심화 분석** ···················· 129
  01 교과서 아이디어 모음집 만들기 ········ 129
  02 나의 수업에 적용하기: 교과서 아이디어 모음집
     회독과 확장 ··································· 131

**제3장 SECRET 만점 필살기** ················ 132
  01 어떤 수업모형을 사용할까? ············· 132
  02 문답법: 확산적 발문 ······················ 138
  03 전략적 모델링 ······························ 140
  04 나만의 아이디어 뱅크 ···················· 144
  05 현직 교사가 전하는 음악 수업 트렌드 ··· 147
  06 2022 개정 음악과 교육과정 ············· 155

### 제4부 수업 실연의 완성

**제1장 실전 모의평가** ························ 170

**제2장 내가 직접 만드는 SECRET 모의평가** ········ 233
  01 수업 주제 추출하기 ······················· 234
  02 문제 제작 방법 ···························· 235

**제3장 FINAL TIP**
  : 최종합격을 위해 실전에서 잊지 말아야 할 것들 ··· 239

☐ **에필로그** ···································· 240

☐ **참고문헌** ···································· 241

### 부록 : 모범답안

  01 기초 연습문제 – 활동 영역 별 ··········· 245
  02 복기 모의고사 ······························ 261
  03 실전 모의평가 ······························ 277

## 제 1 부

# 합격으로 가는 수업 실연의 길

최종 합격을 위해 우리는 수업 실연이라는 관문을 통과해야 한다. '1부. 합격으로 가는 수업 실연의 길'에서는 수업 실연의 개념과 과정에 대해 살펴보고, 효율적인 스터디의 구성과 운영을 위한 방법들을 소개한다. 우리들의 목적지인 '합격'을 향해 나아가는 길을 알아보자.

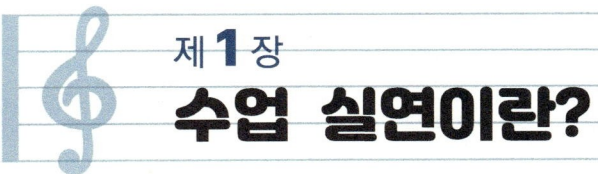

# 제1장 수업 실연이란?

## 01 | 수업 vs 수업 실연

수업 실연이란, 말 그대로 수업을 실연하는 것이다.

그렇다면 실제 수업을 준비하듯 수업 실연도 준비하면 되지 않을까? 그렇지 않다. '수업'과 '수업 실연'은 그 목적을 달리하기에 준비의 과정이 달라진다.

> - **수업의 목적**: 학생들에게 교육적으로 가치 있는 지식과 지혜를 전달하는 것
> - **수업 실연의 목적**: 응시자의 수업 능력을 평가하는 것

수업의 경우, 교육적으로 가치 있는 지식과 지혜를 학생들에게 전달하는 것을 목표로 한다. 학생 개개인의 성향에 따라, 학급의 분위기에 따라, 학교의 상황에 따라 교사의 수업은 달라진다. 변화하는 다양한 요인들 속에서 학생들에게 교육적 내용을 전달하는 것이 목적이기에 상황에 알맞게 대처하는 융통성이 요구된다. 이를 위해 교사들은 주어진 상황 내에서 학생들의 학습 동기를 불러일으킬 수 있는 다양한 학습 기자재를 준비하고, 개별화 교육을 실천하기 위해 학생들의 성향을 파악하여 수업의 분위기를 만들어나간다. 수업 준비에 있어 가장 큰 비중을 차지하는 것은 수업 기자재 및 자료 준비와 학생 개개인의 특성을 분석하고 교육과정을 재구성하는 것이 된다.

그렇다면 '수업 실연'이란 무엇일까?

수업 실연은 1차 시험에 합격한 예비교사들이 실제로 수업을 얼마나 잘할 수 있는지를 판단하기 위함이다. 따라서 **'수업 실연'의 목표**는 수업의 목표인 교육적 내용 전달을 넘어 **'수업 능력을 평가자에게 보여주는 것'**이 된다. 더불어 실제 수업과는 달리 수업 내용과 자료, 상황 등이 지정된다.

이것이 수업과 수업 실연의 준비 과정이 결정적으로 달라지는 계기가 된다.

수업의 준비는 수업 자료 준비와 교육과정 재구성의 비중이 크지만, 수업 실연의 준비는 평가자에게 우리의 수업 능력을 보여주는 것에 초점을 둬야 한다는 것이다. 물론 수업 실연 또한 '수업' 능력을 증명하는 것이기에 학생들에게 어떻게 잘 전달할 수 있을지 고민하는 과정이 필요하다. 하지만 이보다 더 중요한 것은, **내가 고민한 수업이 평가자의 마음에 전달되는 것**이다.

따라서 필자는 체계적인 과정을 토대로 수업 능력을 키우고, 궁극적으로 평가자에게 그 능력을 전달하는 힘을 키울 수 있도록 이 책을 구성하였다.

## 02 | 수업 실연의 과정

수업 실연의 과정은 지역별로 상이하나, 대략 15-20분 내에 주어진 조건을 충족하며 수업을 압축해 시연하는 것으로 구성된다. 수업의 과정은 다음과 같이 간략하게 구분할 수 있다.

- **도입**: 전시학습과 동기유발
- **전개**: 본시 학습
- **정리**: 학습 내용 정리 및 다음 차시 예고

도입-전개-정리의 과정에서 교육적 내용을 학생들에게 효과적으로 전달하고 있음을 압축해 보여주는 것이 수업 실연이다. 따라서 짧은 시간 안에 응시자의 수업 능력을 보여주기 위한 전략적 접근이 필요하다.

## 03 | 수업 실연의 평가영역과 우리의 전략

실제 2025 중등교사 임용 시험 2차 시행계획 공고에서 제시한 수업 실연의 평가영역을 한번 살펴보자.

### ☐ 시험과목별 평가영역

| 구분 | | 평가영역 | 비고 |
|---|---|---|---|
| 실기평가 | 체육 | ▶ 필수 : 배드민턴, 핸드볼, 수영<br>▶ 선택 : 마루운동/무용 중 택1 | ※ 【별첨1】 참고<br>(실기평가 안내) |
| | 음악 | ▶ 피아노치며 노래부르기, 장구치며 노래(민요) 부르기 | |
| | 미술 | ▶ 서양화/한국화 중 택1, 디자인/조소 중 택1 | |
| 수업능력평가 | 수업실연 | ▶ 교사로서의 학습지도 능력과 의사소통능력<br>**[외국어 과목은 해당 외국어로 실시]** | |
| | 수업나눔 | ▶ 수업에 대한 성찰적 질의 응답 | |
| 교직적성<br>심층면접평가 | | ▶ 교사로서의 적성, 교직관, 인격 및 소양 등<br>**[외국어 과목은 일정 부분을 해당 외국어로 실시]** | |

출처: 경기도교육청

우리의 전략은 수업 실연의 평가영역인 **'학습지도 능력과 의사소통능력'**을 평가자들에게 보여주는 것이 되어야 한다.

수업 실연을 준비하는 수험생들에게는 많은 소문들이 들려온다. 유튜브와 인터넷에 존재하는 수많은 합격수기들에서는 다양한 팁들을 전수한다. 또한, 스터디원들과의 교류 속에서 많은 정보들을 얻게 된다. 하지만 여기서 고민해보아야 할 점이 있다.

'그 수많은 정보와 팁들을 내가 과연 전부 소화할 수 있는가?'

앞에서 얘기했듯 수업 실연의 목적은 '평가자에게 우리의 수업 능력을 보여주는 것'이다. 그리고 임용 시험 시행계획 공고에서는 이러한 수업 능력을 '학습지도 능력과 의사소통 능력'이라고 정의하고 있다. 이를 유념하지 않는다면, 우리는 정보의 홍수 속에 헤매기만 할 뿐이다. **학습지도 능력과 의사소통 능력을 기초부터 갈고 닦으며 나만의 독자적인 체계를 구축해나가야 한다.** 그 이후에야, 많은 정보와 팁들은 음식의 감칠맛을 더해주는 조미료처럼 큰 효과를 발휘하게 될 것이다.

> **요약 및 정리**
>
> **1.** 수업 실연의 목표는 나의 수업 능력을 평가자들에게 보여주는 것이다.
>
> **2.** 수업은 도입-전개-정리의 과정으로 구분되며, 수업 실연은 전략적 접근을 통해 수업의 각 과정을 압축하여 효과적으로 전달할 수 있도록 준비해야 한다.
>
> **3.** 수업 능력은 '학습지도 능력과 의사소통 능력'으로 정의되며, 이를 위해서는 기초부터 탄탄히 나만의 독자적 체계를 먼저 구축한 후에 다양한 정보와 팁들을 토대로 보완해야 한다.

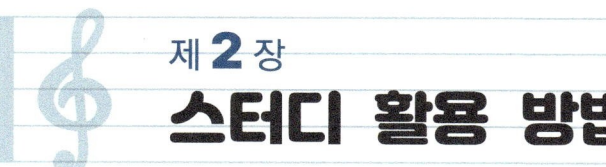
# 제2장
# 스터디 활용 방법

## 01 | 스터디의 필요성

1차 시험의 경우, 지식에 대한 평가이기에 혼자서도 공부할 수 있었다. 하지만 2차 시험은 다르다. '타인이 보는 나의 모습'을 가장 객관적으로 바라볼 수 있는 사람은 '내'가 아닌 '타인'이다. 따라서, 수업을 실연할 때 자신이 보지 못하는 자신의 모습을 객관적으로 파악하고 조언해줄 스터디가 필요하다. 뿐만 아니라, 다른 스터디원들의 수업 실연을 살펴보며 나의 전략을 수정하고 보완할 기회가 되기도 한다.

## 02 | 유의사항 : 스터디보다 중요한 것은 나만의 수업 체계를 구축하는 것

다만, 스터디보다 중요한 것은 **나만의 수업 체계를 구축하는 것**이다. 시간이 부족하기에 많은 수험생들이 수업 실연 준비를 스터디에서 진행하는 실연과 피드백만으로 그칠 때가 많다. 수업 실연은 아웃풋에 해당한다. 교과서를 분석하고 스스로 연구하며 나만의 수업 구조를 만드는 인풋 없이는 훌륭한 아웃풋을 보여줄 수 없다. 이를 위한 구체적인 방법은 '2부. 수업 실연의 기초'에서 안내하도록 하겠다.

## 03 | 스터디의 구성과 시기별 운영 방법

스터디는 공통의 목표를 가졌지만 서로 다른 다양한 사람들이 만나는 것이기에 양날의 검이 될 수 있다. 서로에게 도움이 되지 않는 스터디는 가장 효율적으로 시간을 보내야 할 수험생들에게 독이 될 뿐이다. 따라서, 시기에 따른 효율적이고 전략적인 스터디 운영이 필요하다.

### 1 스터디의 구성

가장 추천하는 스터디 구성은 **동일 교과, 동일 지역의 2-3명 구성**이다. 수업 실연 스터디는 반드시 같은 과목인 음악 수험생과 구성해야 한다. 간혹 스터디원을 구하지 못해 타 교과와 스터디를 하는 경우가 있는데, 개인적으로 이는 소중한 시간을 버리는 것이라 생각한다. 물론 같은 교직의 꿈을 향해 나아가고 있기에 전반적인 수업 어투와 의사소통 방법 정도는 서로 피드백할 수 있을지도 모른다. 하지만 우리는 수업의 근간이 되는 학습지도 능력, 즉 '**음악 지도 능력**'을 키워야한다! 이를 위해서는 음악 교과의 스터디원과 공부해야 한다. 동교과 스터디원을 구하지 못했다면 차라리 시간을 아껴 나만의 수업 틀을 갖추는데 더 집중하고, 영상을 녹화해 주변 지인들에게 조언을 구할 것을 추천한다.

많이들 스터디 인원으로 4명을 추천하지만 필자는 2-3명을 추천한다. 필자의 경우 수험생활 당시 수업 실연 스터디를 총 4번 구성했었다. 첫 번째 스터디는 5명, 두 번째 스터디는 3명, 세 번째 스터디는 4명, 마지막으로 네 번째 스터디는 2명이었다. 4번의 스터디 경험 중 가장 효율적이면서도 효과적인 스터디는 2-3명으로 이루어진 스터디였다. 옛말에 '사공이 많으면 배가 산으로 간다.'는 말이 있다. 스터디원이 4명

이상이었을 경우, 전체 의견을 조율하며 스터디 방향을 맞추기도 어렵거니와 실연과 피드백에 지나치게 많은 시간이 사용된다고 느꼈다. 2차 시험에서 '많은 사람들의 피드백'보다 더 중요한 것은 **'나만의 수업 체계와 효율적 스터디 운영'**이다. 주관적인 의견이긴 하나, 스터디 구성에 갈피를 잡지 못하고 있는 수험생이라면 참고하길 바란다.

> ### 📣 Tip  스터디를 구하지 못하는 상황인데, 어떻게 해야 할까요?
>
> 응시 지역에 따라, 그리고 수험생이 처한 다양한 상황에 따라 스터디를 구하지 못할 수 있다. 스터디를 구하지 못했다는 사실에 너무 슬퍼하지 말고, 다음의 팁들을 참고하여 열심히 준비해보도록 하자.
>
> #### 1) 수업 영상 촬영하기
> 나의 수업을 바라봐 줄 스터디원이 없기 때문에, 혼자서 준비할 경우 매 수업을 반드시 촬영해 객관적인 시선으로 평가해보아야 한다. 시간이 없다고 해서 촬영을 하지 않거나 대충 실연만 해보는 것으로 그치지 말자.
>
> #### 2) 피드백 체크리스트 활용하기
> 촬영한 영상본을 피드백 체크리스트(p.16)를 활용해 객관적으로 평가해보자. 여기서 중요한 것은, 자기 자신에게 냉혹해져야 한다는 것이다. 특히나 자신의 평소 언어 습관이나 전달력은 쉽게 고쳐지는 것이 아니기에 더욱 객관적으로 평가하고 개선하기 위해 꾸준히 노력해야 한다.
>
> #### 3) 현직 교사 피드백 및 비대면 스터디 활용하기
> 현직 선생님들께서 수험생들을 대상으로 수업 실연 피드백을 진행하시는 경우가 종종 있다. 유튜브나 SNS 등을 통해 현직 교사들의 피드백 기회를 구해보도록 하자. 또한 도서 지역에 있어 함께 준비할 스터디원을 구하지 못했다면, '북소년음미체전용카페'나 '한마음 교사되기' 카페에서 비대면 스터디를 구하여 수업 영상을 교환하고 서로 피드백해보는 것도 좋다. 더불어 필자 또한 매년 수업 실연 피드백 이벤트를 진행하고 있으니 여력이 된다면 참여해보자.

## 2 시기별 스터디 가이드라인

우리에게 주어진 시간은 2달이 채 되지 않는다. 더군다나, 1차 발표라는 첫 번째 산을 넘은 후에는 다시 새로운 스터디를 구성해야 하는 어려움이 따른다. 따라서 우리는 가장 효율적이면서도 효과적인 스터디를 운영해야만 한다.

필자가 추천하는 시기별 스터디 가이드라인을 설명하기에 앞서, 나의 수험 시절 스터디 운영 경험을 소개하겠다.

### 임용 수업 실연 스터디 회고

| 인원 | 시기 | 운영 방법 | 느낀 점 |
|---|---|---|---|
| 5명 | 11월<br>-12월 초 | - 정보 수합 및 공유<br>- 음악 교과서 개념 재정리<br>- 제재곡/활동 영역 별 기초 수업 실연 | - 교과서에 나온 음악 개념을 재정리하는데 지나치게 많은 시간이 소요됨<br>- 서로 피드백해줄 수 있는 각자의 역량이 부족해 스터디의 효과가 떨어짐<br>- 5명의 수업 실연을 모두 지켜보기에는 시간이 부족함 |
| 3명 | 12월 초<br>-12월 말 | - 기출문제 분석·실연<br>- 수업 나눔(경기) 실연 | - 스터디원 전원이 동일 지역(경기) 응시자여서 스터디의 방향을 통일할 수 있었음<br>- 기출문제를 분석하고 실연해보며, 생각했던 것보다 기출문제가 훨씬 복잡하게 구성되어있음을 느낌 |
| 4명 | 12월 말<br>-1월 초 | - 강사 모의고사 문제 수업 실연<br>- 수업 나눔(경기) 실연 | - 1차 합격 발표 이후, 동일 지역의 다른 스터디원을 구해 스터디를 재구성함<br>- 강사의 모의고사 문제를 활용하였으나, 실력이 향상되지 않는 것을 느낌<br>- 4명의 스터디원 각자가 생각하는 운영 방향이 다르고, 빠듯한 시간에 4명의 수업을 피드백하기에는 무리가 있어 해체됨 |
| 2명 | 1월 초<br>-시험 | - 자체 모의고사 제작<br>- 모의고사 분석·실연<br>- 교과서 교수·학습방법 분석 및 활용<br>- 수업 틀 제작 | - 기출 경향을 파악하여 자체적으로 모의고사를 제작함<br>- 효율적인 운영을 위해 모의고사 일부분은 각자 개요만 짜보는 방식으로 운영<br>- 교과서에서 눈에 띄는 교수학습방법을 탐색하고, 네이버 밴드를 통해 이를 수집함<br>- 전달성을 높이기 위해 나만의 수업 틀을 제작하고, 실전에서 활용할 수 있도록 반복 연습함 |

당시 내가 가장 힘들었던 점은 수업 실연에 대한 정보의 부족이었다. 어떤 방향으로 공부해야 할지 몰라 불필요한 부분에 지나치게 시간을 많이 쏟기도 했고, 많은 시행착오를 겪으며 스터디 방향을 바꾸어 나갔다. 실연 연습만 하기에도 부족한 시간에 스터디를 어떻게 운영할지 고민하느라 골치 아팠던 기억이 생생하다.

이러한 경험을 토대로 여러분들은 필자와 같은 어려움을 겪지 않기를 바라면서, 이 책을 활용한 가장 효율적인 시기별 스터디 가이드라인을 다음과 같이 제안한다.

## 시기 별 수업 실연 스터디 가이드라인

| 인원 | 시기 | 운영 방법 |
|---|---|---|
| 3명 | 11월 – 12월 1째주 | – [수업 실연의 기초]<br>– 2차 시행계획 공고 확인<br>– 2차 합격수기 정보 수합 및 공유 |
| 3명 | 12월 2째주 – 1차 합격자 발표일 | – [수업 실연의 발전]<br>– 교과서 분석 내용 공유<br>– 복기 모의고사 실연 |
| 2-3명 | 1차 합격자 발표일 – 2차 최종 시험 | – [수업 실연의 완성]<br>– 실전 모의평가 & 자체 제작 문제 실연<br>– 최종 보완 및 컨디션 관리 |

각 파트에서는 연습문제·모의고사와 함께 전반적인 교과서 분석, 수업모형, 이외 디테일한 실연 팁 등 상세한 수업 실연 준비 방법을 담았다. 개인 일정과 스터디 상황에 맞추어 활용해보자.

덧붙여, 1차 합격자 발표일 이전에는 실기 연습과 면접을 대비한 교육 정책 공부에도 많은 시간을 할애해야 한다. 따라서 수험생들의 현실적 상황을 고려하여 1차 발표 이전까지는 [수업실연의 기초], [수업실연의 발전] 파트를 통해 기본적인 수업 틀을 갖추고 기출문제 분석에 집중할 수 있도록 책을 구성하였다. 본격적인 모의 수업 실연은 1차 합격자 발표일 후에 스퍼트해도 충분하니 너무 걱정하지 말자.

## 3 스터디의 운영

### (1) 스터디의 방향 정하기

좋은 스터디원들과 함께 스터디를 구성하고 가이드라인을 참고해 전반적인 계획을 수립했다면, 본격적으로 달려볼 시간이다. 다음 예시를 참고해 우리 스터디의 구체적인 방향을 수립해보자. (아래의 예시는 본 책의 커리큘럼을 토대로 작성하였다.)

### 〈예시〉 1차 합격자 발표 전

| 시간 | 주 2회 / 2-3시간 | | | | |
|---|---|---|---|---|---|
| 장소 | 칠판 혹은 화이트보드의 사용이 가능한 공간 | | | | |
| 회차 | 1 | 2 | 3 | 4 | (…) |
| 운영<br>방법 | – 합격수기 및 정보 공유<br>– 미리 구상한 기초 문제 실연<br>– 피드백 | – 자료 공유<br>– 미리 구상한 기초 문제 실연<br>– 피드백 | – 자료 공유<br>– 미리 구상한 기초 문제 실연<br>– 피드백 | – 자료 공유<br>– 미리 구상한 기출 문제 실연<br>– 피드백 | |
| 유의<br>사항 | – 수업 실연 시 녹화<br>– 수업 실연에 어느 정도 익숙해진 후에는 즉흥 구상 후 실연으로 변경<br>– 개인적으로 공부한 내용 및 자료(교과서 분석 등) 공유 | | | | |

| | 〈예시〉 1차 합격자 발표 후 | | | |
|---|---|---|---|---|
| 시간 | 주 3-4회 / 2-3시간 | | | |
| 장소 | 칠판 혹은 화이트보드의 사용이 가능한 공간 | | | |
| 회차 | 1 | 2 | 3 | 4 |
| 운영<br>방법 | - 모의 수업 실연<br>- 피드백<br>- 교과서 심화 분석 및<br>  공유 1 | - 모의 수업 실연<br>- 피드백<br>- 교과서 심화 분석 및<br>  공유 2 | - 자체 모의고사 제작<br>  방향 논의<br>- 모의 수업실연<br>- 피드백 | - 모의 수업실연<br>- 피드백 |
| 유의<br>사항 | - 수업 실연 시 녹화<br>- 지도안 및 구상지는 모든 모의고사를 작성하되, 효율을 위해 실연은 서로 다른 것으로 하기<br>- 개인적으로 공부한 내용 및 자료(교과서 분석 등) 공유 | | | |

## (2) 피드백

2차 시험을 준비하며 많은 스터디들이 분해되고는 한다. 이유는 대개 **피드백**에 있다. 서로의 모습을 보고 지적해야 하다 보니 가뜩이나 스트레스 가득한 수험생활에 상처로 다가오곤 하기 때문이다. 하지만 피드백은 반드시 필요하다. 나의 단점을 보완할 수 있는 기회가 되기 때문이다. 여기서 우리 모두가 잊지 말아야 할 사실이 있다. 우리는 단점이 아니라 장점도 가지고 있다는 사실! 피드백은 단순히 못하는 것을 지적하는 시간이 아니라 **장점을 발견해 극대화시키고, 단점은 보완하거나 최소화할 수 있는 방법을 찾는 시간**이다. 또한, 상대방의 장점을 발견하는 과정에서 내가 미처 알지 못했던 좋은 전략과 수업 방법을 발견해낼 수 있다.

아래의 예시를 살펴보자. 예시의 내용은 필자의 수험생활 당시 실제 피드백 자료를 그대로 인용했기에 다소 개략적일 수 있음을 양해바란다.

| | 수업 실연 피드백 예시 |
|---|---|
| 잘된 점 | - 학습목표 판서 강조<br>- 리듬형 제시<br>- 기보법 설명 : 차례로 체계적인 느낌<br>- 노래를 직접 부른 것 (타령 시창)<br>- 리듬형 미리 제시, 율명 미리 제시 |
| 개선점 | - 구체적인 발문이 필요할 듯 : 구체적인 답변<br>- 정간보 시창 : 한 정간의 박자를 설정하고, 속도를 정확하게 정해주는 것이 좋을 듯 / 전개가 뜀 느낌<br>- 모둠 별로 음악을 창작하는 조건을 충실히 : (개인 별 창작은 좀 의아한 듯)<br>- 학습목표 아까 말했다는 듯이 상황 설정하기<br>- 조건에서 기보법 정의 놓침<br>- 부르는 악곡 타령이라고 말해주기<br>- 창작 활동이 15분이라고 정해져있었음<br>- 시간을 미리 안내하기<br>- 판서 자리가 없었음<br>- 학생들 피드백 구체적으로 (칭찬!) |

피드백에서는 위와 같이 반드시 **잘된 점과 개선점을 함께 제시**하는 것이 좋다. 자신의 장점을 파악하여 실전에서 최대한 발휘할 수 있도록 연습하고, 개선할 부분을 차분히 보완해나간다면 점차 수업 실연에 대한 자신감이 생길 것이다.

또한, 어떤 식으로 자신의 부족한 부분을 개선할지 구체적인 방법을 스터디원들과 함께 토의해보자. 당사자 뿐 아니라 스터디원 모두에게 유익한 시간이 될 것이다!

아래의 피드백 체크리스트를 참고하되, 각자의 시각에서 어떠한 부분을 추가로 조언할 수 있을지 고민해보자.

| 수업 실연 피드백 체크리스트 | |
|---|---|
| 1 | 제시된 수업 자료와 조건을 충족하였는가? |
| 2 | 교사로서 수업의 전달력(판서, 목소리, 어투, 표정)이 적절한가? |
| 3 | 음악 지식(개념)에 대한 학생들의 충분한 학습이 이루어지고 있는가? |
| 4 | 시간 분배가 적절하게 되었는가? |
| 5 | 개별화 학습(순회지도, 피드백 등)이 이루어지고 있는가? |
| 6 | 교사와 학생이 충분히 의사소통(질문과 응답)하고 있는가? |
| 7 | 음악 교과의 특성을 살려 학습하고 있는가?(연주, 감상, 창작의 모델링) |
| 8 | ・・・ |

### 📝 요약 및 정리

**1. 시기별 스터디 운영 가이드라인**

| 인원 | 시기 | 운영 방법 |
|---|---|---|
| 3명 | 11월 – 12월 1째주 | – [수업 실연의 기초]<br>– 2차 시행계획 공고 확인<br>– 2차 합격수기 정보 수합 및 공유 |
| 3명 | 12월 2째주 – 1차 합격자 발표일 | – [수업 실연의 발전]<br>– 교과서 분석 내용 공유<br>– 복기 모의고사 실연 |
| 2-3명 | 1차 합격자 발표일 – 2차 최종 시험 | – [수업 실연의 완성]<br>– 실전 모의평가 & 자체 제작 문제 실연<br>– 최종 보완 및 컨디션 관리 |

**2.** 수업 실연에서 스터디보다 중요한 것은 **나만의 수업 체계를 구축하는 것**임을 잊지 말자.

**3.** 피드백의 경우, **잘된 점과 개선점을 함께 제시하고 토의**하는 시간을 통해 각자의 장점이 서로에게 보완될 수 있도록 진행하면 좋다.

### 참고 | 2025학년도 지역별 2차 시험 시행계획 요약

| 지역 | 지도안 | 시험시간 | 반영배점 |
|---|---|---|---|
| 서울 | o | 지도안 60분 / 구상 20분 / 실연 20분 | 30 (지도안 10) |
| 경기 (2026) | x | 구상 20분 / 수업설계역량 5분 / 실연 15분 | 30 |
| 인천 | x | 구상 20분 / 실연 20분 | 20 |
| 충북 | x | 구상 20분 / 실연 20분 | 20 |
| 충남 | x | 구상 20분 / 실연 20분 | 15 |
| 대전 | o | 지도안 60분 / 구상 20분 / 실연 20분 | 30 (지도안 10) |
| 세종 (2024) | x | 구상 20분 / 실연 20분 | 20 |
| 강원 | x | 구상 15분 / 실연 15분 | 20 |
| 경북 | o | 지도안 60분 / 구상 20분 / 실연 20분 | 30 (지도안 10) |
| 대구 (2024) | x | 구상 25분 / 실연 25분 | 20 |
| 경남 | o | 지도안 60분 / 구상 20분 / 실연 20분 | 30 (지도안 10) |
| 부산 | o | 지도안 60분 / 구상 20분 / 실연 20분 | 30 (지도안 10) |
| 울산 | o | 지도안 60분 / 구상 20분 / 실연 20분 | 30 (지도안 10) |
| 전북 | x | 구상 20분 / 실연 20분 | 20 |
| 전남 | x | 구상 20분 / 실연 20분 | 10 |
| 광주 (2026) | x | 구상 20분 / 실연 20분 | 30 |
| 제주 | x | 구상 20분 / 실연 20분 | 30 |

※ 1차 합격자 발표 이후, 각 지역별 교육청의 2026년도 기준 시행계획에서 변경된 사항은 없는지 반드시 확인할 것

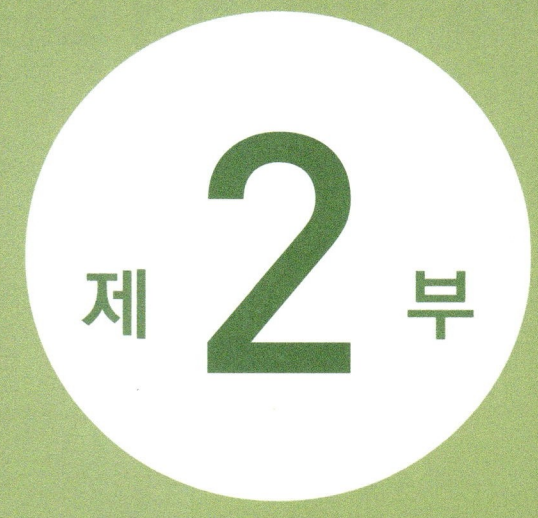

# 제 2 부

# 수업 실연의 기초

모든 일의 시작은 기초를 닦는데서 출발한다. 기본에 충실하지 못한 채 많은 지식들을 우겨넣다보면, 모래 위에 쌓은 성처럼 한순간에 무너질지도 모른다. '2부. 수업 실연의 기초'에서는 음악 수업 실연의 핵심 원리와 기본 구성을 살펴보고, 교과서 분석과 각 지역별 추가 영역(지도안, 나눔)에 대한 준비 방법을 소개한다. 이를 토대로 가창, 기악, 창작, 감상 영역의 문제를 실연해보며 음악 수업 실연의 기초를 탄탄히 쌓아보자.

# 제1장
# 음악 수업 실연의 핵심 원리

교과의 인지적, 정의적, 심동적 영역을 학생들에게 가장 효과적으로 전달하기 위해서는 각 교과의 개별적 특성을 반영한 교수가 필요하다. 그렇다면 '음악' 교과의 특성을 잘 반영한 수업은 무엇일까? 여기에 음악 수업 실연의 핵심 원리가 숨어있다.

먼저, 음악의 사전적 정의를 살펴보자.

> 박자, 가락, 음성 따위를 갖가지 형식으로 조화하고 결합하여 목소리나 악기를 통하여 사상 또는 감정을 나타내는 예술

사전적 정의에 근거할 때, 음악은 음악요소(박자, 가락, 음성 등)를 다양한 방식으로 조합하여 목소리나 악기 등의 도구를 통해 사상과 감정을 나타내는 시간 예술이라 할 수 있다.

이러한 음악 교과의 특성을 반영하기 위해 음악 수업은 첫 번째로 음악 요소에 대한 지식, 두 번째로 목소리나 악기를 사용하는 방법, 그리고 세 번째로 앞선 2가지 지식을 토대로 사상과 감정을 표현하는 법을 가르쳐야 한다.

따라서 음악 수업의 핵심 원리는 위 3가지 측면의 지식을 효과적으로 전달할 수 있는 방안을 고민하는데서 시작한다. 실제로 많은 학자들이 이를 위해 수많은 음악 교수법을 개발해오고 있다. 음악 교사를 꿈꾸는 우리는 이러한 교수법들을 계속해서 연구하고 공부해왔다. 다만, 필자는 그 중 실제 교실에서 가장 많이 활용되며 수업 실연 구성의 뼈대가 되어야 하는 핵심 원리를 3가지로 축약하여 제안하고 싶다.

① **문답법**
② **모델링**
③ **활동 간의 연계**

'핵심 원리라기에는 너무 당연하고 간단한 것들 아니야?'라고 생각할 수도 있다. 하지만, 수험생들이 가장 많이 놓치게 되는 부분이 바로 이 3가지다. 2차 시험이 다가올수록, 많은 정보들과 재밌는 수업 아이디어들을 나의 수업에 성공적으로 녹여내는 것이 고득점의 길이라 생각하게 된다. 그래서 실전이 다가올수록 수험생들은 수업 실연의 기본적인 구조와 체계를 잡아가기보다 나만의 독창적인 무기를 가지는 것에 집중하게 된다.

그러나, 자칫 이에만 몰두하다가는 시행계획에서 제시한 수업 실연의 평가사항인 '교사로서의 학습지도 능력과 의사소통 능력'을 보여주는데 되려 문제가 생길 수 있다. 아이디어를 쉴 틈 없이 쏟아내느라 수업의 핵심인 '학습'과 '의사소통'을 놓치게 되기 때문이다. 따라서, 수업 실연의 핵심 원리를 파악하고 이를 적용하여 자연스럽게 수업 실연할 수 있도록 연습하는 것이 선행되어야 한다.

이제, 저자가 제시하는 수업 실연의 핵심 원리인 ① **문답법**, ② **모델링**, ③ **활동 간의 연계**를 어떻게 활용할 수 있는지 자세히 살펴보도록 하자.

# 01 | 문답법 : 학생들의 학습과 교사의 의사소통 능력을 보여주는 만능 도구

정간보의 개념을 가르치기 위한 다음의 2가지 수업 예시를 살펴보자.

### 〈예시 1〉

행복함이 가득한 음악 수업시간입니다. 여러분, 반가워요! 우리 수업을 시작하기 전 하.이.든 규칙을 한번 외치고 시작해볼까요? (하나 된 마음으로, 이해하고 협동하며, 든든한 음악 배움이가 되어봅시다!) 좋아요! 오늘 우리가 배워볼 내용은 정간보인데요. 정간보는 우물 정자를 닮은 국악보로 세종대왕님이 만드신 전통 악보에요. 선생님이 여러분이 기억하기 쉽도록 정간보 노래를 만들어왔어요. 한번 같이 불러볼까요? (정간보 노래) 그럼 이제 정간보가 무엇인지 잘 기억할 수 있겠죠? 그럼 이제 즐거운 음악 교실 사이트에 접속해서 배운 내용을 정리해봅시다.

> **사용된 아이디어:** 인사(행복함이 가득한 음악 수업시간입니다), 하이든 규칙, 정간보 노래, 즐거운 음악 교실 사이트

### 〈예시 2〉

여러분, 반갑습니다. 오늘 배울 개념은 정간보인데요. **정간보의 '정'자는 어떤 한자를 의미할까요?** 민수가 대답해볼까요? 맞아요. 정간보의 '정'자는 우물 정자를 의미해요. 정간보는 세종대왕님이 만들었다고 알려져 있는데요. **그럼 왜 정간보라고 이름 지어졌을까요?** 손을 번쩍 들어준 예지가 대답해봅시다. 맞았어요. 이 정간보의 모양이 우물 정자와 닮았다는 의미에서 이름이 붙여진 것이랍니다. 그럼 **정간보가 어떤 것인지 정리해볼 친구 있을까요?** 좋아요, 민희가 대답해봅시다. 그렇지! 정간보는 국악 음악을 기록할 때 쓰는 기보법이라고 정리할 수 있겠죠?

> **사용된 아이디어:** 문답법

어떤 수업이 더 좋은 수업처럼 보이는가?

대부분이 다양한 아이디어들을 수업에 활용하고 있는 〈예시 1〉을 꼽을 것이다. 여기에 수험생들이 가장 많이 빠지는 함정이 있다. 〈예시 1〉과 〈예시 2〉를 수업 실연 평가요소인 교사로서의 '학습지도 능력'과 '의사소통 능력' 측면에서 각각 분석해보자.

#### ① 학습지도 능력

학습은 학생들이 지식을 습득하고 적용하는 배움이 이루어졌음을 의미한다. 〈예시 1〉에서 교사는 정간보의 개념을 다양한 아이디어로 가르치고 있으나, 정작 학생들이 정간보가 무엇인지 학습하고 있다는 것을 확인할 근거가 제시되고 있지 않다. 하지만, 〈예시 2〉에서는 교사의 질문에 학생이 응답하고 최종적으로 정간보의 정의를 학생이 직접 정리함으로써 정간보에 대한 학생들의 학습이 이루어지고 있음을 명확하게 알 수 있다.

② 의사소통 능력

〈예시 1〉의 경우, 학생들의 흥미를 자극할 다양한 장치(인사, 정간보 노래, 음악 사이트)는 존재하지만 정작 교사와 학생이 직접 소통하는 장면이 등장하지 않는다. 〈예시 2〉에서는 교사와 학생이 계속해서 이야기를 나누고 상호작용하며 수업이 진행되고 있음을 알 수 있다.

결론적으로 시행계획의 평가영역인 '학습지도 능력과 의사소통 능력'을 고려할 때 〈예시 1〉보다 〈예시 2〉의 수업 실연 평가 점수가 높을 수 밖에 없다. 여기서 잠깐! 〈예시 1〉로 수업을 구성하는 경우 순회지도에서 학생과의 소통을 보여주려는 전략 하에 시도할 가능성이 높다. 하지만, 생각해보자. 순회지도 시에만 잠깐 학생과 소통하는 〈예시 1〉이 '학습지도 능력과 의사소통 능력'을 수업 전반에 걸쳐 보여줄 수 있는 〈예시 2〉를 뛰어넘을 수 있을까? 무작정 열심히 많은 것을 준비하기보다 목표에 맞춰 전략적으로 수업 실연에 접근해야 함을 반드시 기억해야 한다.

〈예시 1〉과 〈예시 2〉가 실제 수업이라면 무엇이 더 좋은 수업이라 단언할 수는 없다. 〈예시 1〉에 적용된 다양한 아이디어를 활용한다면 학생들의 흥미와 관심을 크게 높일 수 있다는 장점이 있기 때문이다. 다만, 〈예시 1〉을 준비하기 위해 수험생은 개성 있는 인사 멘트와 수업 규칙, 개념을 익힐 수 있는 노래, 온라인 연계학습을 고려한 사이트 등 4가지 아이디어를 준비해야 한다. 반면에 〈예시 2〉에서는 다른 아이디어 없이 문답법만으로도 효과적인 수업을 이끌어내고 있다.

물론, 독특한 아이디어는 많은 수험생들 속에서 자신을 돋보이게 해줄 무기로 꼭 필요하다. 하지만 기억하자. 우리는 시간이 얼마 남지 않은 수험생이고, 더군다나 긴장된 상황 속에서 내가 열심히 준비한 수업 장치들을 처음 보는 주제에 맞춰 빠짐없이 완벽하게 활용할 가능성은 확률적으로 매우 낮다. 이러한 장치들은 기본이 갖춰진 상태에서 부수적으로 준비되어야 하는 것이지, 메인이 아니다!

**문답법은 특별한 수업 장치 없이도 학생들의 배움과 의사소통을 자연스럽게 유도**할 수 있는 방법이다. 학생들이 실제로 학습하고 있다는 것을 보여주고 교사의 의사소통 능력까지 어필할 수 있는 **만능 도구**인 것이다. 게다가, 실제 현장의 교사들 또한 문답을 통해 학생들의 학습 상황을 확인하고 교육과정을 재구성하여 매 수업을 진행한다. 평가위원들은 오랜 시간 현장에서 수업을 담당해온 베테랑 교사들이다. 실제 수업과 유사하면서도 배움을 자연스럽게 이끌어내는 문답은 평가자들에게 전문적인 인상을 남길 수 밖에 없는 것이다. 고대 그리스의 소크라테스 뿐 아니라, 우리나라 전통 교육기관인 서당에까지 폭넓게 쓰여온 데에는 그만한 이유가 있다.

더불어 2022 개정 교육과정의 등장과 함께 질문 중심 수업의 중요성은 더욱 강조되고 있다. 수업 실연에서 무엇보다도 핵심으로 삼아야 할 원리가 '문답법'임을 다시 한번 기억해야할 때이다.

다만 한 가지 당부할 것이 있다. 문답은 단순히 교사의 모든 질문을 통칭하는 것이 아님을 기억하자. **수업 실연에서의 문답은 반드시 교사의 발문과 학생의 반응이 함께 제시되어야 한다.** 발문을 했다면, 학생이 어떻게 답하고 반응하였는지를 꼭 언급해주자.

# 02 | 모델링 : 수업 실연에서 실음 중심 수업을 구현하는 방법

다른 교과와 구별되는 음악 교과의 가장 중요한 특성은 무엇일까?

바로 '음악(音樂)'을 가르친다는 것이다. '음악'의 한자어를 살펴보면 소리 음(音)과 풍류 악(樂)으로 구성된다. 소리와 함께하는 풍류라는 것이다. 결국, 음악을 가르치는 데 있어 그 근본은 '소리'이다. 실제로 2022 개정 음악과 교육과정 중 [1. 성격 및 목표]를 살펴보면, 음악을 '소리를 통해 인간의 다양한 감정과 생각을 표현하는 예술'로 정의하고 있다. 교육과정 전반에 걸쳐 **실음 중심의 교수·학습**이 이루어져야 함을 제고하고 있다.

### 2015 개정 음악과 교육과정 중 '성격'

**1. 성격**

음악은 소리를 통해 인간의 감정과 사상을 표현하는 예술로 인간의 창의적 표현 욕구를 충족시키고 다른 사람과 소통할 수 있도록 하며 인류 문화를 계승, 발전시키는데 기여한다. 음악 교과는 다양한 음악 활동을 통해 음악의 아름다움을 경험하고, 음악성과 창의성을 계발하며, 음악의 역할과 가치에 대한 안목을 키움으로써 음악을 삶 속에서 즐길 수 있도록 하는 교과이다.

### 2022 개정 음악과 교육과정 중 '성격'

**가. 성격**

음악은 소리를 통해 인간의 다양한 감정과 생각을 표현하는 예술이면서 사회·문화적 양상과 변화하는 시대상을 반영하는 인간 활동의 산물이다. 인간은 노래를 부르고 악기를 연주하거나 음악을 듣고 만드는 활동을 통해 음악의 아름다움을 만끽하면서 다른 것으로 대체할 수 없는 경험을 한다. 또한 인간은 음악성을 계발하면서 새로운 음악적 아이디어를 떠올리거나 다양한 경험에 대한 느낌과 생각을 담은 음악 표현 활동을 통해 상상력과 창의성을 표출할 뿐만 아니라, 소리와 음악이 주는 즐거움이나 기쁨 등을 통해 정서적 안정감과 행복감을 느낀다.

그럼 여기서 수업 실연을 준비해야 하는 우리에게 문제점이 하나 생긴다. 평가실 내에 있는 악기와 미디어 장치를 사용하지 않고 실연해야할 수도 있다는 것이다. 그럼 수업 실연에서 실음 중심 수업을 어떻게 구현할 수 있을까?

바로 **'모델링'** 이다.
1차 필기를 준비하며 우리는 모델링에 대해 익히 배웠다. 학습자가 교사의 시범을 관찰하고 모방하여 학습하는 것이라고 말이다. 모델링은 음악 실기 능력 습득에 자주 활용되는 도제식 교수법의 일환이기에 음악인인 우리에게 특히나 익숙하다.

'그럼 수업 실연 평가에서 우리가 레슨 받았던 것처럼 학생들에게 시범을 보이고 하나하나 가르치는 모습을 보여주라는 말이야?' 이해가 잘 되지 않을 것이다. 복잡하게 생각할 것 없이 2차 수업 실연 평가에서 **'모델링 = 교사 시범'**이라고 간단히 생각하면 된다. 실제 수업은 교실에 존재하는 미디어, 악기 등을 통해 학생과 직접 소통하며 자연스레 실음 중심의 수업을 만들어갈 수 있다. 그러나 수업 실연의 경우, 문제지에 제시된 조건을 채워나가는 것이 가장 우선되기에 학생들에게 음악을 들려주거나 시범 보이는 장면을 생략하기 쉽다. 이를 예방하기 위해 수업 자료로 제시되는 미디어, 악기, 제재곡 등을 활용할 때는 반드시 모델링을 포함하는 것이 좋다. 실연 전반에 걸친 모델링을 통해 현장감을 높이고, 전문적인 음악 교사로서의 면모를 평가자들에게 각인시키기 위함이다. 다음의 수업 예시를 살펴보자.

〈예시〉

- 제시된 수업 자료
① 오페라와 뮤지컬 공연 영상
② 제재곡 [울게 하소서]와 [누가 죄인인가]의 악보

- 수업 내용
여러분! 오늘은 오페라와 뮤지컬에 대해 배워볼 건데요. 먼저 오페라 리날도 중 [울게 하소서]와 뮤지컬 영웅 중 [누가 죄인인가]를 영상으로 감상해볼까요? (잠시 후) 잘 감상해보았습니다. 그럼 이제 노래를 한번 불러볼 텐데요. 선생님의 반주에 맞춰 노래를 불러봅시다! (잠시 후) 잘 불러보았죠? 그럼 이제 모둠을 만들어 악보를 보고 연습해보는 시간을 가질 거에요. 선생님이 10분의 시간을 줄 테니 학습지의 악보를 보고 협동하면서 연습해봅시다. (순회지도) 음, 1조는 노래를 아주 잘 연습하고 있구나. 좋아요. 음, 민수는 박자를 파악하기 어렵구나. 그럼 옆에 있는 지연이가 노래를 아주 잘하니까 한번 도와주면서 같이 노래해볼까요?

나름 괜찮은 실연으로 보인다. 공연 영상을 보며 흥미를 유발하고, 모둠학습을 통해 제재곡 악보를 활용하고, 동료 학습을 통해 학생 중심의 수업을 끌어냈다. 다만, 여기에 모델링을 살짝 첨가해 수업을 다시 만들어보자.

- 수업 내용(모델링 첨가)
여러분! 오늘은 오페라와 뮤지컬에 대해 배워볼 건데요. 먼저 오페라 리날도 중 [울게 하소서]와 뮤지컬 영웅 중 [누가 죄인인가]를 영상으로 감상해볼까요? (잠시 후) 잘 감상해보았습니다. 그럼 이제 각 노래를 한번 불러볼 텐데요. 선생님의 반주에 맞춰 노래를 불러봅시다! <u>선생님이 한 마디 부르고 여러분들이 따라 불러볼게요. La scia, chio pianga- 시작!(모델링 1)</u> 잘 불러보았죠? 그럼 이제 모둠을 만들어 악보를 보고 연습해보는 시간을 가질 거에요. 선생님이 10분의 시간을 줄 테니 학습지의 악보를 보고 협동하면서 연습해봅시다. (순회지도) 음- 1조는 노래를 아주 잘 연습하고 있구나. 좋아요. 음, <u>민수는 박자를 파악하기 어렵구나. 선생님은 박자를 잘 모를 때 발구르기로 박자를 세며 불러본답니다. 선생님이 발을 굴러볼 테니까 한번 같이 노래해볼까? La scia, chio pianga-(모델링 2)</u> 그렇지, 좋아요! 이제 옆에 있는 지연이가 노래를 아주 잘하니까 한번 도와주면서 같이 노래해볼까요?

음악 교사는 음악을 가르치는 교사이다. 모델링 없이도 조건을 충족하며 무난하게 수업을 이끌어갈 수는 있지만, 노래를 한 마디 정도 부르거나 발구르기의 박자 세는 법을 시범 보이는 등 간단한 모델링을 첨가하는 것만으로 '음악 수업 전문성'을 갖춘 교사임을 더욱 어필할 수 있다. 모델링을 통해 음악 교과의 특성인 실음 중심 수업을 구현할 수 있기 때문이다. 모델링은 이론 수업에서도 음악 교과의 특성을 살리는데 유용하게 쓰인다. 다음의 예시를 살펴보자.

> 〈예시〉
>
> 오늘은 다양한 음표에 대해서 배워볼게요. 4분음표는 1박자, 2분음표는 2박자, 온음표는 4박자를 의미한답니다. (모델링: 피아노로 '도'를 누르며) 도 - - -, 도 -, 도. 음표에 따라서 음을 연주하는 길이가 달라져요. 음표는 음의 연주 길이를 표시해준답니다.

 필자가 이토록 모델링을 강조하는 이유는 그것이 기본 원리임을 알고 실연하는 것과, 실연 중 어쩌다 시범을 보이는 것이 다르기 때문이다. 아무리 어려운 수업 주제가 나오더라도 모델링이라는 기본 원리를 인지하고 있다면, 문제를 더 쉽게 풀어나갈 수 있다. 실제로 필자는 임용 시험 당시(2020년도) 긴장한 탓에 팬플룻이 관악기라는 사실 외에 어떤 방식으로 연주되는 것인지 전혀 떠올리지 못했다. 결국 팬플룻에 대한 지도 방법을 구상하지 못하고 평가실에 들어가게 되었는데, 모둠학습을 통한 팬플룻 지도를 가창 모델링으로 대체했다. [와, 3모둠은 팬플룻을 처음 부는데도 아주 잘 불고 있네요. 음, 민수는 박자가 조금 어렵다고? 그럼 선생님의 노래에 맞추어 같이 합주해보도록 할까요? 시작! "작은-가슴-가슴-가슴-마다-"] 결과는 어땠을까? 2020년도 당시 기준으로 9.78(10점 만점)이라는 높은 점수를 받을 수 있었다. 단순 임기응변이라 생각할 수 있겠지만, 꾸준히 모델링을 수업실연의 핵심이라 생각하며 연습해온 결과 나올 수 있었던 실연이었다.

 결국 음악 수업의 핵심은 음악을 가르치는 것이고, 음악 교과 특성에 가장 쉽게 접근할 수 있는 실연 전략은 모델링이다. 나아가, 모델링의 방식을 다양화하는 것은 곧 나의 수업을 특별하게 해줄 필살기가 되기도 한다. 이는 〈3부. 수업 실연의 발전 - 3장. SECRET 만점 필살기〉에서 이어 설명하도록 하겠다.

## 03 | 활동 간의 연계 : 모든 사람에게 인정받는 '좋은 수업'

'좋은 수업'이라는 것은 무엇일까?

 현장의 많은 선생님들이 각자의 교직관과 스타일대로 최선을 다해 아이들을 가르치고 있다. 수많은 학생들의 흥미와 성격, 학습 수준이 다르고 개별 학교들의 상황 또한 다르기에 어떤 방식이 가장 효과적인지 정형화 내릴 수 없는 것이 수업의 특성이다. 그렇다면 수업 실연도 그럴까?

 1장에서 얘기한 것과 같이 수업과 수업 실연은 그 목적을 달리한다. 수업이 '학생의 입장'에 집중한다면, 수업 실연은 국가에서 주최하는 임용 시험의 평가항목이라는 점에서 '평가자의 입장'에 초점을 둬야 한다. 평가자가 보았을 때 좋은 수업 실연이 무엇인지 고민해야 하는 것이다.

 수업 실연의 평가항목이 구체적으로 어떻게 구성되는지 수험생인 우리는 알 수 없다. 그렇다면, 잘 생각해보자. 가장 보편적인 시각에서 보았을 때 좋은 점수를 받을 수 있는 수업 실연은 무엇일까? '보기에 좋은 떡이 먹기도 좋다'는 말이 있다. 수업 실연도 마찬가지이다. 도입-전개-정리의 활동들이 보기 좋고 매끄럽게 진행되는 수업 실연은 자신이 준비된 음악 교사임을 가장 잘 드러내주는 지표이다. 체계적으로 잘 정리된 수업은 누가 봐도 좋은 점수를 받아야 함이 분명하다. 게다가, 평가위원들도 결국은 어느 정도 개인의 시각에서 주관적인 평가를 내릴 수 밖에 없다. 그렇기에 **모든 사람의 시선에서 보기 좋은 체계적인 실연을 펼치는 것이 가장 리스크 없이 고득점하는 방법**이다. 이를 위해 **활동 간의 연계성**을 항상 염두에 두고 연습해야 한다. 다음의 사례를 살펴보자.

### 〈수업 실연 구상 사례〉

- 수업조건

① 대상: 고등학교 1학년 20명
② 주제: 극음악 - 오페라와 판소리

| 도입 | 콘서트홀에서 오페라 공연을 하는 모습과 민속촌에서 판소리 공연을 하는 모습을 비교하며 어떤 부분이 다른지 자유롭게 발표하기 |
|---|---|
| 전개 | 활동 1. 도입에서 이야기했던 내용들을 되짚으며 오페라와 판소리의 특징을 비교하기<br>활동 2. 아니리와 레치타티보의 특징을 기억하며 노래하기<br>활동 3. '춘향가'와 '울게 하소서'의 아니리와 레치타티보 부분을 개사하여 '즐거운 학교생활'을 주제로 음악극 제작하기 |
| 정리 | - 오페라와 판소리의 특징을 떠올리며 퀴즈 풀어보기<br>- 다음 차시 예고: 다음 시간에 불러볼 '춘향가'와 '울게 하소서'의 소리 부분과 아리아 부분 짧게 감상하기 |

위 사례를 '활동 간의 연계' 측면에서 분석해보자. [도입]의 자유 발표 활동이 [활동 1]의 개념 학습과 연결된다. 이어 오페라와 판소리의 특징에 대한 학습을 토대로 [활동 2]에서는 직접 가창하는 활동이 연계되고 있다. [활동 3]은 [활동 2]의 가창 활동을 확장하여 음악극 제작 활동으로 연계되었다. [정리]에서는 퀴즈 활동을 통해 [전개]에서 배운 오페라와 판소리의 특징에 대한 내용을 상기하고 있으며, 다음 차시에 배울 '춘향가'와 '울게 하소서'의 소리 부분과 아리아 부분까지 감상해보는 것으로 수업이 마무리된다.

큰 인기를 누리는 드라마나 영화는 극 초반에 제시한 복선들을 통쾌하게 회수하는 개연성 높은 스토리로 호평을 받는다. 이와 동일하게 도입-전개-정리의 활동들이 촘촘히 연계되어 짜임새 있게 흘러가는 수업은 듣는 이의 몰입도와 흥미를 높인다.

수업 전문가로서 예비 교사인 우리 또한 수업의 논리와 체계를 다져야 한다. 이를 위한 방법이 바로 **'활동 간의 연계성'**을 높이는 것이다. 수업 실연을 구상할 때는 활동 간의 연계가 잘 이루어지고 있는지 항상 체크하자. 우리의 수업에 집중하며 미소 짓는 평가위원의 모습을 볼 수 있을 것이다.

### 연습문제

지금까지 수업 실연의 핵심 원리인 ① **문답법**, ② **모델링**, ③ **활동 간의 연계**를 살펴보았다. 읽는 것보다 빠른 배움은 실행에서 온다! 다음의 연습문제에 3가지 핵심 원리를 적용하여 구상해보자.

### 문제 1  다음 상황에 맞추어 수업을 구상하시오.

[교수 · 학습 조건]
1. 과목명 : 음악
2. 대상 : 중학교 3학년(남녀 20명)
3. 교실 기자재 : 멀티미디어, 장구, 단소, 시청각 자료
4. 수업 시간 : 45분
5. 단원명 : 밀양 아리랑

[수업 실연 조건]
1. 메나리 토리의 특징을 다양한 발문을 통해 설명한다.
2. 장구 반주와 단소 연주에 대한 교사의 모델링을 포함한다.
3. 학습 목표 달성을 위한 활동들이 서로 연계된 수업을 구성한다.

[수업 자료]

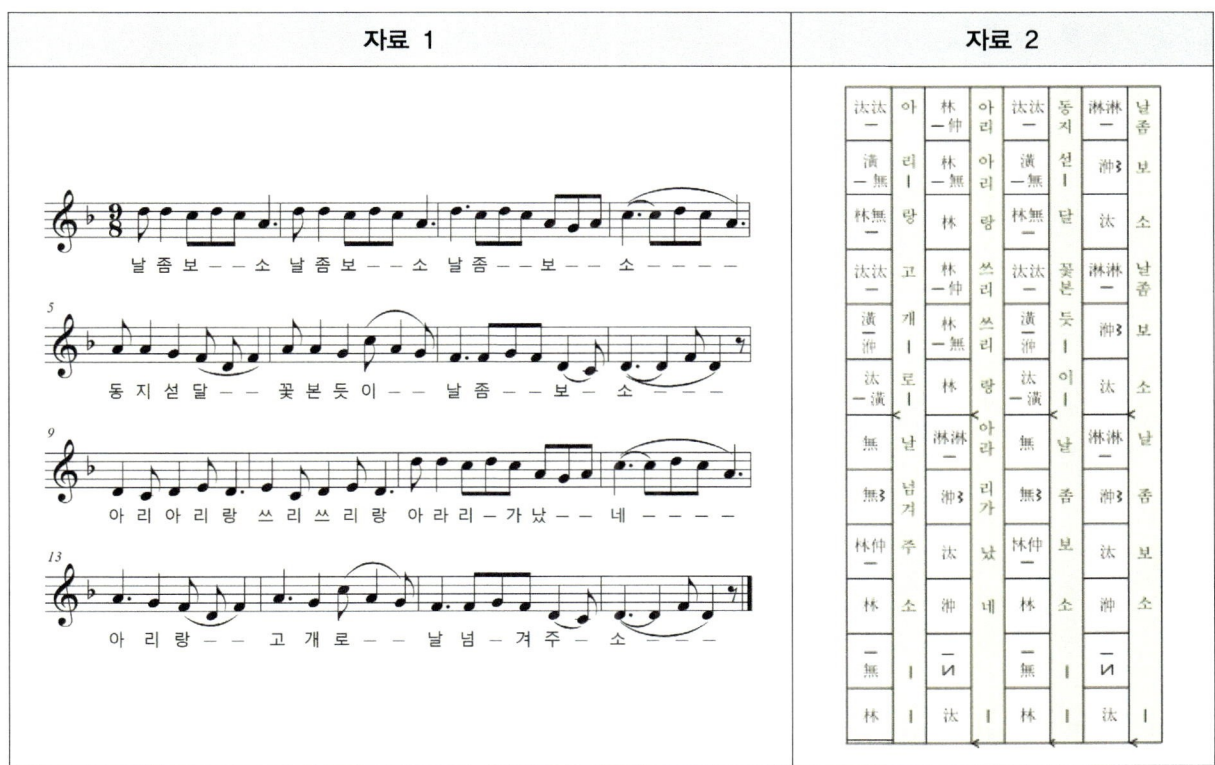

[답안지]

| 과목명 | 음악 | 대상 | 중학교 3학년<br>(남녀 20명) |
|---|---|---|---|
| 단원명 | 밀양 아리랑 | 차시 | 2/3차시 |
| 학습목표 | 1. 메나리 토리의 특징을 설명할 수 있다.<br>2. 세마치 장단에 맞추어 밀양 아리랑을 노래할 수 있다.<br>3. 단소의 올바른 호흡과 운지로 밀양아리랑을 연주할 수 있다. | | |
| 순서 | 교수·학습 활동 | | 수업 자료 |
| 도입 | 전시 학습(1/2차시)에서 우리나라 민요의 토리별 특징을 배우고 시김새를 살려 밀양 아리랑을 불러보았다.<br><br>〈전시학습 확인〉<br><br><br><br><br>학습목표 제시 | | |
| 전개 | 활동 1. 메나리 토리의 특징 이해하기<br><br><br><br><br><br>활동 2. 세마치 장단 이해하기<br><br><br><br><br>활동 3. 단소 연주하기<br><br><br><br><br> | | [자료 1]<br><br>[자료 2]<br><br>시청각 자료<br>(단소의 주법) |
| 정리 | 학습내용 정리<br><br>〈차시 예고〉<br>모둠별 단소합주 발표가 있음을 예고한다. | | |

[예시 답안]

| 과목명 | 음악 | | 대상 | 중학교 3학년 (남녀 20명) |
|---|---|---|---|---|
| 단원명 | 밀양 아리랑 | | 차시 | 2/3차시 |
| 학습목표 | 1. 메나리 토리의 특징을 설명할 수 있다.<br>2. 세마치 장단에 맞추어 밀양 아리랑을 노래할 수 있다.<br>3. 단소의 올바른 호흡과 운지로 밀양아리랑을 연주할 수 있다. | | | |
| 순서 | 교수·학습 활동 | | | 수업 자료 |
| 도입 | 전시 학습(1/2차시)에서 우리나라 민요의 토리별 특징을 배우고 시김새를 살려 밀양 아리랑을 불러보았다.<br><br>〈전시학습 확인〉<br>① 우리나라 민요의 토리별 시김새 특징을 교사의 시범 가창을 들어보며 이해하고 복습한다.<br>② 교사의 선창에 이어 학생들은 밀양 아리랑을 불러 본다.<br><br>학습목표 제시 | | | |
| 전개 | **활동 1. 메나리 토리의 특징 이해하기**<br>① 밀양 아리랑 오선보를 보고, 모둠별로 메나리 토리의 특징이 나타나는 부분을 찾아본다.<br>② 모둠별 발표를 통해 서로 찾은 부분을 비교해본다. 이 때, 교사는 다양한 질문을 통해 학생들이 메나리 토리의 선율적 특징을 학습하도록 한다.<br><br>**활동 2. 세마치 장단 이해하기**<br>① 세마치 장단을 무릎 장단으로 익힌다.<br>② 무릎 장단에 맞추어 밀양 아리랑을 불러본다.<br>③ 교사의 시범을 보고, 세마치 장단을 장구로 쳐본다.<br><br>**활동 3. 단소 연주하기**<br>① 단소의 주법에 대한 영상 자료를 시청하고, 교사의 밀양 아리랑 시범연주를 감상한다.<br>② 교사의 장구 반주에 맞추어 단소를 연주해본다.<br>③ 짝과 함께 서로의 연주를 들어보고, 어떻게 연주하면 더 잘 연주할 수 있을지 고민해보도록 한다. | | | [자료 1]<br><br>[자료 2]<br><br>시청각 자료<br>(단소의 주법) |
| 정리 | 학습내용 정리<br><br>〈차시 예고〉<br>모둠별 단소합주 발표가 있음을 예고한다. | | | |

문제 2 다음 상황에 맞추어 수업을 구상하시오.

[교수·학습 조건]
1. 과목명 : 음악 감상과 비평
2. 대상 : 고등학교 2학년(남녀 20명)
3. 교실 기자재 : 피아노, 멀티미디어, 스마트폰, 연주 영상 자료
4. 수업 시간: 50분
5. 단원명 : 낭만주의 음악

[수업 실연 조건]
1. 낭만주의 음악의 특징을 다양한 발문을 통해 설명한다.
2. 피아노를 활용하여 제재곡 '슈만 – 헌정'과 관련한 교사의 모델링을 포함한다.
3. 수업 자료를 활용하여 동기유발 활동과 전개 활동이 연계된 수업을 구성한다.

[수업 자료]

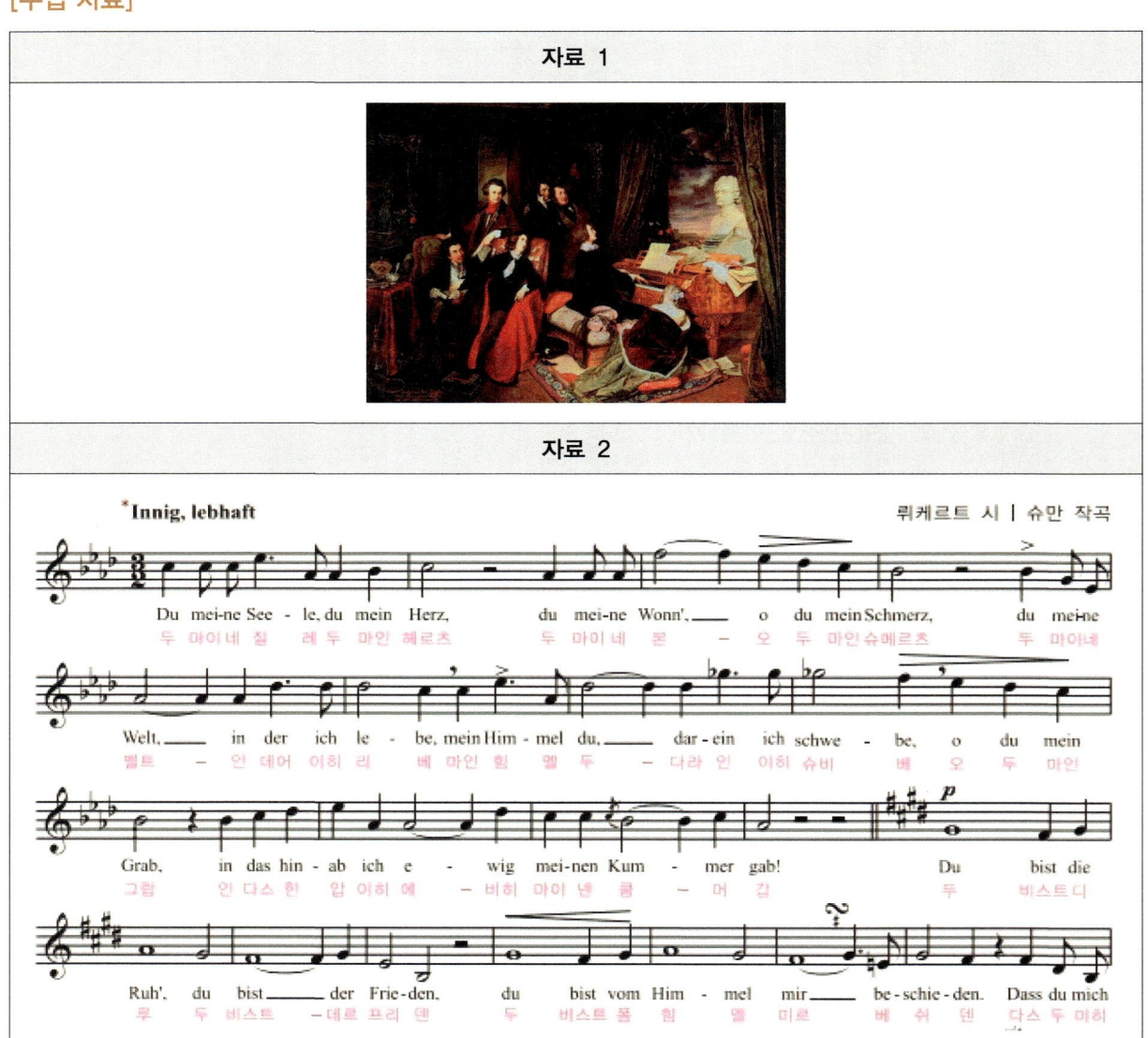

[답안지]

| 과목명 | 음악 감상과 비평 | 대상 | 고등학교 2학년<br>(남녀 20명) |
|---|---|---|---|
| 단원명 | 낭만주의 음악 | 차시 | 1차시 |
| 학습목표 | 악곡을 듣고, 역사·문화적 배경과 관련지어 낭만주의 음악의 특징을 설명할 수 있다. | | |
| 순서 | 교수·학습 활동 | | 수업 자료 |
| 도입 | 전시 학습에서 고전주의 음악을 감상하고, 역사·문화적 배경과 관련지어 그 특징을 배웠다.<br><br>〈전시학습 확인〉<br>고전주의 음악의 역사·문화적 배경을 복습한다.<br><br>〈동기유발〉<br><br><br><br><br>학습목표 제시 | | 연주 영상<br>(카프리스 24번)<br><br>[자료 1] |
| 전개 | 활동 1. 낭만주의 음악의 특징 이해하기<br><br><br><br><br><br><br><br>활동 2. 낭만주의 시대의 다양한 음악 감상하기<br><br><br><br><br><br><br> | | [자료 2] |
| 정리 | 〈학습내용 정리〉<br>퀴즈를 통해 고전주의, 낭만주의 음악의 특징을 복습한다.<br><br>〈차시 예고〉<br>다음 시간에 배울 '인상주의'에 대해 예고한다. | | |

[예시 답안]

| 과목명 | 음악 감상과 비평 | 대상 | 고등학교 2학년 (남녀 20명) |
|---|---|---|---|
| 단원명 | 낭만주의 음악 | 차시 | 1차시 |
| 학습목표 | 악곡을 듣고, 역사·문화적 배경과 관련지어 낭만주의 음악의 특징을 설명할 수 있다. | | |
| 순서 | 교수·학습 활동 | | 수업 자료 |
| 도입 | 전시 학습에서 고전주의 음악을 감상하고, 역사·문화적 배경과 관련지어 그 특징을 배웠다.<br><br>〈전시학습 확인〉<br>고전주의 음악의 역사·문화적 배경을 복습한다.<br><br>〈동기유발〉<br>① 파가니니 카프리스 24번의 연주 영상을 감상한다.<br>② 〈자료 1〉의 그림을 보며, 모둠별로 낭만주의 시대 음악은 어떤 특징이 있었을지 유추해본다.<br><br>학습목표 제시 | | 연주 영상 (카프리스 24번)<br><br>[자료 1] |
| 전개 | 활동 1. 낭만주의 음악의 특징 이해하기<br>① 낭만주의 시대의 역사·문화적 배경을 설명한다.<br>② 동기유발 활동에서 모둠별로 유추한 특징을 발표한다. 이 때, 교사는 다양한 발문을 통해 역사·문화적 배경과 음악적 특징을 연관지을 수 있도록 한다. ("감정을 드러내는 음악이 왜 등장하게 되었을까요?")<br>③ 파가니니 카프리스 24번을 다시 감상하고, 어떤 부분에서 낭만주의적 특징이 드러나는지 자유롭게 발표한다.<br><br>활동 2. 낭만주의 시대의 다양한 음악 감상하기<br>① 슈만 '헌정'을 교사의 피아노 연주로 감상한다.<br>② 문학 작품과 관련된 다른 낭만주의 시대의 음악을 스마트폰으로 조사하고 감상해본다.<br>③ 조사한 낭만주의 시대의 다양한 음악들을 피아니스트들의 실제 피아노 연주로 감상한다. | | [자료 2] |
| 정리 | 〈학습내용 정리〉<br>퀴즈를 통해 고전주의, 낭만주의 음악의 특징을 복습한다.<br><br>〈차시 예고〉<br>다음 시간에 배울 '인상주의'에 대해 예고한다. | | |

# 제2장 수업 실연의 기본구성과 만능틀 만들기

## 01 | 수업 실연의 기본구성

처음으로 수업 실연에 도전할 때 수험생들이 가장 어렵게 느끼는 것은 제한시간에 맞추어 도입-전개-정리의 활동들을 체계적으로 진행해나가는 것이다. 수업 조건을 고려하는 동시에 여러 활동들을 자연스럽게 연계시켜나가는 것이 생각만큼 잘 되지 않는다. 그 이유는 '수업 실연의 기본 구성'에 익숙하지 않기 때문이다.

다음은 2023년도 수업 실연 기출문제 복기 요약이다.

| 2023년도 수업 실연 기출문제 복기 요약 |||
|---|---|---|
| 대상 | 고등학교 1학년(남녀 혼합 24명, 총 6모둠) ||
| 교실 기자재 | 피아노, 장구, 멀티미디어, 태블릿PC, 생활악기 ||
| 수업자료 | 자료 1 | ① 미사 부르는 모습<br>② 종묘제례악 그림 |
| | 자료 2 | 팔레스트리나 6성부 미사 키리에 악보 |
| | 자료 3 | 종묘제례악 영신희문 악작, 악지 악보 |
| 수업 실연조건 | ① [자료 1]을 활용하여 미사 음악과 종묘제례악의 음악적 특징을 빈칸으로 제시하고, 교사와 학생 간 발문으로 빈칸에 해당하는 답을 찾도록 하시오.<br>② [자료 2]를 활용하여 효과적인 가창 방법을 제시하고, 가창 활동 시 학생의 음역대를 고려하여 지도하시오.<br>③ [자료 3]의 특징을 학습할 때는 각 악기의 구음을 활용하고, 생활악기를 통해 표현할 수 있도록 하시오. ||
| 실연 부분 | [전개] 활동 1, 활동 2, 활동 3 ||

기출문제에서 알 수 있듯 수업 실연은 일반 수업과 달리 그 상황이 구체적으로 지정되며, 수업의 일부분을 생략하고 실연하게 된다. 체계적으로 수업을 하고 싶어도 중간에 생략되는 부분들을 고려하다보니 어색하게 느껴지고, 자신 있게 실연하기 어려워진다. 그렇다고 수업 흐름의 모든 경우를 고려하여 연습하기에는 우리에게 시간이 부족하다. 그럼 우리는 어떻게 연습해야 할까? 다음은 필자가 제시하는 수업 실연의 기본 구성이다.

### 〈수업 실연의 기본 구성〉

① 인사
② 동기유발
③ 학습목표 제시
④ 개념학습
⑤ 연주, 감상, 창작 활동(모둠 활동)
⑥ 정리

간단히 생각하자. 어느 부분을 가르치든 우리는 15-20분의 시간동안 위 6단계의 구성에 맞추어 학생들의 학습을 끌어내고 소통하는 모습을 보여주면 된다.

### 수업 실연 예시

| | |
|---|---|
| 인사 | 안녕하세요! 아름다운 소리가 가득한 행복한 음악시간입니다. |
| 동기유발 | 여러분, 앞의 사진을 볼까요? 사람들이 왜 이렇게 모여있는 것 같나요? 오, 민수가 왼쪽 사진이 교회에서 예배드리는 모습 같다고 해주었어요. 그럼 오른쪽 사진은 어떤 것 같은지 말해줄 수 있는 사람? 지연이가 5월 1일에 부모님과 함께 종묘에서 종묘제례악을 보고 왔는데 그 모습과 비슷하다고 하네요. 민수와 지연이가 말해준 것처럼 왼쪽은 중세 유럽의 미사 모습이고 오른쪽은 종묘제례악의 모습이랍니다. |
| 학습목표 | 앞서 살펴본 그림과 관련해서 오늘은 '의식 음악'을 주제로 르네상스 시대 팔레스트리나의 미사곡과 우리나라의 종묘제례악에 대해 배워볼 건데요. 먼저 학습목표를 같이 읽어보고 시작해볼까요? |
| 개념학습 | 지금부터 여러분과 선생님이 함께 빈칸을 채워볼건데요. 그림을 살펴보면서 채워보도록 합시다. 미사의 모습을 보면 여러 사람들이 노래를 부르고 있는데 어떤 형태로 연주가 되었을까요? 오, 그렇지. 승희가 얘기한 것처럼 미사는 합창으로 연주되었어요. 음, 민규가 질문이 있다고? 그래- 여러분 민규가 그림에 악기는 보이지 않는다고 질문해주었는데요. 여기서 우리가 알 수 있는 미사곡의 특징이 있답니다. 무엇인지 얘기해볼 사람? 맞았어요. 하진이가 말한 것처럼 미사는 무반주 합창으로 연주되었답니다. 그럼 미사의 연주 형태 빈칸에 무반주 합창이라고 적어볼까요? |
| 활동 | 자, 지금까지 종묘제례악의 악작, 악지 부분을 살펴보았는데요. 여기서 쓰이는 박, 축, 북, 어의 소리를 다시 잘 듣고 직접 비슷한 소리를 내는 생활 악기를 만들어봅시다. |
| 정리 | 지금까지 미사곡과 종묘제례악에 대해서 여러 가지 활동을 통해 잘 배워보았는데요. 그럼 오늘의 수업 내용을 정리해볼까요? |

**실연 부분이 어떻게 지정되어 있건, 수업 진행을 체계화하기 위해서는 기본 구성의 순서에 맞추어 전개해나가는 것이 좋다.** 실연 부분에 도입 단계가 포함되지 않더라도, 간단한 인사와 동기유발 활동으로 시작하면 수업을 훨씬 체계적으로 진행해나갈 수 있다. 더불어, 실연하지 않아도 되는 부분은 이미 활동을 했다는 가정의 말 1-2마디를 추가해주는 것으로 대체하면 충분하다.

주제가 아무리 어렵고 구성이 복잡하더라도 수업 실연의 기본 구성에 맞추어 차분히 진행하면 훌륭한 실연을 펼칠 수 있을 것이다.

# 02 | 만능틀

이제 수업 실연의 기본 구성에 맞추어 어떠한 주제가 나오더라도 활용할 수 있는 만능틀을 만들어볼 차례다. 수업 실연을 준비하는 초반에는 쉽게 입이 떨어지지 않거나 1-2가지 개념을 설명하는데 시간을 다 써버려 활동을 풀어내지 못하는 일이 부지기수다. '① 인사 ② 동기유발 ③ 학습목표 제시 ④ 개념학습 ⑤ 연주·감상·창작 활동(모둠 활동) ⑥ 정리'의 각 단계에서 내가 언급할 말이나 진행할 방향 등을 설정해두면 수업 실연 공부 초기에 큰 도움이 된다. 필자가 수험 시절 활용했던 만능틀을 먼저 살펴보자.

| 순서 | 내용 |
| --- | --- |
| 인사 | 관리번호 O번입니다. 수업 실연 시작하겠습니다.<br>(웃으며) 아름다운 소리가 가득한 행복한 음악시간입니다.<br>여러분들의 밝은 표정을 보니 오늘도 정말 즐거운 시간이 될 것 같네요. 모두들 다 온 것 같으니 함께 힘차게 수업을 시작해볼까요? |
| 동기유발 | - 전시학습: 브레인스토밍 발표<br>- 제시된 수업자료 활용한 동기유발 1-2가지<br>  → 동기유발 활동 마무리 할 때, 오늘 활동이랑 연관시켜서 말해주기<br>- "우리가 -을 해보았는데, 오늘 배울 내용이 -이기 때문이에요" → 학습목표로 이어가기 |
| 학습목표 제시 | - 학습목표 판서 후, 손으로 짚으며 함께 읽어보기<br>- 활동 끝날 때, 학습목표 달성했다고 체크해주기(색 분필로) |
| 개념 학습 | - 수업 조건으로 제시된 개념에 대한 간단한 강의식 설명<br>- 설명할 때는 발문과 응답 / 모델링 포함하기<br>  → 개념 학습 후, 오늘 진행할 수업 활동과 어떻게 연관되는지 언급하기 |
| 활동 | - 제시된 주제에 대한 개인 활동, 모둠 활동 진행하기<br>- 개인 활동, 모둠 활동 순회지도 진행 / 모델링 포함하기<br>- 활동마다 시간 제시하기(5분, 10분, 15분)<br>- 활동 후 발표 및 평가시간 갖기 |
| 정리 | - 배운 내용 다시 떠올려보기(발표)<br>- 다음 차시 예고하기(관련 활동) |

수업의 기본적인 진행을 만능틀로 정리하는 과정을 통해 수업 실연의 기초 뼈대를 잡아갈 수 있다. 그 후에, 기출문제를 분석하고 여러 모의 수업 실연을 진행하며 나만의 필살기를 갖추면 된다. 이와 관련된 부분은 〈3부. 수업 실연의 발전〉에서 제시하였으니 우선은 기초부터 탄탄히 잡아보자!

만능틀을 만들었다고 해서 무조건 틀에 맞추어 실연해야 하는 것은 아니다. 다만, 만능틀에 맞추어 계속 연습하다보면 나중에는 애쓰지 않아도 자연스럽게 도입-전개-정리의 활동이 연결되는 체계적인 수업을 할 수 있을 것이다. 첫 수업 실연을 하기 전, 아래의 표를 간단히 완성하여 활용해보자.

| 순서 | 내용 |
|---|---|
| 인사 | |
| 동기유발 | |
| 학습목표 제시 | |
| 개념 학습 | |
| 활동 | |
| 정리 | |

# 제3장 교과서 기초 분석

## 01 기초 개념 재정립

많은 예비교사들이 수업 실연을 준비하며 가장 고심하는 것은 수업 내용을 학생 수준에 맞추어 전달하는 방법이다. 1차 시험에서 어려운 음악 개념들을 척척 풀어냈던 우리지만, 수업 실연에서는 학생 수준을 고려하니 막상 기초 개념도 설명하기 어려워진다. 그렇다. 우리는 공부를 너무 많이 했다. 하지만 걱정하지 말자. 학생의 평균적인 눈높이를 이해할 수 있는 아주 쉬운 방법이 있다. 바로 '**교과서**'이다.

**수업 실연에 돌입하기 전, 교과서에 등장하는 기초개념(음표, 형식, 기보 등)의 서술형태를 살펴보자.** 단, 주의할 것이 있다. 2차 시험은 1차 시험과 달리 '실제적 지식'을 평가하는 시험이다. 전 출판사의 교과서들을 일일이 정리하며 달달 외울 필요는 없다. 우리가 할 것은 교과서에서 제시하는 음악 기초 개념들의 서술형태를 반복해서 읽어보고 익숙해지는 것이다. 교과서는 학생의 입장을 가장 많이 고려하여 만든 책이고, 교과서의 서술형태에 익숙해지다보면 자연스럽게 학생들의 눈높이에 맞는 설명을 끌어낼 수 있다. 교과서에 등장하는 서술을 다시 살펴보며 머릿속에 존재하는 많은 개념들을 재정립하는 시간을 가져보자. 시간이 허락한다면 전체 교과서를 정리해도 좋겠지만, 시간이 부족하다면 중·고등 교과서 몇 권만을 골라 읽어보는 것으로도 충분하다.

### 교과서 개념 서술 예시

 **변주곡**
어떤 주제를 바탕으로 여러 가지 음악적 요소들을 변화시켜 연주하는 음악이다.

● **박자와 리듬꼴** 박자는 센박과 여린박이 규칙적으로 되풀이되면서 형성되는 리듬의 기본적인 단위를 말한다. 박자에 따라 리듬꼴이 만들어진다.

● **론도** '빙빙 돈다'는 뜻으로, 원래는 일정한 구절이 반복되는 시를 뜻하였다. 이러한 론도가 기악 음악으로 발달하면서 고전주의 시대에는 기악곡의 형식이 되었고, 춤곡이나 교향곡의 4악장 혹은 독립된 악곡으로 널리 쓰였다.

> **🎺 Tip  개념을 설명하는 가장 쉬운 방법**
>
> 막상 교과서에 제시된 서술대로 설명하자니 무언가 매끄럽지 않고 어렵게 느껴질 수 있다. 그런 상황에 대처할 수 있는 가장 쉬운 방법은 '**개념의 명칭**'에 학생들을 집중시키는 것이다. 예를 들어 '오선보'의 개념을 가르친다고 생각해보자. "오선보란, 말 그대로 선 5개로 이루어진 악보랍니다. 여기에 우리가 배웠던 음표, 쉼표들을 기보해서 음악을 만들 수 있죠." 하나 더 예시를 들어보자. 이번엔 '삼분손익법'이다. "삼분손익법이란, 관의 길이를 삼등분해서 손익, 즉 더하고 빼면서 음의 높이를 조정했던 방법을 말한답니다." 개념의 명칭에 담긴 의미를 풀어 설명하다보면 학생의 눈높이에 맞는 적절한 설명을 발견할 수 있다. 모든 개념들을 정확히 정의내려 외우고, 그것을 실연에서 그대로 읊기란 불가능에 가깝다. 개념 설명에 막막함을 느끼고 있다면 '개념의 명칭'에 집중하여 풀어나가는 식의 설명을 활용해보자.

## 02 | 기본이 되는 교수법 : 교과서에서 힌트를 얻자!

많은 사람들 앞에서 떨지 않고 말한다는 것은 참 어려운 일이다. 더군다나 교사는 가르치는 사람이다. 말 한마디라도 그 속에 교육적 의미를 담아 가르쳐야 하는 것이다. 그래서 실기, 면접, 수업 실연 중 수험생들이 초반에 가장 곤혹을 겪는 것이 수업 실연이다. 구상을 열심히 했더라도 막상 실연하려니 입이 떨어지지 않는 경우가 많고, 수많은 교수 이론들을 배웠지만 써먹으려니 어떻게 사용해야 할지 감이 잡히지 않는다.

교과서에는 많은 내용의 교과 지식과 학습활동이 들어있다. 국가에서 공인하고 여러 선생님들이 함께 집단지성을 발휘하여 집필한 교과서는 우리나라 음악 교육의 가장 기본이 되는 교수법을 담았다고 볼 수 있을 것이다. 수업 실연을 할 때마다 어떻게 가르쳐야 할지 막막하고 입을 떼기 어렵다면 교과서로 돌아가자. 교과서에 나오는 여러 활동들을 참고하여 수업에 대한 힌트를 얻으면 된다.

**교과서 활동 예시**

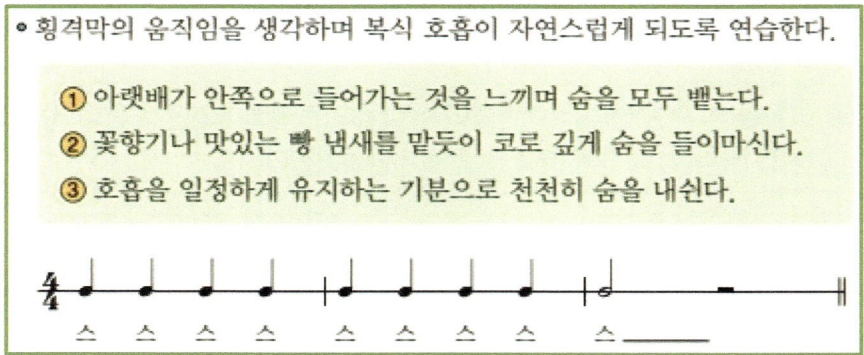

교과서는 다양한 상황에 적용 가능한 기본적인 교수법이나 학습 활동들이 주를 이루지만, 창의적이고 독특한 교수·학습 활동들도 존재한다. 보드게임을 수업 활동에 접목한 리듬 게임이나 학생들의 논리적 사고를 촉진할 수 있는 다양한 토론 주제 등이 그것이다. 이에 대한 분석법은 〈3부. 수업 실연의 발전 – 교과서 심화 분석〉에서 추가로 이야기하겠다.

앞서 얘기한 것처럼, 우리는 교과서에 들어있는 교수법과 활동들을 외우는 것이 목적이 아니다. 이를 얼마나 잘 활용할 수 있느냐가 관건이다. 따라서 '교과서 기초 분석' 단계에서는 교과서를 빠르게 회독하며 기초 개념과 기본 교수법에 익숙해지고, 개념에 대한 설명을 읊조려보는 식의 공부법을 추천한다.

| 교과서 기초 분석 회독표 | | | | | | | |
|---|---|---|---|---|---|---|---|
| | 1일차 | 2일차 | 3일차 | 4일차 | 5일차 | 6일차 | 7일차 |
| 중학교 | 천재교과서 1, 2 | 지학사 1, 2 | 도서출판 박영사 1, 2 | 동아출판 1, 2 | 와이비엠 1, 2 | 아침나라 1, 2 | 성안당 1, 2 |
| | 비상교육 1, 2 | 음악과생활 1, 2 | 박영사 1, 2 | 금성출판사 1, 2 | 세광음악 1, 2 | 교학사 1, 2 | (고등학교) 천재교과서 |
| | 8일차 | 9일차 | 10일차 | 11일차 | 12일차 | 13일차 | 14일차 |
| 고등학교 | 비상교육 | 도서출판 박영사 | 와이비엠 | 천재교과서 (음감비) | 아침나라 (음감비) | 음악과생활 (음연창) | 천재교육 (미디어) |
| | 지학사 | 박영사 | 아침나라 | 음악과생활 (음감비) | 교학사 (음감비) | 음악과생활 (미디어) | 교학사 (미디어) |
| | 음악과생활 | 금성출판사 | 교학사 | 와이비엠 (음감비) | 천재교과서 (음연창) | | |

〈3부. 수업 실연의 발전〉 파트에 들어가기 전, 2주 정도의 시간 동안 전체 출판사의 교과서를 읽어볼 수 있는 회독 일정표를 만들어보았다. 실기연습과 면접 공부에 지쳐 계획을 스스로 세우기 힘든 수험생들은 참고하기 바란다.

# 제4장 지도안 작성법 (서울, 대전, 경북, 경남, 부산, 울산)

## 01 지도안이란?

지도안이란, 학생의 학습활동을 계획한 교사의 구상안을 말한다. 몇몇 지역은 이런 지도안의 작성 능력 또한 평가영역에 포함하고 있다. 그럼 어떻게 쓴 지도안이 높은 점수를 받을 수 있을까? 간단하다. **교사의 지도활동과 학생들의 학습활동이 구체적이고 체계적으로 계획된 지도안이 좋은 지도안**이다.

| 지도안의 기본 구성 | |
|---|---|
| 도입 | - 전시학습 내용<br>- 동기유발 전략<br>- 학습목표 제시 |
| 전개 | - 학습 주제와 관련된 개념학습방안<br>- 제시된 활동에 대한 구체적 실천 방안 서술 |
| 정리 | - 평가 방안<br>- 학습 정리 내용<br>- 다음 차시 예고 |

최근의 지도안은 교사 재량에 따라 다양한 방식으로 작성한다. 그럼에도 대부분의 지도안은 위에서 제시한 지도안의 기본 구성 흐름에 따라 작성된다. 따라서 수업 실연을 준비하는 우리들은 위의 흐름에 따라 지도안을 체계적으로 작성해보는 연습을 하는 것이 좋다. 지도안을 작성하지 않는 지역이라 하더라도, 위 구성에 따라 수업을 구상한다면 앞서 제시한 수업 실연의 기본구성인 '① 인사 ② 흥미유발 ③ 학습목표 제시 ④ 개념학습 ⑤ 연주·감상·창작 활동(모둠 활동) ⑥ 정리'의 흐름에 맞춰 체계적으로 수업을 진행하기 용이할 것이다.

꼭 위에서 제시한 기본 구성을 따르지 않더라도 도입-전개-정리의 흐름을 고려하여 짜임새 있게 지도활동을 서술하면 큰 무리 없이 좋은 점수를 받을 수 있다. 계속 열심히 연습하기만 하면, 누구나 훌륭하게 지도안을 작성해낼 수 있는 것이다.

사실, 지도안 작성이 어려운 것은 제한 시간 안에 처음 보는 주제로 체계적인 수업을 구상해야 하기 때문이다. 결국 수업 실연을 열심히 준비하면 자연스레 지도안 작성 능력도 향상된다. [최종합격을 위한 음악 수업 실연 SECRET]에서는 이를 고려하여 각 모의 평가에 지도안 양식 답안지를 함께 제공하고 있으니 제시된 작성 조건에 따라 열심히 연습해보도록 하자.

## 02 | 지도안과 수업 실연

지도안 작성 시간은 60분 정도가 주어진다. 하지만, 실제 시험장의 긴장된 분위기를 고려한다면 수기로 깔끔하게 정리된 지도안을 작성하기에 넉넉한 시간은 아닐 것이다. 따라서 지도안 작성 시간을 10분 정도 단축하여 연습하는 것을 추천한다.

또한, 지역에 따라 지도안 작성 후 따로 구상시간 없이 바로 실연하게 되는 경우가 있다. 반드시 시행계획 공고를 철저히 확인하여 실제 시험 상황과 동일한 상태에서 연습할 수 있도록 하자. 지도안 작성 후 일정 시간이 지나고, 바로 준비 없이 실연을 하게 된다면 실수할 가능성이 높아질 수 있다. 지도안을 작성한 후에 남은 시간동안 수업을 리마인드하며 완벽한 실연을 준비하자.

지도안 작성 이후에 추가 구상시간이 존재하더라도 주의해야 할 것이 남아있다. 지도안 작성 후 다시 구상 시간을 부여받을 때, 지도안에는 없었던 새로운 수업 조건들이 등장할 수 있다는 것이다. 전년도 합격수기 들을 꼼꼼히 살펴보며 어떤 방식으로 준비해야 할 지 반드시 점검하자.

덧붙여, 지도안을 작성한 후 더 좋은 아이디어가 떠올랐음에도 지도안대로만 실연해야 하지 않을까 걱정할 수 있다. 실제 수업은 많은 변수들이 존재하기에 지도안 그대로 수업을 진행하는 경우가 드물다. 수업 실연도 마찬가지다. 갑작스레 떠오른 좋은 방법을 활용하여 학생들의 학습을 더욱 촉진할 수 있다면 그것이 좋은 수업 실연이다! 다만, 지도안에 이미 작성한 활동들은 빼먹지 않고 반드시 실연하는 것이 좋다. 합격생들의 많은 수기를 살펴보면, 지도안의 내용을 실연에 반영하지 않는 경우 점수에 영향을 끼친다는 의견이 많기 때문이다. 지도안을 바탕으로 하되, 좋은 아이디어가 떠오른다면 자신 있게 발휘하며 나의 수업을 뽐내보도록 하자.

> **요약 및 정리**
>
> 1. 지도안 작성 시간은 10분 정도 단축하여 연습하자.
>
> 2. 지역에 따라 따로 구상시간 없이 바로 실연하게 될 수 있다.
>
> 3. 지도안 작성 후 다시 구상 시간을 부여받을 때, 지도안에는 없었던 새로운 수업 조건들이 없는지 잘 확인하자.
>
> 4. 지도안에 이미 작성한 활동들은 되도록 빼먹지 않고 반드시 실연하자.

# 03 | 지도안 작성 가이드라인 : 평가자의 시선에 맞는 지도안을 작성하는 방법

현직 교사들은 보통 수업 공개나 연구 수업을 진행하는 경우에 지도안을 작성하게 된다. 정형화된 틀을 중요시했던 과거와는 달리, 최근에는 교사 개개인의 역량에 따라 다양한 형태로 지도안을 디자인한다. 교사와 학생의 활동을 따로 구분하지 않기도 하고, 서두에 다양한 이론적 배경들을 제시했던 것에서 탈피해 해당 차시 수업 자체에만 집중하여 작성하기도 한다.

그러나 수험생은 객관적인 기준에 따라 평가를 받는 입장이기에 가장 고득점할 수 있는 방향으로 지도안을 작성하는 것이 필요하다. 저자가 제시하는 지도안 작성 가이드라인을 참고하여 나만의 지도안 작성 체계를 만들어보자.

## 1 개념 학습 지도안 작성 가이드라인

- 학습목표와 관련된 개념 학습 내용 작성하기

① 강의식으로 진행하는 개념 학습 부분은 개념 지식의 정의나 어원을 서술한다.
② 개념과 관련된 활동을 하위로 제시한다.
③ 개념적 지식을 서술할 때에는 교사의 입장보다 학생의 입장을 고려하여 교과서 수준에서 서술할 수 있도록 한다.

(ex)
- 론도 형식에 대해 이해한다.
  - 론도는 프랑스어로 '돈다'는 뜻으로 중심 주제가 삽입부를 사이에 두고 되풀이해 나타나는 형식을 말한다.
  - 다양한 블록을 활용하여 론도 형식을 표현해보도록 한다.

## 2 수업 활동 지도안 작성 가이드라인

- 학습목표와 관련된 활동 내용 작성하기

① 제시된 수업자료를 활용할 수 있는 다양한 활동(연주, 감상, 창작)을 제시한다.
② 제시한 활동에 대한 하위 활동들을 구체적으로 제시한다.
③ 모둠활동 시 유의점이나 안내해야 할 사항을 제시한다.
④ 형성평가 내용을 제시한다.

(ex)
- 음악의 특징을 살려 제재곡을 2부 합창으로 노래하기
  - 제재곡을 음원으로 감상하고, 변화하는 셈여림을 그림으로 표현해본다.
    → 셈여림을 그림으로 표현할 때 활용할 태블릿 PC 사용법에 대해 안내한다.
  - 모둠원들과 성부를 나누어 제재곡을 연습한다.
  - 동료평가를 통해 노래할 때 서로 보완해야 할 점이 무엇인지 파악하도록 한다.

## 지도안 수기 작성 예시

활동 1. 미사곡과 종묘제례악 비교하기

<응시자 작성부분 1>

- <자료1>을 활용하여 미사곡과 종묘제례악의 음악적 특징을 발문을 통해 학습한다.

  ① <자료1>의 그림을 보고 자신의 눈에 띄는 특징을 포스트잇에 자유롭게 작성해보도록 한다.

  ② 포스트잇에 작성한 내용 중 미사곡과 종묘제례악의 음악적 특징과 관련된 내용들을 모둠 활동지에 붙이도록 한다.

  ③ 미사곡과 종묘제례악의 특징을 용도와 편성으로 나누어 빈칸으로 제시한다. 이후, 다양한 발문을 통해 <자료1>의 그림을 토대로 빈칸의 특징을 찾을 수 있도록 한다.

|  | 종묘 제례악 | 미사곡 |
|---|---|---|
| 용도 |  |  |
| 편성 |  |  |

  ④ 포스트잇에 작성한 내용 중 빈칸의 특징과 유사한 특징을 작성한 학생들이 왜 그렇게 생각했는지 발표하도록 한다.

---

지도안을 수기로 어떻게 작성해야 할지 감이 잡히지 않는 수험생들을 위해 2023년 기출 수업 실연 주제 일부를 토대로 필자가 직접 수기로 작성한 지도안을 수록하였다. 혹시나 기출문제를 먼저 실연해보고 참고하고 싶다면 <3부. 수업 실연의 발전 - 1장. 기출부터 확실하게>에 수록되어있는 복기 모의고사를 먼저 실연해보자.

> **참고** 2025학년도 지도안 작성 유의사항

1. 시험 시간은 60분입니다.
2. 문제지(초안 작성 용지 포함) 및 답안지의 전체 면수와 인쇄 상태를 확인하시오.
    ◇ 초안 작성 용지와 답안지는 각각 2면입니다. 초안 작성 용지는 문제지에서 떼어 내어 사용합니다.
3. 문제지, 초안 작성 용지, 답안지의 모든 면에 수험 번호와 성명을 기재하시오.
4. 답안의 초안 작성은 초안 작성 용지를 활용하시오.
5. 답안은 지워지거나 번지지 않는 동일한 종류의 검은색 필기구를 사용하여 작성하시오.
    ◇ 연필, 지워지거나 번지는 펜은 사용할 수 없습니다.
6. 답안을 작성할 때, 가로 선을 그어 답안란의 줄을 추가할 수 있으니, 필요한 경우에 활용하시오.
    ◇ 단, 가로 선은 <응시자 작성 부분>란 내에서만 활용할 수 있습니다.
7. 답안을 수정할 때에는 반드시 두 줄(=)을 긋고 수정할 내용을 작성하시오.
    ◇ 수정 테이프 또는 수정액 등을 사용하여 답안을 수정할 수 없습니다.
8. 문항에 대한 답안 내용 이외의 것(답안의 특정 부분을 강조하기 위한 밑줄이나 기호 등)은 일절 표시하지 마시오.
    ◇ 단, 일반적인 글쓰기 교정 부호는 사용이 가능합니다.
9. 문항에서 요구하는 내용의 가짓수가 제한되어 있는 경우, 요구한 가짓수까지의 내용만 답안으로 작성하시오.
    ◇ 첫 번째로 작성한 내용부터 문항에서 요구한 가짓수에 해당하는 내용까지만 순서대로 평가합니다.
10. 다음에 해당하는 답안은 평가하지 않으니 유의하시오.
    ◇ <응시자 작성 부분>란 이외의 공간(옆면, 뒷면 등)에 작성한 부분
    ◇ 내용이 지워지거나 번지는 등 식별이 불가능한 부분
    ◇ 연필로 작성한 부분, 수정 테이프 또는 수정액 등을 사용하여 수정한 부분
    ◇ 개인 정보를 노출하거나 암시하는 표시(수험 번호 및 성명 기재란 제외)가 있는 답안지 전체
11. 답안지 교체가 필요한 경우에는 답안 작성 시간을 고려하시오.
    ◇ 종료종이 울리면 답안을 일절 작성할 수 없으며, 답안지 교체 후에는 교체 전 답안지를 폐답안지로 처리합니다.
12. 시험 종료 전까지 답안 작성을 완료하시오.
    ◇ 시험 종료 후 답안 작성은 부정행위로 간주합니다.
13. 문제지, 초안 작성 용지, 답안지를 모두 제출하시오.
    ◇ 낱장을 뜯어 가거나 제출하지 않을 경우, 부정행위로 처리될 수 있습니다.
14. 위의 사항을 위반하여 작성한 답안은 평가 시 불이익을 받을 수 있으니 유의하시오.

# 제 5 장
# 수업설계역량 (경기)

2026학년도 경기도 수업실연 평가의 가장 큰 변화는 바로 '수업설계역량'이다. 수업설계역량은 기존에 존재하던 수업 나눔이 폐지되고 신설된 영역으로 2025학년도와 비교해 주요 변경 사항을 살펴보면 다음과 같다.

### 경기도 수업실연 평가의 변화 1

| 선발분야 | 2025학년도(기존) |  |  |  | 시간 |  | 2026학년도(변경) |  |  |  | 시간 |  |
|---|---|---|---|---|---|---|---|---|---|---|---|---|
|  | 시험과목 |  | 문항수 | 배점 | 구상 | 평가 | 시험과목 | 문항수 |  | 배점 | 구상 | 평가 |
| 중등 (실기 외 일반교과)·특수(중등) | 수업능력평가 | 수업실연 | 구상형(1) | 30점 | 25분 | 15분 | 수업실연 | 수업설계역량 | 구상형(1) | 60점 | 20분 | 5분 |
|  |  |  |  |  |  |  |  | 수업실연 | 구상형(1) |  |  | 15분 |
|  |  | 수업나눔 | 즉답형(3) | 30점 | - | 10분 | 폐지 |  |  |  |  |  |
| 중등 (실기교과) | 수업능력평가 | 수업실연 | 구상형(1) | 20점 | 25분 | 15분 | 수업실연 | 수업설계역량 | 구상형(1) | 30점 | 20분 | 5분 |
|  |  |  |  |  |  |  |  | 수업실연 | 구상형(1) |  |  | 15분 |
|  |  | 수업나눔 | 즉답형(3) | 10점 | - | 10분 | 폐지 |  |  |  |  |  |

출처: 경기도교육청

기존에 수업 실연 20점, 수업 나눔 10점으로 구성되었던 배점이 수업설계역량과 수업실연의 구분 없이 총점 30점으로 구성되는 것으로 변경되었다. 더불어 25분이었던 구상시간 또한 20분으로 감소되었다.

### 경기도 수업실연 평가의 변화 2

| 구분 | 2025학년도(기존) | 2026학년도(변경) |
|---|---|---|
| 시험운영 | 구상시간 25분, 수업실연 실시 후 수업나눔(즉답형 3문항) 답변 | 구상시간 20분, 수업설계역량(5분) 답변 후 수업실연(15분) 실시 |

출처: 경기도교육청

이제 경기도의 수험생들은 수업설계역량에 대한 답변을 5분 먼저 진행한 뒤 수업실연을 시작한다. 원래 3개 문항이었던 수업나눔이 사라졌다는 점에서 부담이 줄어들었다고 볼 수도 있으나 20분의 짧은 시간동안 실연과 더불어 수업설계역량까지 구상한다는 면에서 크게 부담되는 부분일 수 있다. 더군다나 수업설계역량은 아직 한번도 출제된 적이 없는 영역이기에 어떤 문항이 출제될지 예측만으로 준비해야하는 상황이다.

어렵게 느껴질 수도 있으나 그럴수록 우리는 본질에 집중해야 한다. 다시 한번 이 평가 영역의 명칭을 살펴보자.

## 01 | '수업설계역량'

말 그대로 수업을 설계하는 역량을 보여주면 된다. 단, 이 영역을 평가하는 주체는 '경기도 교육청'이다. 따라서 경기도교육청이 현장 교사들의 수업 설계를 어떻게 이끌어가고 있는지 유심히 살핀다면 수업설계역량 평가를 준비하는 데 큰 도움이 될 것이다. 이를 위해 필자는 2022 개정 교육과정과 경기도교육청이 2025년 2월 배포한 '탐구-실행-성찰과정 프레임워크 2.0'을 토대로 SECRET만의 수업설계역량 핵심 포인트를 제안해보고자 한다.

## 02 | 수업설계역량의 핵심 포인트

### 1 교육과정 내용체계와 성취기준

학교에서 이루어지는 수업의 핵심은 교육과정 재구성이다. 따라서 수업은 교육과정에 근거하여 재구성되어야하며, 각 교과에서 성취해야 하는 목표에 입각해 설계되어야 한다. 따라서 수업 설계 측면에서도 항상 먼저 고려되어야 하는 것은 바로 교육과정 내용체계(지식·이해, 과정·기능, 가치·태도)와 성취기준이다. 따라서 수업 실연의 학습 목표로 제시된 내용들이 교육과정의 내용체계 및 성취기준과 어떻게 연결되는지 풀어내는 것이 수업 설계의 첫 번째 출발이 되어야 한다. 학습 대상에 해당하는 교과목 내용 중 **학습 목표에 적절한 내용체계와 성취기준은 무엇인지 제시**하도록 하자.

### 2 과정중심평가

평가는 학습자의 목표 달성 수준을 파악하는 아주 중요한 수업 설계 절차이다. 따라서 수업 구성 전에 평가를 어떻게 진행할 것인지 구체적으로 계획하는 것이 필요하다. 실제 현장에서도 매 학기 초에 한 학기 수업의 평가 계획을 수립하는 것이 선행된다. 여기서 가장 중요한 것은 바로 **'과정중심평가'**이다. 결과에만 집중하는 것이 아니라 학습의 과정과 성장에 집중해야한다는 것이다. 이를 위해 수업설계역량에서는 ① **수업 과정에서 학생의 활동 내용을 어떻게 평가**하는지, ② **학습 결손 예방을 위한 형성평가**는 어떻게 진행할 것인지, ③ **학생의 성찰을 자극하는 피드백**은 어떻게 제공할 것인지 등의 계획을 설명하는 것을 추천한다. 사실 과정중심평가에 대해 깊이 있게 이해하기 위해서는 수많은 자료와 문헌들을 시간을 들여 공부하는 것이 필요하다. 하지만 우리는 시간이 없는 수험생이기에, 위 3가지 내용을 압축적으로 이해하고 수업 설계에 반영하는 것으로도 충분하다고 판단한다.

---

**수업설계역량에서의 과정중심평가**

① 수업 과정에서 실제로 이루어지는 **학생 활동을 평가**하는 내용을 설명한다.
② 학생의 학습 결손을 예방하고 완전학습을 추구하는 **형성평가** 방안을 설명한다.
③ 수행 과제에 대한 학생의 성찰을 자극하는 교사의 **피드백**을 설명한다.

### 3  실생활 문제 해결: 8가지 삶의 맥락

2022 개정 교육과정에서는 학습 내용을 실생활 맥락 속에서 이해해야 함을 강조하고 있다. 이러한 내용을 반영하여 경기도교육청에서는 학생이 자신을 둘러싼 세계의 다양한 상황을 이해하고 교과 수준의 지식을 삶의 다양한 맥락에서 적용하고 문제를 해결할 수 있도록 8가지 삶의 맥락을 제시하였다(경기도교육청, 2024).

| 삶의 맥락 | 의미 |
| --- | --- |
| 1. 개인과 사회의 공동 행복 | 수업이 학생 개인의 성장뿐 아니라 사회적 책임과 협력의 중요성을 이해하도록 돕고 있는가? |
| 2. 정체성과 자기주도성 | 학생들이 스스로 자신의 정체성을 탐구하고 학습을 주도적으로 이끌어가는 환경을 제공하고 있는가? |
| 3. 보편적 사회복지 | 학습이 사회적 약자와 공동체의 복지를 증진하는 방향성을 포함하고 있는가? |
| 4. 포용력과 이해력 | 수업이 다양한 관점과 문화를 이해하고 포용할 수 있는 기회를 제공하고 있는가? |
| 5. 공감과 상호 협력 | 학생들이 타인의 관점에 공감하고 협력하며 학습할 수 있는 환경을 조성하고 있는가?<br>혹은 수업 과정에서 타인에 대한 공감과 상호 협력을 이끌어 낼 수 있는가? |
| 6. 생태 전환과 기후 변화 | 수업이 환경 문제와 지속 가능한 발전의 필요성을 인식하도록 돕고 있는가? |
| 7. 디지털 전환과 AI | 수업이 디지털 기술과 인공지능 활용 능력을 향상시키는 방향으로 설계하고 있는가? |
| 8. 책임 있는 민주시민 | 학습자가 민주시민으로서 책임과 의무를 이해하고 실천하도록 돕고 있는가? |

이러한 삶의 맥락을 반영한 수업 설계를 통해 실생활 문제 해결에 도움이 되는 교육을 만들 수 있음을 강조하고 있다. 따라서 경기도교육청에서 제시한 8가지 삶의 맥락을 토대로 수업과 평가를 어떻게 설계하였는지 제시한다면 경기도교육청 정책을 수업에 반영할 수 있을 뿐 아니라 2022 개정 교육과정에서 강조하는 실생활 연계 측면에서도 어필할 수 있다. 8가지 키워드를 머릿속에 넣고 수업 구성에 적용해보자.

### 4  핵심 아이디어의 전이: 탐구 질문과 탐구-실행-성찰 활동

경기도교육청에서는 타 교육청보다 선제적으로 개념기반탐구학습에 근거한 다양한 정책과 수업 프레임워크를 제작해오고 있다. 특히 '깊이있는 수업'이라는 키워드를 중심으로 다양한 수업 지원에 나서고 있는데 탐구-실행-성찰과정 프레임워크 2.0(경기도교육청, 2025)에서는 이러한 '깊이있는 수업의 설계 흐름'을 다음과 같이 제시하고 있다.

| 1단계 | 2단계 | 3단계 | 4단계 |
| --- | --- | --- | --- |
| 2022 교과 교육과정 분석하기 | 탐구 질문 개발하기 | 삶과 연계된 수행과제 개발 | 탐구-실행-성찰 적용하기 |

경기도교육청이 직접 제시한 '**수업 설계 흐름**'이라는 점에서 주목할만한 내용이다. 그러나 이 중 '탐구 질문 개발하기'와 '탐구-실행-성찰 적용하기' 단계는 수험생 입장에서 다소 난해하게 느껴질 수 있다. 이를 조금 더 용이하게 수업실연에 적용할 수 있도록 생각해보자.

탐구 질문은 사실적 질문, 개념적 질문, 논쟁적 질문으로 나뉜다. 이는 〈3부. 수업 실연의 발전 – 3장. SECRET 만점 필살기〉의 '확산적 발문' 부분에서도 다루었으나 그 내용을 한번 더 살펴보면 다음과 같다.

| 질문 유형 | 내용 |
|---|---|
| 사실적 질문 | 정해진 사실이나 개념을 묻는 질문 |
| 개념적 질문 | 개념적 이해와 확장을 묻는 질문 |
| 논쟁적 질문 | 여러 관점에서 토론할 수 있는 질문 |

경기도교육청에서는 수업 설계에 있어 수업 주제와 관련된 핵심 아이디어에 대한 탐구 질문을 먼저 개발하고, 이후에 탐구 질문을 기반으로 한 여러 수업 활동과 평가를 진행할 것을 제안하고 있다. 따라서 수업 설계역량에서도 수업 주제와 관련된 탐구 질문을 물을 가능성이 높다. 이를 위해 **수업 주제와 관련하여 3가지 유형의 탐구 질문(사실적 질문, 개념적 질문, 논쟁적 질문)을 추출하고 설명하는 연습**이 필요할 것이다.

더불어 개발된 탐구 질문을 바탕으로 **핵심 아이디어를 전이시킬 수 있는 탐구–실행–성찰의 과정으로 수업 활동을 설계할 것**을 이야기하고 있다. 이를 위해서는 각 탐구 질문의 내용에 대해 학생들이 직접 탐구하고 실행하며 성찰을 통해 주도적으로 학습해나가는 수업을 설계하는 것이 필요하다.

〈탐구–실행–성찰 과정 수업 설계의 예시〉

- 탐구 질문: 판소리는 어떻게 이야기(서사)를 음악으로 전달할까?(개념적 질문)

① 탐구
- 춘향가 중 사랑가를 감상하며 창, 아니리, 발림의 역할 분석하기
-  뮤지컬을 감상하며 현대 장르의 서사 표현방식 분석하기
② 실행
- 모둠별로 짧은 일상의 이야기를 주제로 판소리 각색하기
- 모둠별로 짧은 일상의 이야기를 주제로 뮤지컬 각색하기
③ 성찰
- 패들렛으로 각색한 영상을 친구들에게 공유하고 피드백 작성하기

위의 예시를 살펴보면 **탐구 질문**(판소리는 어떻게 이야기(서사)를 음악으로 전달할까?)에 대한 답을 찾기 위해 판소리와 뮤지컬의 표현 방식을 분석하는 ① **탐구활동**과 직접 서사를 담아 판소리와 뮤지컬을 각색하는 ② **실행활동**, 그리고 마지막으로 각색한 영상을 공유하고 피드백을 해보는 ③ **성찰활동**으로 수업을 설계했음을 확인할 수 있다. 이를 통해 교과의 핵심 아이디어를 탐구 질문과 그에 근거한 탐구–실행–성찰 과정으로 전이하는 수업을 만들고 있다.

탐구 질문과 이에 기반한 탐구–실행–성찰 과정을 실연 주제와 관련하여 어떻게 풀어낼 수 있을지 다양하게 고민하고 연습해보자.

지금까지 SECRET이 제안하는 수업설계역량의 핵심 포인트를 살펴보았다. 그럼에도 불구하고 수업설계역량은 올해 처음 시행되는 평가영역이고 어떻게 출제될 지 알 수 없다보니 막연한 두려움이 있을 것이다. 물론 필자도 방향성 정도만 예측할 수 있을 뿐 실제 문항이 어떻게 출제될지 알 수 있는 것은 아니다. 다만, 현직 교사의 입장에서 여러분들이 경기도교육청의 수업 설계 방향성을 이해하는 것을 돕기 위해 2025년 기출문제 구성을 토대로 한 각 핵심 포인트별 수업설계역량 답변 예시 방향을 다음과 같이 제안한다.

## 2025년 기출문제를 토대로 한 수업설계역량 답변 예시 방향

❏ **2025년 기출 개요**
- 대상: 중학교 1학년
- 주제: 장단과 리듬
- 핵심 활동: 굿거리 장단에 어울리는 말붙임새 만들기, 4박자 리듬의 랩 만들기
- 학습 목표
  ① 주어진 가사를 활용하여 굿거리 장단에 맞는 말붙임새를 만들 수 있다.
  ② 주어진 가사를 활용하여 4박자 리듬에 어울리는 랩을 만들 수 있다.
  ③ 모둠별로 창작한 말붙임새와 랩을 발표할 수 있다.

❏ **수업설계역량 답변**

안녕하십니까? 관리번호 O번입니다. 수업설계역량 답변 시작하겠습니다.

**(교육과정 내용체계와 성취기준)**

본 수업은 중학교 1학년을 대상으로 진행되며, 2022 개정 음악과 교육과정의 연주와 창작 영역에 해당하는 수업으로 구성하였습니다. 본 수업이 기반하는 교육과정 성취기준은 연주 영역의 '음악 요소와 음악적 특징을 살려 노래나 악기로 발표하고 평한다, 소리의 상호작용을 인식하고 매체를 활용하여 함께 표현한다'와 창작 영역의 '음악의 요소와 특징을 활용하여 간단한 형식의 음악을 만든다'입니다.

**(과정중심평가)**

저는 첫 번째 학습 목표인 '주어진 가사를 활용하여 굿거리 장단에 맞는 말붙임새를 만들 수 있다'를 달성하고, 학생이 창작 과정과 보완할 점을 성찰하는 과정중심평가를 실현하기 위해 말붙임새 창작 활동을 3단계에 걸쳐 진행할 예정입니다. 첫 단계에서는 굿거리 장단의 예시 민요 음원을 들어보며 12정간에 직접 말붙임새를 작성해보도록 합니다. 이 때 작성한 말붙임새가 굿거리 장단에 적절한지 교사의 피드백을 통해 학생들이 성찰해보도록 합니다. 이후 두 번째 단계에서는 주어진 가사를 활용해 굿거리 장단에 맞는 말붙임새를 각자 창작해보고 동료평가 후 서로 피드백해보도록 합니다. 마지막 세 번째 단계에서는 동료 피드백을 통해 완성한 결과물에 대해 교사가 직접 피드백하고 최종 결과물을 완성할 수 있도록 합니다.
(이하 중략)

**(삶과 연계된 수행과제: 8가지 삶의 맥락)**

저는 본 수업에서 학생들의 실생활 문제 해결 능력을 키우기 위해 경기도교육청이 제시한 8가지 삶의 맥락 중 '개인과 사회의 공동 행복', '공감과 상호 협력', '디지털 전환과 AI'를 고려하였습니다. 첫째, '개인과 사회의 공동 행복'을 반영하기 위해 주어진 가사가 담고 있는 사회적 가치에 대해 생각

해보고 가사의 의미를 생각하며 직접 말붙임새를 불러볼 수 있도록 하였습니다. 이를 통해 음악 요소에 담긴 의미를 이해하고 자신 뿐 아니라 사회의 공동 행복을 실천하는 능력을 키울 수 있습니다. 둘째, '공감과 상호 협력'을 반영하기 위해 동료 평가와 피드백을 수업 활동 전반에 진행할 것입니다. 친구들이 만든 창작물에 대해 서로 의견을 주고받으며 협력하고, 창작 과정에 대해 피드백하며 서로의 생각을 이해하는 시간을 가집니다. 셋째, '디지털 전환과 AI'를 반영하기 위해 에듀테크를 활용하여 서로 결과물을 공유하고, 같은 모둠이 아닌 다른 모둠의 결과물도 살펴보고 피드백하며 디지털 기술을 통해 더 많은 친구들과 소통할 수 있도록 할 것입니다.

**(핵심 아이디어의 전이: 탐구 질문과 탐구-실행-성찰 활동)**
 본 수업의 핵심 질문은 '음악의 리듬은 어떻게 표현되는가?'입니다. 이를 위해 학생들은 굿거리 장단의 구성을 분석하고 랩의 라임을 음원을 통해 파악하며 탐구합니다. 이후, 굿거리 장단에 어울리는 말붙임새를 창작하며 국악 고유의 리듬이 어떻게 말붙임새로 표현되는지 파악하고, 모둠원들과 함께 연습하며 국악에 담겨 있는 리듬을 더 깊이 이해할 수 있도록 합니다. 또한 4박자 리듬에 어울리는 랩을 창작하며 대중 음악의 한 장르인 랩에서 4박자를 어떻게 표현하는지 이해하고, 이를 직접 연주하며 여러 음악 장르에서 리듬을 표현하는 방식에 대해 파악합니다. 이후 학생들은 교사의 피드백을 통해 자신들이 만든 말붙임새와 랩이 음악적으로 적절한지 성찰해보고 창작물을 보완할 수 있도록 합니다. 이를 통해 수업의 핵심 질문인 '음악의 리듬은 어떻게 표현되는가?'에 대한 탐구-실행-성찰 과정을 거치며 '리듬'이라는 핵심 아이디어를 전이하는 깊이 있는 수업을 실현할 수 있습니다.

 SECRET이 제안한 수업설계역량 핵심 포인트와 답변 예시 방향 외에도 경기도교육청의 시책과 여러 보도자료를 통해 수업설계역량의 출제 방향을 다각도로 고민해본다면 충분히 좋은 답변을 할 수 있을 것이다. 처음 시행되는 수업설계역량 평가이지만, 결국 중요한 것은 나의 '수업 실력'이다. 겁먹지 말고 차근 차근 수업을 구상하며 실력을 키워보도록 하자.

# 제6장
# 기초 연습문제 - 활동 영역별

이제 실전으로 나아갈 차례다. 지금까지 살펴보았던 수업 실연의 기본 원리를 체화하기 위해서는 기초적인 연습문제로 실력을 갈고 닦는 시간이 필요하다. 음악 교과의 4가지 활동 영역인 가창, 기악, 창작, 감상 영역 별로 제시된 연습문제들을 실연해보며 내공을 쌓아보자.

\* 기초 연습문제에서는 난이도 조절을 위해 별도의 지도안 작성조건을 제시하지 않았다. 지도안을 작성하는 지역의 수험생들은 복기 모의고사와 실전 모의평가에서 구체적인 지도안 작성 조건을 토대로 연습할 수 있도록 책을 구성하였으니 참고하기 바란다.

### Tip  판서는 어떻게 하나요?

막상 실연을 시작하니 문제가 되는 부분이 있다. 바로 '판서'이다.

실제 수업 현장이나 교생 실습에서는 PPT자료를 활용하는 경우가 대부분이며, 음악의 경우 실기 연습과 미디어를 활용하는 경우가 특히나 많기에 수험생들은 판서에 익숙하지 않다. 하지만 멀티미디어와 악기 사용이 불가능한 수업 실연 평가에서 판서는 교사가 학생들에게 직접 제시하는 유일한 수업 자료가 된다. 따라서 판서 또한 체계적으로 작성할 수 있도록 연습하는 것이 필수적이다. 이를 위해 저자가 준비한 판서 팁들을 살펴보자.

#### ① 구획을 나누자

체계적인 판서를 결정짓는 가장 중요한 사항은 판서의 구획이다. 수업 실연을 연습하는 초반, 수험생들은 눈앞에 있는 칠판을 보며 어쩔 줄 몰라하는 경우가 많다. 무엇을 적어야 할지 고민되는 탓도 있겠지만, 사실은 어느 위치에 무슨 내용을 적어야할 지 모르기 때문이다.

| | 판서의 구획 | | |
|---|---|---|---|
| | 〈단원명〉 | | |
| 〈학습목표〉<br>&<br>동기유발 관련 내용 | 〈활동 1 관련 내용〉 | 〈활동 2 관련 내용〉 | 〈활동 3 관련 내용〉 |

수업 실연을 시작할 때, 구획을 4분할로 나누어 단원명은 가장 위 중앙에, 학습목표 및 동기유발과 관련된 내용은 가장 좌측에 판서하자. 그리고 전개 활동을 진행해나가며 관련된 내용들을 분할면에 맞추어 순서대로 판서하면 보기 좋게 판서가 정리된다.

#### ② 판서를 할 때는 사선 방향으로

칠판과 화이트보드를 사용하는데 익숙하지 않으면, 종종 학생 방향을 등지고 판서하게 된다. 학생과의 소통이 중요한 수업 실연에서 학생을 등지고 판서하는 교사의 모습은 적절하지 않다. 판서를 할 때는 글씨가 좋지 않더라도 사선 방향으로 적는 연습을 꾸준히 해보자.

### ③ 음악 요소(음표, 오선보, 정간보, 율명 등) 기보 연습하기

음악 교과에서 가장 많이 판서하는 것을 꼽으라면 음악 요소(음표, 오선보, 정간보, 율명 등)를 들 수 있다. 이외에도 다양한 음악 요소들을 깔끔하게 판서하는 수험생은 음악 교사로서의 전문성을 보여줄 수 있을 것이다. 시간의 여유가 있다면 음표와 오선보, 정간보(율명) 등의 기보를 보기 좋게 판서하는 연습을 해보자.

### ④ 학습목표와 개념은 키워드와 도식으로 제시하기

수업 실연 평가에서 학습목표와 개념에 대한 설명을 전부 완전한 문장으로 작성하기에는 실연 시간이 넉넉하지 않다. 학습목표의 경우 핵심 키워드를 활용해 간략히 제시하고, 개념에 대한 판서를 작성할 때도 키워드를 활용하되 부족하게 느껴진다면 화살표 등을 활용하여 개념이 확장되는 과정을 설명하는 것이 좋다.

### ⑤ 활동 내용에는 무엇을 판서해야 하나

보통 음악 수업 실연은 본격적인 전개 활동에 돌입하면 따로 판서할 내용이 없는 경우가 많다. 이럴 때는 칠판의 한 공간을 그냥 비워놓기보다 활동 시간이나 활동 시 유의할 사항, 활동과 관련하여 이전의 개념과 연결되는 부분 등을 판서하면 좋다.

저자가 제시한 5가지 팁들을 모두 살펴보았다. 팁들을 읽어보는 것만으로는 판서가 어떻게 진행되는지 잘 와닿지 않을 수 있기에 저자가 직접 작성한 판서 예시를 첨부하였다. 이를 참고하여 자신만의 판서 스타일을 만들어보자.

**판서 예시**

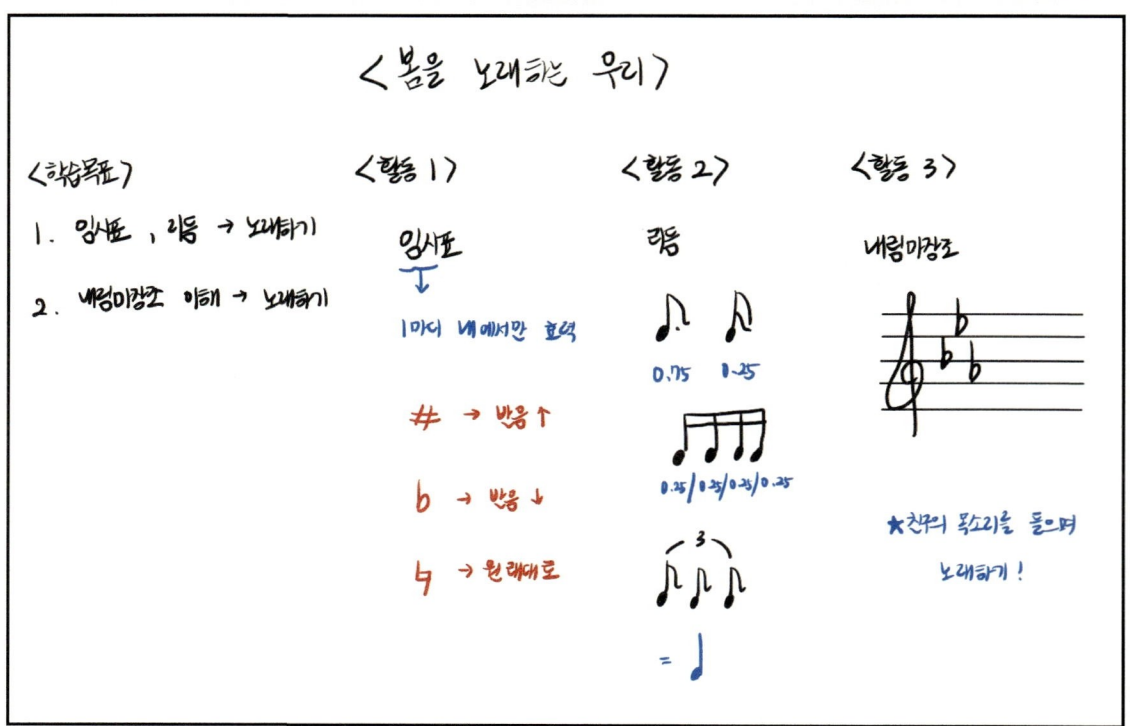

# 기초 연습문제

- **1** 가창 ① ............................................. 55
- **2** 가창 ② ............................................. 59
- **3** 기악 ① ............................................. 63
- **4** 기악 ② ............................................. 67
- **5** 창작 ① ............................................. 71
- **6** 창작 ② ............................................. 75
- **7** 감상 ① ............................................. 79
- **8** 감상 ② ............................................. 83

## 1 가창 ①

### 2026학년도 음악과 모의 수업 실연
# 기초 연습문제 - 가창 ①

[교수·학습조건]

1. 과목명 : 음악
2. 대상 : 중학교 2학년(남녀 24명)
3. 교실 기자재 : 교사용 컴퓨터, 피아노, 장구, 태블릿 PC, 멀티미디어, 빔 프로젝터
4. 수업시간 : 45분
5. 단원명 : 우리나라 민요
6. 단원 교수·학습 계획

| 단원명 | 차시 | 주요 내용 및 활동 |
|---|---|---|
| 우리나라 민요 | 1 | - 우리나라 민요의 지역별 특징 알아보기<br>- 지역별 대표 민요 감상하기 |
| | 2<br>(본시) | - 육자배기 토리의 시김새를 살려 '강강술래' 노래하기<br>- 한배의 변화를 이해하며 노래하기 |

[수업 자료]

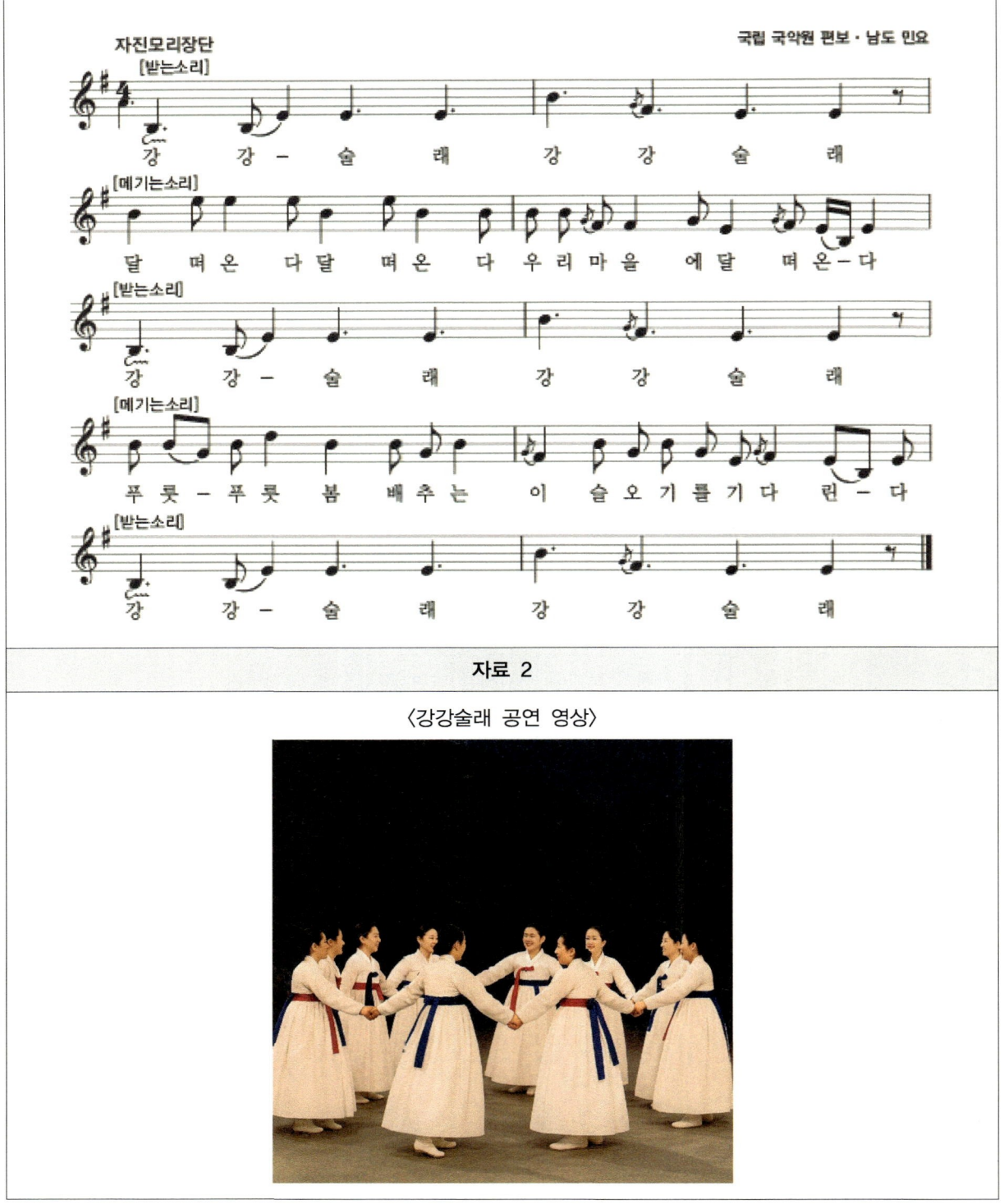

자료 2

〈강강술래 공연 영상〉

[수업 실연 조건]

1. 응시자 작성부분 1, 2, 3을 시연하시오.
2. 〈활동 1〉에서 [자료 1]의 오선보를 가락선보로 변형하여 활용하시오.
3. 〈활동 2〉에서 제재곡의 장단을 정간보로 판서하여 한배의 변화를 설명하시오.

# 【 지도안 및 구상지 】

| 단원명 | | 우리나라 민요 | 지도 대상 | 중학교 2학년 | 차시 | 2/2차시 |
|---|---|---|---|---|---|---|
| 학습목표 | | 1. 육자배기 토리의 시김새를 살려 '강강술래'를 노래할 수 있다.<br>2. 긴·자진 형식을 이해하며 노래할 수 있다. | | | | |
| 학습단계 | | 교수-학습 활동 | | | 수업 자료 | 지도상의 유의점 |
| 도입 | 전시학습 확인 | - 지난 시간에 배운 우리나라 민요의 지역별 특징을 복습한다.<br>- 각 토리의 시김새를 손동작과 함께 연습해본다. | | | 태블릿 PC<br>[자료 2] | - 동기유발 시, 사전에 교과 홈페이지에 업로드한 강강술래 공연 영상을 참고하도록 한다. |
| | 동기유발 | - 모둠별로 노래에 맞추어 강강술래를 직접 춰본다.<br><br>〈응시자 작성부분 1〉 | | | | |
| | 학습목표 제시 | - 본시 학습목표를 제시한다. | | | | |
| 전개 | 활동 1 | 1. 육자배기 토리의 시김새를 알아본다.<br><br>〈응시자 작성부분 2〉<br><br><br><br><br><br><br><br>2. 육자배기 토리의 시김새를 살려 '강강술래'를 노래한다.<br>  1) 교사의 선창을 듣고 따라 부르며, '강강술래'의 노래 선율을 익힌다.<br>  2) 모둠별로 메기는 소리와 받는 소리의 역할을 나누어 '강강술래'를 불러본다.<br>  3) 메기는 소리와 받는 소리의 역할을 바꾸어 '강강술래'를 불러본다. | | | [자료 1] | - [자료 1]에 제시된 오선보를 가락선보로 변형하여 지도한다. |

| | | | | |
|---|---|---|---|---|
| | 활동 2 | 1. 긴·자진 형식에 대해서 알아본다.<br> 1) 긴·자진 형식의 의미를 알아본다.<br>  (1) 긴·자진 형식이란, 한배에 따른 형식 중 성악곡의 형태로 민요에서 느린 곡을 부른 후 빠른 곡으로 짝을 이루어 부르는 형식이다.<br> 2) '자진 강강술래'를 감상한다.<br>  (1) 강강술래 공연 영상을 통해 '강강술래'와 '자진 강강술래'가 연주되는 장면을 감상하고, 감상평을 학습지에 작성한다.<br>  (2) 모둠별로 긴·자진 형식으로 이루어진 다른 민요를 찾아 감상해본다. | 학습지 | - 장단을 익힐 때, 학생들은 무릎 장단을 활용하여 학습할 수 있도록 지도한다. |
| | | 2. 중모리 장단과 자진모리 장단에 맞추어 '강강술래'와 '자진강강술래'를 노래한다. | | |
| | | 〈응시자 작성부분 3〉 | | |
| 정리 | 평가 | - 자기평가를 진행한다. | 평가지 | |
| | | 〈응시자 작성부분 4〉<br><br>| 영역 | 평가 내용 | 상 | 중 | 하 |<br>|---|---|---|---|---|<br>| 가창 | 시김새를 살려 노래할 수 있는가? | | | |<br>| | 변화하는 장단에 맞춰 노래할 수 있는가? | | | |<br>| 태도 | | | | | | | |
| | 마무리 | - 인사 후, 수업을 마무리한다. | | |

## 2 가창 ②

### 2026학년도 음악과 모의 수업 실연
# 기초 연습문제 - 가창 ②

[교수·학습조건]

1. 과목명 : 음악
2. 대상 : 고등학교 1학년(남녀 24명)
3. 교실 기자재 : 교사용 컴퓨터, 피아노, 멀티미디어, 빔 프로젝터
4. 수업시간 : 50분
5. 단원명 : 예술가곡
6. 단원 교수·학습 계획

| 단원명 | 차시 | 주요 내용 및 활동 |
|---|---|---|
| 예술가곡 | 1 | - 예술가곡의 특징 알아보기<br>- 슈베르트 '마왕' 감상하기 |
| | 2<br>(본시) | - 노랫말의 뜻을 살려 정확한 발음으로 '그대를 사랑해' 부르기<br>- 조바꿈에 유의하여 노래하기 |

[수업 자료]

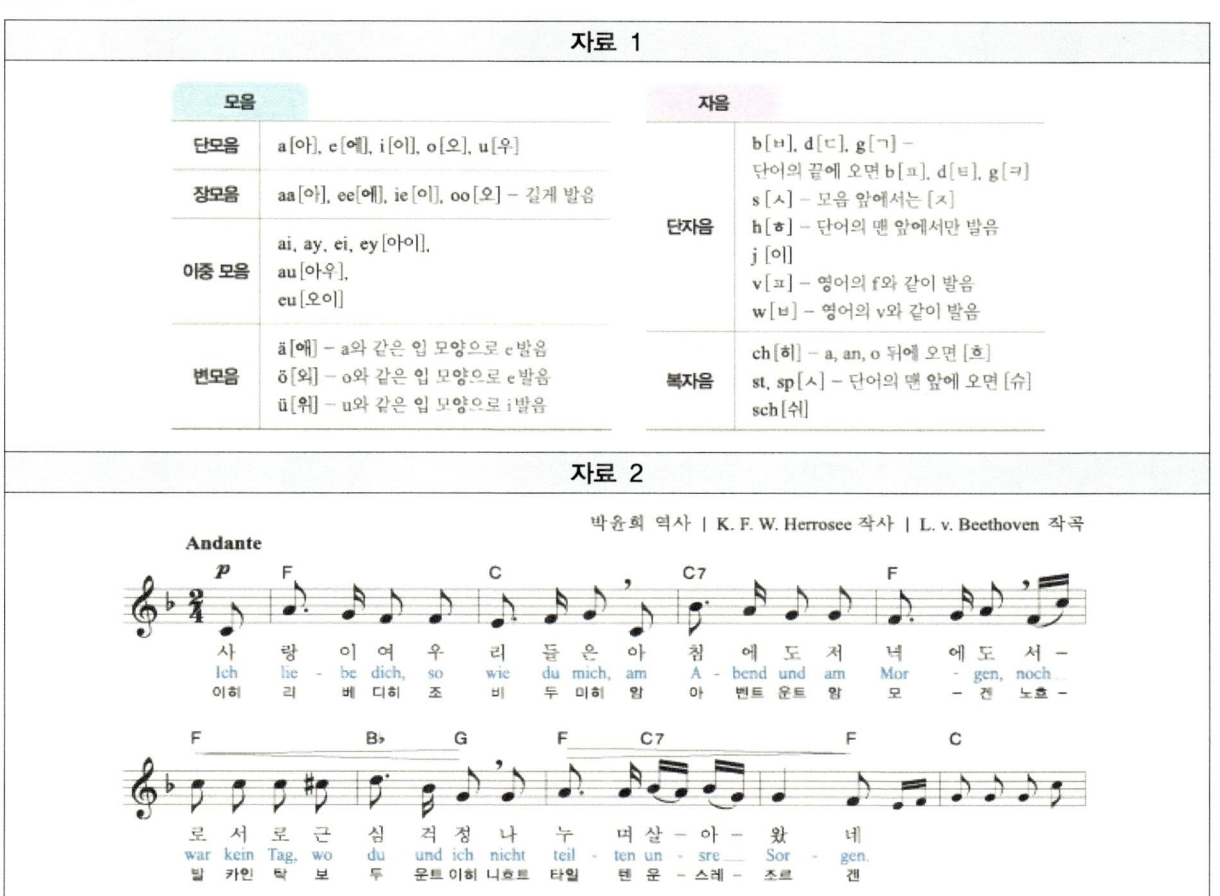

자료 3

- 조바꿈이란 악곡 중간에 임시표나 조표를 붙여 조성을 바꾸는 것을 말한다. 주로 관계조로 바뀌는 경우가 많다.

바장조 → 다장조(딸림조) → 바장조 → 내림나장조(버금딸림조) → 바장조

다장조(딸림조) / 바단조(같은으뜸음조) / 바장조 / 라단조(나란한조) / 내림나장조(버금딸림조)

[수업 실연 조건]

1. 응시자 작성부분 1, 2, 3을 시연하시오.
2. 전개 활동 시, 제시된 자료를 적절히 활용하시오.
3. 필요한 경우, 판서를 활용하시오.

# 【 지도안 및 구상지 】

| 단원명 | | 예술 가곡 | 지도 대상 | 고등학교 1학년 | 차시 | 2/2차시 |
|---|---|---|---|---|---|---|
| 학습목표 | | \multicolumn{5}{l}{1. 노랫말의 뜻을 살려 정확한 발음으로 노래 부를 수 있다.  2. 조바꿈에 유의하여 노래 부를 수 있다.} |
| 학습단계 | | 교수-학습 활동 | | | 수업 자료 | 지도상의 유의점 |
| 도입 | 전시학습 확인 | 〈응시자 작성부분 1〉 | | | ppt | |
| | 동기유발 | - 독일어 발음과 관련된 동영상을 시청한다.  - 조바꿈(전조)이 일어나는 음악을 감상한다. | | | | |
| | 학습목표 제시 | - 본시 학습목표를 제시한다. | | | | |
| 전개 | 활동 1 | 1. 독일어의 발음에 대해 알아본다.   1) 모음과 자음의 발음을 구분하고 말해본다.   2) '그대를 사랑해' 독일어 가사를 한글 발음으로 적어본다.  2. '그대를 사랑해'의 원어 발음을 익히고, 뜻을 이해하며 정확한 발음으로 노래한다.  〈응시자 작성부분 2〉 | | | [자료 1]  [자료 2] | - [자료 1], [자료 2]를 활용하여 '그대를 사랑해'의 독일어 발음을 지도한다. |

| | | | | |
|---|---|---|---|---|
| | 활동 2 | 1. 조바꿈의 의미와 원리에 대해서 알아본다.<br>　1) 조바꿈의 의미를 설명한다.<br>　2) 같은 음악의 조가 바뀌었을 때, 어떤 변화된 느낌이 나는지 자유롭게 발표한다. | | - [자료 3]을 활용하여 학생들이 조바꿈과 관계조에 대하여 학습할 수 있도록 지도한다. |
| | | 2. 관계조에 대해서 알아본다.<br>　1) 관계조의 특징을 알아본다.<br>　2) 모둠별로 제시된 조성에 관계되는 딸림조, 같은으뜸음조, 나란한조, 버금딸림조를 찾아본다.<br>　3) [자료 3]과 같은 형태의 도식으로, 찾은 조성을 정리한다. | | |
| | | 3. '그대를 사랑해'에서 조바꿈되는 부분을 찾아보고, 이에 유의하여 노래한다.<br><br>〈응시자 작성부분 3〉<br><br> | [자료 3] | |
| | 활동 3 | - '그대를 사랑해'를 교사의 피아노 반주에 맞추어 노래한다. | 피아노 | |
| 정리 | 평가 | - 모둠별로 상호평가를 진행한다.<br><br>〈응시자 작성부분 4〉<br><br>| 영역 | 평가 내용 | 상 | 중 | 하 |<br>|---|---|---|---|---|<br>| 가창 | | | | |<br>| | | | | |<br>| 태도 | | | | | | 평가지 | - 평가 시, 제시된 평가지의 기준에 따라 평가할 수 있도록 지도한다. |
| | 정리 | - 오늘 배운 학습내용을 정리한다. | | |
| | 마무리 | - 다음 시간에 배울 제재곡을 예고한다.<br>- 인사 후, 수업을 마무리한다. | | |

## 3 기악 ①

### 2026학년도 음악과 모의 수업 실연
# 기초 연습문제 - 기악 ①

[교수·학습조건]
1. 과목명 : 음악
2. 대상 : 중학교 2학년(남녀 24명)
3. 교실 기자재 : 다양한 교실 악기, 리코더, 피아노, 멀티미디어, 빔 프로젝터
4. 수업시간 : 90분(블록타임제)
5. 단원명 : 연주의 즐거움
6. 단원 교수·학습 계획

| 단원명 | 차시 | 주요 내용 및 활동 |
|---|---|---|
| 연주의 즐거움 | 1-2차시 | - 다양한 교실 악기 알아보기<br>- 교실 악기를 활용하여 모둠별 합주하기 |
| | 3-4차시<br>(본시) | - 리코더의 주법을 익혀 연주하기<br>- 성부의 조화를 살려 리코더로 2중주하기<br>- 악기들의 어울림에 유의하며 합주하기 |

[수업 자료]

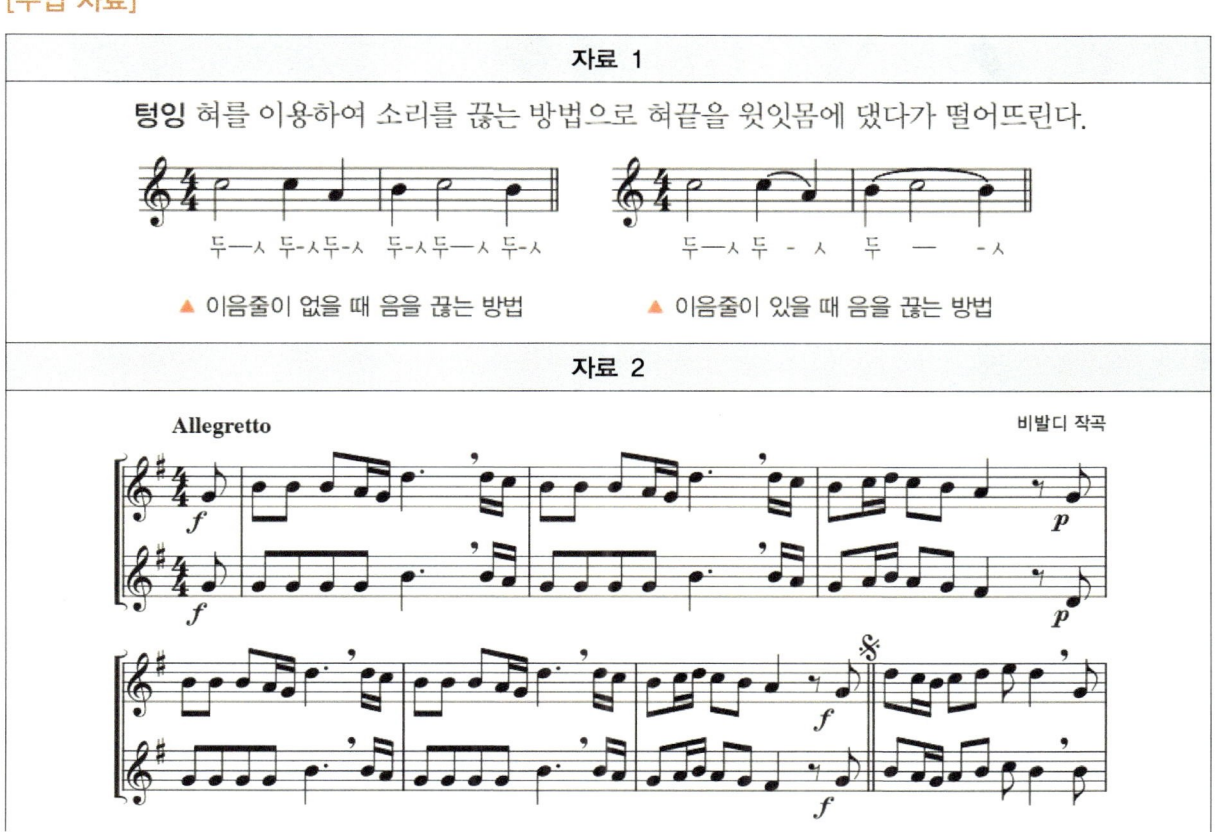

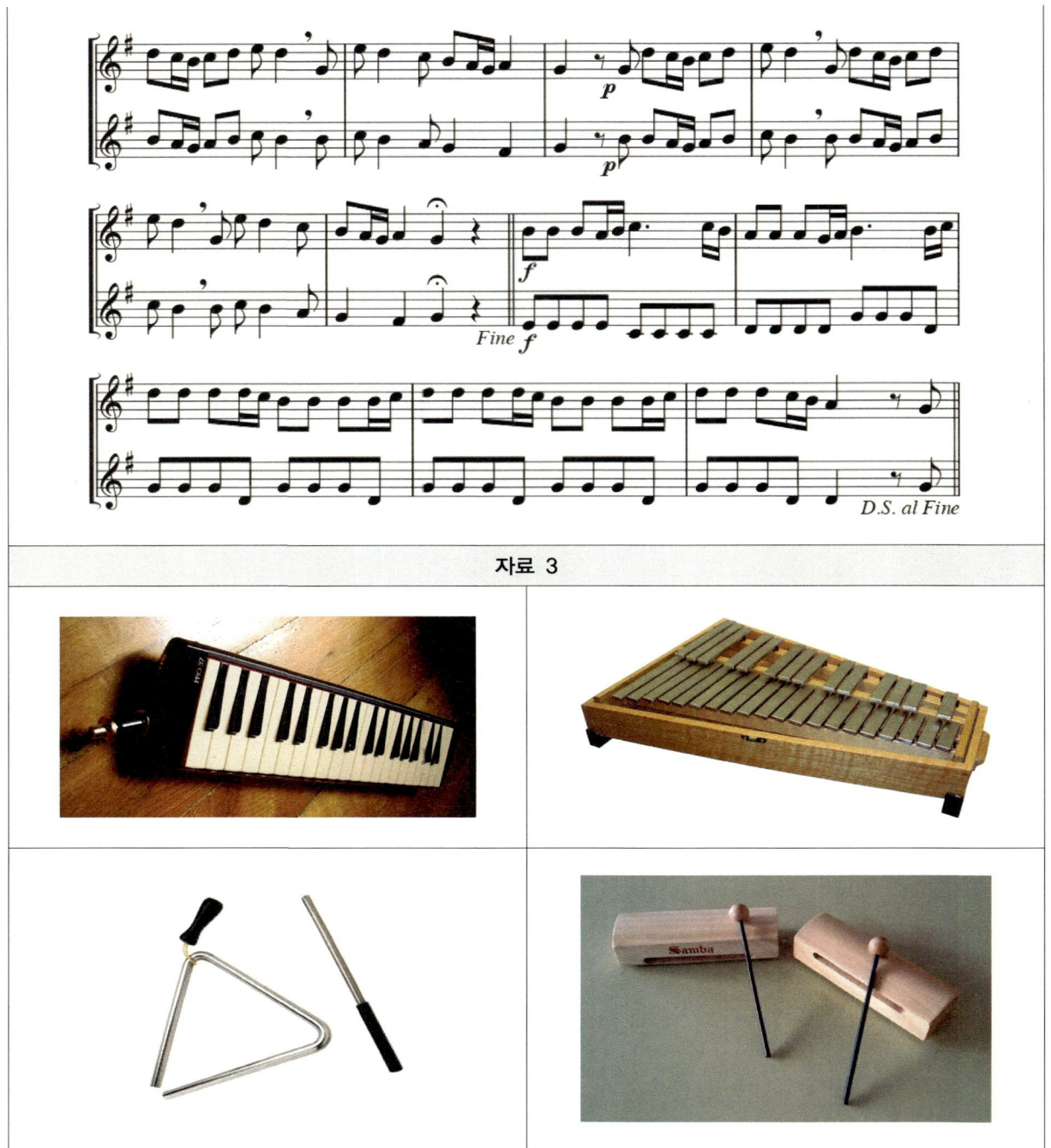

자료 3

[수업 실연 조건]

1. 응시자 작성부분 1, 2, 3을 시연하시오.
2. 전개 활동 시, 제시된 자료를 모두 활용하시오.
3. 〈활동 1〉과 〈활동 2〉는 3차시, 〈활동 3〉은 4차시에 진행하는 것으로 가정한다.

## 【 지도안 및 구상지 】

| 단원명 | | 연주의 즐거움 | 지도 대상 | 중학교 2학년 | 차시 | 3/4-4/4차시 |
|---|---|---|---|---|---|---|
| 학습목표 | | 1. 바른 자세와 연주법으로 리코더를 연주할 수 있다.<br>2. 성부의 조화를 살려 소프라노 리코더로 2중주할 수 있다.<br>3. 다양한 악기들의 어울림을 느끼며 합주할 수 있다. | | | | |
| 학습단계 | | 교수-학습 활동 | | | 수업 자료 | 지도상의 유의점 |
| 도입 | 전시학습 확인 | - 지난 시간에 연습한 악기에 어떤 것들이 있었는지 떠올려본다.<br>- 모둠별로 준비된 악기들을 연주해보며, 다양한 교실 악기들의 음색을 들어본다. | | | 연주영상 | |
| | 동기유발 | - 소프라노 리코더 연주 영상을 감상한다. | | | | |
| | 학습목표 제시 | - 본시 학습목표를 제시한다. | | | | |
| 전개 | 활동 1 | 리코더의 올바른 연주법과 자세를 알아보고 연주해본다.<br><br>〈응시자 작성부분 1〉 | | | [자료 1]<br><br>소프라노 리코더 | |
| | 활동 2 | 1. 소프라노 리코더의 운지법을 익힌다.<br> 1) 사장조 음계의 스케일을 연주해본다.<br> 2) 제재곡 '봄'에서 반음 올려(#) 연주해야 하는 음에 유의하여 연주해본다.<br><br>2. 성부의 조화를 살려 소프라노 리코더로 2중주 한다.<br><br>〈응시자 작성부분 2〉 | | | [자료 2] | |

| | | | | |
|---|---|---|---|---|
| | 활동 3 | 다양한 교실악기와 리코더를 활용하여 합주한다.<br><br>〈응시자 작성부분 3〉 | [자료 2]<br><br>[자료 3] | - 악기들의 명칭을 구분할 수 있도록 지도한다.<br>- 리듬악기의 경우, 음악의 흐름에 맞추어 적절한 리듬을 창작하고 연주할 수 있도록 지도한다. |
| 정리 | 발표 | - 모둠별로 합주 발표를 진행한다. | | |
| | 평가 | - 모둠별 상호평가를 진행한다. | | |
| | 마무리 | - 다음 시간에 배울 악기에 대해 설명한다.<br>- 인사 후, 수업을 마무리한다. | | |

## 4  기악 ②

### 2026학년도 음악과 모의 수업 실연
# 기초 연습문제 - 기악 ②

[교수·학습조건]

1. 과목명 : 음악
2. 대상 : 중학교 3학년(남녀 24명)
3. 교실 기자재 : 장구, 피아노, 멀티미디어, 빔 프로젝터
4. 수업시간 : 45분
5. 단원명 : 장구 연주하기
6. 단원 교수·학습 계획

| 단원명 | 차시 | 주요 내용 및 활동 |
|---|---|---|
| 장구 연주하기 | 1차시 | - 장구의 올바른 연주 자세와 주법 알아보기<br>- 장구의 구조와 부호 알아보기<br>- 장구 반주에 맞추어 풍년가 노래하기 |
| | 2차시<br>(본시) | - 굿거리장단 알아보기<br>- 여러 가지 장단꼴을 활용하여 굿거리장단의 변형 장단 만들기<br>- 굿거리장단의 변형 장단을 풍년가에 맞추어 장구로 연주하기 |

[수업 자료]

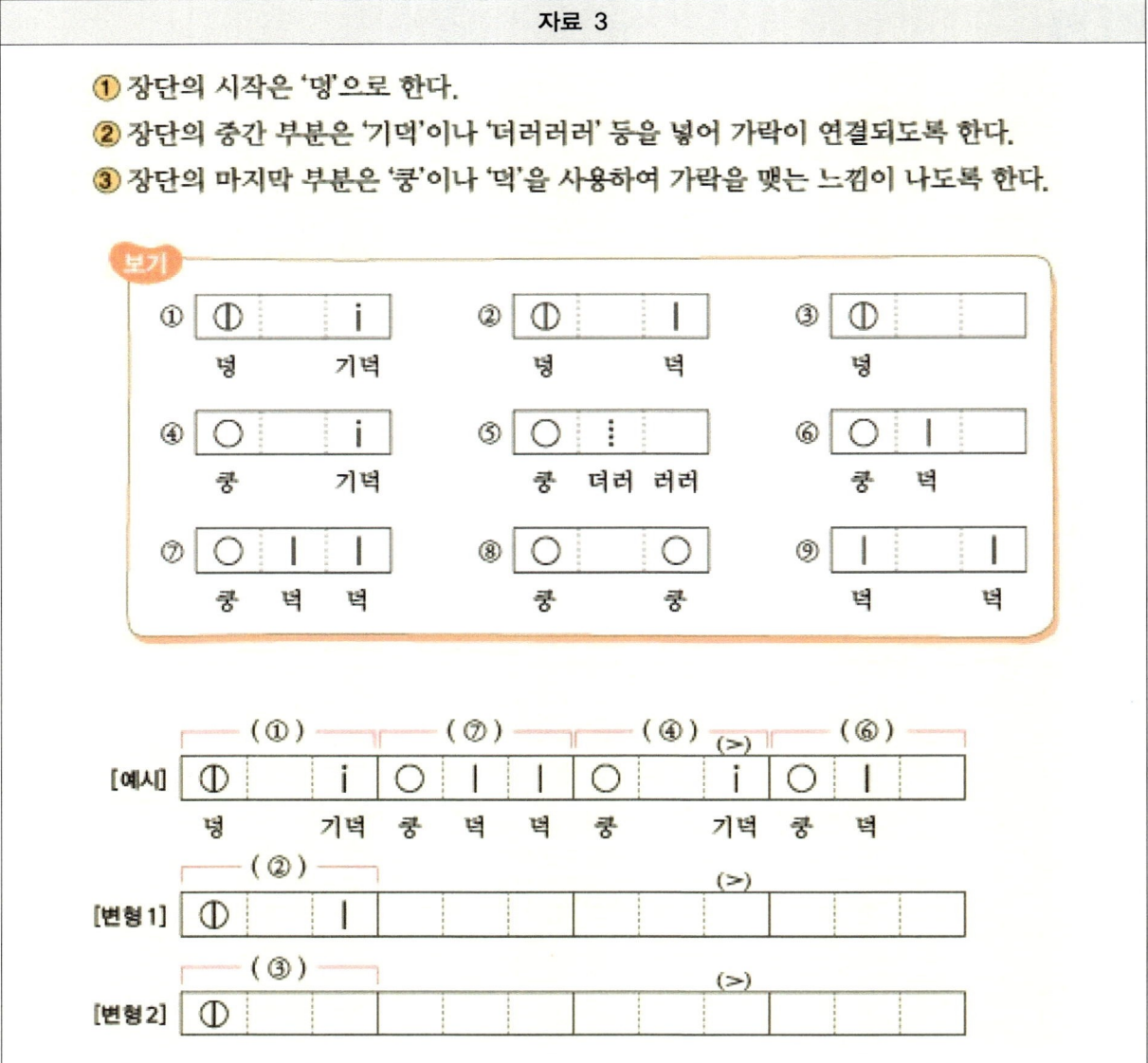

[수업 실연 조건]

1. 응시자 작성부분 1, 2, 3을 시연하시오.
2. 동기유발 시, 응시자의 재량에 따라 다양한 미디어 자료를 활용하시오.
3. 필요한 경우, 판서를 활용하시오.

## 【 지도안 및 구상지 】

| 단원명 | | 장구 연주하기 | 지도 대상 | 중학교 3학년 | 차시 | 2/2차시 |
|---|---|---|---|---|---|---|
| 학습목표 | | \multicolumn{5}{l}{1. 굿거리장단을 장구로 연주할 수 있다.<br>2. 여러 가지 장단꼴을 활용하여 굿거리장단의 변형 장단을 만들 수 있다.<br>3. 굿거리장단의 변형 장단을 장구로 연주할 수 있다.} |
| 학습단계 | | 교수-학습 활동 | | | 수업 자료 | 지도상의 유의점 |
| 도입 | 전시학습 확인 | - 장구의 올바른 자세와 주법에 대해 떠올려본다.<br>- 장구의 구조와 부호에 대해 떠올려본다.<br>- 교사의 장구 반주에 맞추어 풍년가를 불러본다. | | | | - 동기유발 시, 다양한 미디어(그림, 영상, 음원 등) 자료를 활용하여 지도한다. |
| | 동기유발 | 〈응시자 작성부분 1〉 | | | | |
| | 학습목표 제시 | - 본시 학습목표를 제시한다. | | | | |
| 전개 | 활동 1 | 1. 굿거리장단에 대해 알아본다.<br> 1) 굿거리장단의 기본 장단을 살펴본다.<br>  (1) 굿거리장단의 장구보를 살펴본다.<br>  (2) 굿거리장단의 구조를 이해한다.<br>   - 굿거리장단은 3소박이 4개 모여 한 장단을 이룬다.<br>   - 굿거리장단은 1번째 박과 9번째 박에 장단의 세가 있다.<br>2. 굿거리장단을 장구로 연주한다.<br> 1) 교사의 장구 연주에 맞추어 무릎장단을 쳐본다.<br> 2) 모둠별로 1개씩 비치된 장구를 활용해 번갈아가며 굿거리장단을 직접 연주해본다. | | | [자료 1] | |
| | 활동 2 | 1. 여러 가지 장단꼴을 활용해 굿거리장단의 변형 장단을 만든다.<br><br>〈응시자 작성부분 2〉<br>    교사의 굿거리 변형 장단 예시 | | | [자료 2]<br>[자료 3] | - 변형 장단을 만들 때, 모둠원들이 협동하여 학습할 수 있도록 지도한다. |

| | | | | |
|---|---|---|---|---|
| | | 2. 창작한 굿거리장단의 변형 장단을 무릎장단으로 연주해본다.<br>  1) 모둠별로 창작한 장단을 발표한다.<br>  2) '풍년가'에 맞추어 자신의 모둠이 창작한 변형 장단을 무릎장단으로 연주해본다. | | |
| | 활동 3 | 굿거리장단의 변형 장단을 장구로 연주해본다.<br><br>〈응시자 작성부분 3〉 | [자료 2]<br><br>[자료 3] | |
| 정리 | 평가 | - 자기평가를 진행한다.<br><br>〈응시자 작성부분 4〉<br><br>| 영역 | 평가 내용 | 상 | 중 | 하 |<br>|---|---|---|---|---|<br>| 연주 | | | | |<br>| 태도 | | | | | | | |
| | 마무리 | - 다음 시간에 배울 악기에 대해 설명한다.<br>- 인사 후, 수업을 마무리한다. | | |

## 5 창작 ①

### 2026학년도 음악과 모의 수업 실연
# 기초 연습문제 – 창작 ①

[교수·학습조건]

1. 과목명 : 음악
2. 대상 : 중학교 2학년(남녀 24명)
3. 교실 기자재 : 피아노, 선율악기, 멀티미디어, 빔 프로젝터, 스마트폰
4. 수업시간 : 45분
5. 단원명 : 우리가 만드는 음악
6. 단원 교수·학습 계획

| 단원명 | 차시 | 주요 내용 및 활동 |
|---|---|---|
| 우리가 만드는 음악 | 1차시 | – 음표와 쉼표에 대해 알아보기<br>– 2/4박자에 맞춰 다양한 리듬꼴 만들기<br>– 창작한 리듬을 스마트폰 애플리케이션을 활용하여 연주하기 |
| | 2차시<br>(본시) | – 다양한 화음에 대해 알아보기<br>– 주어진 리듬꼴과 화음을 활용하여 한도막 형식의 가락 만들기<br>– 창작한 가락을 스마트폰 애플리케이션을 활용하여 발표하기 |

[수업 자료]

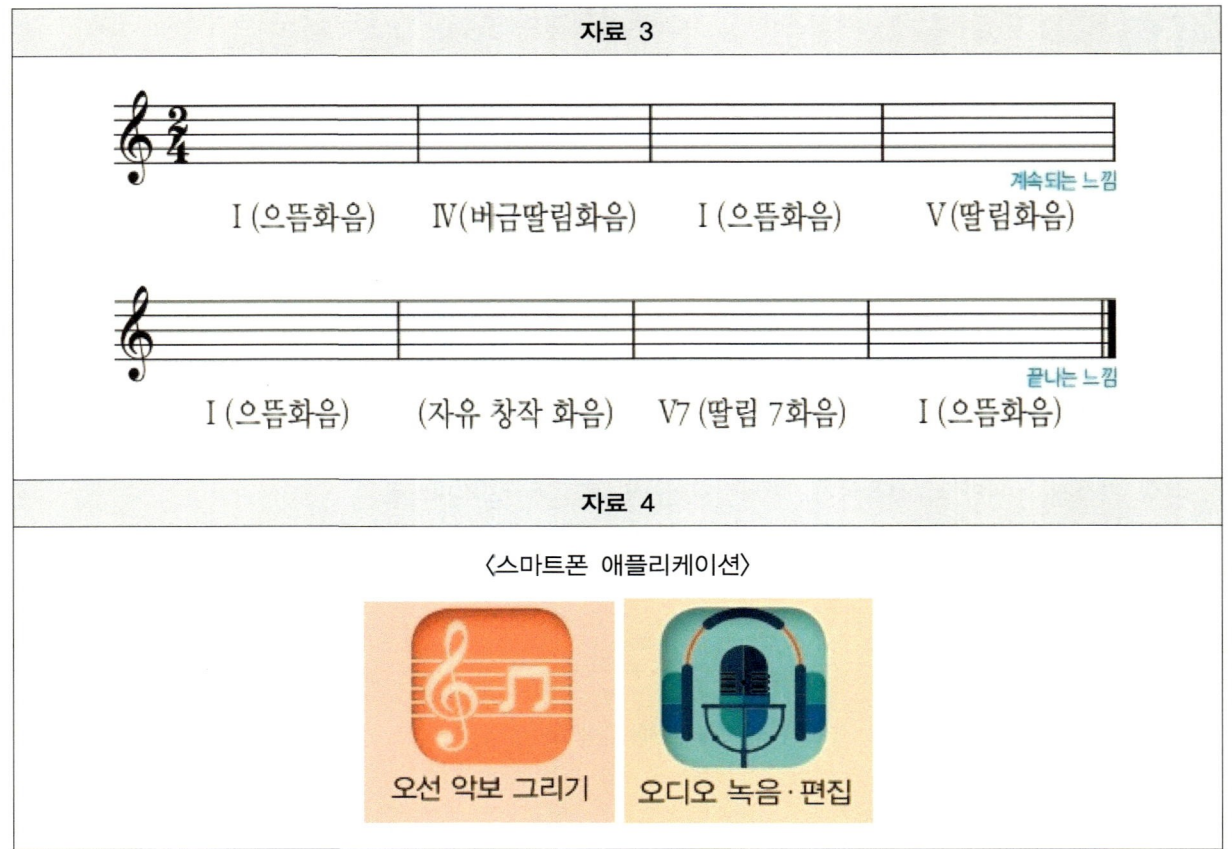

[수업 실연 조건]

1. 응시자 작성부분 1, 3, 4를 시연하시오.
2. 〈활동 2〉에서 교사가 창작한 예시를 제시하시오.
3. 필요한 경우, 판서를 활용하시오.

# 【 지도안 및 구상지 】

| 단원명 | 우리가 만드는 음악 | 지도 대상 | 중학교 2학년 | 차시 | 2/2차시 |
|---|---|---|---|---|---|
| 학습목표 | 1. 다양한 화음을 이해하고 설명할 수 있다.<br>2. 주어진 리듬꼴과 화음을 활용하여 한도막 형식의 가락을 창작할 수 있다.<br>3. 애플리케이션을 활용하여 모둠별로 창작한 음악을 발표할 수 있다. | | | | |

| 학습단계 | | 교수-학습 활동 | 수업 자료 | 지도상의 유의점 |
|---|---|---|---|---|
| 도입 | 전시학습 확인 | - 음표와 쉼표의 종류를 떠올려본다.<br>- 지난 시간에 창작한 리듬꼴을 박수치기로 복습한다. | | |
| | 동기유발 | 〈응시자 작성부분 1〉 | [자료 1] | |
| | 학습목표 제시 | - 본시 학습목표를 제시한다. | | |
| 전개 | 활동 1 | 1. 화음의 종류에 대해 알아본다.<br>  1) 3화음에 대해 알아본다.<br>    (1) 3화음의 의미를 살펴본다.<br>    (2) 주요 3화음과 부 3화음에 대해 알아본다.<br>  2) 딸림7화음에 대해 알아본다.<br><br>2. 마침꼴의 종류에 대해 알아본다.<br><br>〈응시자 작성부분 2〉 | | |

| | | | | |
|---|---|---|---|---|
| | 활동 2 | 1. 악곡의 구성과 한도막 형식에 대해 알아본다.<br>　1) 악곡은 2마디의 동기, 4마디의 작은 악절, 8마디의 큰 악절로 이루어진다.<br>　2) 한도막 형식은 작은 악절(4마디) 2개로 이루어진 8마디의 형식이며, 보통 민요나 동요에서 쓰인다.<br>　3) 한도막 형식의 4마디는 반마침, 8마디는 바른마침을 활용하는 경우가 많다.<br><br>2. 지난 시간에 창작한 리듬꼴을 바탕으로 제작한 리듬카드를 활용하여 한도막 형식의 가락을 창작한다.<br><응시자 작성부분 3> | [자료 2]<br>[자료 3] | |
| | 활동 3 | 스마트폰 애플리케이션을 활용하여 창작한 가락을 발표한다.<br><응시자 작성부분 4> | [자료 4] | - 모둠원들이 서로 협력하여 창작한 가락을 애플리케이션에 입력할 수 있도록 한다. 발표가 끝난 후에는 상호평가를 진행한다. |
| 정리 | 마무리 | - 다음 시간에 배울 악기에 대해 설명한다.<br>- 인사 후, 수업을 마무리한다. | | |

## 6 창작 ②

### 2026학년도 음악과 모의 수업 실연
# 기초 연습문제 - 창작 ②

[교수·학습조건]

1. 과목명 : 음악
2. 대상 : 고등학교 1학년(남녀 24명)
3. 교실 기자재 : 피아노, 장구, 멀티미디어, 빔 프로젝터
4. 수업시간 : 50분
5. 단원명 : 창작민요 만들기
6. 단원 교수·학습 계획

| 단원명 | 차시 | 주요 내용 및 활동 |
|---|---|---|
| 창작민요 만들기 | 1차시 | - 우리나라 민요의 지역별 특징 알아보기<br>- 육자배기 토리 음계에 맞추어 오선보로 민요 가락 카드 만들기 |
| | 2차시<br>(본시) | - '학교생활'을 주제로 한 민요 가사 창작하기<br>- 육자배기 토리에 맞추어 정간보로 민요 선율 창작하기<br>- 모둠별 창작 민요 발표하기 |

[수업 자료]

| 자료 1 |
|---|

〈민요의 여러 가지 음계〉

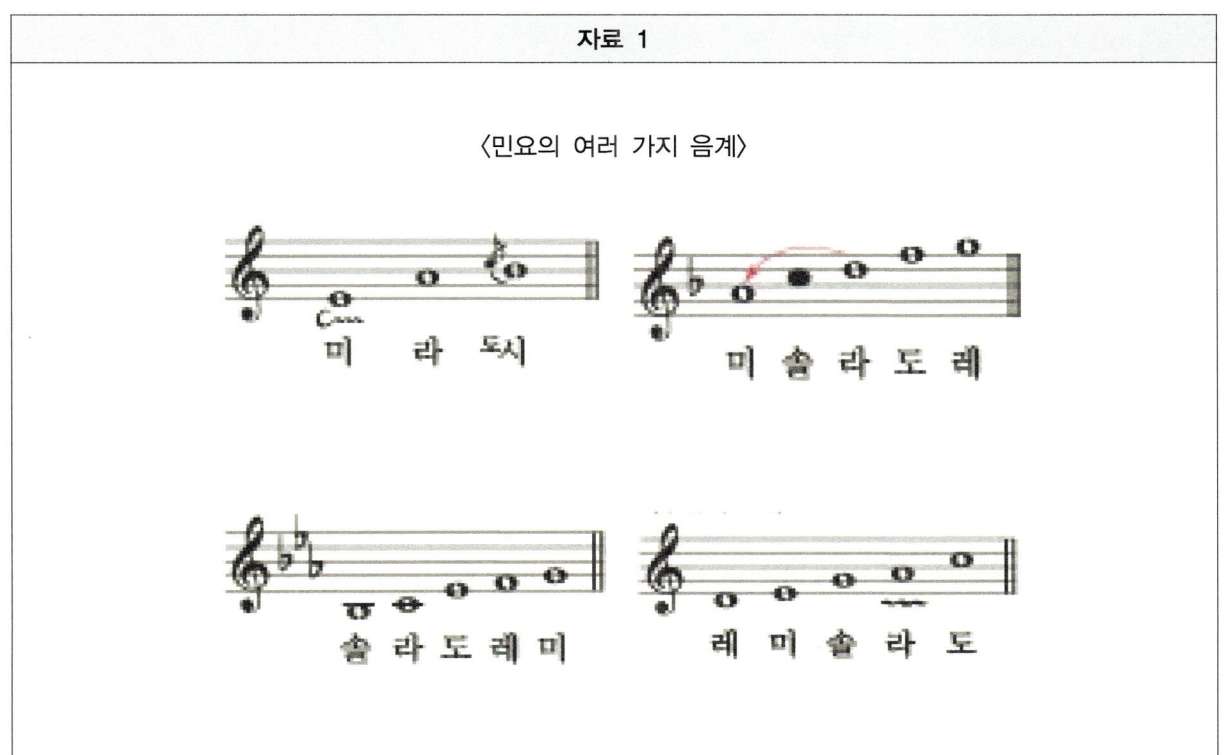

## 자료 2

〈12율명〉

| 율명 | 黃鐘<br>황종 | 大呂<br>대려 | 太簇<br>태주 | 夾鐘<br>협종 | 姑洗<br>고선 | 仲呂<br>중려 | 蕤賓<br>유빈 | 林鐘<br>임종 | 夷則<br>이칙 | 南呂<br>남려 | 無射<br>무역 | 應鐘<br>응종 |
|---|---|---|---|---|---|---|---|---|---|---|---|---|
| 청성 | | | | | | | | | | | | |
| 배성 | | | | | | | | | | | | |

## 자료 3

〈1차시를 통해 학생들이 직접 제작한 민요 가락 카드〉

### [수업 실연 조건]

1. 응시자 작성부분 1, 2, 3을 시연하시오.
2. 제시된 자료를 모두 활용하여 시연하시오.
3. 필요한 경우, 판서를 활용하시오.

## 【 지도안 및 구상지 】

| 단원명 | | 창작민요 만들기 | 지도 대상 | 고등학교 1학년 | 차시 | 2/2차시 |
|---|---|---|---|---|---|---|
| 학습목표 | | \multicolumn{5}{l}{1. '학교 생활'을 주제로 창작민요의 가사를 만들 수 있다.<br>2. 육자배기 토리에 맞추어 창작한 민요 가락을 정간보로 기보할 수 있다.<br>3. 모둠별로 창작한 민요를 노래할 수 있다.} |
| 학습단계 | | 교수-학습 활동 | | | 수업<br>자료 | 지도상의<br>유의점 |
| 도입 | 전시학습<br>확인 | 지난 시간에 배운 우리나라 민요의 토리별 특징을 복습한다.<br><br>〈응시자 작성부분 1〉 | | | [자료 1] | - 토리별 음계와 시김새의 특징을 중점적으로 학습할 수 있도록 지도한다. |
| | 동기유발 | - 이전년도에 제작한 'OO고등학교 창작민요 발표회'의 연주영상을 함께 감상한다. | | | | |
| | 학습목표<br>제시 | - 본시 학습목표를 제시한다. | | | | |
| 전개 | 활동 1 | 1. 학생들이 학교에서 겪는 다양한 경험 생각해보기<br>  1) 자신이 학교에서 가장 즐거웠던 경험 떠올려보기<br>  2) 모둠원들과 함께 학교 생활을 주제로 이야기 나누기<br>2. 학교생활을 주제로 한 민요 가사 창작하기<br>  1) 학교생활을 잘 나타내는 키워드 꼽아보기<br>  2) 키워드를 활용하여 적당한 음절의 가사 만들기<br>  3) 모둠원들과 협력하여 우리 모둠의 창작 민요 가사 만들기 | | | | |
| | 활동 2 | 1. 12율명에 대해 알아보기<br><br>〈응시자 작성부분 2〉 | | | [자료 2] | |

| | | | | |
|---|---|---|---|---|
| | | | | |
| | | 2. 민요 가락 카드를 활용하여 모둠별로 육자배기 토리의 창작민요 만들기 | | |
| | | 〈응시자 작성부분 3〉 | [자료 3] | - 민요 가락 카드의 선율과 박자에 적합한 율명과 장단을 사용하여 정간보에 기보할 수 있도록 한다. |
| | 활동 3 | 1. 창작민요 연습하기<br> 1) 모둠별로 창작한 민요를 불러본다.<br> 2) 모둠 구성원들과 어떤 방식으로 발표할지 토의한다.<br>2. 모둠별 창작 민요 발표하기<br> 1) 모둠별로 창작한 민요를 발표한다.<br> 2) 투표를 통해 창작민요 발표회에서 연주할 모둠을 선정한다. | | |
| 정리 | 평가 | - 자기평가를 진행한다.<br><br>〈응시자 작성부분 4〉<br><br>| 영역 | 평가 내용 | 상 | 중 | 하 |<br>|---|---|---|---|---|<br>| 창작 | | | | |<br>| 태도 | | | | | | | |
| | 마무리 | - 다음 시간에 진행할 창작민요 발표회에 대해 안내한다.<br>- 인사 후, 수업을 마무리한다. | | |

## 7 감상 ①

### 2026학년도 음악과 모의 수업 실연
# 기초 연습문제 - 감상 ①

[교수·학습조건]

1. 과목명 : 음악
2. 대상 : 고등학교 1학년(남녀 24명)
3. 교실 기자재 : 피아노, 멀티미디어, 빔 프로젝터
4. 수업시간 : 50분
5. 단원명 : 음악 감상의 세계
6. 단원 교수·학습 계획

| 단원명 | 차시 | 주요 내용 및 활동 |
|---|---|---|
| 음악 감상의 세계 | 1차시 (본시) | - 헨델의 '메시아'를 감상하고, 오라토리오에 대해 알아보기<br>- 소리의 다양한 어울림을 구별하여 설명하기<br>- 역사·문화적 배경과 관련지어 바로크 음악의 특징을 이해하기 |

[수업 자료]

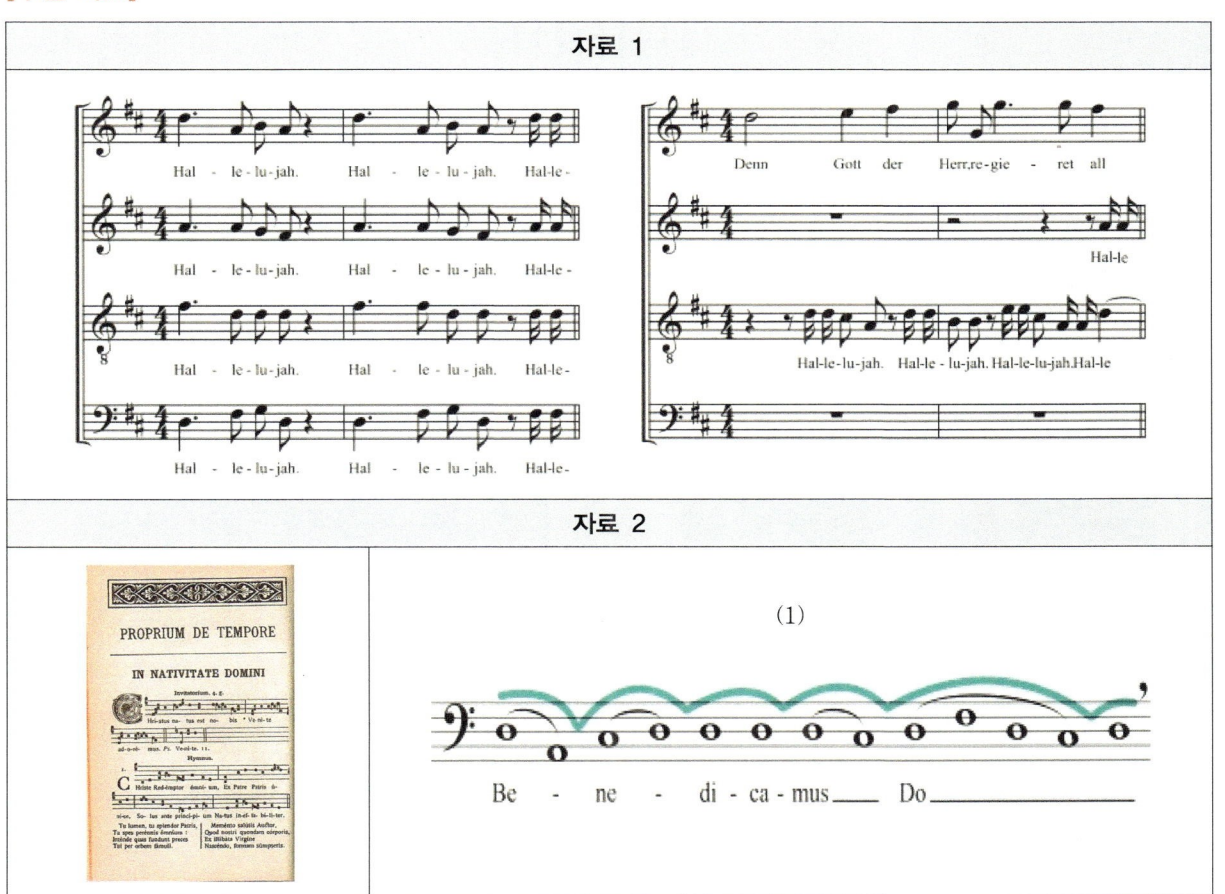

[수업 실연 조건]

1. 응시자 작성부분 2, 3, 4를 시연하시오.
2. '전개' 단계의 〈활동 3〉에서 [수업 자료]의 내용과 관련된 바로크 음악의 특징을 3가지 이상 학습할 수 있도록 지도하시오.
3. 필요한 경우, 판서를 활용하시오.

# 【 지도안 및 구상지 】

| 단원명 | 음악 감상의 세계 | | 지도 대상 | 고등학교 1학년 | 차시 | 1차시 |
|---|---|---|---|---|---|---|
| 학습목표 | 1. 헨델의 "메시아" 중 '할렐루야'를 감상하고, 오라토리오의 특징에 대해 설명할 수 있다.<br>2. 소리의 다양한 어울림을 구별하며 음악을 감상할 수 있다.<br>3. 역사·문화적 배경과 관련지어 바로크 음악의 특징을 설명할 수 있다. | | | | | |
| 학습단계 | | 교수-학습 활동 | | | 수업 자료 | 지도상의 유의점 |
| 도입 | 전시학습 확인 | – 오페라 "리날도" 중 '울게 하소서'를 감상하고 불러보았다. | | | | |
| | 동기유발 | 〈응시자 작성부분 1〉 | | | | |
| | 학습목표 제시 | – 본시 학습목표를 제시한다. | | | | |
| 전개 | 활동 1 | 1. 헨델의 오라토리오 "메시아" 중 '할렐루야' 감상하기<br>2. 오라토리오에 대해 알아보기<br>〈응시자 작성부분 2〉 | | | [자료 1]<br>[자료 2] | – [자료 1]의 제재곡과 [자료 2]의 연관성을 오라토리오의 특징과 연계하여 지도한다. |
| | 활동 2 | 1. 단성 음악, 다성 음악, 화성 음악에 대해 알아보기<br>〈응시자 작성부분 3〉 | | | [자료 2]<br>[자료 3] | – [자료 2]와 [자료 3]에서 (1), (2), (3)의 악보카드와 (a), (b), (c)의 그림 카드를 활용하여 지도한다. |

| | | | | |
|---|---|---|---|---|
| | | 2. 악보 카드에 해당하는 다양한 시대의 음악들을 성부의 어울림 형태를 구별하며 감상한다.<br>　1) 그레고리오 성가<br>　2) 바흐 인벤션 1번<br>　3) 모차르트 피아노 소나타 16번 제1악장 | | |
| | 활동 3 | 1. 바로크 시대의 역사·문화적 배경을 살펴본다.<br>　1) 바로크 시대(17세기-18세기 중엽)는 근대 과학이 성립되고, 자본주의 경제 체제가 등장한 큰 변화의 시기였다.<br>　2) 정치·사회의 중심이 교회에서 왕정체제로 옮겨졌으며, 강력한 왕권의 통치 하에 있던 시대이다. | | |
| | | 2. 바로크 음악의 특징 알아보기<br><br>〈응시자 작성부분 4〉<br><br> | [자료 1]<br><br>[자료 4] | - [자료 1]의 악보에서 나타나는 특징을 바로크 음악의 특징과 연계하여 학습할 수 있도록 한다. |
| 정리 | 형성평가 | - 오늘 배운 내용을 확인할 수 있는 퀴즈를 통해 학생들이 다함께 복습하는 시간을 가지도록 한다. | | |
| | 마무리 | - 다음 시간에 배울 '고전주의'에 대해 안내한다.<br>- 인사 후, 수업을 마무리한다. | | |

## 8 감상 ②

### 2026학년도 음악과 모의 수업 실연
# 기초 연습문제 - 감상 ②

[교수·학습조건]

1. 과목명 : 음악
2. 대상 : 중학교 3학년(남녀 24명)
3. 교실 기자재 : 피아노, 장구, 멀티미디어
4. 수업시간 : 45분
5. 단원명 : 우리나라 음악의 역사
6. 단원 교수·학습 계획

| 단원명 | 차시 | 주요 내용 및 활동 |
| --- | --- | --- |
| 우리나라 음악의 역사 | 1차시 | - 우리나라 음악의 역사를 시대별 연표를 통해 살펴보기<br>- 고려 시대 음악의 특징 알아보기 |
| | 2차시<br>(본시) | - '여민락'을 감상하고, 조선 전기 음악의 특징 이해하기<br>- '현악 영산회상'을 감상하고, 영산회상의 음악적 특징 알아보기<br>- 조선 후기 음악의 특징을 역사·문화적 배경과 함께 이해하기 |

[수업 자료]

### 자료 1

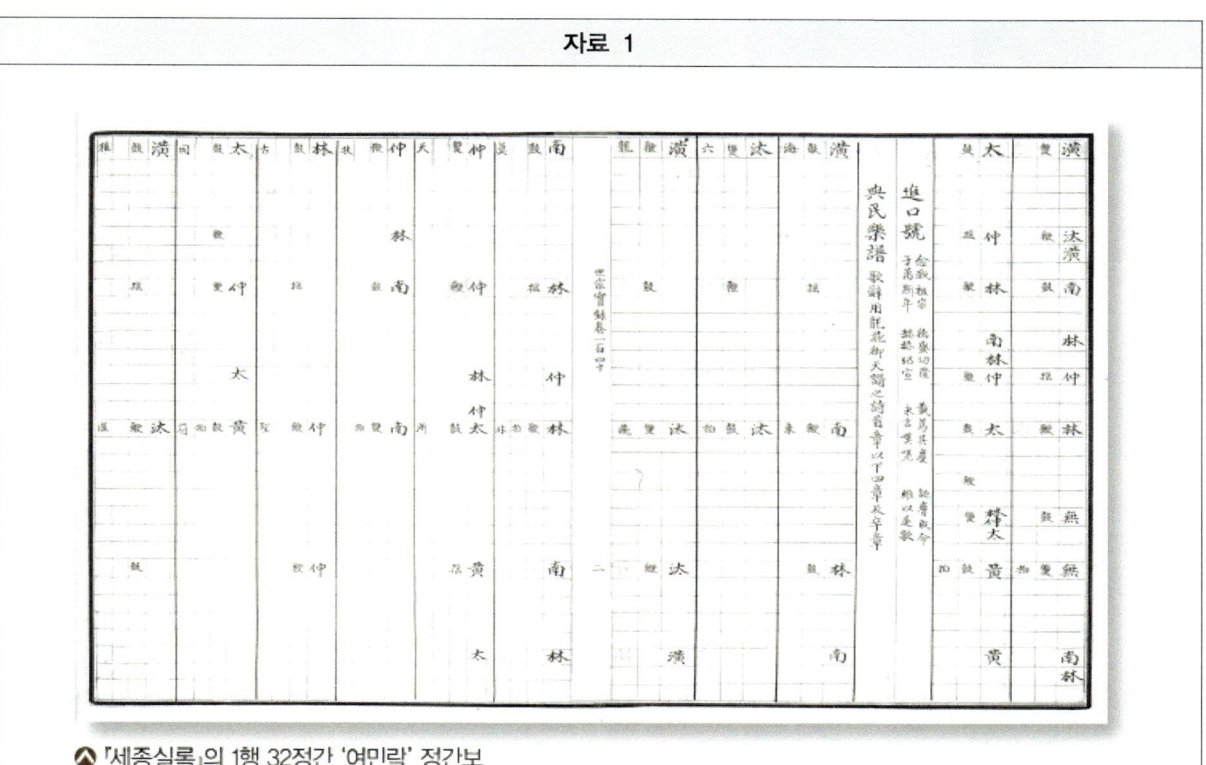

▲ 『세종실록』의 1행 32정간 '여민락' 정간보

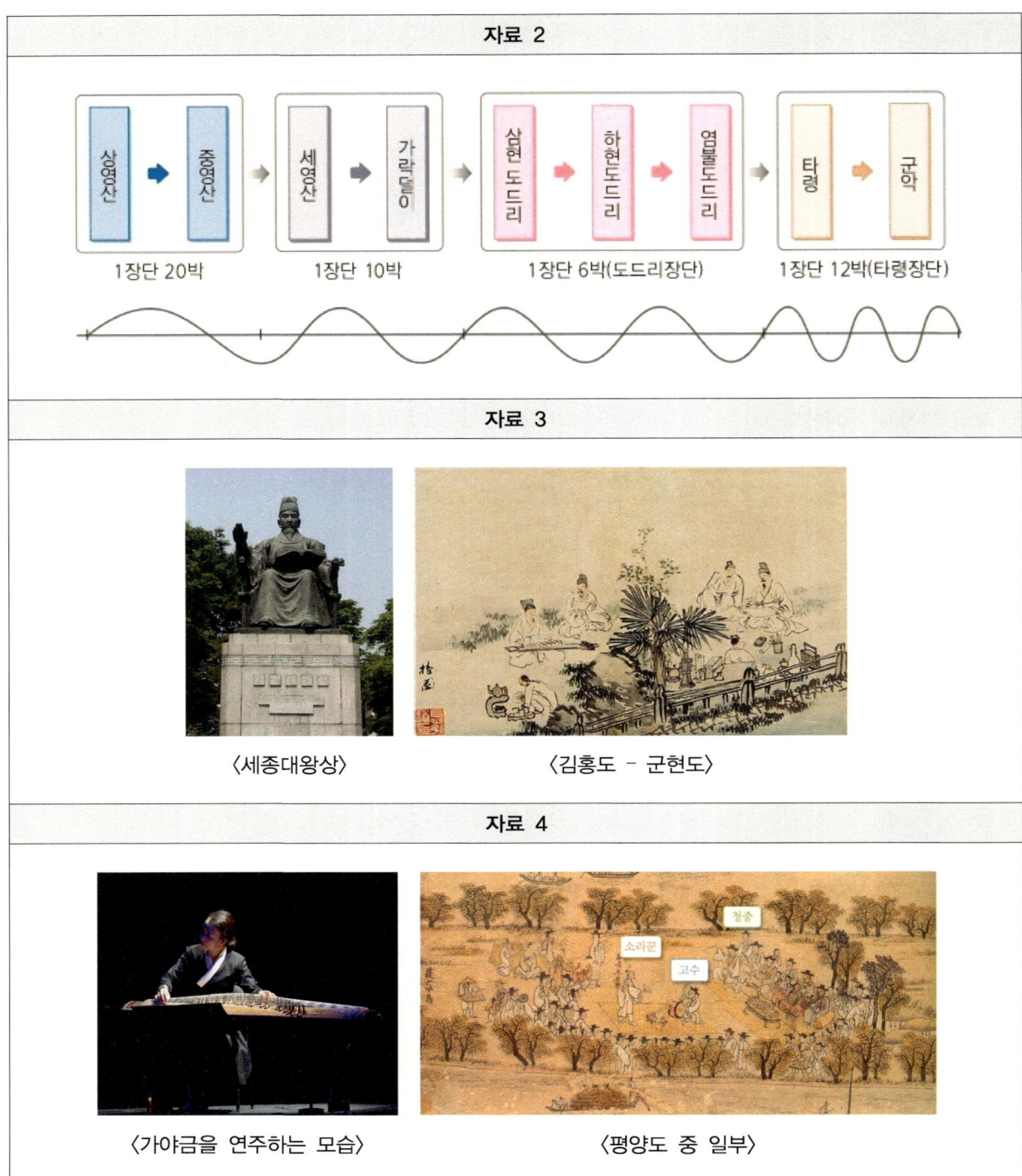

[수업 실연 조건]
1. 응시자 작성부분 1, 2, 3을 시연하시오.
2. 제시된 자료를 모두 활용하여 시연하시오.
3. 필요한 경우, 판서를 활용하시오.

# 【 지도안 및 구상지 】

| 단원명 | | 우리나라 음악의 역사 | 지도 대상 | 중학교 3학년 | 차시 | 2/2차시 |
|---|---|---|---|---|---|---|
| 학습목표 | | \multicolumn{5}{l}{1. 여민락을 감상하고, 조선 전기 음악의 특징을 설명할 수 있다.<br>2. 한배의 변화를 느끼며 '현악 영산회상'을 감상할 수 있다.<br>3. 조선 후기 음악의 특징을 역사·문화적 배경과 관련지어 설명할 수 있다.} |
| 학습단계 | | 교수-학습 활동 | | | 수업 자료 | 지도상의 유의점 |
| 도입 | 전시학습 확인 | - 우리나라 음악의 전반적 역사를 연표를 통해 살펴보았다.<br>- 고려 시대에 우리나라에 유입된 문묘 제례악, 보허자, 낙양춘을 감상해보았다. | | | 시청각 자료 | |
| | 동기유발 | - 조선 시대 음악을 주제로 한 교육 영상을 시청한다. | | | | |
| | 학습목표 제시 | - 본시 학습목표를 제시한다. | | | | |
| 전개 | 활동 1 | 1. '여민락'에 대해 알아보고 감상하기<br> 1) '여민락'은 세종대왕이 '용비어천가'의 노랫말 위에 곡을 얹어 만든 관현 합주곡이다.<br> 2) '여민락'은 '백성과 더불어 즐긴다'는 뜻이다.<br><br>2. 조선 전기의 음악적 특징 알아보기<br><br>〈응시자 작성부분 1〉 | | | [자료 1]<br><br>[자료 3] | |
| | 활동 2 | 1. '영산회상'에 대해 알아보고 '현악 영산회상' 감상하기<br> 1) "영산회상"은 '영산회상불보살'이라는 가사를 지닌 성악곡이었으나, 현재는 가사 없이 모음곡 형태의 기악곡으로 연주된다.<br> 2) 악기 편성과 음악의 쓰임에 따라 '현악 영산회상', '관악 영산회상', '평조회상'으로 구분된다.<br> 3) '현악 영산회상'은 현악기 중심의 줄풍류 편성으로 이루어진다.<br> 4) 중광지곡, 거문고회상이라고도 부르며 9곡의 모음곡이다.<br><br>2. '현악 영산회상'의 빠르기 변화를 구별하며 감상하기<br><br>〈응시자 작성부분 2〉 | | | [자료 2] | |

| | | | | |
|---|---|---|---|---|
| | | | | - 변화되는 장단을 학습할 수 있도록 지도한다. |
| | 활동 3 | - 조선 후기 음악의 특징 이해하기<br>〈응시자 작성부분 3〉 | [자료 3]<br><br>[자료 4] | - [자료 3], [자료 4]와 관련된 계층과 음악 장르를 들어 설명하도록 한다. |
| 정리 | 평가 | - 자기 평가를 진행한다.<br>〈응시자 작성부분 4〉<br><br>| 영역 | 평가 내용 | 상 | 중 | 하 |<br>|---|---|---|---|---|<br>| 감상 | | | | |<br>| 태도 | | | | | | | |
| | 마무리 | - 다음 시간에 감상할 산조와 판소리에 대해 안내한다.<br>- 인사 후, 수업을 마무리한다. | | |

### 📝 요약 및 정리

1. 음악 수업 실연의 핵심 원리는 학생들의 학습과 교사의 의사소통 능력을 보여주는 '**문답법**', 실음을 통해 교사의 전문성을 드러내는 '**모델링**', 모두에게 인정받는 체계적인 수업을 만들어주는 '**활동 간의 연계**'이다.

2. 수업 실연의 기본 구성은 [ **인사 > 동기유발 > 학습목표 제시 > 개념 학습 > 수업 활동 > 정리** ]로 이루어진다.

3. 수업 실연 기본 구성의 각 과정에 대한 만능틀을 만들어 활용하면 더욱 체계적인 실연을 펼칠 수 있다.

4. 지도안을 작성할 때에는 가이드라인에 따라 체계적이고 구체적인 활동을 작성하는 것이 좋으며, 이를 위해서는 지속적인 수업 실연 연습과 함께 실전과 동일한 상황에서 지도안을 작성해보는 연습이 필요하다.

5. 수업 실연에서 유일하게 응시자가 직접 제시하는 학습 자료인 판서는 구획을 나누어 체계적으로 제시해야 한다.

# 제3부

# 수업 실연의 발전

수업 실연의 기초를 탄탄히 닦았다면, 이제 기출문제 분석을 토대로 나의 실력을 점프업 시킬 차례이다. [3부. 수업 실연의 발전]에서는 저자가 제작한 8개년 복기 모의고사와 나만의 만점 필살기를 갖출 수 있는 공부법을 소개하고자 한다. 스터디 일정에 맞추어 기출 문제를 직접 실연해봄과 동시에 '2장. 교과서 심화 분석'과 '3장. SECRET 만점 필살기' 부분을 읽어보며 공부한다면 최고의 결과를 끌어낼 수 있을 것이다.

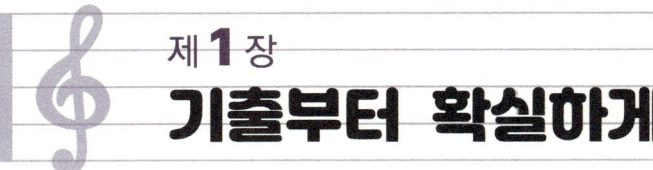

## 01 | 음악 수업 실연의 기출 경향

'지피지기(知彼知己)면 백전백승(百戰百勝)'이라는 말이 있다. 나를 알고 적을 알면 어떠한 전투에서도 이길 수 있다는 뜻이다. 실연 연습을 통해 나만의 체계를 구체화하며 실력을 쌓아가는 것이 '나를 아는 것'이라면, 우리의 '적'인 수업 실연에 대해서도 면면히 조사해 알아두는 것이 좋을 것이다.

음악 교과의 내용은 다양한 기준으로 구분할 수 있다. 그 중에서도 수업 실연을 준비함에 있어 반드시 기억해야 할 기준은 다음과 같다.

| 음악 교과 영역의 구분 | | | | | |
|---|---|---|---|---|---|
| 연번 | 기준 | 구분 | | | |
| 1 | 장르 | 국악 | 서양 클래식 | 세계 민요 | 대중 음악 |
| 2 | 지식 유형 | 지식, 이해 | | 과정, 기능 | 가치, 태도 |
| 3 | 실기 유형 | 가창 | 기악 | 창작 | 감상 |
| 4 | 교과목 | 음악 | 음악 감상과 비평 | 음악 연주와 창작 | 음악과 미디어 |
| 5 | 교육과정 영역 | 연주 | | 창작 | 감상 |

음악 교과의 내용들은 크게 5가지 기준(장르, 지식 유형, 실기 유형, 교과목, 교육과정 영역)에 따라 구분할 수 있다. 그럼 생각해보자. 수업 실연 평가는 단 한 번의 실연으로 수험생들의 수업 능력을 판별해야 하는 시험이다. 음악 교과의 다양한 내용들을 한 번의 수업으로 모두 아울러 평가하기 위해서는 어떻게 출제해야 할까?

여기서 음악 수업 실연의 기출 경향에 대한 답을 얻을 수 있다. 그것은 바로 **'음악 교과 영역 간의 융합'**이다. 실제 기출문제를 살펴보면 앞서 구분한 음악 교과의 영역들을 융합한 주제가 항상 출제되고 있다.

## 2018-2025 음악 수업 실연 기출 주제 분석

| 연도 | 주제 | 장르 | 실기 영역 | 핵심 활동 |
|---|---|---|---|---|
| 2018 | 극음악 | 국악<br>서양음악 | 가창 | • 판소리와 오페라의 관객 참여 방식 알아보기<br>• 아니리와 레치타티보, 소리와 아리아 표현하기 |
| 2019 | 기보법 | 국악<br>서양음악 | 창작 | • 다양한 기보법과 정간보에 대해 알아보기<br>• 오선보를 이용하여 음악 만들기 |
| 2020 | 음악과 수학<br>(조율법) | 국악<br>서양음악 | 기악 · 가창 | • 삼분손익법의 원리 알아보기<br>• 팬플루트 연주와 합창 |
| 2021 | 론도 | 서양음악 | 창작 · 감상 | • 론도 선율 창작하기<br>• 론도 형식의 악곡 분석하고 감상하기 |
| 2022 | 세계 음악 | 세계민요 | 가창 · 기악 · 창작 | • 중국의 악기와 우리나라의 악기 비교하기<br>• 중국 민요 '모리화' 알아보기<br>• 오스티나토와 보르둔 창작하기 |
| 2023 | 의식 음악 | 국악<br>서양음악 | 가창 · 기악 | • 미사곡과 종묘제례악 비교하기<br>• 미사곡 노래하기<br>• 종묘제례악의 악작과 악지를 생활악기로 표현하기 |
| 2024 | 민요 창작 | 국악<br>서양음악 | 가창 · 기악 · 창작 | • 다양한 지역의 민요 특징을 조사하고 발표하기<br>• 민요 선율 창작하기<br>• 가상악기를 활용한 반주 창작하기 |
| 2025 | 말붙임새와 랩 | 국악<br>대중음악 | 가창 · 창작 | • 민요와 랩 제재곡을 활용한 동기유발<br>• 굿거리 장단에 맞춰 말붙임새 만들기<br>• 4박자 리듬의 랩 만들기 |

 2018-2020년에 걸쳐 음악과 수업 실연은 국악과 서양음악의 양분된 내용들을 융합 주제로 묶어 출제하는 경향이 짙었다. 하지만 2021년에 론도 형식에 대한 구체적인 개념 지도와 창작 활동이 출제되면서 예상을 깼다. 이후 2022년에는 수업 실연 주제로 출제되기 어려울 것이라 생각되었던 세계 민요가 출제되었고, 오스티나토와 보르둔 창작 활동이 출제되며 많은 수험생들을 당혹스럽게 했다. 2023년에는 다시 의식 음악을 주제로 팔레스트리나 미사곡과 종묘제례악이 제시되며 국악과 서양음악의 융합 주제가 출제되었다. 2024년에는 민요 창작을 주제로 컴퓨터 음악 프로그램이 제시되었다. 이는 2022 개정 음악과 교육과정의 등장과 함께 중요성이 높아지고 있는 '창작' 수업의 경향을 반영한 것으로 응시생들의 디지털 음악 수업 능력을 평가하고자 한 것으로 보인다. 2025년에는 말붙임새와 랩 창작이 출제되었다. 선율 중심의 창작 수업에서 벗어나 리듬 창작까지 폭넓은 영역을 평가하고, 처음으로 대중음악 영역인 랩이 제재로 사용되었다는 것을 유심히 살펴보아야 한다. 실연에서 여전히 창작의 비중이 높은 것을 살펴볼 수 있으며 대중음악이라 할지라도 기존 음악 수업에서 보편적으로 행해지고 있는 수업이라면 충분히 출제될 가능성이 높아졌음을 암시한다. 이처럼 출제 기준은 매년 바뀔 수 있기에 정확히 주제를 예측하는 것이 어렵다. 다만 변할 수 없는 음악 수업 실연 평가의 경향이 하나 있다. 바로 **교과 영역 간의 융합**이다!

 음악 교사에게 요구되는 능력은 1가지 영역을 깊게 파고드는 프로 음악인 수준의 전문성이 아니다. 교육 현장에 진짜 필요한 음악 교사는 '올라운더'이다. 음악의 다양한 영역들에서 교육적으로 가치 있는 내용을 발견하고 학생들이 음악의 아름다움을 체험할 수 있도록 돕는 것이 우리의 임무이다. 이를 위해 평가위원들은 수험생이 다양한 음악 지식과 실기 영역들을 가르칠 수 있는지 살펴야 한다. 다양한 주제로 여러 회차의 수업 실연을 통해 평가하는 것이 가장 정확하겠으나, 현실적인 공무원 채용 시험의 한계 탓에 한 번의 수업 실연 평가만으로 올라운더로서의 자질을 평가해야 한다. 그렇기에 음악 교과 내의 다양한 영역이 융합된 수업 주제가 출제될 수 밖에 없는 것이다. 본격적으로 연습하기 전, 이 사실을 반드시 기억하자. 어렵고 복잡하게만 느껴졌던 기출 문제가 나의 수업 능력을 키워줄 든든한 친구로 느껴질 것이다.

더불어 앞서 구분한 음악 교과 영역들을 면밀히 살피며 아직 출제되지는 않았으나 수업 주제로 충분히 활용될 수 있을 주제들을 선별해보자. 평가자의 눈으로 바라볼 수 있을 뿐 아니라, 어쩌면 내가 생각해본 주제가 실제로 출제되는 기쁨을 누릴지도 모른다. 필자가 2020년 임용을 준비하며 제작하였던 자체 모의고사 중에는 종교음악을 주제로 하여 팔레스트리나 미사곡과 종묘제례악을 비교하는 문제가 있었다. 이는 2023년 출제된 수업 실연 주제였다. 2023년 당시 첫 출간된 [최종 합격을 위한 음악 수업 실연 SECRET]에서는 기초 연습문제 창작①(P. 73)에서 '애플리케이션 창작', 기초 연습문제 창작② (P. 77)에서 '민요 창작', 실전 모의평가 5회(P. 181)에서는 '컴퓨터 음악 프로그램'을 다루었다. SECRET을 꼼꼼히 살피고 공부했던 많은 합격생들이 당황하지 않고 실연할 수 있었다는 감사 인사를 보내왔다. 더불어 실전 모의평가 1회(P. 169)에서는 2025년 출제된 주제인 말붙임새 창작을 다루었다. 이렇게 SECRET에서 기출 제재를 적중할 수 있었던 이유는 바로 여러 제재들을 살피며 융합될 수 있는 내용을 지속적으로 분석했기 때문이다. 실연 주제 선별과 관련된 준비 방법을 〈4부. 수업 실연의 완성 - 2. 내가 직접 만드는 SECRET 모의평가〉에서 추가로 설명하였으니 참고하기 바란다.

## 02 | 복기 모의고사

이제 본격적으로 기출문제를 연습해보자. 기존 정보를 바탕으로 최대한 실제 기출과 유사한 형태로 제작해보았다. 기출 문제는 상당한 수업 전문성을 요하도록 설계되었다. 그렇기에 당연히 처음부터 완벽할 수는 없다. 기출 경향에 익숙해지는 것을 목표로 두고 개인의 능력과 스터디의 방향에 따라 구상 및 실연 시간을 조정하여 연습하면 된다. 그러면 어느덧 훌륭한 수업 실연을 펼치고 있는 자신을 볼 수 있을 것이다.

### 🎺 Tip 기출문제가 너무 어려운데, 어떻게 연습하면 좋을까요?

기초 실연 문제들을 통해 수업 실연에 대해 어느 정도 자신이 생긴 수험생들은 기출문제를 본격적으로 접하며 다시금 좌절하게 된다. 저자의 솔직한 경험을 얘기하자면, 기출문제를 처음 접했던 날 '나 이러다가 떨어지는 거 아니야?'라는 생각이 먼저 들었다. 그만큼, 수업 실연 기출 문제는 다각도에서 응시자의 수업 능력을 판단할 수 있도록 복잡하고 어렵게 구성되어 있다. 기출문제를 보고 갑자기 수업 실연이 두려워진 수험생들은 필자의 조언을 참고하기 바란다.

#### 1) 실연 전에 충분한 구상 시간을 가지자!

첫 술에 배부를 순 없다. 빠른 시간 안에 수업을 구상하여 조건을 충족하는 실연을 펼치는 것은 훈련이 필요하다. 조급한 마음은 잠시 내려놓고, 구상 시간을 충분히 가진 후 실연해보도록 하자. 특히나 기출문제의 경우, 출제자의 시선과 경향을 파악할 수 있다는 점에서 긴 시간 고민하고 분석해보는 것이 앞으로의 실연을 준비하는데 큰 도움이 된다. 천천히 기출문제를 구상하는 것이 느려 보이지만 어쩌면 더 빠른 길이 될 수도 있는 것이다.

#### 2) 활동들을 나누어 한 가지씩 구상하고 실연해보기

기출문제가 너무 어렵다면, 한 문제에 제시되는 여러 활동들을 나누어 한 가지씩 구상하고 실연해보는 것은 어떨까? 지금 우리가 기출문제를 연습하는 가장 큰 이유는 실전 감각보다 기출 경향에 맞추어 음악 개념과 실기 영역들을 지도할 수 있는 능력을 기르기 위함이다. 그렇다면, 오히려 세부 활동들을 충분히 구상하고 제대로 실연해보는 것이 더 큰 도움이 될지도 모른다. 1차 합격 발표 이후, 어차피 우리는 다량의 모의평가 문제들을 실연해보며 실전 감각을 충분히 키울 수 있다. 한 계단씩 차근차근 나아가보자.

#### 3) 기출문제에 등장하는 개념과 조건을 먼저 파악하고 접근하기

수험생들이 기출 실연에서 가장 당황하는 이유는 제시된 개념과 조건을 어떻게 풀어가야 할 지 쉽게 떠오르지 않기 때문이다. 기출문제가 어렵다면, 기출에 등장하는 개념과 조건들을 교과서와 관련 전공 서적들을 통해 먼저 파악해보자. 예를 들어, 2019년에 기출되었던 정간보의 개념을 교과서를 통해 먼저 확인해볼 수 있다. 또는 2022년에 기출되었던 오스티나토·보르둔 창작 활동을 실연하기 전에, 음악교육학 서적을 통하여 오스티나토와 보르둔의 다양한 형태를 파악해볼 수 있다.

memo

# 복기 모의고사

1. 복기 모의고사 1회 — 97
2. 복기 모의고사 2회 — 101
3. 복기 모의고사 3회 — 105
4. 복기 모의고사 4회 — 109
5. 복기 모의고사 5회 — 113
6. 복기 모의고사 6회 — 117
7. 복기 모의고사 7회 — 121
8. 복기 모의고사 8회 — 125

# 1 복기 모의고사 1회

## 2018학년도 음악과 2차 수업 실연

[교수·학습조건]
1. 과목명: 음악
2. 대상: 중학교 3학년(남녀 혼합 30명)
3. 교실 기자재: 소리북, 피아노, 부채, 빔 프로젝터, 동영상, 칠판
4. 수업시간: 90분(블록타임제)
5. 단원 교수·학습계획

| 단원명 | 차시 | 주요 내용 및 활동 | 비고 |
|---|---|---|---|
| 극음악 | 1-2 (본시) | - 판소리와 오페라의 구성요소 및 배경<br>- 판소리와 오페라의 관객 참여 방식과 태도<br>- 아니리와 레치타티보를 비교하여 표현하기<br>- 소리와 아리아를 비교하여 표현하기 | 모둠활동<br>동료평가 |

[지도안 작성 조건]
1. [응시자 작성부분 1]: 〈자료 1〉, 〈자료 2〉, 〈자료 3〉을 활용한 동기유발 활동을 작성하시오.
2. [응시자 작성부분 2]: 판소리와 오페라의 관객 참여 방식과 태도를 각각 1가지씩 제시하시오.
3. [응시자 작성부분 3]: 각 요소를 비교하여 표현할 수 있는 교수·학습활동 3가지를 작성하시오.
4. [응시자 작성부분 4]: 각 요소를 비교하여 표현할 수 있는 교수·학습활동 5가지를 작성하시오.
5. 교사와 학생의 활동이 명확히 구분되어 드러나도록 작성하시오.

[수업 실연 조건]
1. [응시자 작성부분]에 해당하는 수업 절차를 시연하시오.
2. 필요한 경우, 오선보나 가락선 악보를 사용하시오
3. 일정량의 판서를 활용하시오.

| 자료 1 | 자료 2 | 자료 3 |
|---|---|---|

## 자료 4

[아니리]
이도령: 얘야, 춘향아! 우리 한 번 놀아보자.
춘향: 아이고, 부끄러워서 어찌 함께 논단 말이오?
이도령: 그런 소리 말고 우리 함께 놀아보자.
[소리]

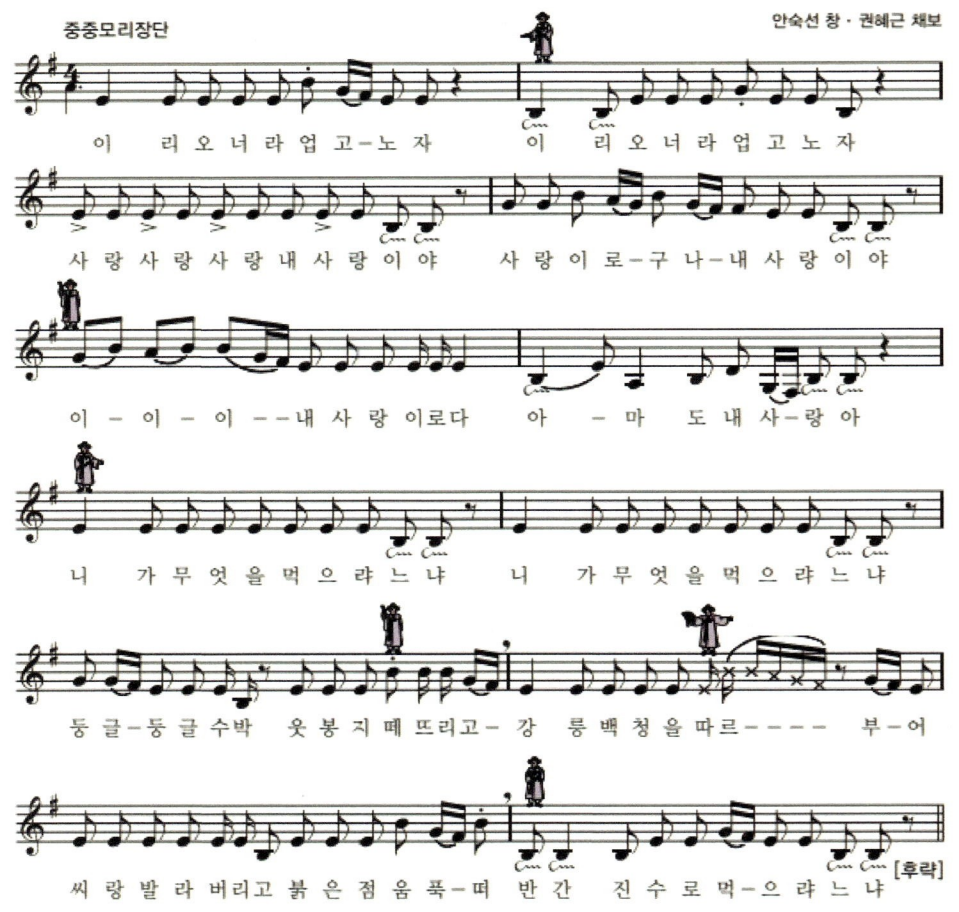

## 자료 5

## 2018학년도 중등학교교사 임용후보자 2차 선정경쟁시험
# 지도안 및 수업능력 평가 (음악)

| 수험번호 | | | | | | | | 성명 | | 관리번호 | |
|---|---|---|---|---|---|---|---|---|---|---|---|

| 단원명 | 극음악 | | |
|---|---|---|---|
| 학습 주제 | • 오페라와 판소리의 특징 비교하기<br>• '사랑가'와 '울게 하소서'의 일부를 표현하며 노래 부르기<br>• 우리 문화와 타문화의 다양한 음악적 표현을 이해하고 존중하는 마음 기르기 | | |
| 학습 목표 | 1. 판소리와 오페라의 특징을 비교하여 설명할 수 있다.<br>2. '사랑가'와 '울게 하소서'의 특징을 살려 노래할 수 있다.<br>3. 우리 문화와 타문화의 다양한 음악적 표현을 이해하고 존중하는 마음을 가질 수 있다. | | |
| 학년 | 중학교 3학년(남녀 30명) | 장소 | 음악실 | 차시 | 1/2차시, 2/2차시 |

| 단계 | 교수 · 학습활동 | 자료 | 지도상의 유의점 |
|---|---|---|---|
| 도입 | • 전시학습 상기<br>• 학습동기 유발<br>〈응시자 작성부분 1〉<br><br><br>• 본시 학습목표 제시<br> - 학습목표를 제시한다. | [자료 1]<br>[자료 2]<br>[자료 3]<br><br>ppt | |
| 전개 | 활동 1. 판소리와 오페라의 구성요소, 제재곡의 배경 등에 대하여 모둠별로 조사한 후 학습지를 완성한다.<br> - 학생들은 '사랑가'와 '울게 하소서'의 음악적 특징을 파악하였다.<br><br>활동 2. 판소리와 오페라의 관람객 참여방법 및 태도 알아보기<br>〈응시자 작성부분 2〉 | 학습지 | |

| | | | |
|---|---|---|---|
| | 활동 3. 제재곡의 음악적 특징 이해하기(장단, 음계 등) | | |
| | 활동 4. 아니리와 레치타티보를 비교하여 표현하기 | | |
| | 〈응시자 작성부분 3〉 | | |
| | | | |
| | 활동 5. 소리와 아리아를 비교하여 표현하기 | [자료 4] | - 모둠 활동을 통해 학습할 수 있도록 지도한다. |
| | 〈응시자 작성부분 4〉 | [자료 5] | - 개별 학생들의 수준을 고려하여 수업을 진행하도록 한다. |
| 정리 | • 모둠별 발표하기<br>• 형성평가<br>• 다음 차시에 배울 뮤지컬에 대해 안내한다.<br>• 인사 후, 수업을 마무리한다. | | |

〈수고하셨습니다.〉

## 2 복기 모의고사 2회

# 2019학년도 음악과 2차 수업 실연

[교수·학습조건]

1. 과목명: 음악
2. 대상: 중학교 3학년(남녀 혼합 24명, 4모둠)
3. 교실 기자재: 피아노, 장구, 빔 프로젝터, 오디오, 교사용 컴퓨터, 칠판
4. 수업시간: 90분(블록타임제)
5. 단원 교수·학습계획

| 단원명 | 차시 | 주요 내용 및 활동 |
|---|---|---|
| 다양한 기보법 | 1-2 (본시) | - 다양한 기보법에 대해 알아보기<br>- 정간보와 오선보를 활용하여 음악 만들기 |
| | 3-4 | - 나만의 기보법 만들기 |

[지도안 작성 조건]

1. [응시자 작성부분 1]: 〈자료 1〉을 활용하여 교수·학습활동 4가지를 작성하시오.
2. [응시자 작성부분 2]: 〈자료 2〉를 활용하여 교수·학습활동 4가지를 작성하시오.
3. [응시자 작성부분 3]: 〈자료 3〉을 활용하여 교수·학습활동 4가지를 작성하시오.
4. [응시자 작성부분 4]: 조건에 알맞는 모둠별 평가기준을 작성하시오.
5. 교사와 학생의 활동이 명확히 구분되어 드러나도록 작성하시오.

[수업 실연 조건]

1. [응시자 작성부분] 중 1, 2, 3을 시연하시오.
2. [응시자 작성부분 1]에서 다양한 기보법의 개념과 원리에 대해 설명하시오.
3. [응시자 작성부분 2]에서 정간보를 읽는 방법에 대해 설명하시오.
4. [응시자 작성부분 3]에서 오선보를 이용하여 음악을 창작하도록 지도하시오.
5. 일정량의 판서를 활용하시오.

[관련 성취기준]

1. 성취기준
  - [9음01-03] 음악의 구성을 이해하여 주어진 조건에 따라 간단한 음악작품을 만든다.
  - [9음02-01] 중학교 1-3학년 수준의 음악 요소와 개념을 구별하여 표현한다.
2. 성취기준 해설
  - [9음01-03] 악곡의 구성요소를 이해하고 활용하여 주어진 조건에 따라 리듬이나 가락 짓기 등 음악 작품을 만들어 표현하도록 한다.
  - [9음02-01] 악곡에서 중학교 1-3학년 수준의 음악 요소와 개념을 구별하고 분석하여 소리, 언어, 그림, 신체 등의 다양한 방식으로 표현하도록 한다.

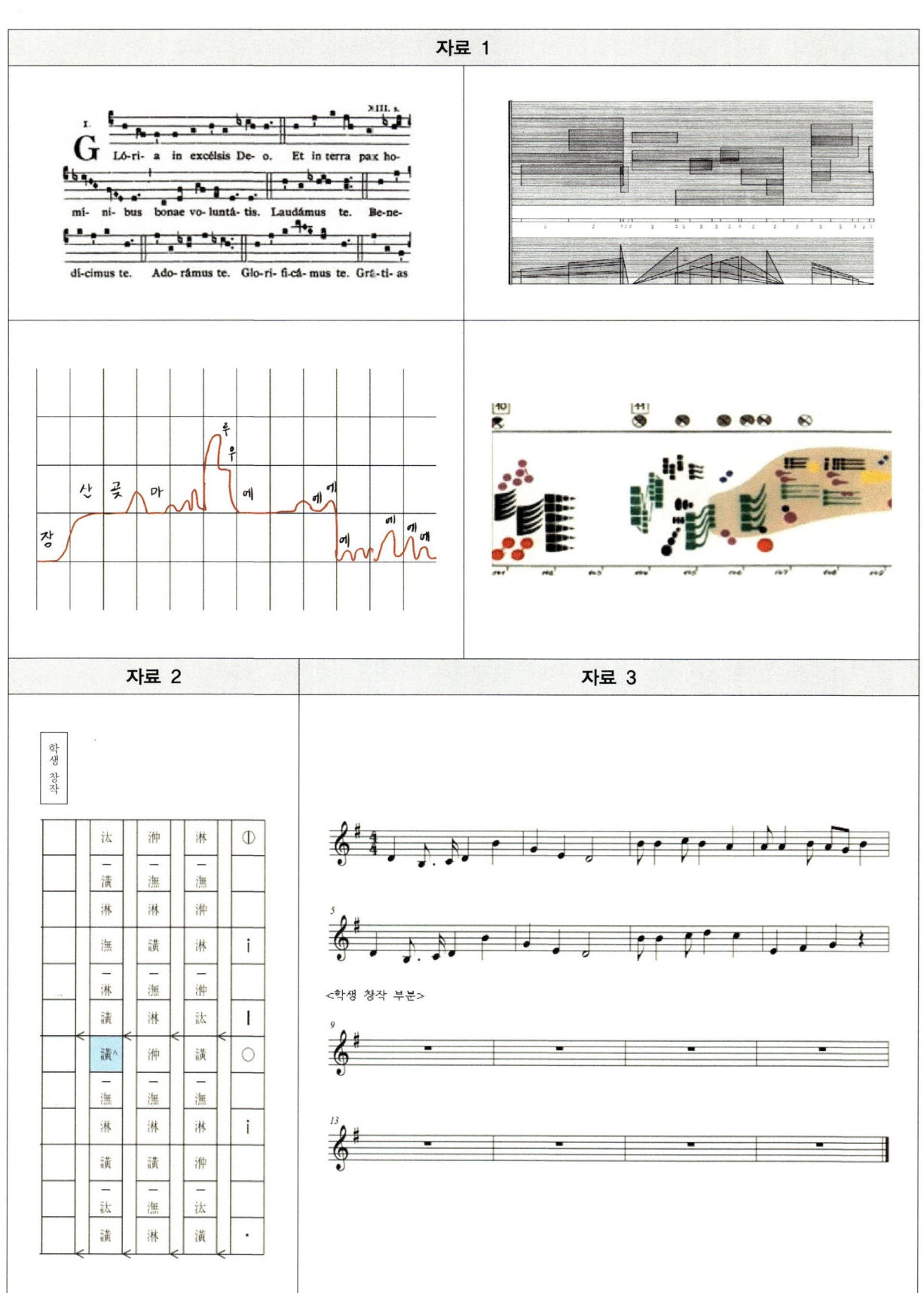

# 2019학년도 중등학교교사 임용후보자 2차 선정경쟁시험
# 지도안 및 수업능력 평가 (음악)

| 수험번호 | | | | | | | 성명 | | 관리번호 | |
|---|---|---|---|---|---|---|---|---|---|---|

| 단원명 | 다양한 기보법 | 대상 | 중학교 3학년<br>(남녀 24명) | 차시 | 1/4. 2/4차시 |
|---|---|---|---|---|---|
| 학습 목표 | 1. 다양한 기보법을 이해하고 설명할 수 있다.<br>2. 정간보와 오선보의 원리를 이해하며 노래할 수 있다.<br>3. 정간보와 오선보를 사용한 음악을 창작하여 발표할 수 있다. | | | | |

| 단계 | 교수·학습활동 | 자료 | 지도상의 유의점 |
|---|---|---|---|
| 도입 | • 인사 및 출석<br>• 전시학습 상기<br>• 학습동기 유발<br>  － 〈자료 1〉의 음악을 들으며 어울리는 악보 유추해보기<br>• 본시 학습목표 제시<br>  － 다 같이 학습목표를 읽어본다. | [자료 1]<br>ppt | |
| 전개 | 활동 1. 다양한 기보법에 대해 알아보기<br><br>〈응시자 작성부분 1〉<br><br><br><br><br><br>활동 2. 정간보와 오선보의 원리를 이해하며 노래 부르기<br>  1) 정간보의 창안 이유와 배경에 대해 모둠별로 조사한 내용을 발표한다.<br>  2) 교사는 모둠별로 발표한 내용을 정리하여 설명한다.<br>  3) 정간보에 대하여 이해하고 노래 부르기<br><br>〈응시자 작성부분 2〉<br><br><br><br><br><br> | [자료 1]<br><br><br><br>[자료 2] | － [자료 2]를 활용하여 정간보를 읽는 방법에 대해 설명한다. |

| | | | |
|---|---|---|---|
| | 4) 오선보에 대하여 알아보기<br>- 모둠별로 오선보의 변화 과정에 대해 이해한 내용을 발표한다.<br>- 오선보에 기보된 악보를 다함께 노래한다. 가창 활동 시에는 음악 요소와 특징이 드러나도록 노래한다.<br>- 오선보의 원리를 이해하고 노래한다. | [자료 3] | |
| | 활동 3. 오선보와 정간보를 이용해 모둠별로 음악을 창작하기<br>1) 1-2모둠은 정간보, 3-4모둠은 오선보를 이용해 창작하도록 한다.<br>2) 모둠별로 창작한 음악을 발표한 후, 모둠별 평가와 동료평가가 이루어짐을 안내한다.<br>3) 정간보를 이용하여 음악 만들기<br>- 정간보를 이용하여 음악을 만들 때 지켜야 할 조건을 제시한다. | | |
| | 4) 오선보를 이용하여 음악 만들기 | | - 교사는 평가 기준에 적합한 음악을 창작할 수 있도록 모둠별로 순회하며 지도한다. |
| | 〈응시자 작성부분 3〉 | [자료 2]<br>[자료 3] | |
| 정리 | • 모둠별 발표<br>- 학생들은 상호 평가지를 통해 다른 모둠의 발표를 보고 평가한다.<br>- 교사는 발표 후 모둠별로 피드백한다.<br>〈응시자 작성부분 4〉<br><br>| 영역 | 기준 | 점수 1 | 점수 2 | 점수 3 |<br>|---|---|---|---|---|<br>| 표현 | | | | |<br>| 창작 | | | | |<br>| 태도 | | | | |<br><br>• 오늘 배운 학습 내용을 정리한다.<br>• 다음 차시 예고 및 과제 제시 | | |
| | 〈수고하셨습니다.〉 | | |

## 2020학년도 음악과 2차 수업 실연

[교수·학습조건]
1. 과목명: 음악
2. 대상: 고등학교 1학년(남녀 혼합 24명)
3. 교실 기자재: 기타, 가야금, 빔 프로젝터, 팬플루트, 피아노
4. 수업시간: 100분(블록타임제)
5. 단원명: 음악과 수학

[지도안 작성 조건]
1. [응시자 작성부분 1]: 〈자료 1〉, 〈자료 2〉, 〈자료 3〉, 〈자료 4〉를 활용한 동기 유발활동 3가지를 작성하시오.
2. [응시자 작성부분 2]: 〈자료 1〉, 〈자료 2〉를 활용한 교수·학습활동 2가지를 작성하시오.
3. [응시자 작성부분 3]: 〈자료 6〉을 활용한 교수·학습활동 4가지를 작성하시오.
4. [응시자 작성부분 4]: 팬플루트 제작과 태도에 대한 자기 평가 문항을 각각 2가지 작성하시오.

[수업 실연 조건]
1. 응시자 작성부분 중 1, 2, 3을 시연하시오.
2. 동기유발 시 〈자료 1〉, 〈자료 2〉, 〈자료 3〉, 〈자료 4〉를 활용하시오.
3. 필요한 경우, 판서를 활용하시오.

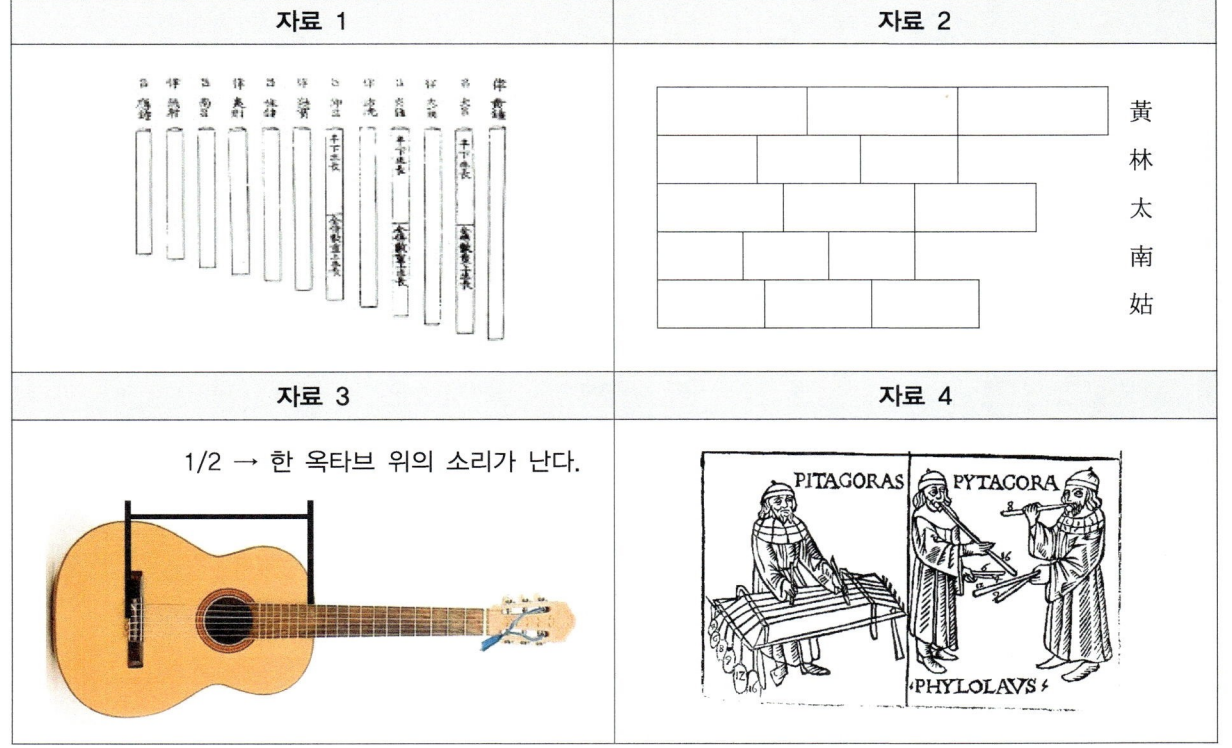

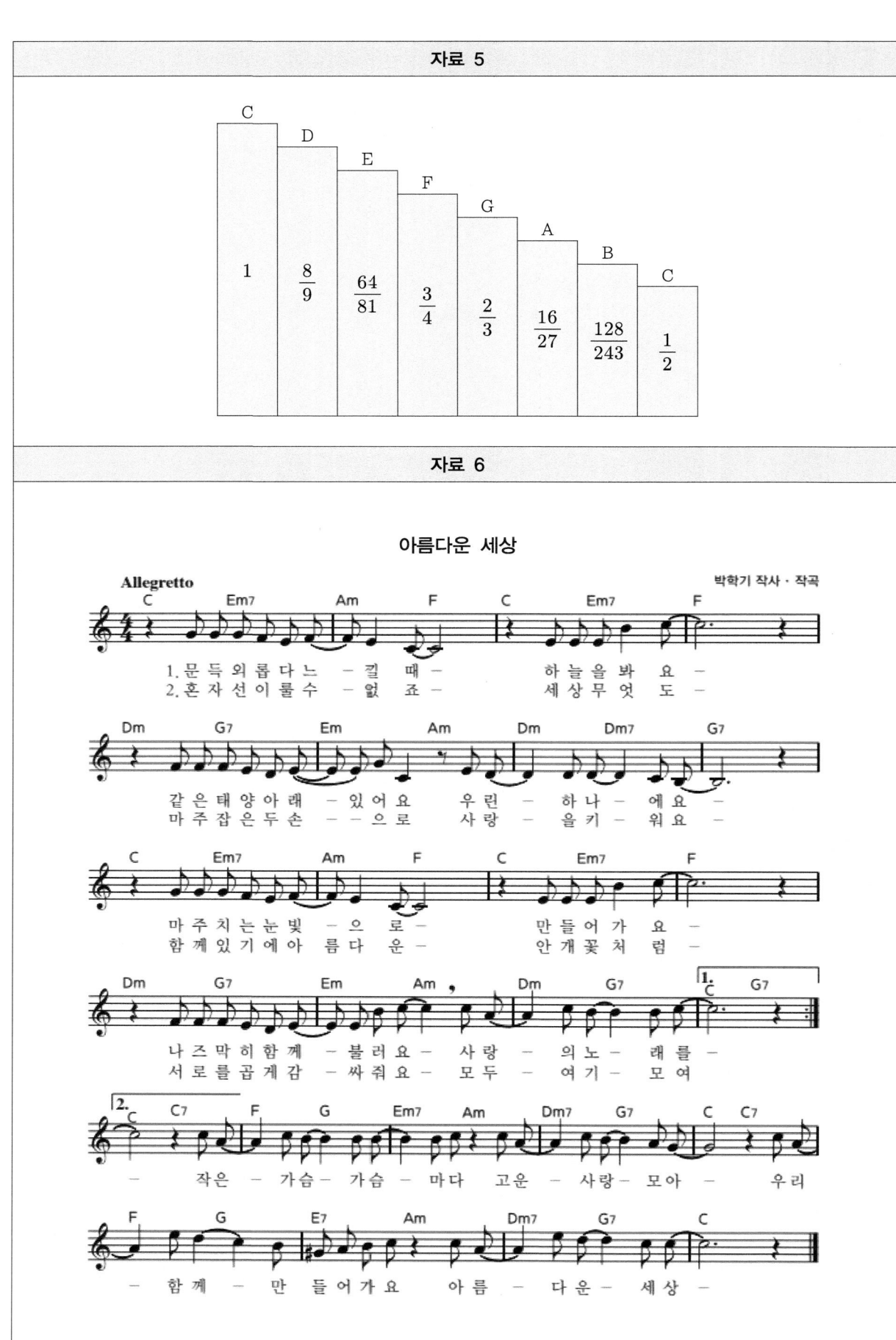

## 2020학년도 중등학교교사 임용후보자 2차 선정경쟁시험
# 지도안 및 수업능력 평가 (음악)

| 수험번호 | | 성명 | | 관리번호 | |
|---|---|---|---|---|---|

| 학습목표 | 1. 세종조의 12율관 제작 배경을 이해하고, 삼분손익법에 대해 설명할 수 있다.<br>2. 피타고라스 조율법의 발생 배경을 이해하고, 피타고라스 음정 산출 방식에 대해 설명할 수 있다.<br>3. 피타고라스 음계의 원리에 따라 팬플루트를 제작하여 연주할 수 있다. |
|---|---|

| 단계 | 교수·학습활동 | 자료 | 지도상의 유의점 |
|---|---|---|---|
| 도입 | • 전시학습 확인<br> - 소리는 물체의 길이, 무게 등과 관련이 있음을 배웠다.<br><br>• 동기 유발<br>〈응시자 작성부분 1〉<br><br><br><br><br><br>• 학습목표 제시 | [자료 1]<br>[자료 2]<br>[자료 3]<br>[자료 4] | |
| 전개 | 활동 1. 세종조의 12율관 제작 배경과 삼분손익법에 대해 알아보기<br> 1) 세종조의 12율관 제작 배경에 대해 알아본다.<br>  - 12율관 제작 배경에 대해 알아보았다.<br> 2) 삼분손익법의 원리에 대해 알아보기<br>〈응시자 작성부분 2〉<br><br><br><br><br><br><br>활동 2. 피타고라스 조율법의 발생 배경과 원리에 대해 알아본다.<br> 1) 피타고라스 조율법의 배경을 설명한다.<br> 2) 피타고라스 조율법의 원리에 대해 알아본다.<br>  - 1/2지점을 누르면 옥타브, 2/3지점을 누르면 완전 5도 위, 3/4지점을 누르면 완전 4도 위의 소리가 난다.<br>  - 해당 음들을 모두 모으면 한 옥타브 내의 음들이 모두 나타난다.<br>  - 학생들은 〈자료 5〉를 보고 이를 확인한다. | [자료 1]<br>[자료 2]<br><br><br>[자료 3]<br>[자료 5] | - 교실에 비치된 가야금을 활용해 실음과 연계하여 지도한다.<br><br>- 가야금의 제4현을 황종이라 가정한다. |

| | 활동 3. 팬플루트 만들기<br>　1) 삼분손익의 원리를 활용하여 각 음정에 맞는 길이로 빨대를 잘라 악기를 만든다.<br>　2) 악기를 제작할 때는 〈자료 5〉를 활용하도록 한다. | [자료 5] | |
| --- | --- | --- | --- |
| | 활동 4. 제작한 팬플루트로 '아름다운 세상' 연주하기<br><br>〈응시자 작성부분 3〉<br><br><br><br><br><br><br><br><br><br>• 발표<br>　- 모둠별로 연습한 '아름다운 세상' 연주를 발표하도록 한다. | [자료 6] | - 모둠에서 노래하는 역할과 팬플루트를 연주하는 역할을 나누어 연습할 수 있도록 한다. |
| 정리 | • 자기평가를 진행한다.<br><br>〈응시자 작성부분 4〉<br><br>| 영역 | 기준 | 상 | 중 | 하 |<br>| --- | --- | --- | --- | --- |<br>| 팬플루트<br>제작 | | | | |<br>| | | | | |<br>| 연주 | (생략) | | | |<br>| 태도 | | | | |<br>| | | | | |<br><br>• 다음 차시 예고<br>• 인사 후, 수업을 마무리한다. | | |

〈수고하셨습니다.〉

## 4　복기 모의고사 4회

# 2021학년도 음악과 2차 수업 실연

[교수·학습조건]

1. 과목명: 음악
2. 대상: 중학교 3학년(남녀 혼합 24명, 4모둠)
3. 교실 기자재: 피아노, 빔 프로젝터, 교사용 컴퓨터, 태블릿 PC, 신시사이저, 선율악기
4. 수업시간: 90분(블록타임제)
5. 단원 교수·학습계획

| 단원명 | 차시 | 주요 내용 및 활동 | 비고 |
|---|---|---|---|
| 들으면서 익히는 음악형식 | 1-2 | - 론도 형식 이해하기<br>- 리듬 론도를 창작하고, 그림으로 표현하기<br>- 모둠별로 리듬을 신체로 표현하기 | 모둠활동 |
| | 3-4<br>(본시) | - 모둠별로 선율카드를 활용하여 론도를 창작하고 발표하기<br>- 론도의 악곡 구조 파악하기<br>- 제재곡을 감상하며 연주형태 구별하기 | 모둠활동<br>자기평가 |

[지도안 작성 조건]

1. [응시자 작성부분 1]: 〈자료 1〉, 〈자료 2〉를 활용하여 리듬론도와 형식에 대한 전시학습을 구성하시오. 단, 학생과 교사의 상호작용을 포함하여 작성하시오.
2. [응시자 작성부분 2]: 〈자료 3〉을 활용하여 작성하시오.
 1) 〈자료 3〉은 론도의 A주제이다. 이를 활용해 B, C주제를 창작하는 모둠 활동을 구성하도록 한다.
 2) 지도안에 제시된 모든 기자재와 자료를 활용한다.
 3) 교사의 피드백을 포함하도록 한다.
3. [응시자 작성부분 3]: 〈자료 4〉를 활용하여 악곡의 구조, 연주형태를 비교하여 감상하는 활동을 구성하시오.
 1) 플립드 러닝으로 사전에 수업이 이루어졌음을 고려한다.
 2) 플립드 러닝을 통해 사전에 제공한 활동지와 다양한 자료를 활용한다.
4. [응시자 작성부분 4]: 자기평가를 1가지씩 작성하시오.
5. 교사와 학생의 활동이 명확히 구분되어 드러나도록 작성하시오.

[수업 실연 조건]

1. 응시자 작성부분 중 1, 2, 3을 시연하시오.
2. 교실 기자재와 제시된 자료를 모두 활용하여 시연하시오.
3. 일정량의 판서를 활용하시오.

# 2021학년도 중등학교교사 임용후보자 2차 선정경쟁시험
# 지도안 및 수업능력 평가 (음악)

| 수험번호 | | 성명 | | 관리번호 | |
|---|---|---|---|---|---|

| 단원 | 들으면서 익히는 음악 형식 | | |
|---|---|---|---|
| 학습 목표 | 1. 선율카드를 활용하여 론도 형식의 음악을 창작하고 연주할 수 있다.<br>2. 악곡의 구조와 연주형태를 구별하여 설명할 수 있다. | | |
| 단계 | 교수·학습활동 | 자료 | 지도상의 유의점 |
| 도입 | • 전시학습 확인<br>〈응시자 작성부분 1〉<br><br><br><br>• 동기 유발<br>1) 학생들이 블록을 활용하여 론도 형식을 나타내보도록 한다.<br>2) 실생활에서 론도 형식과 비슷한 형태의 구조물이 있는지 이야기 나눈다.<br>학습목표 제시 | [자료 1]<br><br>[자료 2] | - 학생들은 지난 시간에 배웠던 리듬론도를 신체로 표현하도록 한다. |
| 전개 | 활동 1. 모둠별로 론도 선율을 창작하고 연주하기<br>〈응시자 작성부분 2〉<br>교사는 〈자료 3〉의 A선율을 실음으로 지도하고, 학생들이 충분히 연습하여 익숙하게 연주할 수 있도록 한다.<br>↓<br><br><br>↓<br><br><br>↓ | [자료 2]<br><br>[자료 3]<br><br>오선지<br><br>피아노<br><br>태블릿 PC<br><br>선율 악기<br><br>신시 사이저 | - 두 모둠씩 협력하여 각각 B와 C부분을 창작하도록 안내한다. |

| | | | |
|---|---|---|---|
| | 창작활동에 대한 교사의 모둠별 피드백 | | |
| | • 창작한 악곡을 악기로 연습한 후, 모둠별로 발표한다.<br> - A선율은 반 전체가 연주하고 B, C선율은 창작한 모둠이 선율악기로 연주해본다. 이후, B와 C선율을 서로 바꾸어 연주해보도록 한다.<br> - 수업에서 창작하고 연주했던 활동에 대한 소감을 나눈다. | | |
| | 활동 2. 〈자료 4〉와 〈자료 5〉의 악곡구조와 연주형태를 비교하고 감상한다.<br> - 학생들은 거꾸로 학습(Flipped Learning)을 통해 제재곡을 감상하였다.<br>〈응시자 작성부분 3〉 | [자료 4]<br><br>[자료 5]<br><br>사전<br>학습지 | - 거꾸로 학습의 사전학습 내용을 확인한다.<br><br>- 필요한 경우, 악곡 음원을 부분적으로 편집하여 사용한다. |
| | - 두 악곡의 악곡 구조와 연주 형태를 비교하고 감상한 후, 학생의 수준에 따라 학습지에 내용을 정리한다. 이후, 론도 형식을 감상한 후의 느낀 점을 발표하도록 한다. | | |
| 정리 | • 자기평가를 진행한다.<br>〈응시자 작성부분 4〉<br><br>| 활동 | 영역 | 문항 | 상 | 중 | 하 |<br>|---|---|---|---|---|---|<br>| 론도<br>창작 | 소통 | | | | |<br>| 감상 | 내용 | | | | |<br><br>• 다음 차시 예고<br>• 인사 후, 수업을 마무리한다. | | |

〈수고하셨습니다.〉

## 2022학년도 음악과 2차 수업 실연

[교수·학습조건]
1. 과목명: 음악
2. 대상: 중학교 3학년(남녀 혼합 24명, 4모둠)
3. 교실 기자재: 피아노, 교사용 컴퓨터, 빔 프로젝터, 멀티미디어, 다양한 교실 악기
4. 수업시간: 90분(블록타임제)
5. 단원 교수·학습계획

| 단원명 | 차시 | 주요 내용 및 활동 |
|---|---|---|
| 세계의 음악 | 1-2 | - 세계의 다양한 민요 알아보기<br>- 민요에 사용되는 악기의 특징 조사하기 |
| | 3-4<br>(본시) | - 세계의 다양한 민요 노래하기<br>- 노래에 어울리는 반주 창작하기 |

[지도안 작성 요령]
1. [응시자 작성부분 1]: 〈자료 1〉, 〈자료 2〉, 〈자료 3〉을 활용하여 동기유발 하시오.
2. [응시자 작성부분 2]: 〈자료 4〉를 활용하여 제시된 흐름의 조건으로 작성하시오.

| 노랫말 이해하기 | 가사의 의미를 파악하기 |
|---|---|
| 가창 지도 | 〈자료 4〉를 활용하여 가창하기 |
| 이론의 이해 | 제재곡에 등장하는 음악적 개념 배우기 |
| 다양하게 노래하기 | 다양한 방식으로 노래 부르기 |
| 이론의 정리 | 그동안 배운 내용 정리하기 |

3. [응시자 작성부분 3]: 〈자료 5〉를 활용하여 오스티나토와 보르둔을 창작하는 활동을 구성하시오.
4. 교사와 학생의 활동이 명확히 구분되도록 작성하시오.

[수업 실연 조건]
1. 응시자 작성부분 중 1, 2, 3을 시연하시오.
2. 제시된 자료와 기자재를 모두 활용하시오.
3. 일정량의 판서를 활용하시오.

자료 1
(가)  (나)  (다)  (라)

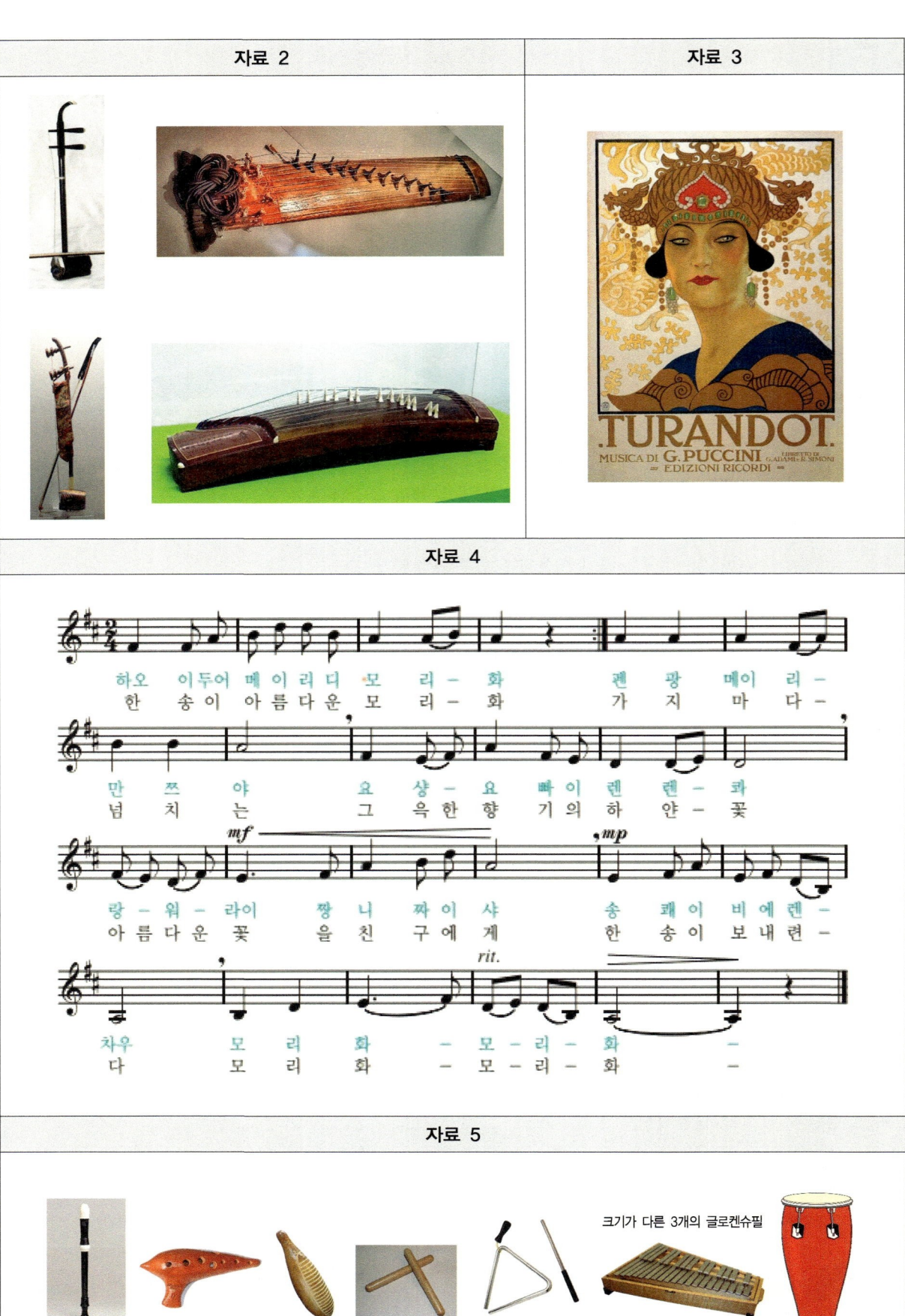

# 2022학년도 중등학교교사 임용후보자 2차 선정경쟁시험
# 지도안 및 수업능력 평가 (음악)

| 수험번호 | | 성명 | | 관리번호 | |
|---|---|---|---|---|---|

| 단원명 | 세계의 음악 | 대상 | 중학교 3학년 (남녀 24명) | 차시 | 1/2, 2/2 (블록타임제) |
|---|---|---|---|---|---|
| 학습 목표 | 1. 제재곡의 음악적 특징을 살려 노래할 수 있다.<br>2. 오스티나토와 보르둔을 창작하여 반주할 수 있다. | | | | |

| 단계 | 교수 · 학습활동 | 자료 | 지도상의 유의점 |
|---|---|---|---|
| 도입 | • 인사 및 출석<br><br>• 전시학습 확인<br>  - 세계의 다양한 민요들을 배우고 불러보았다.<br>  - 학생들은 [자료 2]의 악기에 대한 특징을 조사하여 발표하였다.<br><br>• 학습동기 유발<br><응시자 작성부분 1><br><br><br><br><br><br><br><br><br><br>• 학습목표 제시 | [자료 1]<br><br>[자료 2]<br><br>[자료 3] | - [자료 1], [자료 3]과 관련된 영상 자료를 활용한다.<br><br>- [자료 2]의 악기들을 비교하여 학습할 수 있도록 한다. |
| 전개 | 활동 1. 제재곡의 음악적 특징을 살려 노래 부르기<br><응시자 작성부분 2><br><table><tr><td>노랫말 이해하기</td><td>가사의 의미를 파악하기</td></tr><tr><td>가창 지도</td><td><자료 4>를 활용하여 가창하기</td></tr><tr><td>이론의 이해</td><td>제재곡에 등장하는 음악적 개념 배우기</td></tr><tr><td>다양하게 노래하기</td><td>다양한 방식으로 노래 부르기</td></tr><tr><td>이론의 정리</td><td>그동안 배운 내용 정리하기</td></tr></table> | [자료 4] | - 제시된 수업 흐름에 맞추어 학생들을 지도한다.<br><br>- 모둠 활동을 진행한다.<br><br>- 자기평가, 동료평가를 활용한다. |

| | | | |
|---|---|---|---|
| | | | |
| | 활동 2. 제재곡에 어울리는 오스티나토와 보르둔 반주를 만들어 연주하기<br><br>〈응시자 작성부분 3〉 | [자료 5] | - [자료 5]에 제시된 악기들을 활용하여 합주하도록 지도한다.<br>- 모둠 활동을 진행한다. |
| | • 모둠별로 창작한 반주에 맞춰 제재곡을 연주한다. | | |
| 정리 | • 형성평가<br>  - 형성 평가지를 제공하여 풀어보도록 한다.<br>  - 채점 후, 피드백한다. | | |
| | • 오늘 배운 학습 내용을 정리한다.<br>• 다음 차시 예고 | | |
| | • 인사 후, 수업을 마무리한다. | | |
| 〈수고하셨습니다.〉 ||||

## 2023학년도 음악과 2차 수업 실연

[교수·학습조건]
1. 과목명: 음악
2. 대상: 고등학교 1학년(남녀 24명, 총 6모둠)
3. 교실 기자재: 피아노, 빔 프로젝터, 태블릿 PC, 다양한 생활 악기
4. 수업시간: 100분(블록타임제)
5. 단원 교수·학습계획

| 단원명 | 차시 | 주요 내용 및 활동 | 비고 |
| --- | --- | --- | --- |
| 의식 음악 | 1-2 (본시) | - 미사 음악과 종묘제례악의 음악적 특징 비교하기<br>- 팔레스트리나 미사곡 중 '키리에' 노래하기<br>- 종묘제례악의 악작과 악지를 생활 악기로 표현하기 | 모둠활동 |

[지도안 작성 요령]
1. [응시자 작성부분 1]: 〈자료 1〉을 활용한 교수·학습활동을 작성하시오.
2. [응시자 작성부분 2]: 〈자료 2〉를 활용한 교수·학습활동을 작성하시오.
3. [응시자 작성부분 3]: 〈자료 3〉을 활용한 교수·학습활동을 작성하시오.
 1) 생활 속의 도구를 활용한 악기를 사용하여 표현하는 활동을 포함하시오.
 2) 제재곡에서 사용되는 악기의 구음을 활용하시오.
4. 교사와 학생의 활동이 명확히 구분되도록 작성하시오.

[수업 실연 조건]
1. 〈자료 1〉을 활용하여 시연하시오.
 - 단, 미사 음악과 종묘제례악의 음악적 특징을 빈칸으로 제시하고, 교사와 학생 간의 질문과 응답으로 답을 찾을 수 있도록 할 것
2. 〈자료 2〉를 활용하여 시연하시오.
 - 제재곡을 노래할 때, 효과적인 가창 방법을 제시할 것
 - 가창 활동 시, 학생의 음역대를 고려한 지도 방법을 제시할 것
3. 〈자료 3〉을 활용하여 시연하시오.
 - 태블릿 PC를 적절히 활용할 것
 - 생활 속의 도구를 활용한 악기를 사용하여 악작과 악지를 표현하도록 할 것
 - 제재곡에서 사용되는 악기의 구음을 활용하여 지도할 것
4. 제시된 자료와 기자재를 모두 활용하여 시연하시오.
5. 일정량의 판서를 활용하시오.

## 2023학년도 중등학교교사 임용후보자 2차 선정경쟁시험
# 지도안 및 수업능력 평가 (음악)

| 수험번호 | | 성명 | | 관리번호 | |
|---|---|---|---|---|---|

| 단원명 | 의식 음악 |
|---|---|
| 학습 목표 | 1. 중세 시대 미사곡과 조선 시대 종묘제례악의 음악적 특징을 비교하여 설명할 수 있다.<br>2. 제재곡을 올바른 발성으로 노래할 수 있다.<br>3. 생활 악기를 활용하여 제재곡의 특징을 표현할 수 있다. |

| 단계 | 교수 · 학습활동 | 자료 | 지도상의 유의점 |
|---|---|---|---|
| 도입 | • 전시학습 확인<br>• 학습동기 유발<br>• 학습목표 제시 | | |
| 전개 | 활동 1. 미사곡과 종묘제례악 비교하기<br><br>〈응시자 작성부분 1〉 | [자료 1] | - 학생과 발문을 통해 수업을 이끌어 나가도록 한다. |
| | 활동 2. 팔레스트리나의 6성부 합창 미사곡 "교황 마르첼로 미사" 중 '키리에' 노래하기<br><br>〈응시자 작성부분 2〉 | [자료 2] | - 학생들의 가창 활동에 대한 피드백을 제시한다. |

|  |  |  |  |
|---|---|---|---|
|  | 활동 3. 종묘제례악의 악작과 악지 표현하기 | [자료 3]<br><br>태블릿 PC<br><br>생활<br>악기 | - 악작과 악지에서 사용되는 악기의 구음을 활용하여 가르친다. |
| 정리 | • 평가<br>  - 평가지를 제공하여 오늘 배운 내용을 풀어보도록 한다.<br>  - 채점 후, 틀린 부분을 복습하도록 한다.<br>• 오늘 배운 학습 내용을 정리한다.<br>• 다음 차시 예고<br>• 인사 후, 수업을 마무리한다. |  |  |
|  | 〈수고하셨습니다.〉 |  |  |

## 7 복기 모의고사 7회

# 2024학년도 음악과 2차 수업 실연

### [교수·학습조건]

1. 과목명: 음악
2. 대상: 고등학교 1학년 24명
3. 교실 기자재: 태블릿 pc 24대, 교사용 노트북, 전자칠판 및 빔 프로젝터, 피아노, 장구, 활동지, 교과서, 평가지
4. 수업시간: 100분(블록타임제)
5. 단원 교수·학습계획

| 단원명 | 차시 | 주요 내용 및 활동 | 비고 |
|---|---|---|---|
| 창작 | 1-2 | - 다양한 음악 창작 프로그램 익히기<br>- 가상악기 애플리케이션을 활용하여 연주하기 | 모둠활동 |
| | 3-4<br>(본시) | - 다양한 지역의 민요 특징을 조사하고 발표하기<br>- 민요 가락 창작하기<br>- 가상악기를 활용한 반주 창작하기 | |

### [지도안 작성 요령]

1. [응시자 작성부분 1]: 〈자료 1〉을 활용한 교수·학습활동을 작성하시오.
2. [응시자 작성부분 2]: 〈자료 2〉를 활용한 교수·학습활동을 4가지 작성하시오.
  - 〈자료 2〉의 창작 조건 5가지를 제시하시오.
3. [응시자 작성부분 3]: 교사의 질문과 학생의 대답을 포함하여 작성하시오.
4. [응시자 작성부분 4]: 수업 활동에 대한 상호평가지를 작성하시오.
  - 상호평가지의 평가 기준을 의문문으로 작성할 것

### [수업 실연 조건]

1. 응시자 작성부분 중 1, 2, 3을 시연하시오.
2. [응시자 작성부분 1]: 〈자료 1〉을 활용하여 전시학습 내용을 지도하시오.
  - 교사와 학생의 상호작용을 시연할 것
3. [응시자 작성부분 2]: 〈자료 2〉를 활용하여 지도하시오.
  - 학생들이 5-8마디를 작곡하도록 할 것
  - 〈자료 2〉의 창작 조건 5가지를 제시할 것
  - 교수·학습 활동의 과정을 4단계로 설정하고, 각 과정의 흐름이 드러나도록 시연할 것
  - 교사의 민요창 시범을 포함할 것
  - 교사의 민요 선율 창작 예시를 제시할 것
4. [응시자 작성부분 3]: 교사의 순회지도를 포함하여 지도하시오.
  - 순회지도 시 교사의 피드백 3가지를 제시할 것
  - 교사와 학생의 상호작용이 잘 드러나도록 시연할 것

| 자료 1 |
|---|
| 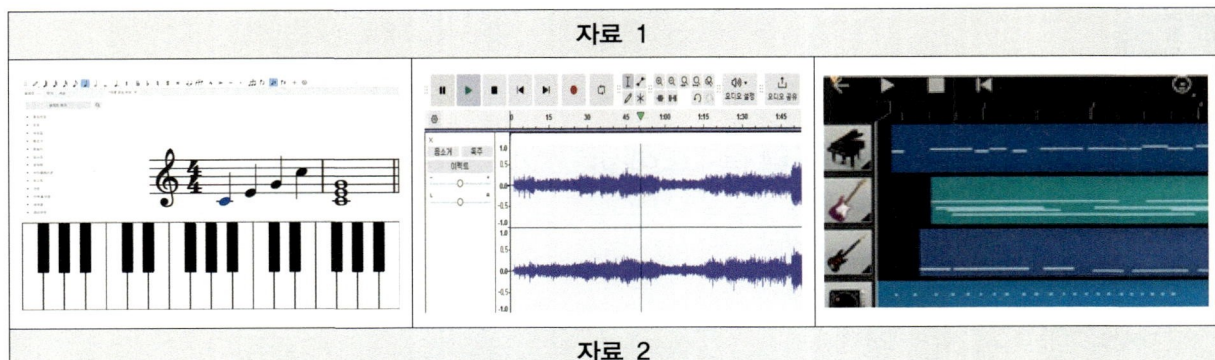 |
| 자료 2 |

<창작 활동지>

1. 창작 조건
① (　　　　　　　　　　　　) 지키기
② (　　　　　　　　　　　　) 지키기
③ (　　　　　　　　　　　　) 지키기
④ (　　　　　　　　　　　　) 고려하기
⑤ (　　　　　　　　　　　　) 고려하기

2. 민요 선율을 창작할 때 유의할 점에 대해 알아보자.
 - 우리 모둠의 칸만 채운다.
 - 1~4마디의 장단을 고려하여 5~8마디를 작곡한다.
   (수정할 수 있도록 연필로 작성한다.)
 - 창작한 선율이 음악적으로 자연스러운지 노래해보고, 음역에 알맞게 수정한다.

# 2024학년도 중등학교교사 임용후보자 2차 선정경쟁시험
# 지도안 및 수업능력 평가 (음악)

| 수험번호 | | 성명 | | 관리번호 | |
|---|---|---|---|---|---|

| 단원명 | 어플리케이션을 활용한 음악 창작 |
|---|---|
| 학습 목표 | 1. 우리나라 지역별 민요의 특징을 이해하고 설명할 수 있다.<br>2. 지역별 토리의 특징에 맞추어 민요 가락을 창작하고 노래할 수 있다.<br>3. 창작 어플리케이션을 활용하여 가락에 어울리는 반주를 만들 수 있다. |

| 단계 | 교수·학습활동 | 자료 | 지도상의 유의점 |
|---|---|---|---|
| 도입 | • 전시학습 확인<br>- 국악, 서양 클래식, 대중음악 등 다양한 음악에 대하여 이야기 나눈다.<br><br>〈응시자 작성부분 1〉<br>- 지난 시간에 활용한 창작 프로그램과 가상악기 어플리케이션에 대해 상기하도록 한다.<br><br><br><br><br><br>• 학습목표 제시<br>1. 우리나라 지역별 민요의 특징을 이해하고 설명할 수 있다.<br>2. 지역별 토리의 특징에 맞추어 민요 가락을 창작하고 노래할 수 있다.<br>3. 창작 어플리케이션을 활용하여 가락에 어울리는 반주를 만들 수 있다. | [자료 1] | 학생과 상호작용하며 수업을 진행한다. |
| 전개 | 활동 1. 지역별 민요 특징 이해하기<br>  1) 지난 차시 과제인 '지역별 토리 조사' 내용을 확인하고 피드백한다.<br>  2) 각 토리별 민요의 예시를 살펴보고 지역별 민요의 특징을 정리한다.<br><br>활동 2. 민요 가락 창작하기<br><br>〈응시자 작성부분 2〉 | [자료 2] | - 학생들이 [자료 2]의 내용을 학습할 수 있도록 한다. |

| | | | | |
|---|---|---|---|---|
| | | | | |
| | 활동 3. 어플리케이션을 활용하여 반주 창작하기<br>1) 어플리케이션을 활용하여 창작한 민요 가락의 반주를 만든다.<br>  : 9/8박자 비트 입력하기 → 토리에 적절한 베이스 선율 입력하기 →<br>   창작한 민요 가락에 어울리는 반주 창작하기 → 빠르기 설정하기 | | | |
| | 2) 교사는 학생들의 결과물에 대해 피드백한다. (순회지도) | | | |
| | 〈응시자 작성부분 3〉 | | [자료 2] | - 모둠별로 반주를 창작할 수 있도록 한다.<br>-학생들이 결과물에 대해 성찰하고 개선할 수 있도록 피드백한다. |
| | 3) 모둠별로 창작한 반주를 가상악기로 연습하고 발표한다.<br>4) 온라인 게시판에 창작한 반주의 음원을 게시하고 형성평가를 진행한다. | | | |
| 정리 | • 상호 평가를 진행한다. | | | |
| | 〈응시자 작성부분 4〉<br><br>| 영역 | | 평가 기준 | 상 | 중 | 하 |<br>|---|---|---|---|---|---|<br>| 민요<br>창작 | 태도 | | | | |<br>| | 표현 | | | | |<br>| 반주<br>창작 | 태도 | | | | |<br>| | 표현 | | | | | | | | |
| | • 오늘 배운 학습 내용을 정리한다.<br>• 다음 차시 예고<br>• 인사 후, 수업을 마무리한다. | | | |

〈수고하셨습니다.〉

## 8 복기 모의고사 8회

# 2025학년도 음악과 2차 수업 실연

[교수·학습조건]

1. 과목명: 음악
2. 대상: 중학교 1학년 24명
3. 교실 기자재: 교사용 노트북, 칠판, 빔 프로젝터, 태블릿PC, 음원, 리듬꼴 카드, 장단꼴 카드, 장구, 활동지, 평가지
4. 수업시간: 90분(블록타임제)
5. 단원 교수·학습계획

| 단원명 | 차시 | 주요 내용 및 활동 | 비고 |
|---|---|---|---|
| 장단과 리듬 | 1-2 | - 여러 가지 리듬꼴 만들기 | 모둠활동 |
| | 3-4 | - 여러 가지 박자 구별하기<br>- 굿거리 장단에 어울리는 가사 창작하기 | |
| | 5-6<br>(본시) | - 굿거리 장단에 어울리는 말붙임새 만들기<br>- 4박자 리듬의 랩 만들기 | |

[지도안 작성 요령]

1. [응시자 작성부분 1]: 〈자료 1〉, 〈자료 2〉를 활용한 동기유발 활동을 작성하시오.
2. [응시자 작성부분 2]: 〈자료 1〉, 〈자료 3〉을 활용한 교수·학습 활동을 5가지 작성하시오.
3. [응시자 작성부분 3]: 〈자료 4〉를 활용한 교수·학습 활동을 5가지 작성하시오.
4. [응시자 작성부분 4]: 상호 평가지 문항을 의문문으로 작성하시오.
   - 말붙임새 창작과 관련된 문항 2가지, 랩 창작과 관련된 문항 3가지를 작성할 것

[수업 실연 조건]

1. 응시자 작성부분 중 1, 2, 3을 시연하시오.
   - 모둠 활동을 구성하고 지도할 것
   - 일정량의 판서를 활용할 것
2. [응시자 작성부분 1]: 〈자료 1〉, 〈자료 2〉, 음원을 활용하여 지도하시오.
   - 교사의 다양한 질문과 학생의 답변을 포함할 것
3. [응시자 작성부분 2]: 〈자료 1〉, 〈자료 3〉을 활용하여 지도하시오.
4. [응시자 작성부분 3]: 〈자료 4〉를 활용하여 지도하시오.
   - [응시자 작성 부분 2]와 [응시자 작성부분 3]에서 교사의 모델링을 포함할 것

| 자료 1 |
|---|

## 자료 2

4/4 ××× ××× | ×××××× | ×××××× | ××××××

지(구)를 지켜(요)   모두함께 지켜(호)!   (지)친지구 도와줘(yo)   우리모두 지켜(ho)!

## 자료 3

[말붙임새 만들기 활동지]

☐☐☐ = 1박

| ① | ♩ | o | ♪ | o | ♩ | o | ♪ |

⟨노랫말⟩
누구에게나 비밀은 있어
마음속 깊이 숨겨둔 생각
친구라도 다 말할 순 없어
서로의 비밀 존중해주자

| 누 | 구 | - | 에게 | 나 | - | 비 | 밀 | 은 | 있 | 어 | - |
| | | | | | | | | | | | |
| | | | | | | | | | | | |
| | | | | | | | | | | | |

## 자료 4

[랩 만들기 활동지]

☐☐ = 1박

| 손뼉치기 | | | 짝 | | | | 짝 | |
| 발구르기 | 쿵 | | | | 쿵 | 쿵 | | |

⟨노랫말⟩
누구라도 비밀있어
마음 속에 깊은 생각
친구라도 다는몰라
서로 마음 존중하자

| | | | | | | | |
| | | | | | | | |
| | | | | | | | |
| 서로 | | 마 | 음 | 존 | 중 | 하자 | |

# 2025학년도 중등학교교사 임용후보자 2차 선정경쟁시험
# 지도안 및 수업능력 평가 (음악)

| 수험번호 | | 성명 | | 관리번호 | |
|---|---|---|---|---|---|

| 단원명 | 장단과 리듬 |
|---|---|
| 학습 목표 | 1. 주어진 가사를 활용하여 굿거리 장단에 어울리는 말붙임새를 만들 수 있다.<br>2. 주어진 가사를 활용하여 4박자 리듬에 어울리는 랩을 만들 수 있다.<br>3. 모둠별로 창작한 말붙임새와 랩을 발표할 수 있다. |

| 단계 | 교수·학습활동 | 자료 | 지도상의 유의점 |
|---|---|---|---|
| 도입 | • 전시학습 확인<br>- 장단꼴 카드를 활용해 여러 가지 굿거리 장단꼴 연주해보기<br>- 모둠별로 창작한 노랫말 확인하기<br><br>• 동기 유발<br><br>〈응시자 작성부분 1〉<br><br><br><br><br><br><br><br>• 학습목표 제시<br>1. 주어진 가사를 활용하여 굿거리 장단에 맞는 말붙임새를 만들 수 있다.<br>2. 주어진 가사를 활용하여 4박자 리듬에 어울리는 랩을 만들 수 있다.<br>3. 모둠별로 창작한 말붙임새와 랩을 발표할 수 있다. | [자료 1]<br><br>[자료 2]<br><br>음원 | |
| 전개 | 활동 1. 굿거리 장단에 어울리는 말붙임새 만들기<br><br>〈응시자 작성부분 2〉<br><br><br><br><br><br><br><br><br> | [자료 1]<br><br>[자료 3] | - 모둠활동 시 순회하며 지도하도록 한다. |

| | | | |
|---|---|---|---|
| | 모둠별로 창작할 때 교사는 순회지도하며 피드백하고, 학생들은 피드백을 토대로 창작한 말붙임새를 수정한다. | | |
| | 활동 2. 4박자 리듬에 어울리는 랩 만들기<br><br>〈응시자 작성부분 3〉<br><br><br><br><br><br><br><br><br><br><br><br>모둠별로 창작할 때 교사는 순회지도하며 피드백하고, 학생들은 피드백을 토대로 창작한 랩을 수정한다. | [자료 4] | - 모둠활동 시 순회하며 지도하도록 한다. |
| 정리 | • 모둠별로 창작한 말붙임새와 랩을 발표한다.<br>• 자기 평가 및 상호 평가를 진행한다.<br><br>〈응시자 작성부분 4〉<br><br>| 영역 | 평가 문항 | 상 | 중 | 하 |<br>|---|---|---|---|---|<br>| 표현 | | | | |<br>| | | | | |<br>| | | | | |<br>| | | | | |<br>| 태도 | 모둠 활동에 적극적인 태도로 참여하였는가? | | | |<br>| | 친구의 의견을 경청하고 존중하였는가? | | | |<br><br>• 오늘 배운 학습 내용을 정리한다.<br>• 다음 차시 예고<br>• 인사 후, 수업을 마무리한다. | | |
| 〈수고하셨습니다.〉 | | | |

# 제2장
# 교과서 심화 분석

앞서 〈2부. 수업 실연의 기초 – 교과서 기초 분석〉에서 교과서를 통해 기초 개념과 기본적인 교수법을 익힐 수 있음을 설명했다. 〈3부. 수업 실연의 발전 – 교과서 심화 분석〉에서는 교과서를 기반으로 수업 능력을 발전시켜나갈 수 있는 심화 분석 방법을 소개하고자 한다.

## 01 | 교과서 아이디어 모음집 만들기

국가가 공인한 교과서에 소개된 활동들은 교육적 효과가 검증된 훌륭한 교수법들이다. 예비 음악교사라면, 다른 어떤 것보다도 교과서를 통해 현장에서 활용되는 다양한 교수·학습 활동을 익혀야 한다. 그러나 많은 교과서들을 달달 외워가며 공부하기에는 시간이 부족하다. 그렇다면 어떻게 공부해야 할까?

바로 '**교과서 아이디어 모음집**'이다.

교과서를 읽어보았다면, 유독 눈에 띄는 활동들이 있었을 것이다. 그것이 교과서 심화 분석의 핵심이다. **학생들의 흥미를 자극하면서도 교육적 효과가 높은 창의적인 교수·학습 활동들을 찾아 수집**해보자. 찾은 활동들의 사진을 찍거나 간단한 글로 정리하여 네이버 밴드에 등록하면 많은 시간을 들이지 않고도 나만의 교과서 아이디어 모음집을 완성할 수 있다. 이에 더해, 스터디원들과 밴드를 공유하여 함께 아이디어를 정리한다면 내가 미처 발견하지 못했던 방법들을 살펴볼 수 있을 것이다. 다만, '난 교과서 전체를 샅샅이 뒤져 전부 정리할 거야'라는 생각으로 접근하는 것은 추천하지 않는다. '교과서 기초 분석'에서 설명한 것과 같이 교과서를 넘겨보며 눈에 띄는 활동들만 빠르게 캐치해 정리하는 것만으로도 충분하다.

교과서 심화 분석 – 네이버 밴드 모음집 1

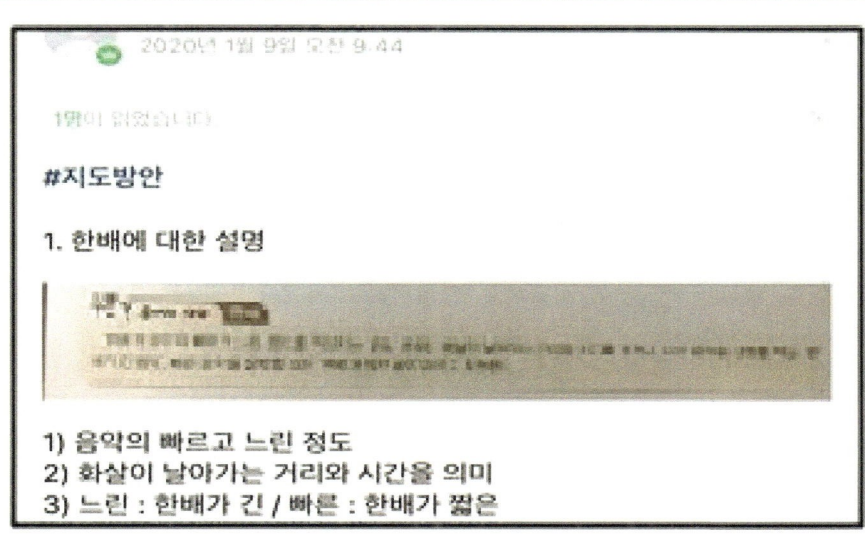

추가로, 교수·학습 활동 외에도 눈에 띄는 음악 개념의 정의나 설명이 있다면 밴드에 등록해두는 것이 좋다. 위 사진과 같이 재미있으면서도 학생의 눈높이를 고려한 설명들이 교과서에 다수 실려 있기 때문이다.

### 교과서 심화 분석 – 네이버 밴드 모음집 2

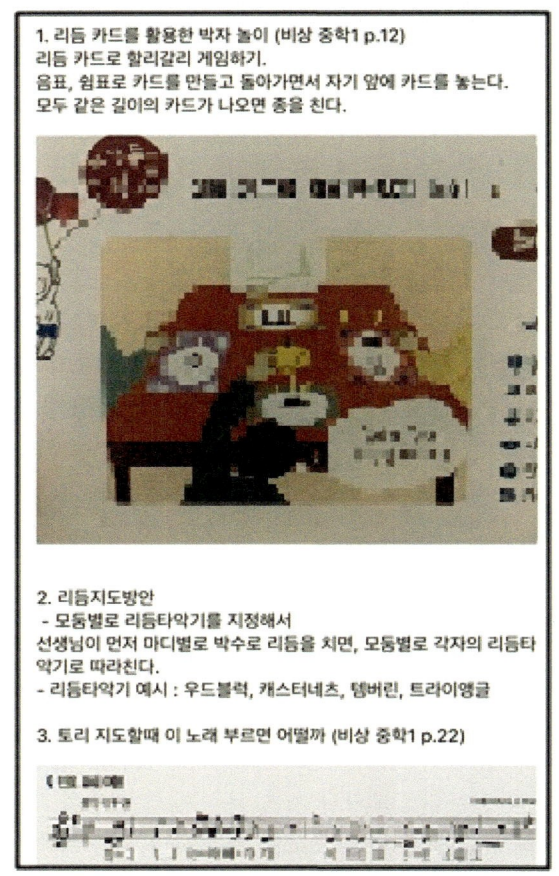

위 사진은 필자가 2020년 수험생활 당시 네이버 밴드에 실제로 정리하였던 교과서 아이디어 모음집이다. 이 중 비상 교과서의 '리듬 카드를 활용한 박자 놀이' 활동을 한 번 살펴보자. 이는 2020년도부터 음악 교사들 사이에 유명해져 최근에 자주 활용되고 있는 게이미피케이션 활동 중 하나이다. 교과서라고 해서 아주 기본적인 음악 활동들만 수록하는 것이 아님을 보여주고 있다.

기간제나 시간강사 경험이 없는 예비 음악교사들은 실제 현장에서 어떤 학습 활동들이 사용되는지 알기 어렵다. 교과서는 실제 교사들이 집필에 참여하기에, 현장에서 사용되는 많은 활동들을 한눈에 살펴볼 수 있다. 교과서 아이디어 모음집 제작을 통해 창의적인 교수법들을 배울 수 있을 뿐 아니라 현장에 대한 감각까지 기를 수 있게 되는 것이다.

# 02 | 나의 수업에 적용하기 : 교과서 아이디어 모음집 회독과 확장

지금까지 책에 소개된 대로 교과서 분석을 착실히 했다면, 기초 개념에 대한 재정립과 기본 교수법을 익혔을 뿐 아니라 나만의 든든한 교과서 아이디어 모음집도 완성되었을 것이다. 이제부터 중요한 것은 교과서를 통해 알게 된 내용들을 실제 나의 수업에 반영하는 것이다. 이를 위해 필자가 추천하는 공부법은 2가지다.

① **교과서 아이디어 모음집 회독하기**
② **교과서 아이디어를 확장한 나만의 교수·학습 방법 개발하기**

교과서를 통해 다양한 아이디어를 접하다보면 불현듯 '나라면 이렇게 가르칠텐데'하는 생각들이 지나가기 마련이다. 이 생각들을 그냥 지나치는 것이 아니라 메모해두면 훌륭한 수업 실연 자료가 된다. 회독을 통해 다양한 아이디어를 접하고, 자연스럽게 떠오르는 나만의 수업 방법들을 정확한 언어로 정리해보자.

정리할 때에는 아래의 사진과 같이 아이디어 모음집 밴드에 함께 정리해두면 읽어보기 편리할 것이다.

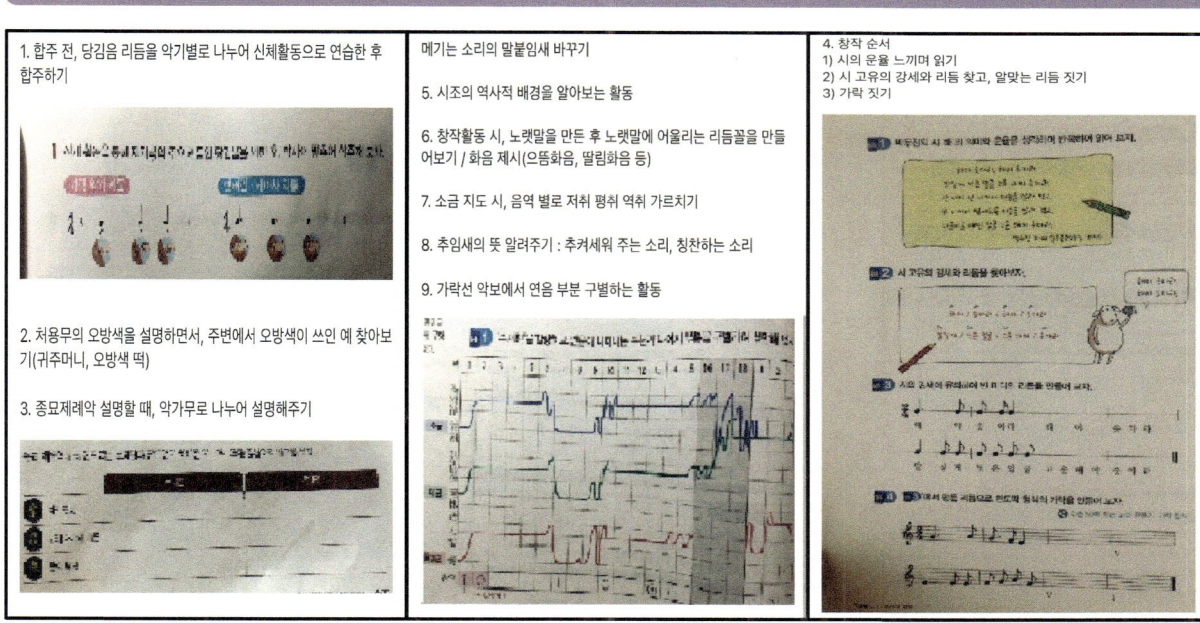

제2장 교과서 심화 분석  131

# 제3장
# SECRET 만점 필살기

1차 시험에 합격한 수험생들은 최종 합격을 위해 끝까지 힘을 내 달려야 한다. 이 마지막 경주에서 합격을 쟁취하는 수업 실연 고수들은 무엇이 다를까?

모든 분야의 고수들은 자신이 성공할 수 있었던 이유로 '나만의 노하우를 창조하는 것'을 꼽는다. 수업 실연도 마찬가지다. 다른 수험생들과 구별되는 나만의 만점 필살기를 통해 최종 합격을 향해 한발 더 나아갈 수 있다. 〈3장. SECRET 만점 필살기〉에서는 수업 실연에서 활용할 수 있는 다양한 수업 모형과 교수법을 소개하고, 이를 토대로 자신만의 아이디어 뱅크를 만들어 '수업 고수'로 나아가는 방법을 소개하고자 한다.

## 01 | 어떤 수업모형을 사용할까?

우리는 지금까지 많은 교수·학습 이론들을 공부했다. 그러나 실제 현장에서 활용하기에는 어려워보이는 이론들도 다수 있다. 그래서, 수업 실연이라는 특수한 상황 속에도 유용하게 사용할 수 있을 교수·학습 이론들만을 선별하여 정리해보았다. 공부했던 기억을 되살리며, 나의 수업에 어떤 방식으로 적용하면 좋을지 생각해보자.

### 1 경험 중심 교육과정과 학문 중심 교육과정

|  | 경험 중심 교육과정 | 학문 중심 교육과정 |
|---|---|---|
| 교육과정 | 학교의 지도하에 학생들이 가지게 되는 모든 경험 | 교과를 구성하는 핵심 개념과 원리를 가지는 근본적인 아이디어 |
| 목표 | 가치 있는 경험을 통한 현실의 문제 해결 | 지식의 구조를 통해 일어나는 새로운 문제에 대한 전이 |
| 특징 | ① 학습자 중심 수업<br>② 활동 중심 교육과정<br>③ 학생의 실생활을 중심 | ① 발견-탐구학습<br>② 나선형 교육과정<br>③ 교과의 탐구방법을 학습 |
| 수업실연 적용 | → 교과의 핵심 아이디어를 활동 중심 수업을 통해 발견하고 탐구할 수 있는 다양한 방법 고민해보기 ||

'활동 중심 수업'으로 대표되는 경험 중심 교육과정은 우리에게 아주 친숙한 개념이다. 실생활을 토대로 학습자의 흥미와 필요를 최우선으로 고려하는 경험 중심 교육과정의 활동들은 최근 우리나라 수업의 중심을 차지하고 있다. 다만, 2022 개정 교육과정에서는 '핵심 아이디어'를 중심으로 한 깊이 있는 학습을 강조하고 있다. 이는 지식의 구조를 통해 일어나는 전이를 강조한 학문 중심 교육과정과 연관되는 부분이기에 경험 중심 교육과정과 함께 눈여겨 볼 필요가 있다. 따라서, 수업 실연에서 교과의 '핵심 아이디어'를 '활동 중심 수업'을 통해 발견하고 탐구할 수 있는 방법을 고민해보아야 한다. 이를 통해, 핵심 아이디어와 활동 중심 수업 두 마리 토끼를 모두 잡는 나만의 수업 필살기를 만들 수 있을 것이다.

## 2  비고츠키의 인지발달이론

| 근접발달영역<br>(ZPD) | • 현재의 발달단계와 잠재적 발달단계 사이의 영역<br>• 성인 혹은 우수한 또래와 함께 학습하면 학습 가능한 영역 |
|---|---|
| 스캐폴딩<br>(비계설정) | • 스스로 문제를 해결할 수 있도록 한시적으로 제공하는 교사의 도움<br>• 모델링, 질문, 난이도 조절, 힌트와 단서 제공, 체크리스트 제공 |
| 수업실연<br>적용 | → 학생 스스로 문제를 해결할 수 있도록 돕는 다양한 전략(모델링, 발문, 모둠 활동 시 수준별 과제 및 단서 제공 등) 마련 |

실제 수업에서 교사의 언어는 학생들을 지도하기 위한 다양한 스캐폴딩이 주를 이룬다. 학생들의 이해를 돕기 위해 교사가 제시하는 다양한 방법들을 모두 스캐폴딩이라 할 수 있으니 말이다. 스캐폴딩 전략을 다양화하여 나만의 필살기를 만들어보자.

## 3  다문화 교육

| 개념 | 자문화 정체성을 바탕으로 타문화를 개방적으로 이해하고 미래의 다문화사회에 적응할 수 있도록 하는 교육 |
|---|---|
| 영역<br>(Banks) | ① 사회의 문화적 다양성을 통합한 교육 내용<br>② 지식 구성 과정에 대한 이해<br>③ 편견의 감소<br>④ 공평한 교수법: 다양한 학생들의 평등한 학업 성취를 위한 교수법<br>⑤ 학교문화의 개선 |
| 수업실연<br>적용 | → 다문화 가정 학생과 타 학생들과의 협력 및 교류 방안 · 다양한 문화의 음악을 학습할 수 있는 방법 고민해보기 |

세계화 시대와 더불어 점차 늘어가는 다문화 가정 비율을 생각해보았을 때, 학교에서의 다문화 교육은 이제 선택이 아닌 필수이다. 수업 실연에서는 수험생들이 보통 순회지도 시에 다문화 가정 학생의 이름을 넣어 질문하는 형태로 이를 반영하곤 한다. 다만, 아무래도 정형화된 방법이니만큼 평가위원의 입장에서는 다소 식상하고 현실감 없게 느껴질 가능성이 있다. 필자는 여기서 나아가 모둠 활동 시에 다문화 가정 학생과 다른 학생들 간에 소통할 수 있는 창의적인 방법을 개발하거나, 다문화 가정 학생들에 의해 만들어진 자료를 수업에 활용하는 방식을 추천한다. 뛰어난 다문화 교육 역량을 갖춘 교사임을 어필해보자.

## 4  수업목표 진술의 원칙

| 원칙 | ① 학생의 행동으로 진술<br>② 도착점 행동을 진술<br>③ 내용과 행동의 측면을 모두 포함하기<br>④ 구체적인 행위동사를 사용<br>⑤ 하나의 목표에는 하나의 행동만 포함하기 |
|---|---|
| 수업실연<br>적용 | → 원칙을 준수하여 학습 목표를 작성하는 연습해보기 |

확률이 높은 것은 아니지만, 수업 실연에서 지도안을 작성하는 지역의 경우 학습 목표 작성을 요구할 수 있다. 학습 목표는 학생들이 배워야 할 것을 단순히 나열하여 적기보다, 위 원칙을 지켜 작성하는 것이 좋다. 학생들이 자신이 달성해야 할 목표를 분명히 알 수 있는 학습 목표를 작성할 수 있도록 연습해보자.

### 5 구성주의 학습이론

| 개념 | 지식은 학습자가 스스로 구성해나가는 주관적인 것이다. |
|---|---|
| 교수·학습 원리 | • 상황에 따라 적합한 지식을 가르치기<br>• 실제와 관련된 실제적 과제를 제공하기<br>• 학습자가 지식을 구성하는 사회·문화적 맥락을 고려하여 실생활을 반영한 다양한 맥락을 제공하기<br>• 학습자 중심의 자율적인 학습 환경<br>• 다양한 답이 가능한 개방형 질문을 사용 |
| 평가 | ① 지식을 구성하고 과제를 해결해나가는 과정 중심의 평가<br>② 학습자들의 다양성을 반영한 다양한 관점의 평가<br>③ 학생들의 이해를 점검하고 수정할 수 있는 피드백 제공 |
| 수업실연 적용 | → 학생의 실생활과 연관되는 다양한 아이디어와 과정 중심의 여러 평가 방안 고민해보기 |

구성주의 이론은 학습자의 주도성을 강조한다는 점에서 요즘의 교육 흐름과 일맥상통한다. 실생활과 관련된 다양한 아이디어를 고민해보고, 문제 해결 과정에서 학생들을 평가할 수 있는 다양한 방법들을 고민해보자.

### 6 다양한 교수·학습방법 Ⅰ

#### (1) 문제 중심 학습(PBL)

| 특징 | • 실생활과 관련된 복잡하고 비구조화된 문제를 해결하고 지식을 학습<br>• 학습자 중심의 수업<br>• 자기주도학습과 협동학습(소집단학습) |
|---|---|
| 과정 | • 문제 제시 〉 자기주도학습 〉 소집단학습 〉 일반화 〉 반성 |
| 교사의 역할 | ① 교육과정의 설계자: 문제를 제시하고 과제 해결에 도움이 되는 학습 자료를 수집하여 제시<br>② 학습의 조력자 |
| 수업실연 적용 | → 실연 주제와 관련하여 학생들의 학습을 끌어낼 수 있는 문제와 자기주도학습 및 협동 학습을 위한 다양한 조력 방안 생각해보기 |

문제 중심 학습(PBL)은 학교 현장에서 자주 활용되는 교수·학습방법 중 하나이다. 수업 실연에서는 지정된 수업 활동 내에서 학생들이 자기주도학습과 협동학습을 통해 해결할 수 있는 적절한 문제를 제공하고, 이를 위한 다양한 자료를 제시하는 등의 방법을 생각해볼 수 있다.

## (2) 프로젝트 학습

| 특징 | 학생이 생각하는 것을 외부에 구체적으로 실현하기 위해, 실생활과 직결되는 학습 주제를 스스로 계획을 세워 수행하는 교수·학습방법 |
|---|---|
| 과정 | 목표 설정 〉 계획 〉 실행 〉 평가 |
| 수업실연 적용 | → 해당 수업 주제에 대한 프로젝트를 기획하여 과제로 제시하거나, 수업 활동을 프로젝트로 구성하여 학생 중심 수업을 실현할 방법 생각해보기 |

프로젝트 학습 또한 학교 현장에서 자주 활용되는 방법 중 하나이다. 가장 무난하게 학생 중심 수업을 끌어낼 수 있을 뿐만 아니라, 다양한 주제에 포괄적으로 적용할 수 있는 방법이기에 눈여겨보도록 하자.

## (3) 토의법

| 특징 | 학습자들 간, 학습자와 교사 간의 상호작용을 통해 새로운 정보를 획득하고 결론을 이끌어내는 방법 |
|---|---|
| 종류 | 자유토의, 원탁토의, 배심토의, 단상토의, 공개토의, 청중반응 팀, 대담토의, 질의식 토의, 대화식 토의, 버즈학습 등 |
| 수업실연 적용 | → 실연에서 활용할 수 있는 창의적인 토의 방법 생각해보기 |

토의는 수업 전반에 걸쳐 활용되는 교수·학습 방법이다. 이론적으로 정형화된 다양한 토의 방법들이 있지만, 수업 실연에서는 회전목마 토론, 피라미드 토론 등 좀 더 다양하고 창의적인 토의 방법을 고민해보자. 사소한 차이이긴 하지만 내가 지금껏 열심히 준비해온 예비교사임을 드러낼 수 있기 때문이다.

## (4) 인지적 도제 교수법

| 특징 | 학습자가 전문가인 교사의 학습과제 해결 과정을 관찰하고 모방 |
|---|---|
| 절차 | ① 모델링<br>② 코칭: 학생이 과제를 수행하면 교사가 잘못된 부분을 점검함<br>③ 스캐폴딩: 학습자의 능력을 넘어서 수행할 수 있도록 단서를 제공<br>④ 명료화: 학습자가 학습한 해결 과정을 시범 보이거나 설명<br>⑤ 반성적 사고: 학생이 자신의 수행과정을 교사의 방법과 비교하고 분석<br>⑥ 탐구: 학습한 해결 과정과 지식을 새로운 방식으로 활용 |
| 수업실연 적용 | → 모델링 이후 학생들의 활동에서 제공할 수 있는 다양한 코칭·스캐폴딩 전략을 생각해보고, 학습자가 어떤 방식으로 자신의 해결 과정을 시범 보일 수 있을지 생각해보기 |

음악 교과의 핵심 원리라 할 수 있는 모델링은 도제식 교수법의 일환이다. 그렇다면 단순히 모델링을 시연하는 것에서 나아가 학생들의 완전학습을 끌어낼 수 있는 '인지적 도제 교수법'에 주목해보자. 교사의 모델링을 통해 학생들이 활동을 수행하고, 순회지도 시 다양한 코칭·스캐폴딩 전략을 활용하여 과제를 탐구하는 수업 실연을 진행한다면 수업 전문가로서의 능력을 보여줄 수 있을 것이다.

## 7  다양한 교수·학습방법 Ⅱ – 협동학습

| | |
|---|---|
| 직소 | 학습 과제를 분담하고, 각 집단에서 같은 과제를 맡은 사람끼리 전문가 집단을 구성한다. 이어, 전문가 집단이 토의를 통해 학습한 후 원래의 집단으로 돌아와 해당 내용에 대해 동료를 가르친다. |
| STAD | 개인의 향상 점수만을 팀 점수에 반영한다. 성적에 관계없이 모둠 성공에 기여할 수 있고, 역할이 분담되지 않는 공동학습구조이다. |
| 집단 탐구법 (GI) | 게임을 이용하여 각 팀 간의 경쟁을 유도하며, 개별성적이 아닌 팀 점수를 각자의 점수로 부여하여 집단 내 협동을 이끌어낸다. |
| 팀 경쟁학습 (TGT) | 모둠별로 각기 다른 학습 주제로 탐구한 후, 모둠별 결과를 학급 전체와 공유한다. |
| 자율적 협동학습 (Co-op) | 토의를 통한 학습과제 선택 〉 소주제 선정 〉 같은 주제끼리 팀 구성 〉 더 작은 미니 주제로 나누어 개별학습한 후 팀 내에서 발표 〉 팀 발표와 다면 평가 |
| 팀 보조 개별학습 (TAI) | 개별 학습과 협동 학습을 혼합하고, 동료와의 상호작용을 통해 배우는 협동학습 형태이다. |
| 함께 학습하기 (LT) | 시험은 개별적으로 시행하지만, 성적은 소속집단의 평균으로 평가하는 방법이다. |
| 수업실연 적용 | → 기존 협동학습 모형들을 실연에 적절하게 사용할 수 있도록 연습하기<br>→ 기존 이론들을 활용하여 나만의 협동학습 모형 만들기 |

협동학습은 수업 실연에서 제시된 문제들을 해결하는 과정에서 필수적으로 행해진다. 그러나, 우리 대부분은 협동학습을 유도할 때 일정한 체계나 아이디어를 활용하기보다 그저 '친구들과 협력하여 해결해보세요!'와 같은 말들로 그칠 때가 많다. 수업의 흐름에 자연스럽게 어우러질 수 있는 창의적인 협동학습 방법을 만들어보자. 어렵다면, 기존에 존재하는 협동학습 모형들을 적재적소에 활용하는 것부터 시작해도 된다.

## 8  다양한 교수·학습방법 Ⅲ – 창의력 계발 기법

| | |
|---|---|
| 브레인스토밍 | 문제에 대한 해결방안을 자유롭게 떠오르는 대로 제시 |
| 시넥틱스 교수법 | 유추와 비유를 사용하여 낯선 것을 친숙하게 하거나 친숙한 것을 낯설게 하여 새로운 방법을 찾음 |
| SCAMPER | 기존의 특정 대상에서 출발하여 다양한 질문을 통해 수정하고 변형하도록 하는 발상 도구 |
| PMI기법 | 문제의 장점, 단점, 흥미로운 점을 다각적 시야로 살펴보아 최선의 아이디어를 결정하도록 함 |
| 6가지 사고모자 | 중립적, 감정적, 부정적, 낙관적, 창의적, 이성적 사고를 의미하는 모자를 바꾸어 쓰며 유형대로 생각해보도록 함 |
| 수업실연 적용 | → 기존 창의력 계발 기법들을 실연에 적절하게 사용할 수 있도록 연습하기<br>→ 기존 이론들을 활용하여 나만의 창의력 증진 방법 만들기 |

협동학습과 유사하게 창의력 계발에도 다양한 기법들이 존재한다. 4차 산업혁명 시대와 함께 2022 개정 교육과정이 발표되며 창의력 신장은 그 중요성이 날로 부각되고 있다. 학생들의 창의적 사고를 자극할 다양한 방법들을 고민해보자. 기존에 존재하는 이론을 응용해도 좋다. 예를 들어, 모둠 활동 시 각자의 역할모를 쓰고 생각해보도록 할 수 있다. 또 한 가지를 더 예로 들자면, 동기 유발 시 주제와 관련한 브레인스토밍을 통해 학생들이 미리 다양한 생각들을 접해볼 수 있도록 할 수도 있겠다.

## 9 블렌디드 러닝과 플립드 러닝

| 블렌디드 러닝 | 이러닝과 대면 수업을 동시에 활용함 |
|---|---|
| 플립드 러닝 | 사전에 온라인으로 학습한 내용을 바탕으로 교실에서 다양한 활동을 수행함 |
| 수업실연 적용 | → 개념적 지식을 바탕으로 한 활동 수업을 진행할 때, 블렌디드 러닝과 플립드 러닝을 적절히 활용하여 전문성 어필하기 |

코로나 19로 인해, 학교 현장에서 블렌디드 러닝과 플립드 러닝은 일상적으로 활용하는 수업 방식으로 자리매김하였다. 자신이 비대면 수업에 대한 전문성을 갖고 있음을 어필하기 위해 블렌디드 러닝과 플립드 러닝을 적절히 활용해보자. 특히, 개념적 지식에 대해 온라인으로 학습하도록 실연을 끌어나가면 블렌디드 러닝과 플립드 러닝을 좀 더 자연스럽게 활용하며 수업을 진행할 수 있다.

## 10 평가

| 형성평가 | • 교수·학습활동 과정 중에 실시하여 개선할 수 있도록 함<br>• 교정학습, 학생에 대한 피드백, 목표 달성 여부 확인 |
|---|---|
| 수행평가 | • 학생 스스로 자신이 습득한 지식과 기능을 적용하여 과제를 수행하고 수행과정과 산출물, 행동 등을 직접 관찰하여 평가<br>• 루브릭: 학생의 수행수준에 따른 구체적인 평가사항을 상세히 진술 |
| 수업실연 적용 | → 완전학습을 위한 다양하고 흥미로운 형성평가 방안 준비하기<br>→ 활동과 관련된 루브릭 진술 작성해보기 |

다양한 평가 방식과 관련 이론들이 존재하지만, 음악 수업 실연에서 초점을 맞춰야 하는 것은 2가지다. 바로, 형성평가와 수행평가이다. 형성평가의 경우, 학생들의 완전학습을 위해 학습 상태를 꾸준히 점검하고 소통하는 교사로서의 전문성을 보여줄 수 있다. 수행평가는 음악 교과의 주요 평가수단으로 우리가 가장 많이 사용하게 될 평가 방법이다. 특히나 지도안을 작성하는 지역의 경우, 평가문항을 직접 작성해야 하는 경우가 종종 있다. 수업 주제와 활동을 토대로 루브릭 평가기준을 직접 작성해보는 연습을 꾸준히 해보도록 하자. 루브릭을 작성할 때에는 반드시 수행 수준의 연속성을 고려하여 작성해야 하며, 평가 문항이 수업 전체 내용을 아우를 수 있도록 구체적이어야 한다.

## 02 | 문답법 : 확산적 발문

앞서 수업 실연의 핵심 원리 3가지로 ① 문답법, ② 모델링, ③ 활동 간의 연계를 꼽았다. 3가지 모두 아주 중요한 사항들이지만 문답법의 경우 학생들의 깊은 사고를 끌어내는 확산적 발문을 할 수 있어야 한다는 점에서 난이도가 있다. 따라서, 문답법에 대한 교수·학습 이론을 살펴보고 실연에서 어떻게 발문하여 수업을 이끌어가야 할지 고민해보아야 한다. 확산적 발문을 하는 교사로서의 능력을 키워보자.

### 문답법의 이론적 배경

| 구분 | 내용 |
|---|---|
| 개념 | 교사와 학생의 질문과 응답에 의해 학습이 전개됨 |
| 발문 유형 | ① 재생적 발문: 학습했던 내용이나 경험한 사항을 알아보는 발문<br>② 추론적 발문: 학생들로 하여금 자신의 지식, 정보를 사용하여 생각하게 하는 발문<br>③ 적용적 발문: 새로운 사태에 적용하고 가설을 설정해보며 확산적 사고를 촉진하는 발문 |
| 효과적인 발문 | ① 명확하고 간결한 발문<br>② 구체적인 발문<br>③ 학생의 사고를 자극하는 개방적 발문<br>④ 개인차를 고려한 발문 |
| 요령 | ① 학생들의 반응이 좋지 않더라도 적극적이고 진지하게 반응하기<br>② 학생들의 반응이나 질문을 성급하게 처리하지 않기<br>③ 학생의 반응이 쓸모없는 것이라도 조소하거나 무시하지 않기<br>④ 다수의 반응 유도하기<br>⑤ 정답이 나왔을 때, 긍정적인 반응 외에도 다른 정답을 찾아보거나 정답 이후의 생각을 확장할 수 있도록 하기<br>⑥ 오답을 얘기했을 때는 여러 상황들을 달리한다면 학생의 오답이 정답이 될 수 있음을 이야기해주기<br>⑦ 단답으로 반응하지 않도록 하기<br>⑧ 참신한 아이디어에 칭찬하기<br>⑨ 교사의 편견을 배제하기 |
| 수업실연 적용 | → 수업의 각 단계에 적절한 유형의 발문 활용하기<br>→ 상황에 적절한 발문과 요령을 익힐 수 있도록 꾸준히 연습하기<br>→ 발문 후, 학생들이 사고를 확장해나갈 수 있도록 수업을 전개하기 |

수업 실연에서는 실제 학생과 상호작용하는 것이 아니고, 교사가 학생의 답을 특정하며 발문을 진행하기에 자칫하다가는 의미 없는 수준의 질문을 반복할 수 있다. **발문은 학생의 확산적 사고를 자극하는 질문으로 채워져야 한다.** 이를 통해 수업 실연에서 요구하는 '학습지도 능력'과 '의사소통 능력'을 확실히 보여줄 수 있기 때문이다. 앞서 정리한 이론을 통해 효과적인 발문의 유형과 요령을 공부했더라도 실제 활용하는 것은 다른 문제다. 그래서 준비했다! 저자가 제시하는 발문의 모범 예시를 살펴보고, 나의 수업에서는 어떤 발문을 사용할 수 있을지 생각해보자.

## 발문의 모범 예시

| 수업 주제 | 판소리 |
|---|---|
| 재생적 발문 | • 우리 지난 시간에 조선 후기의 음악에 대해서 배웠는데요. 그 중 오늘 배울 장르는 '서민 문화의 대두'라는 조선 후기의 특징과 관련이 있답니다. 어떤 장르일지 한 번 예측해볼까요?<br>• 지난 시간에 판소리 '사랑가'에 등장하는 다양한 시김새를 익혀보았는데요. 선생님이 부르는 사랑가의 부분을 듣고 어떤 시김새가 사용되고 있는지, 그리고 왜 그렇게 생각했는지 이야기해볼까요? |
| 추론적 발문 | • 지금까지 판소리에 등장하는 추임새를 알아보았는데요. 추임새는 흥이 나거나 소리꾼을 응원할 때 넣을 수 있다고 했어요. 그럼 오늘 불러본 '사랑가'에서는 어느 부분에 추임새를 넣을 수 있을지 한 번 얘기해볼까요?<br>• 조선 후기에 등장한 판소리는 서민 문화의 대두와 함께 등장한 장르라고 배웠는데요. 그럼 판소리의 어떤 특징이 서민 문화와 관련이 있을 지 자유롭게 생각을 얘기해볼까요? |
| 적용적 발문 | • 판소리에는 다양한 유파가 존재하는데요. 같은 곡임에도 불구하고 왜 서로 다른 방식으로 부르게 되었을까요?<br>• 판소리는 당시에 양반과 평민을 가리지 않고 모두에게 엄청난 인기를 얻었던 장르라고 합니다. 판소리가 그렇게 인기가 많을 수 있었던 이유는 무엇일까요? |

### Tip '질문 중심 수업'이 많이 언급되던데, 대체 무엇인가요?

최근에는 특히나 '질문'에 대한 관심이 뜨겁다. IB 교육과정과 개념기반탐구학습의 대두로 사실적 질문, 개념적 질문, 논쟁적 질문의 3가지 유형을 수업에 적용하기 위한 방안이 현장에서 열정적으로 연구되고 있다. 이러한 질문 유형에 대해 제대로 이해하기 위해서는 심도깊은 연구가 필요하다. 따라서 SECRET에서는 수험생들이 실연에 적용해볼 수 있을 정도로만 간단하게 내용을 설명하고자 한다. 각 질문 유형의 의미를 정리하면 다음과 같다.

| 질문 유형 | 내용 |
|---|---|
| 사실적 질문 | 정해진 사실이나 개념을 묻는 질문 |
| 개념적 질문 | 개념적 이해와 확장을 묻는 질문 |
| 논쟁적 질문 | 여러 관점에서 토론할 수 있는 질문 |

사실적 질문은 답이 하나로 정해지며 일관된 사실을 묻는 질문이다. 개념적 질문은 여러 사실들을 통해 개념을 이해하기 위해 추론하는 것을 유도할 수 있어야 한다. 마지막으로 논쟁적 질문은 여러 관점에서 비판적으로 사고하고 의견을 제시할 수 있는 질문이다. 각 유형별로 예시를 들면 다음과 같다.

| 수업 제재 | 진도 아리랑 |
|---|---|
| 질문 유형 | 예시 |
| 사실적 질문 | 진도 아리랑의 장단은 어떻게 구성되는가? |
| 개념적 질문 | 진도 아리랑의 선율과 가사는 우리 민족의 정서를 어떻게 표현하는가? |
| 논쟁적 질문 | 대중가요에서 변형되어 활용되는 '아리랑'은 전통성을 훼손하는가, 아니면 계승하는가? |

위 내용을 참고하여 내 수업에서는 어떤 질문들을 활용할 수 있을지 고민해보자.

# 03 | 전략적 모델링

## 1 다양하고 자신감 있는 모델링

모델링은 음악 교사라면 피할 수 없는 숙명과도 같은 것이다. 가창 수업을 할 땐 학생들과 함께 노래하고, 기악 수업에는 교사의 멋드러진 시범 연주를 보여주어야 한다. 그 뿐인가? 창작 수업 때는 직접 먼저 작곡하고 예시를 보여주기도 한다. 이러한 음악 교과만의 '모델링'은 음악 교사의 '음악 교육 전문성'을 가장 크게 보여주는 부분이다. 모델링과 관련된 이론적인 부분을 먼저 살펴보자.

| | 모델링의 이론적 배경 |
|---|---|
| 의미 | 모델을 관찰한 결과로 발생하는 행동, 인지, 정서의 변화 |
| 종류 | • 직접적 모델링: 모델의 행동을 단순하게 모방함<br>• 상징적 모델링: 책, 영상 등에 등장하는 주인공 행동을 모방함<br>• 종합적 모델링: 관찰한 행동을 종합하여 행동을 발전시킴 |
| 과정 | ① 주의집중: 학습자가 모델의 행동에 주의를 기울임<br>② 파지: 모델의 행동을 학습자의 기억 속에 저장<br>③ 재생산: 학습자가 파지한 행동을 실제로 연습해보고 피드백을 받음<br>④ 동기화: 모델화된 행동의 재생산에 대한 강화를 기대하면서 동기를 부여 |

모델링은 모델을 관찰한 결과로 학습자가 겪는 행동, 인지, 정서의 변화를 의미한다. 모델을 관찰하고 스스로 학습해나가는 학생의 모습도 중요하겠지만, 교사의 독무대로 진행되는 수업 실연에서 결국 가장 중요한 것은 교사의 뛰어난 모델링이다.

하지만, 대다수의 수험생들은 자신의 전공 실기 외 영역들을 모델링하는데 어려움을 겪는다. 필자 또한 가창 영역의 모델링을 하는 것에 대한 자신감이 매우 부족했다. 게다가 음악 교과에서 다루는 제재곡이나 악기들은 매우 광범위하다. 모델링 1가지만을 위해서 수많은 악기와 곡을 익히는 데 온 신경을 집중할 수도 없는 노릇이다. 그럼에도 불구하고, 수업 실연은 실제 수업이 아니라는 점에서 희망이 있다. 약간의 뻔뻔함(?)만으로 우리는 음악 수업에서 활용되는 모든 악기와 제재곡을 섭렵한 전문성을 보여줄 수 있다. 다음의 예시를 살펴보자.

〈예시 1〉

자, 여러분. 오늘은 가야금의 구조에 대해 살펴볼건데요. 가야금은 총 12개의 줄로 이루어져 있답니다. 이 줄은 각각 12개의 안족 위에 얹어져 있어요. 오른손으로 줄을 튕기고 왼손으로 눌러주면 농현의 시김새를 표현할 수 있는데요. 선생님의 연주를 들어볼까요? **(농현으로 연주하는 시늉)**

국악 전공이 아닌 이상, 실제로 가야금을 연주할 수 있는 수험생은 드물다. 그런데 수업 실연 평가에서 가야금이 교실 기자재로 제시된다면 어떻게 해야 할까? 당황하지 말고, 자신이 아는 범위 내에서 악기를 설명하고 시연하면 된다. 위의 예시처럼, 실제로 가야금을 연주하지 못하더라도 간단한 구조 설명과 함께 자신감 있게 시연한다면 평가위원들에게 좋은 인상을 남길 수 있다.

실제 수업에서도 음악 교사들은 학교의 상황과 트렌드에 맞춰 새로운 악기들을 스스로 배우고 학생들을 가르친다. 이 모든 악기들을 전문 음악인 수준으로 연습하여 가르치는 것은 불가능한 일이다. 음악 교사에게 요구되는 능력은 프로 수준의 연주력이 아니라 올라운더로서 다양한 실기를 가르칠 수 있는 능력임을 잊지 말자.

〈예시 2〉

오늘은 판소리 춘향가 중 '사랑가'를 불러볼건데요. 특별히, 지난 시간에 배운 아니리와 발림을 표현하며 불러볼게요. 그럼 본격적으로 연습하기 전에, 선생님의 노래를 들어볼까요? **"얘야 춘향아, 우리 정담도 허고 업고도 놀아보자~"**

아니리를 전공자 수준으로 표현할 수 있는 수험생이 얼마나 있을까? 우리에게 필요한 건 결국 '자신감'이다. 전공자 수준의 아니리를 표현하지는 못하더라도, 학생들이 판소리에 등장하는 아니리를 학습할 수 있도록 자신 있게 모델링할 수 있는 교사가 결국 전문성 있는 음악 교사이다. 이제, 수업 실연에서 다양한 악기들과 제재곡이 제시된다면 두려워 말고 자신 있게 표현하자.

## 2 음악 교과만의 모델링

다른 교과에서도 학생들의 학습을 위해 모델링을 적극 활용한다. 특히나 체육·미술과 같은 예체능 과목의 경우 교사의 시연이 학생들의 학습에 직접적인 영향을 끼친다는 점에서 음악 교과와 비슷한 성질을 띤다. 그럼에도 각 과목의 특수성을 반영해야 하기에, 우리는 '음악' 교과에서 가장 효과적인 모델링 전략을 고민해보아야 한다. 필자는 이를 위해 달크로즈·코다이·오르프의 교수·학습 방법을 참고하는 것을 추천한다.

여러분도 알다시피 달크로즈, 코다이, 오르프 3명의 학자들은 음악 교수·학습방법을 체계화시킨 음악교육계의 저명한 학자들이다. 많은 학자들이 있지만 특히나 위 3명의 교수·학습방법에서 모델링과 관련된 여러 가지 단서를 찾아볼 수 있다. 각 학자의 교수·학습방법에서 모델링에 대한 단서를 찾아 적용한 저자의 아이디어를 참고해보자.

| | 모델링 아이디어 | |
|---|---|---|
| 학자 | 모델링 단서 | 모델링 아이디어 |
| 달크로즈<br>(Emile Jaques-Dalcroze) | 유리드믹스 | 4박자의 셈여림을 가르칠 때, 걷기와 뜀뛰기를 혼합하여 표현하고 설명하기 |
| | 솔페즈 | 음역대를 제한한 4음음계의 반복을 통해 발성하는 모습 모델링하기 |
| | 즉흥연주 | 음악을 감상하고 표현할 때, 흐름의 변화를 신체로 자유롭게 표현하는 모습 모델링하기 |
| 코다이<br>(Kodály Zoltán) | 리듬 이름 | 다양한 리듬꼴을 표현할 때, 리듬 이름과 박수 치기를 함께 활용하는 모습 모델링하기 |
| | 손기호 | 가창 활동 시, 손기호와 함께 노래하며 음의 높낮이에 익숙해질 수 있도록 하기 |
| | 날으는 음표, 음기둥 | 선율 창작 활동 시, 날으는 음표와 음기둥을 활용하여 가락을 부르며 창작할 수 있도록 모델링하기 |
| 오르프<br>(Carl Orff) | 말리듬 | 창작 활동 시, 가사에 담긴 리듬을 읽어보고 어울리는 리듬으로 바꾸는 방법 모델링하기 |
| | 신체 타악기 | 리듬 학습 시, 리듬을 신체 타악기로 표현할 수 있는 다양한 방법 모델링하기 |
| | 오스티나토와 보르둔 | 창작이나 기악 활동 시, 오스티나토와 보르둔을 활용하여 즉흥으로 반주를 제작하는 방법 모델링하기 |

### 3 모델링 모음집

이제 나만의 모델링 모음집을 만들어볼 차례다. 가창, 기악, 창작, 감상의 다양한 영역별로 활용할 수 있는 모델링 전략을 정리하여 활용해보자. 따로 시간을 내어 정리하기 어렵다면, 수업 실연 연습이 끝난 후 각 실연에서 자신이 활용한 모델링을 정리해보는 것도 좋다.

| 영역 | 모델링 전략 |
|---|---|
| 가창 | (ex) 시김새의 차이를 손동작과 함께 시범 보이기 |
| 기악 | (ex) 리코더 텅잉 주법을 위한 '두웃' 발음 시범 보이기 |
| 창작 | (ex) 음표 기보 시, 어떤 순서로 그리는 것이 가장 편리한지 시범 보이기 |
| 감상 | (ex) 감상 시 느껴지는 음악의 흐름을 지휘로 표현할 수 있도록 지휘 시범 보이기 |

# 04 | 나만의 아이디어 뱅크

지금까지 다양한 교수·학습이론들과 예시를 살펴보았다. 정형화된 이론들을 활용하는 것도 좋지만, 결국 수업은 개개인의 교사가 만들어나가는 것이다. 그래서 우리들만의 아이디어를 정리한 '아이디어 뱅크'가 필요하다.

| 아이디어 뱅크 예시 | |
|---|---|
| 순서 | 내용 |
| 흥미유발 | – 전시학습을 브레인스토밍으로 진행<br>– 서바이벌 퀴즈, 게임 : 골든벨처럼 화이트보드에 제재곡과 관련된 퀴즈에 대한 답안을 머리 위로 올리기<br>– 포스트잇으로 배우고 싶은 내용 칠판에 붙여놓기<br>– 짝과 질문을 통해 배우고 싶은 것 나누기(하브루타)<br>– 선배들의 연주 동영상 보여주기<br>– 플립드 러닝 : OO중 행복한 음악교실이라는 카페에 올려두었는데 모두 보았나요?<br>– 5분 디제잉 : 자신이 좋아하는 음악 발표<br>– 연주자 영상 보여주기 (명창, 피아니스트, 성악가) |
| 모둠활동 | – 모둠활동 규칙 만들어 활용하기<br>① 하이든 : 하나된 마음으로, 이해하고 협력하며, 든든한 음악 배움이가 되어 봅시다.<br>② 음표 : 음악을 배울 때는 마음껏, 표현하고 노래해봅시다.<br>③ 피아노 : 피나는 노력으로, 아름다운 소리로, 노래해봅시다.<br>④ 포르테 : 포용하고 협력하며, 느(르)려도 함께하며, 태가 나는 멋진 음악 수업을 만들어 봅시다.<br>⑤ 하모니 : 하나된 마음으로, 모르는 것은 서로 함께 나누며, 이(니)해하고 협동해봅시다.<br>– 개별화 전략<br>① 배움이 빠른 아이: 추가로 공부해볼 수 있는 자료 제공<br>② 배움 속도가 느린 아이: 배움 빠른 친구의 도움, 수준별 과제 제공<br>③ 다문화 학생: 해당 국가에서 비슷한 음악 문화 찾아보기, 해당 국가의 언어로 노래 불러보기, 교사의 도움 제공 |
| 정리활동 | – 플립드 러닝<br>① 연주 영상 : 전체 연주 영상을 올려놓을테니 관심이 있는 학생은 확인해도록 하세요<br>② 다음 차시에 배울 –에 대한 배움 영상을 OO중 음악광장 게시판에 업로드할테니, 영상을 보고 내용에 대해 궁금하거나 더 알고 싶은 점을 댓글로 적어놓도록 합시다.<br>– 음악 배움 공책 사용하기<br>오늘 배운 내용 중 잘 이해한 내용과 더 이해하고 싶은 내용을 배움 공책에 자신의 언어로 간단히 적어보고 친구들과 이야기 해봅시다.<br>– 함성<br>학습목표 잘 달성한 친구들은 크게 소리쳐볼까요? 교실이 함성소리로 꽉 차고 있네요.<br>– 오늘 배운 내용을 다섯 글자로 정리해봅시다! |

| 순서 | 내용 |
|---|---|
| 형성평가 | - 목표달성 오케이!<br>  오늘의 첫 번째 학습목표를 달성한 친구들은 왼손으로 오케이를 만들어주세요. 두 번째 학습목표를 달성한 친구들은 오른손으로 오케이를 만들어주세요. 세 번째 학습목표를 달성한 친구들은 친구들을 바라보며 둥글게 둥글게~~! 오늘의 목표달성 오케이!<br>- 깃발 들기<br>  ① 학습목표를 잘 달성한 친구는 머리 위로 초록색 깃발을 들어주세요<br>  ② 이해가 좀 어려운 학생은 머리 위로 빨간색 깃발을 들어주세요 → 추가학습지 제공<br>- 모둠 별 평가지 & 모둠 내 평가지 제공하기 |

  수업 실연을 준비하다보면 유튜브, 블로그, 스터디, 학원 등에서 많은 수업 아이디어들을 접하게 된다. 필자는 ① 흥미유발, ② 모둠활동, ③ 정리활동, ④ 형성평가의 4가지 영역에 많은 아이디어들을 접목해보고 수정해가며 나만의 아이디어 뱅크를 만들 것을 추천한다. 수업 실연에서 주제와 수업 방식은 구체적으로 지정되어 바꿀 수 없지만, 비교적 위 4가지 영역들에 한해서는 응시자의 역량에 따라 자유롭게 진행할 수 있기 때문이다.

  **특히나 ① 흥미유발과 ④ 형성평가, 2가지 영역에는 특별한 공을 들이자.** 흥미유발 전략은 학생의 학습 동기를 높이고 학생과 소통하는 모습을 보여줄 수 있다. 또한, 형성평가는 학생의 학습 상태를 계속해서 체크하며 완전 학습을 추구하는 면모를 보여줄 수 있다. 이는 평가 요소인 '학습지도 능력'과 '의사소통 능력'에 직결되기에 응시자의 점수에 긍정적인 영향을 끼칠 가능성이 높다.

  그럼, 이제 나만의 아이디어를 담은 아이디어 뱅크를 직접 만들어보도록 하자.

## 나만의 아이디어 뱅크

| 순서 | 내용 |
|---|---|
| 흥미유발 | |
| 모둠활동 | |
| 정리활동 | |
| 형성평가 | |

## 05 | 현직 교사가 전하는 음악 수업 트렌드

아직 학교 현장 경험이 적은 수험생들은 실제로 쓰이고 있는 수업 아이디어들에 대한 정보가 부족할 수 있다. 그래서 준비했다. 최근 음악 수업 현장에 자주 활용되는 다양한 교수·학습 도구들과 수업 아이디어, 관련 사이트들을 소개하고자 한다.

### 1 교실 악기 Trend

학창 시절, 다들 리코더·오카리나·기타 등의 교실 악기를 배워본 경험이 있을 것이다. 최근 음악 수업 현장에는 이전보다도 더욱 다양한 교실 악기들이 활용되고 있다. 현재 교실에서 자주 활용되는 악기들을 살펴보며 수업 실연에서 어떻게 활용할 수 있을지 생각해보자.

| 다양한 교실악기 | | |
|---|---|---|
| 명칭 | 외형 | 특징 |
| 칼림바 | | • 유율타악기<br>• 아프리카의 다양한 라멜로폰의 전반적인 특성을 반영하여 제작한 악기<br>• 두 손으로 악기를 감싸 쥐고 양손 엄지손가락으로 위에서 아래로 건반을 튕겨서 소리냄<br>• 글리산도, 비브라토, 와와 등의 효과적인 연주법을 사용할 수 있음 |
| 우쿨렐레 | | • 하와이에서 기원한 현악기로, 기타와 유사한 생김새를 가짐<br>• 하와이어로 uku는 벼룩, lele는 뛰다라는 뜻을 가짐<br>• 사이즈에 따라 소프라노, 콘서트, 테너, 바리톤으로 나뉨<br>• 4개의 줄로 이루어져 있으며, 조현은 윗줄부터 G, C, E, A로 함 |
| 붐웨커 | | • 플라스틱으로 이루어진 막대기를 두드려 연주하는 유율 타악기<br>• 길이별로 나는 소리가 다르며, 짧을수록 높은 음을 냄<br>• 책상이나 바닥, 벽, 허벅지 등을 쳐서 연주함<br>• 여러 명이 각자의 음을 맡아 함께 연주하는 경우가 많음 |
| 핸드벨 | | • 손으로 잡을 수 있는 작은 크기의 벨을 흔들어 연주하는 유율 타악기<br>• 영국에서 처음 만들어짐<br>• 여러 명의 연주자가 한 팀을 이루어 연주하는 경우가 많으며, 핸드벨 콰이어라고도 부름<br>• 클래퍼가 한 방향으로만 움직여 타격을 제어하기 편리함 |

| 명칭 | 외형 | 특징 |
|---|---|---|
| 오르골 | | • 자동으로 음악을 연주하거나, 수동으로 손잡이를 돌려 연주하는 음악 기계장치<br>• 자동 연주가 가능한 배럴 오르간을 작게 만든 형태<br>• 상자 속의 쇠막대나 천공 카드가 회전하며 음계판과 닿아 소리를 냄<br>• 1700년대 유럽 귀족 사이에 유행함 |
| 텅드럼 | | • 전용 말렛 스틱을 이용하여 표면을 두드려 소리를 내는 유율 타악기<br>• 혀와 비슷하게 생긴 건반을 연주한다는 의미의 명칭<br>• 숫자 밑에 점이 있으면 한 옥타브 낮은 음, 숫자 위에 점이 있으면 한 옥타브 높은 음을 나타냄<br>• 사이즈와 음계 등을 선택할 수 있음 |
| 컵타 | | • 컵타는 '컵으로 하는 난타'라는 뜻<br>• 여러 가지 리듬을 컵으로 두드리며 연주함<br>• 책상이나 손으로 컵을 두드려야 하므로, 플라스틱 컵이나 스포츠스태킹용 컵을 이용함<br>• 다양한 리듬감과 박자감을 키울 수 있음 |
| 펜비트 | | • 펜으로 타악기나 드럼을 연주하듯이 여러 가지 비트를 만들어내는 연주<br>• 도구나 장소의 제약 없이 간편하게 연주할 수 있음<br>• 스냅, 탭, 플릭, 노크, 리틀 탭 등 많은 기술들을 활용하여 비트를 표현<br>• 4비트, 8비트, 16비트, 32비트 등을 연주 |
| 전자<br>드럼패드 | | • 실제 드럼과 동일한 소리를 패드로 구현한 악기<br>• 실제 학교 현장에서 드럼 기악 수업 시 활용에 유용함<br>• 스네어 드럼, 베이스 드럼, 스몰 톰, 미들 톰, 플로어 톰, 하이햇 심벌, 크래쉬 심벌, 라이드 심벌 등 세트드럼의 구성을 모두 연주할 수 있음 |

## 2 에듀테크-AI Trend

지금 가장 핫한 교육계의 트렌드를 한 가지만 꼽으라면 단연 에듀테크와 AI이다. 2022 개정 교육과정에서도 직접 언급된 만큼, 당분간 에듀테크와 AI에 대한 관심은 지속될 것이다. 교육 현장에서 핫한 에듀테크와 AI 관련 프로그램들을 살펴보자.

### (1) 수업 협업 에듀테크

| 명칭 | 설명 |
|---|---|
| 구글 문서 | • 온라인에서 문서를 만들고 공동작업을 할 수 있는 웹 기반 문서 작성 프로그램 |
| 구글 슬라이드 | • 온라인 슬라이드를 만들고 공동작업을 할 수 있는 웹 기반 프레젠테이션 |
| 구글 잼보드 | • 구글 클라우드 기반 디지털 화이트보드 협업 앱<br>• 다양한 사용환경에서 다중 접속을 통해 함께 화이트보드를 공동 편집할 수 있음 |
| 구글 폼 | • 온라인 설문지를 만들고 통계를 낼 수 있는 웹 기반 설문 관리 프로그램 |
| 구글 시트 | • 구글 워크스페이스의 스프레드시트 프로그램으로 MS사 엑셀과 유사한 기능을 제공 |
| 구글 클래스룸 | • 구글 워크스페이스 기반의 학습관리시스템<br>• 학생들에게 협동/개인 과제를 제공하고, 과제 수합 관리와 평가 및 반환과 같이 과제를 통한 상호작용에 특화된 프로그램 |
| 멘티미터 | • 온라인 기반의 대화형 프레젠테이션 및 투표 플랫폼<br>• 다양한 의견과 생각을 온라인에서 실시간으로 공유할 수 있음<br>• 워드클라우드 기능이 자주 활용됨 |
| 패들렛 | • 포스트잇을 붙이듯 입력란을 만들고 그곳에 사진, 텍스트를 입력하여 자신의 생각이나 느낌을 남겨 의견을 공유할 수 있는 온라인 게시판 |
| 띵커벨 | • 퀴즈, 토론, 협동학습이 가능한 참여형 수업 플랫폼<br>• 띵커벨 보드, 퀴즈게임 프로그램이 자주 활용됨 |
| 퀴즈앤 | • 누구나 언제 어디서든 목적에 맞는 퀴즈 게임을 만들고, 찾고, 공유하여 게임을 진행할 수 있는 게임기반 학습 플랫폼<br>• PC나 스마트폰을 활용해 사진과 영상을 토대로 퀴즈 혹은 설문을 진행하여 실시간 상호작용과 과제 제시가 가능해 개별 피드백 자료로 유용함 |
| 카훗 | • 실시간으로 퀴즈쇼를 진행할 수 있는 플랫폼<br>• 정답을 맞히면 점수가 쌓이는 식이며, 구글 계정만으로도 활용 가능 |
| 깃마인드 | • 웹 클라우드 기반의 무료 인공지능 마인드 맵 프로그램<br>• 실시간으로 브레인스토밍, 이벤트 계획, 메모 작성, 공동 학습 등에 활용할 수 있음 |
| 티쳐메이드 | • 기존 doc, pdf 등의 파일을 온라인 활동지로 변환하는 프로그램 |

## (2) 작곡 프로그램

| 명칭 | 설명 |
|---|---|
| 크롬 뮤직랩 | • 구글에서 개발한 음악 교육 웹사이트로, 다양한 장치에서 웹 브라우저만으로 이용 가능<br>• 송메이커, 칸딘스키 등의 프로그램이 자주 활용됨 |
| 구글<br>두들 바흐 | • 바흐의 탄생일인 3월 21일을 기념하여 구글 두들로 제작한 AI기반 악보 제작 플랫폼<br>• 바흐가 작곡한 306편의 작품을 분석하여 멜로디 패턴을 인식하고 화음을 만들어냄 |
| AIVA | • 음악의 장르와 분위기 등 다양한 조건을 설정하여 작곡할 수 있는 인공지능 프로그램<br>• 프랑스의 음악저작권협회(SACEM)에서 인정한 최초의 가상 창작자 |
| AI MUSIC<br>GENERATOR | • SOUNDRAW에서 제작한 인공지능 작곡 프로그램<br>• 시간, 빠르기, 장르, 테마 등을 설정하여 적절한 분위기의 음악을 빠른 시간에 만들어냄 |
| 밴드랩 | • 다양한 악기를 지정하여 선율을 창작할 수 있는 작곡 프로그램<br>• 플랫폼을 통해 창작 과정을 다른 사람들과 공유할 수 있는 서비스 제공 |
| 후크티오리 | • 인공지능이 분석한 코드 흐름을 기반으로 음악을 만들 수 있도록 돕는 작곡 사이트<br>• 음악의 흐름에 적절한 화음을 알려주고, 그에 맞는 박자와 음정을 선택하여 직접 작곡할 수 있음 |

## (3) 코딩 프로그램 및 관련 교구

| 명칭 | 설명 |
|---|---|
| 스크래치 | • MIT 미디어 연구소에서 2005년 공식 발표한 교육용 프로그래밍 언어<br>• 다양한 스토리, 게임, 애니메이션을 제작하고 사용자들과 공유할 수 있음<br>• 블록 코딩 명령어를 사용함 |
| 엔트리 | • 블록 코딩을 할 수 있는 한국의 그래픽 기반 소프트웨어 교육 플랫폼<br>• 스크래치보다 학습 기능, 교육자료, 강의 등 학습 관련 기능이 더욱 발전되어 있음<br>• 우리나라 교육과정의 주된 프로그래밍 언어 |
| 메이키 메이키 | • MIT 미디어 연구소에서 만든 피지컬 컴퓨팅 입력 도구<br>• 컴퓨터와 연결하여 블록코딩으로 제작한 다양한 아이디어를 현실화시킬 수 있음<br>• '과일로 악기 만들기', '여러 가지 아이디어로 소리가 나는 장치 만들기' 등의 활동으로 많이 활용됨 |
| 마이크로비트 | • BBC에서 제작한 소형의 컴퓨팅 장치로, 전용 코딩 소프트웨어를 제공함<br>• 빛 감지, 기울기, 온도 등의 조건을 LED 조명판, 버튼, 내장 스피커 등을 활용해 표현할 수 있음<br>• 블록 코딩을 통해 음악을 송출하거나 작곡할 수 있음 |

## (4) 가상 악기 어플리케이션

| 명칭 | 설명 |
|---|---|
| 워크 밴드 | • 피아노, 기타, 드럼, 베이스, 신디사이저 등 다양한 가상 악기의 툴을 제공함<br>• 연결 장치를 통해 외부 MIDI 키보드와 연결하여 사용할 수 있음 |

## (5) 기타 인공지능 도구 / 메타버스

| 명칭 | 설명 |
|---|---|
| 오토 드로우 | • 사이트에서 그림을 그리면 머신러닝 기술이 점, 선, 면 등을 인식해 그림을 분석하여 DB(데이터베이스)에 있는 작가의 작품 중 가장 비슷한 이미지를 보여줌<br>• AI가 사람의 생각을 인지하고 추측하여 그림을 제안<br>• 수업 자료를 제작하는데 유용하게 활용 가능 |
| 투닝 | • AI 웹툰 제작 도구<br>• 특별한 도구나 기술 없이 웹사이트에 접속하여 캐릭터, 배경 등을 클릭하여 웹툰 제작 |
| 티처블머신 | • 구글에서 만든 머신 러닝 교육 도구<br>• 코딩이나 전문 지식 없이도 머신 러닝 모델을 만들 수 있음<br>• 이미지 분류, 소리 분류, 포즈 인식, 텍스트 생성 등 다양한 러닝 모델을 만들고 훈련하는 과정을 시각적으로 살펴볼 수 있음 |
| 제페토 | • 네이버제트가 운영하는 증강현실 아바타 서비스로, 국내 대표적인 메타버스 플랫폼<br>• 3D 아바타를 만들어 다른 이용자들과 소통하고 가상현실을 경험함 |
| 게더타운 | • 메타버스 기반의 가상 오피스 겸 화상회의 웹 플랫폼<br>• 다른 메타버스와 달리 아바타로만 자신을 보이는 것이 아니라, 화상캠으로 얼굴을 보여주거나 화면 공유를 할 수 있음 |
| ZEP | • 네이버 제트가 슈퍼캣이라는 게임 개발사와 협업해 만든 메타버스 플랫폼<br>• 화상 회의, 비대면 행사, 컨텐츠 제작에 활용됨 |

## 3 게이미피케이션 Trend

게임의 요소를 수업 활동에 접목한 게이미피케이션은 최근 들어 주목받고 있는 수업 트렌드이다. 필자 또한 개념 수업을 할 때는 항상 게이미피케이션을 활용한다. 게임을 통해 아이들이 즐겁게 학습할 수 있을 뿐 아니라, 더 잘하기 위해 노력하는 과정 속에서 심화된 학습이 일어난다. 교육 현장에서 유행하고 있는 다양한 게이미피케이션 활동을 나의 수업에 접목해보자.

| 종류 | 게임 방법 |
|---|---|
| 리듬<br>카드 게임 | ① 다양한 음표와 쉼표로 구성된 카드를 같은 수만큼 나눠 가진다.<br>② 순서대로 카드를 1장씩 펼쳐 내려놓는다.<br>③ 교사가 제시한 박자(2박, 4박 등)가 완성된 순간, 책상 가운데에 놓여있는 종을 먼저 친 사람이 카드를 모두 가져간다.<br>④ 카드를 가장 많이 모은 사람이 승리한다.<br>⑤ 할리 갈리 카드게임을 응용한 리듬 게임 |
| 강약중강약<br>루미큐브<br>출처: 율쌤 youtube | ① 다양한 음표와 쉼표, 미션카드(#, 높은음자리표 등)로 구성된 카드를 한 사람당 12장씩 섞어 나눠 가진다. 남은 카드는 중앙에 모아둔다.<br>② 2장 이상의 카드로 한 박을 만들어 등록한다.<br>③ 등록을 하지 못할 경우, 카드 뭉치에서 카드를 한 장 가져간다.<br>④ 등록 회차에는 등록한 카드 외에 다른 카드는 추가로 낼 수 없다.<br>⑤ 카드는 한 번에 한 마디(4박)를 완성하는 만큼만 내야한다. 혹은 등록된 카드들에 3박을 더해 한 마디(4박)를 완성하도록 내야한다.<br>⑥ 가장 빨리 카드를 소진하는 사람이 승리하는 게임 |

| 종류 | 게임 방법 |
|---|---|
| 도레미 우노<br><br>출처: 율쌤 youtube<br> | ① 여러 음자리표의 음정 카드, 계이름 카드, 음이름 카드를 잘 섞은 뒤 한 사람 당 7장씩 나눠 가진다. 남은 카드는 중앙에 모아둔다.<br>② 쌓아둔 카드의 윗장을 뒤집고, 해당하는 그룹의 카드를 낼 수 있다.<br>③ 낼 수 있는 카드가 없는 경우, 벌칙 카드를 한 장 가져간다.<br>④ 카드가 한 장 남았을 때 '도레미'를 외쳐야 하며, 자신이 아닌 상대가 외친다면 벌칙 카드를 가져간다.<br>⑤ 가장 빨리 카드를 소진하는 사람이 승리하는 게임 |
| 리듬 시계 게임<br><br>출처: 음플릭스 youtube | ① 시계판의 각 시간에 여러 가지 리듬꼴을 배치한다.<br>② "○○야, 몇시 몇분"을 외치면 해당하는 사람은 해당하는 리듬꼴을 사전에 배운 리듬 읽기로 정확하게 읽는다.<br>③ 틀리지 않고 말한 사람이 가장 많이 남아 있는 모둠이 승리하는 게임<br> |
| 음악 순발력 게임 | ① 곡의 전주를 짧게 듣고, 가장 빠르게 음악의 제목을 맞춘 팀이 점수를 획득한다.<br>② 점수를 가장 많이 획득한 사람이 승리하는 게임 |
| 방탈출 게임 | ① 구글 설문지, ZEP(메타버스) 등을 활용하여 제작할 수 있다.<br>② 각 단계에서 제시하는 퀴즈를 풀면 탈출할 수 있도록 구성된 게임<br> |

### 4 추천 사이트

감사하게도 많은 음악선생님들이 자신이 개발한 훌륭한 음악 수업 콘텐츠를 무료로 공유하고 계신다. 그 중 수업 실연을 준비하는 여러분들에게 가장 도움이 될 만한 채널을 소개하고자 한다.

| 채널명 | 특징 | 종류 |
| --- | --- | --- |
| 뮤직T랜드 | • 음악 교육 웹진<br>• 여러 음악 선생님들의 수업 노하우와 다양한 칼럼이 수록되어 있음<br>• 인스타그램: @music_t_land<br>• 아침나라 출판사 사이트에서 읽어볼 수 있음 | 잡지 |
| 범쌤<br>(@beomsu_t) | • 저자가 운영중인 수업 활동 및 자료 공유 계정<br>• 수업 실연 피드백 이벤트 및 관련 소식을 찾아볼 수 있음<br>• AI 및 에듀테크 활용 수업 콘텐츠 | 인스타그램 |
| 국악생선<br>(@gugakfish) | • 국악 강사의 국악 수업 꿀팁 콘텐츠<br>• 감상 수업 및 다양한 국악 제재 학습 내용을 살펴볼 수 있음 | 인스타그램 |
| 젤리쌤 | • 다양한 수업 콘텐츠 및 자료 공유<br>• 실제 다양한 영역의 수업에서 활용하기 용이한 수업 콘텐츠 | 블로그 |
| 효정쌤의<br>음악실 | • 다양한 수업 콘텐츠 및 자료 공유<br>• 실제 다양한 영역의 수업에서 활용하기 용이한 수업 콘텐츠 | 블로그 |
| 서연쌤 | • 음악 감상 수업 관련 콘텐츠<br>• 감상 수업과 관련된 모델링 및 개념 설명 시 어떤 방식으로 접근해야 하는지 살필 수 있음 | 유튜브 |
| 황쌤의<br>작은 음악실 | • 현직 선생님의 다양한 음악 수업자료, 일반인들을 대상으로 한 수업 영상<br>• 다양한 악기들의 반주와 모범 연주 영상<br>• 태블릿 PC를 활용한 수업, 온라인 수업, 다양한 음악 퀴즈 등 교실 음악 수업과 관련된 유용한 콘텐츠들 | 유튜브 |
| 음플릭스 | • 온라인 음악수업, 오페라, 감상 교육 콘텐츠<br>• 최신 유행의 다양한 학습 도구들을 활용한 수업 콘텐츠<br>• 음악과 관련된 다양한 비하인드 스토리를 소개<br>• 음악 이론을 재밌고 쉽게 풀어내는 다양한 교육 콘텐츠 | 유튜브 |
| 음큐채널 | • 음악 관련 교육 콘텐츠 및 VLOG<br>• 학생들의 흥미를 끌 수 있는 재치 있는 소재의 다양한 수업 콘텐츠<br>• 작곡, 감상 등 다소 지루할 수 있는 활동을 스토리텔링으로 재밌게 풀어낸 온라인 수업 콘텐츠 | 유튜브 |
| 음악샘<br>miae | • 다양한 소재의 음악 수업 영상<br>• SW도구, 인공지능, 메타버스 등 다양한 에듀테크를 활용하는 수업사례가 상세히 소개되어 있음<br>• 에듀테크 외에도 최신 트렌드의 다양한 수업 소재와 현직 교사의 조언이 영상 콘텐츠로 안내되어 있어 매우 유용함 | 유튜브 |
| 뮤직후 | • 다양한 음악 수업 소재, 뮤지컬, 공연 VLOG<br>• 다양한 주제의 수업 콘텐츠들이 다량 업로드 되어 있어 자신에게 필요한 내용을 선택하여 활용하기 용이함 | 유튜브 |
| 율쌤 | • 음악 수업 영상 및 콘텐츠<br>• 게이미피케이션과 관련된 다양한 활동이 구체적으로 소개되어 있어 실제로 활용하기에 용이함 | 유튜브 |

### 🎺 Tip  수업 실연 평가에 최근의 교육 트렌드가 반영되나요?

당연하다. 특히나 4차 산업혁명의 격동기를 지나는 지금, 2022 개정 교육과정의 발표와 함께 창의적 인재 양성에 대한 교육계의 관심이 높아지고 있다. 사회 전체의 거대한 테마가 변하고 있는 시점에서 응시자가 이에 대비하는 교육을 펼칠 수 있는 교사인지 평가할 것은 분명하다. 수업은 더군다나 교직의 가장 근본을 이루는 영역이다. 때문에 빠르게 변화하는 사회의 트렌드를 흡수하여 수업에 녹여내는 것은 미래 교육에서 교사의 필수 역량이 될 것이다. 게다가, 출제·평가위원들은 교육계 변화를 주도하는 교수님들과 교육 트렌드에 민감한 연구회 위원, 교육 전문직 (장학사, 연구사) 등을 맡고 계신 분들이 대다수다. 미래를 선도할 신규교사를 채용하는 임용 시험에서 교육 트렌드가 반영되는 것은 두말할 필요 없는 팩트인 것이다.

혹여 수업 실연에서 직접적으로 교육 트렌드를 요구하지 않더라도, 수험생들은 자신의 수업 실연에 교육 트렌드를 반영해야 함을 염두에 두어야 한다. 앞서 수업과 수업 실연의 차이를 설명하며 그 이유로 '평가자의 유무'를 꼽았다. 수업 실연의 평가위원들은 아까도 말했듯 학교 교육의 변화를 주도하는 교수, 연구위원, 전문직 분들이 많다. 똑같은 주제로 수업을 하더라도 사회 트렌드를 파악하고 수업에 녹여내 실연하는 예비교사는 자신이 미래 교육에 가장 적합한 인재임을 어필할 수 있는 것이다.

## 06 | 2022 개정 음악과 교육과정

2022 개정 음악과 교육과정은 현 시점에서 음악 교육이 가고자 하는 방향을 가장 잘 보여주는 문서이다. 특히나 이번 개정이 교실 현장에 바로 적용할 수 있는 구체적인 교육과정을 지향했다는 점에서 우리에게 의미가 있다. 또한, 2015 개정 교육과정과 비교하여 많은 내용이 변화하고 추가되었기 때문에 주의 깊게 살펴보아야 한다. 이러한 측면에서 수업 실연과 관련하여 눈여겨보아야 할 사항들을 정리해보았다. 이를 반영하여 나만의 필살기를 어떻게 만들 수 있을지 고민해보자.

### ❶ 2022 개정 음악과 교육과정의 방향

2022 개정 교육과정은 교육과정의 전체적인 서술 방향과 핵심 메시지가 크게 달라졌다. 격동하는 4차 산업혁명 시대의 미래 인재 양성을 위한 초석이기 때문이다. 따라서, 2022 개정 교육과정을 한마디로 정리하자면 '미래 지향 교육과정'이다. 2022 개정 음악과 교육과정이 추구한 방향과 그 핵심 내용들을 살펴보자.

#### 2022 개정 음악과 교육과정의 핵심

① **핵심 아이디어**
② **이해 중심 교육과정: 깊이 있는 학습과 핵심 아이디어의 전이**
③ **학습자 주도성과 삶 속 문제 해결**
④ **디지털 기초 소양 · 인공지능 활용 능력**

2015 개정 음악과 교육과정이 '역량' 중심으로 제시되었던 것과 달리 2022 개정 음악과 교육과정에서는 '① 핵심 아이디어'를 필두로 교육과정을 제시하고 있다. 이는 '② 이해 중심 교육과정'과도 이어지는데, 교과 핵심 아이디어에 대한 진정한 이해를 기반으로 지식의 전이가 일어나는 교육을 추구한다는 것이다.

다만, 지식의 전이라 하여 교과의 지식을 학습하는 데만 집중하는 것이 아니다. 학교에서의 배움이 '③ 학습자 주도성과 삶 속 문제 해결'이 될 수 있도록 교육과정을 구성해야 한다. 또한, 코로나19 상황으로 급작스럽게 시작된 디지털·온라인 연계 학습이 이제는 2022 교육과정에서도 명문화되어 등장한다. 이에 더해 인공지능을 활용한 교육까지 염두에 두고 있음을 교육과정에서 확인할 수 있다. 이러한 서술들은 '④ 디지털 기초 소양·인공지능 활용 능력'을 강조하는 2022 개정 교육과정의 방향을 반영한 것이다. 이제, 이러한 2022 교육과정의 핵심이 어떤 구체적인 변화로 나타났는지 살펴보도록 하자.

## 2 2022 개정 음악과 교육과정의 주요 변화

| 내용체계 영역의 변화 | '표현, 감상, 생활화'에서 '연주, 감상, 창작'으로 영역 변화 |
|---|---|
| 교과 역량의 변화 | ① '감성, 창의성, 자기주도성, 공동체, 소통'으로 역량 명칭 간결화<br>② 기존 '음악정보처리역량' 삭제 |
| 내용 요소 범주의 변화 | '지식(이해), 과정(기능), 가치(태도)'의 3가지 범주 |
| 신설 과목 | ① 일반고 융합 선택 과목: 음악과 미디어<br>② 예술계열 융합 선택 과목: 음악과 문화 |

2022 개정 음악과 교육과정에서 가장 눈에 띄는 변화는 내용체계 영역의 변화이다. 표현, 감상, 생활화 영역으로 구분되었던 것이 2022 개정 음악과 교육과정에서는 연주, 감상, 창작으로 바뀌었다. 눈에 띄는 것은 표현 영역의 하위 영역으로 포함되어 있던 '창작' 영역이 주 영역으로 분리되어 제시되었다는 점이다.

더불어, 교과 역량의 명칭이 '감성, 창의성, 자기주도성, 공동체, 소통'으로 간결화 되었다. 음악정보처리역량에 대한 서술은 삭제되었는데 이는 정보처리역량의 중요성이 줄어들었다기보다 전 영역에 포괄적으로 활용되어야 함을 내포한다. '연주, 감상, 창작'의 모든 영역과 내용 체계 전반에서 음악정보처리역량을 폭넓게 활용하는 것이 숨어있는 진짜 의미인 것이다.

내용 요소 범주의 변화도 눈여겨볼 부분이다. '지식(이해), 과정(기능), 가치(태도)'로 내용 요소를 구분하였으며, '가치(태도)'라는 정의적 영역의 내용이 본격적으로 체계표에 등장하는 것이 인상적이다.

신설 과목인 '음악과 미디어'에서는 2022 개정 음악과 교육과정이 추구하는 실용적이고 미래 지향적인 교육과정의 면모를 엿볼 수 있다. 음악 산업에서 주축을 담당하는 미디어에 대한 교육을 교육과정의 신설 과목으로 체계화시켰다. 여기에는 전통적 내용에만 집중하는 기존 교육 흐름에 커다란 변화를 이끌어내고자 하는 노력이 담겨있다. 또한, 전문 예술 교과목으로 '음악과 문화'가 추가된 것도 눈여겨 볼 부분이다.

## 3 수업 실연과 2022 개정 음악과 교육과정

이제 2022 개정 음악과 교육과정의 내용을 수업 실연과 관련지어 분석해보자. 교육과정의 내용을 수업 실연에 어떻게 녹여낼 수 있을지 저자의 의견을 정리해보았다. 적용 범위가 비교적 넓은 공통 교육과정을 위주로 정리하였으며, 선택 중심 교육과정에서도 눈여겨 볼 부분 몇 가지를 더하였다. 이를 참고하여 나만의 필살기를 완성시켜보자.

### (1) '연주, 감상, 창작'의 활동 영역 구분

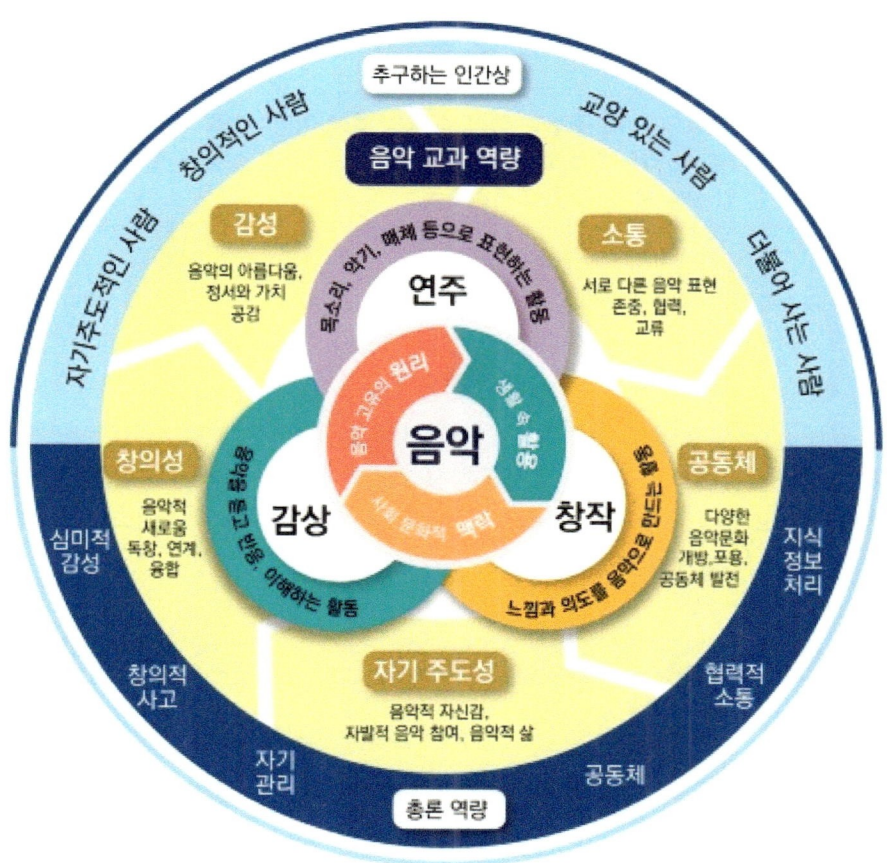

2022 개정 음악과 교육과정에서 가장 눈에 띄는 변화를 꼽으라면 내용체계 영역이 '표현, 감상, 생활화'에서 '연주, 감상, 창작'으로 바뀌었다는 점이다. 수업 실연에서도 이를 염두에 두고 진행한다면, 2022 개정 음악과 교육과정에 대한 자신의 이해도를 보여줄 수 있을 것이다. 자신의 수업을 연주, 감상, 창작의 활동 영역으로 나누어 구상해보자.

| 적용 예시 |
|---|
| 제시된 주제에 맞추어 수업의 내용체계를 구성할 때 가창·기악 등의 활동은 '연주'로, 음악을 듣고 평하는 활동은 '감상'으로, 다양한 요소(리듬, 가사, 신체 표현, 선율 등)를 만드는 활동은 '창작'으로 구분하여 제시하기 |

## (2) 깊이 있는 학습(핵심 아이디어) → 실생활 맥락에서의 문제 해결

| 교육과정 | 내용 |
| --- | --- |
| (p. 23) 교수·학습의 방향 | (가) 〈음악〉 과목의 교육과정에서 제시하는 성격과 목표, 내용 체계와 성취기준을 바탕으로 **깊이 있는 학습**이 유의미한 방식으로 경험될 수 있도록 하며, **학습자의 생활과 연계**하여 감성 역량, 창의성 역량, 자기주도성 역량, 공동체 역량, 소통 역량을 함양할 수 있는 지도 방안을 수립하도록 한다. |
| | (나) 〈음악〉 과목의 교수·학습은 다양한 음악 활동을 통해 음악의 아름다움을 체험하고, 영역별 지식·이해, 과정·기능, 가치·태도가 통합적으로 **실생활 맥락**에서 수행되도록 한다. 또한 〈음악〉 수업에 능동적으로 참여하여 음악적 이해가 **실제적 활용**으로 이어질 수 있도록 지도 방안을 마련한다. |
| | (다) 〈음악〉 과목의 전체 구조와 맥락 속에서 **핵심 아이디어**를 중심으로 학습 내용 간 관계와 의미를 파악할 수 있도록 하고, 음악 학습 능력을 **다양한 상황에 적용하여 주도적으로 문제를 해결**할 수 있는 지도 방안을 고려하도록 한다. |

2022 개정 음악과 교육과정의 중심은 '핵심 아이디어'이다. '교수·학습의 방향'을 살펴보면, 핵심 아이디어를 어떻게 가르칠 것인지에 대한 힌트를 얻을 수 있다. 바로, 실생활과 연계하여 가르치는 것이다. '교수·학습의 방향'에서는 핵심 아이디어에 대한 깊이 있는 학습을 통해 실생활 맥락에서 학생이 주도적으로 문제를 해결할 수 있는 지도 방안을 마련할 것을 이야기하고 있다. 이를 수업 실연에 적용한다면, 실연 주제의 핵심 내용을 실제적 상황에서 주도적으로 적용하고 학습할 수 있는 다양한 방법을 생각해볼 수 있다. 교수·학습의 방향은 2022 개정 음악과 교육과정에서 제시하는 공인된 수업 가이드라인이다. 이를 충실히 반영한 수업 실연은 평가위원들에게 훌륭한 인상을 남길 것이다.

| 적용 예시 | |
| --- | --- |
| 수업 주제 | 음악 공연과 청중의 역할 |
| 핵심 아이디어 | 다양한 음악 장르에 대한 청중의 호응방법과 에티켓 |
| 실생활 맥락 | 우리가 사는 지역에서 열리는 음악 공연을 찾아보고, 해당 공연의 실제 관중처럼 청중 역할 수행해보기 |
| 수업실연 적용 | "자, 지금까지 다양한 음악 장르에서의 호응방법과 에티켓에 대해 배웠는데요. 이제, 우리가 사는 OO시에서 열리는 음악 공연을 한 번 조사해봅시다. 각자 조사한 공연이 어떠한 장르인지 알아보고, 공연을 관람하는 청중들은 어떻게 호응해야하는지 모둠원들과 토의해보도록 해요!" |

## (3) 최근의 변화하는 다양한 사회상을 반영

| 교육과정 | 내용 |
|---|---|
| (p. 6)<br>가. 성격 中 | 최근 변화하는 사회 속에서 음악의 가치와 영향력이 더욱 확대되고 있다. 전통적·현대적·실용적 가치를 모두 아우르는 우리 **음악 문화**는 우리나라의 위상을 세계적으로 드높이고, 음악에 대한 시각과 안목을 넓혀 **다양한 문화 산업 발전을 선도한다.**<br>(…)<br>나아가 음악을 통한 **표현력과 공감력**은 사회와 문화 속에서의 음악의 의미와 가치를 확장시켜 **자연 환경이나 생태계의 지속가능한 발전에 공감하는 감수성**으로 전이되어 학습자가 더불어 살아갈 미래 삶을 대비하는 데에도 기여한다. |
| (p. 20)<br>(2) 감상 -<br>성취기준 적용 시<br>고려 사항 中 | 시대·사회·문화적 맥락 속에서 음악을 감상하고 자신이 속한 공동체의 음악과 연계하여 비교하는 활동을 통해, **산업, 경제, 생태환경 등에서 나타나는 음악의 다양한 역할**을 이해하며 음악의 내적 측면과 외적 측면을 연결지어 볼 수 있도록 구성한다. |
| (p.39)<br>(1) 연주 -<br>성취기준 적용 시<br>고려 사항 中 | 평생의 삶에서 공동체 발전을 위해 **기후나 생태 환경, 인권, 다문화, 안전, 건강 등 여러 상황과 문제에 관심을 가지고** 관련된 연주 활동에 참여하며 민주 시민 의식을 함양하도록 구성한다. |
| (p.40)<br>(2) 감상 -<br>성취기준 해설 | [12음02-03] (…)나아가 **산업, 경제, 생태환경 등 미래 삶의 다양한 관점**에서 그 음악의 기여와 공헌을 생각해보도록 하는 데 중점을 둔다. |
| (p.42)<br>(3) 창작 -<br>성취기준 적용 시<br>고려 사항 中 | **기후, 생태환경, 지속가능발전, 인권, 다문화, 안전, 건강, 인성, 진로 등 사회의 다양한 주제와 관련된 정서와 아이디어를 음악으로 창작**해 봄으로써 음악을 통한 사회적 참여를 경험하고 생활 속에서 실천하도록 구성한다. |
| (p.58)<br>실천과 소통 -<br>성취기준 해설 中 | [12연창02-03] 이 성취기준은 공연의 목적과 취지에 적합한 다양한 소리와 매체, 아이디어를 조합하여 음악을 통한 사회 참여를 경험하도록 하기 위해 설정하였다. 공연을 위해 다양한 음악적 아이디어, 악기와 매체의 필요성을 인식하고 효과적인 활용 방안을 탐구한다. 또한 **공동체의 지속 가능한 음악 문화 발전**에 두루 기여할 수 있는 주제, 대상, 방법 등을 포함하여 공연을 기획하고 만들어가도록 하는 데 중점을 둔다. |

그간 교육과정 개정의 방향을 생각해보았을 때, 2022 개정은 최근 사회에서 대두되는 다양한 사회상을 구체적으로 명시했다는 점이 꽤나 이례적이다. 이는 미래 사회의 거대한 변화에 적응할 수 있는 인재를 양성해야 한다는 현 교육계의 사명이 반영된 것이라 생각한다. 따라서, 교육과정에서 제시한 다양한 사회상(음악과 문화 산업, 기후 위기와 지속가능한 발전 등)을 수업실연에서도 드러내는 것이 좋다. 위의 분석표를 참고하여 나의 수업에 어떻게 적용할 수 있을지 고민해보자.

### 적용 예시

- 기후 위기를 주제로 한 개사 활동
- K-POP과 관련된 음악 문화 산업을 조사하고 발표하기
- 지속 가능한 발전을 위해 음악 공연의 에너지를 절감할 수 있는 방법 토의하기

## (4) 디지털 매체 활용과 온·오프라인 연계 학습

| 교육과정 | 내용 |
|---|---|
| (p. 6)<br>가. 성격 中 | 또한 **다양한 미디어**를 활용하여 음악 활동을 함으로써 **디지털 소양을 함양**하고 미래 디지털 기반 사회의 발전을 도모한다. |
| (p.18)<br>(1) 연주 –<br>성취기준 해설 | [9음-01-03] 이 성취기준은 다양한 양상으로 나타나는 소리의 상호작용을 이해하고 함께하는 음악 표현의 즐거움을 경험하도록 하기 위해 설정하였다. 목소리, 악기, 신체, 물체, **가상악기** 등 연주에 사용되는 **다양한 매체**를 활용하여 여러 양상으로 나타나는 소리의 어울림을 이해하고, 이를 바탕으로 다른 사람과 함께 연주 활동을 해봄으로써 협력적 음악 표현을 경험할 수 있도록 하는 데 중점을 둔다. |
| (p. 23)<br>교수·학습의<br>방향 | (마) **온·오프라인에서 음악 수업의 연속성**을 감안하여 〈음악〉 과목의 교수·학습을 계획하도록 하며, **디지털 환경을 고려한 지도 전략**을 세우고 **디지털 기기와 미디어**를 〈음악〉 교수·학습의 내용과 특성에 적합하게 활용하는 방안을 구성하도록 한다. |
| (p.23)<br>교수·학습 방법 | (가) 블렌디드 학습, 거꾸로 학습, 이러닝, 스마트 러닝, 모바일 학습, 인공지능융합 학습 등 |
| | (나) **등교-원격 수업을 연계**할 때 교수·학습 과정에서 음악적 소통과 협력 활동의 원활한 진행을 통해 음악 교사의 실재감을 충분히 느낄 수 있도록 하며, **디지털 플랫폼 활용 수업 전략 방안**을 마련하고 **온라인 환경에서의 음악 활동과 의견 공유**로 학습의 폭이 확장될 수 있도록 한다. |
| | (다) 〈음악〉 과목의 교수·학습은 실음을 중심으로 질 높은 음향이 구현될 수 있도록 하며 최신의 **디지털 음악실 환경**을 구축하고, **인공지능, 가상악기, 메타버스** 등을 활용한 실감형 음악 학습 콘텐츠와 자료를 바탕으로 다양한 교수·학습이 실현될 수 있도록 한다. |
| (p.27)<br>평가의 방향 | (바) 온·오프라인을 연계한 교수·학습 과정에서는 **디지털 교육 환경**에서의 내용과 특성에 적합한 평가 계획을 세우고, **디지털 도구 활용, 온라인 평가 결과물 보관** 등 다양한 평가 상황에 따른 방안을 마련하도록 한다. |
| (p.41)<br>(2) 감상 –<br>성취기준 적용 시<br>고려 사항 中 | **디지털 기반의 현대 음악 작품**을 감상하거나 다양한 **디지털 매체**를 활용하여 음악을 감상함으로써 **디지털 문해력 교육**과 연계하도록 한다. |

디지털 매체와 온·오프라인 연계 학습은 코로나19로 인해 매우 빠른 속도로 학교 현장에 보급되었다. 2022 개정 음악과 교육과정에는 이에 대한 내용이 여실히 드러난다. 나의 수업에 다양한 디지털 매체와 온·오프라인 연계 학습을 반영해보자.

### 적용 예시

- 인공지능 작곡 프로그램으로 나만의 음악 만들기
- 다양한 디지털 가상악기를 활용하여 합주하기
- 블렌디드 학습을 통해 학습한 개념을 토대로 모둠별 탐구활동 진행하기
- 다양한 미디어 기기를 활용하여 내가 원하는 음악 감상하기

## (5) 개별화 교육

| 교육과정 | 내용 |
|---|---|
| (p. 24)<br>교수·학습의<br>방향 | (라) 학생들의 다양한 특성과 발달 수준을 고려하여 〈음악〉 과목에서의 학생 맞춤형 수업 혹은 개별화 수업 방안을 마련하며 <u>수업 설계 과정이나 학습 자료와 학습 활동의 선택 과정 등에 학생들이 능동적으로 참여할 수 있는</u> 기회를 제공한다. 또한 모든 음악 활동에서 서로 존중되는 분위기를 형성할 수 있도록 하며, 특히 <u>배움이 느린 학습자, 다문화 학생, 특수 학생</u> 등을 배려한다. |
| (p. 26)<br>평가의 방향 | (마) 학생의 다양한 특성과 발달을 고려하여 <u>음악적 수준을 진단하고 파악한 후 평가 문항 혹은 평가 과제를 개발</u>한다. 특히 <u>배움이 느린 학습자, 다문화 학생, 특수 학생</u> 등을 배려하고 개별 맞춤형 피드백을 강화하며, 일정 기간 학습을 마친 후 이루어지는 평가에서는 음악 학습 내용을 새로운 상황과 맥락에 적용할 수 있는 수행 능력에 관한 평가를 실시하도록 한다. |
| (p.47)<br>교수·학습 방법 | (사) 〈음악〉 과목의 최소 성취수준 보장을 위하여 체계적인 학습 과정을 지원하고 학생 <u>스스로 학습 관리 능력을 향상시킬 수 있도록</u> 지도한다. <u>학생 개인별 학습의 출발점 및 이해 정도를 파악</u>하여 학습 상황을 관리하며 음악 학습 개선을 위한 <u>보충 학습(온라인 학습, 과제 수행 등)</u> 등을 실시할 수 있다. |
| (p.47)<br>평가의 방향 | (마) <u>학생의 다양한 특성과 발달을 고려</u>하여 음악적 수준을 진단하고 파악한 후 평가 문항 혹은 평가 과제를 개발한다. 특히 <u>배움이 느린 학습자, 다문화 학생, 특수 학생</u> 등을 배려하고 개별 맞춤형 피드백을 강화하며, 일정 기간 학습을 마친 후 이루어지는 평가에서는 음악 학습 내용을 새로운 상황과 맥락에 적용할 수 있는 수행 능력에 관한 평가를 실시하도록 한다. |

2022 개정 음악과 교육과정은 개별화 교육의 구체적 대상을 ① 배움이 느린 학습자, ② 다문화 학생, ③ 특수 학생을 들어 제시한 점이 인상적이다. 또한, 보충 학습의 방안으로 온라인 학습을 제시한 것도 눈에 띈다. 이를 반영하여, 교육과정에서 제시한 각 개별화 교육 대상에 대한 지도 방안과 온라인 연계 방안을 고민해보자.

| 적용 예시 | |
|---|---|
| 배움이 느린<br>학습자 | - 모둠 내에서 배움이 빠른 학생과 협력하여 학습할 수 있도록 하기<br>- 수준이 다른 학습지 제공하기<br>- 학습자 수준에 맞춘 교사의 모델링과 피드백 제공하기 |
| 다문화 학생 | - 노래의 가사를 다른 언어로 번역하여 안내하기<br>- 수업 주제와 관련된 다른 나라의 음악 조사하기<br>- 다문화 학생이 선택한 제재곡을 함께 배워보기 |
| 특수 학생 | - 학습자 수준에 맞는 별도의 학습지 제공하기<br>- 학생의 신체 조건을 고려하여 다양한 방식으로 음악을 신체 표현할 수 있는 방법 제시하기 |
| 온라인 연계<br>방안 | - 이러닝을 통해 오늘 배운 내용에서 이해가 되지 않는 부분 학습할 수 있도록 하기<br>- 온라인 문답을 통해 배움이 어려운 학생과 적극 소통하기 |

## (6) '창작' 영역

| 교육과정 | 공통 교육과정 |
|---|---|
| 교육과정 | 내용 |
| 성취기준 | • [9음03-01] 음악적 의도나 아이디어를 여러 매체나 방법에 적용하여 자기 주도적으로 창작한다.<br>• [9음03-02] 오선보, 정간보 등의 기보법을 활용하여 조건에 따라 악곡의 일부를 바꾼다.<br>• [9음03-03] 음악의 요소와 특징을 활용하여 간단한 형식의 음악을 만든다.<br>• [9음03-04] 생활 속의 영역과 연계하여 음악을 만들고 활용하며 책임감을 갖는다. |
| (가)<br>성취기준<br>해설 | • [9음03-01] 이 성취기준은 음악적 의도나 아이디어를 독창적으로 사고하고 자유롭게 발산하는 능력을 기르도록 하기 위해 설정하였다. 음악의 소재나 주제에 따라 아이디어를 떠올려 보고, 창작에 사용되는 다양한 매체를 활용하여 노래나 연주, 신체표현 등 자신이 표현하고자 하는 방식으로 나타낼 수 있도록 주도적으로 계획하고 창작하도록 하는 데 중점을 둔다.<br>• [9음03-02] 이 성취기준은 다양한 기보법에 대한 이해를 바탕으로 음악 창작 능력을 기르도록 하기 위해 설정하였다. 음악 표현과 소통을 위한 기보의 필요성을 인식하고, 오선보나 정간보 등 기존의 기보법과 앱이나 프로그램 등 다양한 소프트웨어를 활용하여 음악 요소나 주제 등의 조건에 따라 악곡의 일부를 변형하며 새롭게 만들어보는 데 중점을 둔다.<br>• [9음03-03] 이 성취기준은 창작에 필요한 음악 요소를 활용하여 자신이 의도한 음악적 특징이 드러나도록 국악, 서양음악, 대중음악 등 간단한 형식의 음악으로 표현하는 능력을 기르도록 하기 위해 설정하였다. 혼자 또는 여럿이 창작 의도에 따라 음악 요소를 선택하고 구조화하여 간단한 형식의 음악을 만들어 공유함으로써 음악으로 소통하는 태도를 기르는 데 중점을 둔다.<br>• [9음03-04] 이 성취기준은 생활 속의 다양한 영역 및 타 교과와 연계하여 음악 산출물을 주체적으로 만들고 활용하며 창작과 관련된 윤리 의식과 책임감을 기르도록 하기 위해 설정하였다. 실생활과 관련된 음악 영상이나 음악극 등 여러 형태의 음악을 창작하고 활용하며 다양한 분야를 경험하도록 한다. 또한 음악 창작에서 저작권의 중요성과 필요성을 인식하여 자신과 타인의 음악 산출물에 대한 책임감 있는 태도를 형성함으로써 서로의 음악을 존중하고 소통하도록 하는 데 중점을 둔다. |
| (나)<br>성취기준<br>적용 시<br>고려 사항 | • 음악 요소나 기보의 기초 등 초등학교에서의 학습한 내용을 포함하되, 중학교에서는 매체 등을 포함한 다양한 기보와 구성 방법을 익히고 자신의 의도와 아이디어를 적용하여 음악을 창작하도록 함으로써 음악적 창의성을 기르도록 한다.<br>• 창작에서 사용되는 다양한 매체를 활용하여 혼자 또는 여럿이 창작 의도에 따라 음악 요소를 선택하고 구조화하여 음악을 만드는 과정을 통해 디지털 소양을 함양하고, 그 결과를 공유하며 음악으로 소통하는 경험을 할 수 있도록 구성한다.<br>• 생활 속 음악의 쓰임과 효과를 이해하고, 안전, 건강, 인성, 환경, 생태전환 등을 포함한 다양한 주제에 따라 아이디어를 구상하여 주도적으로 음악을 만들거나 활용함으로써 창작의 주체로서 음악을 생활화할 수 있도록 구성한다.<br>• 타 교과나 생활 속에서 접할 수 있는 여러 영역을 활용 및 연계하여 음악 영상이나 음악극 등의 활동을 경험하도록 하고, 이를 통해 진로 탐색의 기회를 갖도록 한다.<br>• 자기 주도적인 태도와 관련된 성취기준은 학생의 수업 참여도를 평가 기준으로 삼아 아이디어 구상, 창작 과정, 결과물 산출에 대한 창작의 모든 과정에서 포트폴리오, 체크리스트, 창작 일지 등을 활용하여 평가할 수 있다.<br>• 책임감 인식과 관련된 성취기준은 저작권과 관련된 사례 조사하기, 저작권의 중요성과 필요성에 대해 토의·토론하기, 생활 속 저작권 존중 실천 방안 발표하기, 음악 산출물 의도 설명하기, 타인의 음악 산출물에 대해 평하기 등을 활용하여 평가할 수 있다. |

| | 선택 중심 교육과정 – 일반 선택 과목 | |
|---|---|
| 교육과정 | 내용 |
| 성취기준 | • [12음03-01] 다양한 맥락과 연계되는 음악적 의도나 아이디어를 여러 매체나 방법에 적용하여 창작하고 성찰한다.<br>• [12음03-02] 오선보, 정간보 등의 다양한 기보법을 활용하여 주제에 맞게 악곡을 변화시킨다.<br>• [12음03-03] 음악 요소와 음악적 특징의 변화를 활용하여 다양한 형식의 음악을 만든다.<br>• [12음03-04] 생활 속에서 여러 영역과 융합한 음악을 만들며, 저작권의 중요성 및 음악의 역할과 기여에 대하여 인식한다. |
| (가)<br>성취기준<br>해설 | • [12음03-01] 이 성취기준은 다양한 맥락과 연결 지어 새로운 음악적 의도나 아이디어를 자유롭게 발산할 수 있는 능력을 기르도록 하기 위해 설정하였다. 창작에 사용되는 다양한 매체를 활용하여 음악을 둘러싼 다양한 사회·문화·시대적 맥락을 바탕으로 자신의 의도에 따라 주도적으로 음악을 구성하고 성찰해 보도록 하는 데 중점을 둔다.<br>• [12음03-02] 이 성취기준은 다양한 기보법에 대한 이해와 실제를 바탕으로 음악을 변화시킬 수 있는 능력을 기르도록 하기 위해 설정하였다. 오선보나 정간보 등 기존의 기보법과 사보·작곡·연주·음향 편집 관련 소프트웨어, 음향적 변화나 효과 관련 기기 등을 다양하게 활용하여 음악을 창의적으로 변화시키는 방법을 이해하고, 주어진 주제에 맞게 편곡하는 데 중점을 둔다.<br>• [12음03-03] 이 성취기준은 창작에 필요한 음악 요소를 다양하게 변화시켜 자신이 의도한 음악적 특징이 드러나도록 여러 가지 형식의 음악을 창의적으로 만드는 능력을 기르도록 하기 위해 설정하였다. 혼자 또는 여럿이 창작 의도에 따라 음악 요소를 선택하고 다양한 악곡의 형식으로 구조화하여 음악을 만들어 공유함으로써 음악으로 소통하고 가치화하는 태도를 기르는 데 중점을 둔다.<br>• [12음03-04] 이 성취기준은 예술, 체육, 인문, 과학 등 생활 속 여러 영역과 융합한 음악을 창작할 수 있는 능력과 창작자로서의 자질을 기르도록 하기 위해 설정하였다. 음악 창작을 중심으로 자신의 진로와 연관지어 여러 영역과의 융합적 가능성을 탐색하고 이를 적용하여 음악극이나 음악 영상 등을 만들며 창작의 주체로 활동하도록 한다. 이 과정에서 저작권의 중요성과 사회 내에서 음악 창작이 갖는 역할과 기여에 대해 인식하며, 민주시민으로서 책임감 있는 태도를 기르는 데 중점을 둔다. |
| (나)<br>성취기준<br>적용 시<br>고려 사항 | • 음악 요소와 특징, 형식과 매체, 기보 방법 등에 대한 이해를 바탕으로 다양하고 자유롭게 발산할 수 있는 음악적 창의성과 자기주도성을 기르도록 한다.<br>• 음악을 함께 만들어 공유하는 과정에서 민주시민으로서의 책임감과 윤리의식을 갖도록 하며, 공동체 안에서 음악으로 소통하는 경험을 할 수 있도록 구성한다.<br>• 기후, 생태환경, 지속가능발전, 인권, 다문화, 안전, 건강, 인성, 진로 등 사회의 다양한 주제와 관련된 정서와 아이디어를 음악으로 창작해 봄으로써 음악을 통한 사회적 참여를 경험하고 생활 속에서 실천하도록 구성한다.<br>• 진로연계교육 운영을 염두에 두고 생활 주변이나 음악 산업 속에서 활용되는 음악 창작하기, 작곡가의 활동 경험하기 등 학생의 적성에 맞는 활동을 선택적으로 제시하여 창작과 관련된 진로를 직·간접적으로 경험할 수 있도록 구성한다.<br>• 음악 창작을 중심으로 자신의 진로와 연관지어 여러 영역과의 융합적 가능성을 탐색하고 이를 적용하여 음악극이나 음악 영상 등을 만들며 진로 탐색의 기회를 갖도록 할 수 있다.<br>• 음악 요소를 자유롭게 변화시키거나 자신의 의도나 아이디어가 드러나도록 여러 가지 형식과 형태의 음악으로 창작함에 있어, 창작과 관련된 다양한 디지털 매체나 기기 등을 활용하도록 하여 디지털 문해력 교육과 연계할 수 있다.<br>• 성찰하기, 음악의 역할과 기여 인식하기 등의 태도와 관련된 성취기준은 보고서, 포트폴리오, 체크리스트, 토의·토론, 발표 등을 활용하여 평가할 수 있다. |

2015 개정 교육과정의 표현 영역 하위 개념에서 독립하여 등장한 '창작' 영역의 경우, 구체적인 성취기준과 함께 다양한 가이드라인이 새롭게 제시되었다. '창의성'은 미래 인재 교육에 있어 핵심 요소라 할 수 있다. 이와 관련하여, 음악 교과의 '창작'은 새로운 것을 만들어낸다는 점에서 창의력 향상과 직접적 연관이 있다. 즉, 2022 개정 음악과 교육과정에서는 이러한 창작 영역의 중요성이 반영된 것이다. 더불어, 2021년 론도 창작, 2022년 오스티나토·보르둔 창작, 2024년 민요 창작, 2025년 말붙임새와 랩 창작 등 기출 경향을 감안했을 때 수업 실연 평가에서도 창작 영역의 비중이 높아지고 있음을 알 수 있다.

따라서, 2022 개정 음악과 교육과정 '창작' 영역의 새로운 기준들을 꼼꼼히 살펴보고 우리의 수업에 반영할 수 있어야 한다. 저자가 제시하는 다양한 적용 예시를 살펴보며 새로운 창작 영역의 기준들을 어떻게 수업 실연에 반영할 수 있을지 생각해보도록 하자.

## 적용 예시

| 관련 내용 | 예시 |
| --- | --- |
| [9음03-04] 생활 속의 영역과 연계하여 음악을 만들고 활용하여 책임감을 갖는다. | - 빗소리의 리듬을 듣고, 다양한 리듬꼴 만들기<br>- 대중교통 안내에 적절한 배경 음악 만들어 발표하기<br>- 음악 창작 시, 저작권 유의사항 안내하기 |
| 성취기준 해설 - [9음03-02] (...)오선보나 정간보 등 기존의 기보법과 앱이나 프로그램 등 다양한 소프트웨어를 활용하여(...) | - 어플리케이션을 활용하여 다양한 음악 만들기<br>- 코딩 프로그램으로 단선율 창작하기<br>- 오선보로 작곡한 음악을 디지털 음악으로 구현하기 |
| 성취기준 적용 시 고려사항 - (...)안전, 건강, 인성, 환경, 생태전환 등을 포함한 다양한 주제에 따라 아이디어를 구상하여 주도적으로 음악을 만들거나 활용함으로써(...) | - 지구 온난화로 인해 고통 받는 동식물들을 생각하며, 해당 동식물을 나타내는 음악 만들기<br>- 교내 건강 캠페인 송 제작하기<br>- 안전한 학교생활을 주제로 한 가사 창작하기 |
| 성취기준 해설 - [12음03-02] (...)사보·작곡·연주·음향 편집 관련 소프트웨어, 음향적 변화나 효과 관련 기기 등을 다양하게 활용하여(...) | - 오선보로 창작한 음악을 사보 프로그램으로 표현하기<br>- 인공지능 작곡프로그램을 통해 다양한 음향 효과 만들기<br>- 다양한 음원을 편집하여 상황에 어울리는 배경 음악 만들기<br>- 가상악기 프로그램으로 내가 만든 음악 연주하기 |
| 성취기준 해설 - [12음03-04] (...)예술, 체육, 인문, 과학 등 생활 속 여러 영역과 융합한 음악을 창작할 수 있는 능력과 창작자로서의 자질을 기르도록 하기 위해 설정하였다. 음악 창작을 중심으로 자신의 진로와 연관지어 여러 영역과의 융합적 가능성을 탐색하고 이를 적용하여(...) | - 그림에 어울리는 배경음악 만들기<br>- 다양한 수열을 활용한 음악 만들기<br>- 기존의 다양한 뮤지컬 넘버에 자신의 관심 주제를 바탕으로 가사를 개사하고, 교내 음악극에 활용하기<br>- 자신의 진로와 관련된 관심 분야를 조사해보고, 해당 분야에서 음악이 활용될 수 있는 창작 소재 탐색하기 |

## (7) 안전

| 교육과정 | 내용 |
|---|---|
| (p. 24) 교수·학습의 방향 | (자) 함께 참여하는 연주·감상 활동 시, 다수의 학생과 군중들이 밀집한 곳에서 질서를 유지하여 표현·관람 활동이 안전하게 진행될 수 있도록 <u>안전 수칙 안내</u> 등 지도·관리에 힘쓴다. |
| (p. 46) 교수·학습 방법 | (바) 다양한 음악 행사 참여와 관련된 교수·학습에서는 공연의 목적, 장소, 규모, 환경 등을 고려하여 <u>질서 유지 및 안전 수칙</u>을 사전에 지도할 수 있도록 한다. |

안전과 관련하여 교육과정에 교사가 직접 안전 수칙을 지도할 수 있도록 명시한 점 또한 눈여겨보아야 한다. 이를 반영하여, 수업 실연에서 활동과 관련된 안전 수칙을 학생들에게 안내하는 방법을 고민해보자.

> **적용 예시**
>
> "자, 우리 본격적으로 팬플룻을 만들어보기 전에, 안전 수칙을 읽어보고 시작해볼까요? 첫째, 날카로운 도구로 장난치지 않는다. 둘째, 접착제 등이 손에 묻었을 때 눈을 비비거나 다른 신체 부위를 만지지 않도록 유의한다. 셋째, (…)"

## (8) 고교학점제

| 교육과정 | 내용 |
|---|---|
| (p. 45) 교수·학습의 방향 | (바) 학점 기반 교육과정 운영 시 학생의 학업 설계를 고려하여 음악과의 선택 과목과 〈음악〉 과목을 유기적으로 연계한 교수·학습을 구안할 수 있다. |
| (p. 61) 교수·학습의 방향 | (바) 학점 기반 교육과정 운영 시 학생의 학업 설계를 고려하여 음악과의 선택 과목과 〈음악 연주와 창작〉 과목을 유기적으로 연계한 교수·학습을 구안할 수 있다. |
| (p. 73) 교수·학습의 방향 | (바) 학점 기반 교육과정 운영 시 학생의 학업 설계를 고려하여 음악과의 선택 과목과 〈음악 감상과 비평〉 과목을 유기적으로 연계한 교수·학습을 구안할 수 있다. |
| (p. 87) 교수·학습의 방향 | (바) 학점 기반 교육과정 운영 시 학생의 학업 설계를 고려하여 음악과의 선택 과목과 〈음악과 미디어〉 과목을 유기적으로 연계한 교수·학습을 구안할 수 있다. |

본격적인 고교학점제 시행을 반영하여 2022 개정 음악과 교육과정에서도 이를 언급하고 있다. 그 내용을 살펴보면, 일반 선택 과목인 〈음악〉과 진로 선택 과목인 〈음악 연주와 창작〉, 〈음악 감상과 비평〉, 그리고 융합 선택 과목인 〈음악과 미디어〉까지 유기적으로 연계한 교수·학습을 구안하는 방향을 제안하고 있다. 실제 수업에서, 음악 교과의 선택 과목들은 과목명에 해당하는 활동 뿐 아니라 연주·감상·창작의 활동이 유기적으로 연계되어 진행되고 있다. 이를 참고하여 수업 실연에서 고교학점제를 반영할 수 있는 방법을 고민해보자.

## (9) 신설 융합선택과목 '음악과 미디어'

| 교육과정 | | 내용 |
|---|---|---|
| (p. 79) 성격 | | 〈음악과 미디어〉는 학습자가 미디어와 관련한 음악의 다양한 역할을 경험함으로써 변화해가는 실제 삶에서 주체적인 음악 활용자이자 다양한 사회·문화·산업 등에서의 음악 협력자로 역할을 수행할 수 있도록 하는 과목이다.<br>(...) 목소리 및 악기가 음악을 표현하는 주된 미디어였던 시대를 넘어 과학과 산업의 발달로 음악 미디어의 범위가 확대되고 음악적 표현과 활동도 다양화되고 있다.<br>디지털과 인공지능 등의 정보통신기술 발달은 다양한 음악 표현을 가능하게 하고 음악의 가치와 영향력의 범위를 확장시킨다. 다양한 종류의 미디어를 접목하여 연주, 창작, 감상의 음악 활동을 하거나 다양한 사회·산업·환경에서 미디어를 기반으로 음악을 활용하는 사례가 증가하면서, 음악의 미적 가치와 의미가 다변화되고 인간의 창의적 속성이 극대화되며 음악의 파급력이 더욱 높아지고 있다. 이로 인해 다양한 미디어를 활용한 음악 활동은 음악과 타 영역 간 연계와 융합을 촉진할 뿐만 아니라 학습자의 미디어 문해력과 디지털 소양을 증진시키는 등 미래 디지털 기반 사회의 발전 기반을 마련하게끔 한다. (...) 우리 음악 문화가 미디어를 통해 전 세계에 전파되며 그 위상이 더욱 높아져 음악에 대한 시각과 안목의 확장을 이끌고 음악에서 미디어의 활용은 다양한 문화 산업의 발전과 혁신을 선도하고 있다. |
| (p. 80) 목표 | | 〈음악과 미디어〉 과목은 감성과 창의성을 바탕으로 음악과 미디어의 핵심적 지식·이해, 과정·기능, 가치·태도를 포괄하는 다양한 활동을 자기주도적으로 수행하며, 공동체 안에서 융합적으로 사고하고 협력적으로 소통하며 음악 산업의 혁신을 이끄는 인간 육성을 목표로 한다. |
| (p.81-) 내용 체계 구분 및 성취기준 | 미디어 탐구 | [12음미01-01] 음악에 활용되는 미디어의 종류와 특징을 조사하고 변화와 발전 과정을 파악한다.<br>[12음미01-02] 음악과 미디어의 관계를 분석하고 음악에 활용되는 미디어의 의미와 역할에 대해 토의하거나 토론한다.<br>[12음미01-03] 다양한 미디어 음악을 감상하고 비평하며 음악에 활용되는 미디어의 가치를 인식한다.<br>[12음미01-04] 미디어가 음악 산업에 미치는 영향을 비판적으로 분석하고 균형적 시각을 갖는다. |
| | 실용적 연계 | [12음미02-01] 소리·악기·아이디어와 미디어 사이의 상호작용을 탐색하고 다양한 상황에 적용하여 표현한다.<br>[12음미02-02] 음악에서 활용되는 미디어를 주체적으로 사용하여 개성 있게 연주하거나 창작한다.<br>[12음미02-03] 미디어를 활용하여 다양한 분야와 연계·융합한 창의적인 음악 작품을 기획한다.<br>[12음미02-04] 다양한 미디어와 디지털 기술의 음악적 활용에 대하여 올바른 윤리의식을 갖는다. |

2022 개정 음악과 교육과정을 한 마디로 표현하자면 '미래 지향 교육과정'이라 요약할 수 있다. 그만큼 2022 개정 음악과 교육과정에서는 학생들이 미래 사회에 필요한 능력을 갖추기 위해 필요한 교수·학습 방향과 지도 방안들을 구체적으로 제시하였다. 신설 융합선택과목인 '음악과 미디어'의 등장도 이러한 개정 방향과 맥을 같이 한다.

현대 사회의 학교 수업에서 미디어는 다양한 소재의 시청각 자료를 활용하기 위해 꼭 필요한 요소이다.

더군다나, 실음 중심 수업이 중요한 음악 교과에서는 그 중요성이 더욱 크다. 인공지능과 다양한 디지털 매체들이 고도로 발달하면서 미디어의 중요성은 하루가 다르게 커져가고 있고, 우리나라의 음악 산업 또한 미디어의 발달에 힘입어 유례없는 성공을 이뤄내고 있다. 음악 교과는 미디어 발달의 중심에 있는 교과로서 미래 사회의 긍정적인 발전을 위해 미디어와 관련된 내용을 학생들에게 가르쳐야 한다.

이에 신설 융합선택과목 '음악과 미디어'의 핵심 키워드를 꼽아 수업에 적용할 수 있는 다양한 예시들을 정리해보았다. 이를 참고하여, 나의 수업 실연에서 미디어를 적극적으로 활용하고 긍정적인 학습 효과를 끌어낼 수 있는 다양한 방법을 생각해보자.

| 적용 예시 ||
|---|---|
| 키워드 | 예시 |
| 다양한 종류의 미디어 | - 영화에 등장하는 다양한 배경음악의 효과 알아보기<br>- 광고 음악에 활용되는 다양한 종류의 음악 알아보기<br>- 게임 속 음악의 역할에 대해 조사하기 |
| 정보통신기술로 인한 미디어 발달 | - 인공지능 작곡 프로그램을 활용해 제작한 영상에 어울리는 배경음악 만들기<br>- 음향 편집 소프트웨어를 활용하여 내가 원하는 음색 만들기<br>- 미디(MIDI)와 가상악기를 활용하여 디지털 음악 만들기 |
| 음악에 활용되는 미디어 | - 음악 창작에 활용되는 다양한 미디어 조사하기<br>- 뮤지컬 등 음악 공연에 활용되는 다양한 미디어 조사하기<br>- 자신이 좋아하는 음악의 뮤직비디오 소개하기 |
| 미디어와 음악 산업 | - K-POP 홍보에 활용되는 소셜 미디어의 역할 탐구하기<br>- 음반 산업의 유통 구조를 알아보고, 유통 과정에서 미디어가 끼치는 영향 조사하기<br>- 음악 산업의 경제적 규모와 미디어 발달의 연관성 탐구하기 |
| 미디어 사이의 상호작용 | - 미디어 아트와 함께 연주되는 음악 공연 감상하기<br>- 다양한 미디어를 활용한 소리를 조합하여 나만의 음악 만들기<br>- 미디어를 활용하여 악기의 소리를 자유롭게 변형해보기 |
| 다른 분야와의 연계 | - 학교 생활을 주제로 숏폼 음악극을 만들어 우리 학교를 SNS에 홍보하기<br>- 다양한 미디어를 활용하여 온라인 전시회의 배경 음악 만들기<br>- 우리 생활의 다양한 영역에서 활용되는 음악 미디어 조사하기 |
| 미디어 윤리의식 | - 미디어 음악 작품 활용 시, 저작권 유의사항 알아보기<br>- 인공지능 음악 작품의 저작권에 대해 토의하기<br>- 도용과 표절의 기준을 알아보고, 이를 준수하여 음악 미디어 활용하기 |

# 제4부

# 수업 실연의 완성

여기까지 열심히 달려온 수험생들에게 응원의 박수를 보낸다. 지금까지 우리는 수업 실연의 핵심을 파악하고 연습하며 영역별 기초 문제와 기출 복기 모의고사로 음악 수업 실연의 기본기를 쌓았다. 이제는 실전을 향해 본격적으로 나아가야 한다. '4부. 수업 실연의 완성'에서는 실전 모의평가 문제들과 함께 최종합격을 위한 저자만의 음악 수업 실연 SECRET을 소개하고자 한다.

# 제1장 실전 모의평가

이제 준비는 끝났다. 지금부터는 실제 시험과 가장 유사한 형태의 모의평가들을 실연해보며 그동안 쌓아온 실력을 갈고 닦을 시간이다. 스터디 일정에 맞추어 제시된 문제들을 실연해보고, 혹시나 모두 실연해보기에 시간이 부족하다면 자신에게 가장 필요한 주제를 선택하여 실연하고 나머지는 구상만 해보는 식으로 공부해도 좋다.

들어가기에 앞서, 수업 실연의 절차와 유념해야 할 부분을 다시 한 번 간단하게 정리하고 실연을 시작해보자!

| 수업 실연 시 유의사항 | |
|---|---|
| 수업 실연의 핵심원리 | ① 문답법<br>② 모델링<br>③ 활동 간의 연계 |
| 수업 실연의 기본 구성 | ① 인사<br>② 동기유발<br>③ 학습목표 제시<br>④ 개념학습<br>⑤ 연주, 감상, 창작 활동(모둠 활동)<br>⑥ 정리 |
| 판서 방법 | ① 구획을 나누자<br>② 판서를 할 때는 사선 방향으로<br>③ 음표, 오선보, 정간보 등의 기보 연습하기<br>④ 학습목표와 개념은 키워드와 도식으로 제시하기<br>⑤ 활동과 관련하여 시간, 유의 사항, 개념과 연관되는 부분 판서하기 |

# 실전 모의평가

1. 실전 모의평가 1회 — 173
2. 실전 모의평가 2회 — 177
3. 실전 모의평가 3회 — 181
4. 실전 모의평가 4회 — 185
5. 실전 모의평가 5회 — 189
6. 실전 모의평가 6회 — 193
7. 실전 모의평가 7회 — 197
8. 실전 모의평가 8회 — 201
9. 실전 모의평가 9회 — 205
10. 실전 모의평가 10회 — 209
11. 실전 모의평가 11회 — 213
12. 실전 모의평가 12회 — 217
13. 실전 모의평가 13회 — 221
14. 실전 모의평가 14회 — 225
15. 실전 모의평가 15회 — 229

# 1 실전 모의평가 1회

## 2026학년도 음악과 2차 수업 실연

[교수·학습조건]
1. 과목명: 음악
2. 대상: 중학교 3학년(남녀 혼합 24명, 6모둠)
3. 교실 기자재: 장구, 피아노, 단소, 빔 프로젝터, 멀티미디어
4. 수업시간: 90분(블록타임제)
5. 단원 교수·학습계획

| 단원명 | 차시 | 주요 내용 및 활동 | 비고 |
|---|---|---|---|
| 음악과 문학 | 1-2 | - 예술가곡이 탄생한 시대적 배경과 음악적 특징을 이해하여 설명하기<br>- 슈베르트 예술가곡 '월계꽃' 노래하기 | 모둠활동<br>동료평가<br>자기평가 |
| | 3-4<br>(본시) | - 가곡과 시조의 음악적 특징을 비교하여 설명하기<br>- 국어 시간에 창작한 시와 어울리는 말붙임새를 만들고, 그에 맞는 리듬 만들기 | |

[지도안 작성 조건]
1. [응시자 작성부분 1]: 〈자료 1-(가)〉와 〈자료 1-(나)〉의 유사점을 파악할 수 있는 동기유발 활동을 제시하시오.
2. [응시자 작성부분 2]: 〈자료 2〉, 〈자료 3〉, 〈자료 4〉를 활용하여 가곡과 시조의 음악적 특징을 비교할 수 있는 교수·학습 활동을 3가지 작성하시오.
3. [응시자 작성부분 3]: 〈자료 5〉를 활용한 교수·학습 활동을 3가지 작성하시오.
4. [응시자 작성부분 4]: 자기평가 문항을 활동별로 2가지씩 작성하시오.
5. 교사와 학생의 활동이 명확히 구분되어 드러나도록 작성하시오.

[수업 실연 조건]
1. 응시자 작성부분 중 1, 2, 3을 시연하시오.
2. 제시된 자료를 모두 활용하여 시연하시오.
3. 일정량의 판서를 활용하시오.

| 자료 1 | |
|---|---|
| (가) | (나) |

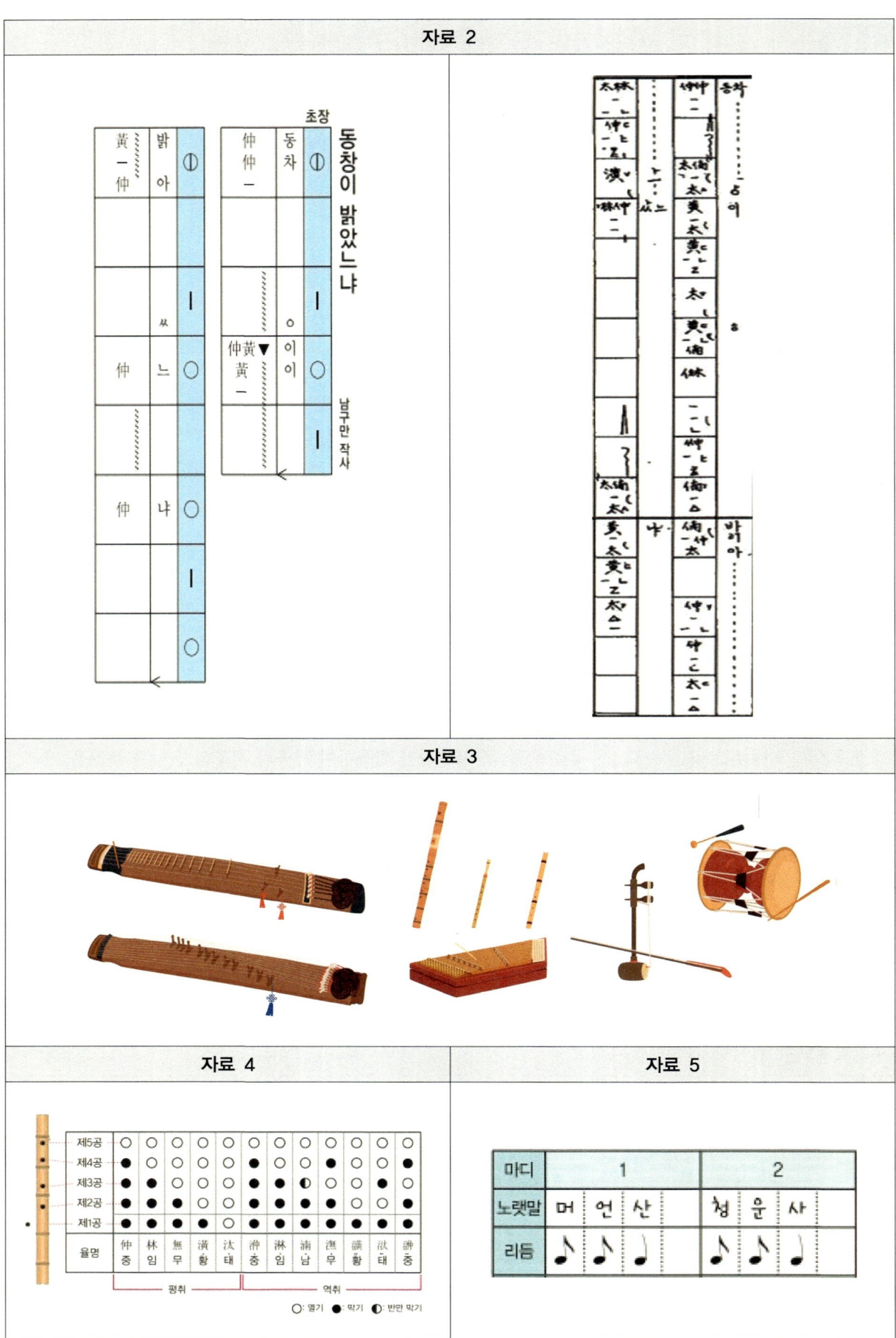

# 2026학년도 중등학교교사 임용후보자 2차 선정경쟁시험
# 지도안 및 수업능력 평가 (음악)

| 수험번호 | | | | | | | 성명 | | 관리번호 | |

| 단원 | 음악과 문학 | | |
|---|---|---|---|
| 학습 목표 | 1. 가곡과 시조의 음악적 특징을 비교하여 설명할 수 있다.<br>2. 자신이 국어 시간에 창작한 시와 어울리는 말붙임새와 리듬을 만들어 발표할 수 있다. | | |
| 단계 | 교수·학습활동 | 자료 | 지도상의 유의점 |
| 도입 | • 전시 학습 확인<br>  1) 낭만주의 시대 음악의 특징과 역사적 배경에 대해 배웠다.<br>  2) 예술가곡 '월계꽃'을 불러보았다.<br>• 동기유발<br>〈응시자 작성부분 1〉<br><br><br><br><br><br>• 학습목표 제시 | [자료 1] | |
| 전개 | 활동 1. 가곡과 시조의 음악적 특징을 비교하여 파악하기<br> 1) 가곡과 시조의 형식에 대해 알아본다.<br>  - 가곡은 5장 형식의 음악으로 초장과 2장은 시조의 초장을, 3장은 시조의 중장을, 4장은 시조의 종장 첫 3음절을, 5장은 종장의 나머지를 부른다.<br>  - 가곡은 노래 없이 악기로 연주하는 대여음(전주 혹은 후주)과 중여음(3장과 4장 사이에 있는 한 장단의 간주)이 있다.<br> 2) 가곡과 시조의 장단, 음계, 반주 형태를 알아본다.<br>〈응시자 작성부분 2〉 | [자료 2]<br><br>[자료 3]<br><br>[자료 4] | - 가곡과 시조의 음계를 설명할 때, 단소를 활용하도록 한다.<br><br>- [자료 3]을 활용하여 반주에 사용되는 악기들을 학습할 수 있도록 한다. |

| | | | |
|---|---|---|---|
| | 활동 2. 가곡과 시조의 말붙임새 파악하기<br> 1) 평시조 '동창이 밝았느냐'와 남창 가곡 '동창이 밝았느냐'의 말붙임새를 정간보에 옮겨 적어본다.<br> 2) 평시조 '동창이 밝았느냐'와 남창 가곡 '동창이 밝았느냐'를 노래할 때 앞음절은 짧게 붙이고 마지막 음절은 길게 늘여서 부름을 이해한다. | | |
| | 활동 3. 자신이 국어 시간에 창작한 시와 어울리는 말붙임새를 만들고, 그에 맞는 $\frac{2}{4}$박자 리듬을 창작한다. | [자료 5]<br><br>동료<br>평가지 | - 모둠 활동을 통해 학습 수준이 다른 학생들이 협력하여 함께 활동할 수 있도록 지도한다. |
| | 〈응시자 작성부분 3〉 | | |
| | • 모둠이 만든 말붙임새와 리듬을 학급 친구들에게 발표한다. 발표 시에는 교사가 배부한 평가지에 근거하여 친구들의 작품을 평가해보도록 한다. | | |
| 정리 | 자기평가를 진행한다. | | |
| | 〈응시자 작성부분 4〉<br><br>| 활동 | 문항 | 상 | 중 | 하 |<br>|---|---|---|---|---|<br>| 창작 | | | | |<br>| 발표 | | | | | | | |
| | • 다음 차시에 창작한 리듬을 바탕으로 두도막 형식의 음악 작품을 만들어볼 것임을 예고한다.<br>• 인사 후, 수업을 마무리한다. | | |
| | 〈수고하셨습니다.〉 | | |

## 2 실전 모의평가 2회

# 2026학년도 음악과 2차 수업 실연

[교수 · 학습조건]

1. 과목명: 음악
2. 대상: 중학교 3학년(남녀 혼합 24명)
3. 교실 기자재: 피아노, 빔 프로젝터, 멀티미디어, 태블릿 PC
4. 수업시간: 90분(블록타임제)
5. 단원 교수 · 학습계획

| 단원명 | 차시 | 주요 내용 및 활동 | 비고 |
| --- | --- | --- | --- |
| 모음곡 | 1-2 | - 시대에 따른 모음곡의 변화 알아보기<br>- 바흐 '무반주 첼로 모음곡' 감상하기 | 모둠활동 |
| | 3-4<br>(본시) | - '영산회상'의 종류와 구성을 이해하고, '현악 영산회상' 감상하기<br>- 무소륵스키 '전람회의 그림'의 특징과 구성을 이해하며 감상하기<br>- 여러 가지 박자와 리듬꼴을 다양한 방식으로 표현하기 | |

[지도안 작성 조건]

1. [응시자 작성부분 1]: 동기유발 활동을 구성하시오.
2. [응시자 작성부분 2]: 〈자료 1〉과 〈자료 3-(가)〉를 활용한 교수 · 학습 활동 2가지를 작성하시오.
3. [응시자 작성부분 3]: 〈자료 2〉와 〈자료 3〉을 활용한 교수 · 학습 활동 2가지를 작성하되, 주어진 교실 기자재를 모두 활용하시오.
4. [응시자 작성부분 4]: 2015 개정 음악과 교육과정에 근거한 표현 활동을 포함하여 교수 · 학습 활동 3가지를 작성하시오.

[수업 실연 조건]

1. 응시자 작성부분 중 2, 3, 4를 시연하시오.
2. 제시된 자료에 대한 적절한 설명을 활용하여 시연하시오.

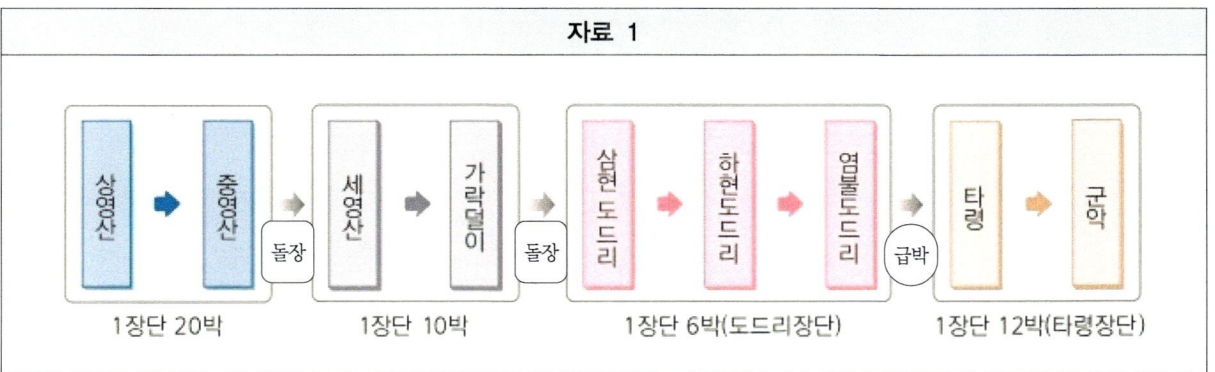

자료 1

## 2026학년도 중등학교교사 임용후보자 2차 선정경쟁시험
# 지도안 및 수업능력 평가 (음악)

| 수험번호 | | 성명 | | 관리번호 | |
|---|---|---|---|---|---|

| 단원 | 모음곡 |
|---|---|
| 학습목표 | 1. '영산회상'의 종류와 구성을 이해하고, '현악 영산회상'을 감상할 수 있다.<br>2. '전람회의 그림'의 특징과 구성을 이해하며 감상할 수 있다.<br>3. 여러 가지 박자와 리듬꼴을 다양한 방식으로 표현할 수 있다. |

| 단계 | 교수·학습활동 | 자료 | 지도상의 유의점 |
|---|---|---|---|
| 도입 | • 전시 학습 확인<br>1) 시대 변화에 따른 모음곡의 구성 변화를 배웠다.<br>– 고전 모음곡은 알르망드, 쿠랑트, 사라방드, 지그의 구성을 따르고 그외 다양한 춤곡들로 구성되었다.<br>– 모음곡은 근대 낭만으로 접어들며 오페라·발레 등에 사용되는 음악을 종합한 형태가 많아졌고, 표제 음악 형태의 모음곡들이 등장하였다.<br>2) 바흐 '무반주 첼로 모음곡'을 감상해보았다.<br><br>• 동기유발<br>〈응시자 작성부분 1〉<br><br><br><br><br><br>• 학습목표 제시 | | |
| 전개 | 활동 1. '영산회상' 알아보기<br>1) 영산회상의 종류와 구성 알아보기<br>– 영산회상은 악기 편성에 따라 현악 영산회상, 관악 영산회상, 평조회상이 있다.<br>– 현악 영산회상은 상령산, 중령산, 세령산, 가락덜이, 삼현도드리, 하현도드리, 염불도드리, 타령, 군악으로 구성된다.<br>2) 박이 바뀌는 부분에서 나타나는 특징에 유의하여 '현악 영산회상'을 감상한다.<br>〈응시자 작성부분 2〉 | [자료 1]<br><br>[자료 3] | – '전람회의 그림' 중 [자료 3-(가)]의 부분과 '현악 영산회상'의 박이 바뀌는 부분을 비교하여 설명한다. |

| | | | |
|---|---|---|---|
| | 활동 2. '전람회의 그림' 알아보기<br>1) '전람회의 그림'의 장르와 제작 배경에 대해 알아본다.<br>　- '전람회의 그림'은 무소륵스키가 화가이자 건축가였던 친구 빅토르 하르트만의 유작 전시회를 보고 친구를 그리워하는 마음과 작품에서 느낀 감정을 피아노 모음곡으로 작곡한 표제음악이다. | | |
| | 2) 음악과 그림의 관계를 이해하며 '전람회의 그림'을 감상한다. | [자료 2]<br>[자료 3]<br>태블릿 PC | - 그림에 대응되는 음악이 무엇인지 학습할 수 있도록 지도한다.<br>- 태블릿 PC를 활용한다. |
| | 〈응시자 작성부분 3〉 | | |
| | 활동 3. '전람회의 그림'에 등장하는 여러 가지 박자표와 리듬꼴을 이해하고, 다양한 방식으로 표현하기 | | - 2015 개정 음악과 교육과정 중 표현 영역의 '교수·학습 방법 및 유의사항'에 근거하여 다양한 표현 활동을 구성한다. |
| | 〈응시자 작성부분 4〉 | | |
| 정리 | • 형성평가를 통해 배운 내용을 정리한다.<br>• 다음 차시에 배울 내용을 안내한다.<br>• 인사 후, 수업을 마무리한다. | | |

〈**수고하셨습니다.**〉

## 3 실전 모의평가 3회

# 2026학년도 음악과 2차 수업 실연

**[교수·학습조건]**

1. 과목명: 음악
2. 대상: 중학교 3학년(남녀 혼합 24명, 총 6모둠)
3. 교실 기자재: 피아노, 징, 빔 프로젝터, 멀티미디어, 다양한 ICT 기기
4. 수업시간: 90분(블록타임제)
5. 단원 교수·학습계획

| 단원명 | 차시 | 주요 내용 및 활동 | 비고 |
|---|---|---|---|
| 행사와 음악 | 1-2 | - 다양한 행사와 의식에 사용되는 음악을 조사하기<br>- 대취타의 음악적 특징을 이해하며 감상하기<br>- 베르디와 바그너의 오페라를 비교하며 감상하기<br>- 제재곡의 선율에 맞춰 행사 노래 만들기 | 모둠활동 |

**[지도안 작성 조건]**

1. [응시자 작성부분 1]: 교수·학습 조건을 바탕으로 한 학습 목표 3가지를 작성하시오.
2. [응시자 작성부분 2]: 〈자료 1〉을 활용한 교수·학습활동 3가지를 작성하시오.
   - 단, 〈자료 1〉의 집사 가락을 직접 표현해볼 수 있는 활동을 포함하시오.
3. [응시자 작성부분 3]: 〈자료 2〉, 〈자료 3〉, 〈자료 4〉를 활용한 교수·학습활동을 작성하시오.
4. [응시자 작성부분 4]: 〈자료 4〉를 활용하여 제시된 흐름에 해당하는 교수·학습활동을 작성하시오.

| 1 | 친구들과의 우정을 쌓기 위한 학급 행사 기획하기 |
|---|---|
| 2 | 학급 행사에서 음악이 필요한 상황을 생각해보기 |
| 3 | 제재곡 선율에 맞춰 행사 노래 만들기 |

(※ 음영 부분은 제외한다.)

**[수업 실연 조건]**

1. 응시자 작성부분 중 2, 3, 4를 시연하시오.
2. 제시된 교실 기자재와 자료를 모두 활용하여 시연하시오.
3. 플립드 러닝에서 교사와 학생의 상호작용을 위해 활용한 방법을 언급하시오.

| 자료 1 |
|---|
| 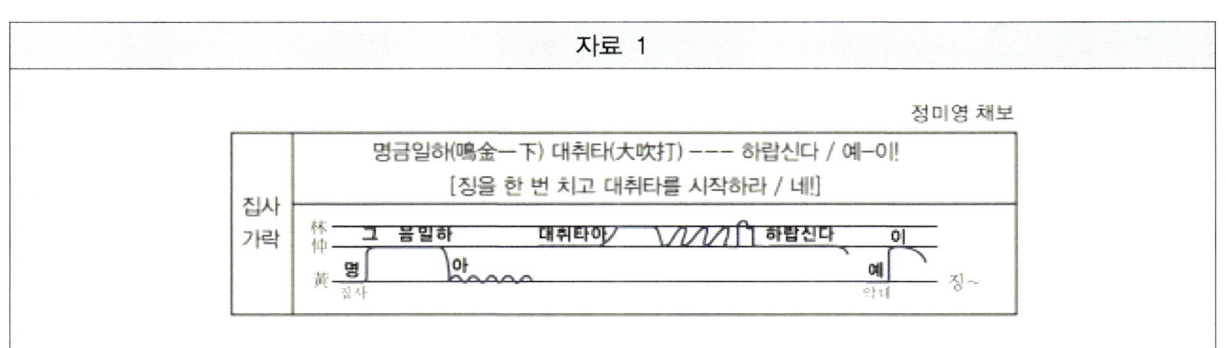 |

▷ 제1장단

| | | | | | | | |
|---|---|---|---|---|---|---|---|
| 태평소 | 회성<br>청태<br>평림<br>지<br>도 | ⋮⋮⋮⋮ | | | ⋮⋮⋮⋮ | | |
| 나발 | | | | | | | |
| 나각 | | | | | | | |
| 용고 | 따닥 딱 | 쿵 | | 쿵 | 쿵 | 쿵 | 쿵 |
| 징 | | 징 | 징 | 징 | 징 | 징 | |
| 자바라 | | 챙 | 챙 | 챙 | 챙 | 쟁 | |

### 자료 2

(가)                                      (나)

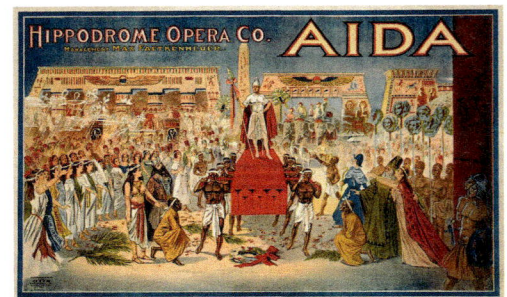

### 자료 3

〈오페라 아이다〉
에티오피아 공주 아이다는 궁중을 빠져나왔다가 이집트 공주인 암네리스의 노예로 잡혀간다. 아이다는 암네리스가 짝사랑하는 라다메스 장군과 사랑에 빠진다. 아이다의 아버지 아모나스로는 이집트를 침공하다 패배하여 포로로 잡히게 된다. 라다메스를 이용해 도망치자는 아버지의 부탁을 이기지 못하고 라다메스와 함께 도망치려던 순간, 병사들이 나타나 라다메스는 도망치지 못하고 석실에 산채로 갇히게 된다. 암네리스의 애원에도 소용이 없었고, 아이다는 소식을 듣고 라다메스에게 찾아와 함께 죽는다.

〈오페라 로엔그린〉
브라반트 공국의 대공은 딸 엘자와 아들 고트프리트를 남겨놓고 세상을 떠난다. 어느 날 고트프리트가 종적을 감추자 엘자가 그를 죽였다는 소문이 퍼지고. 엘자의 약혼자 프레데리크 백작은 마녀 오르트루트와 결혼하고 앤트워프의 왕 하인리히가 개최한 궁정회의에서 엘자를 처형해달라고 한다. 하인리히 왕이 엘자가 지명한 기사와 프레데리크의 결투로 결정하겠다고 한 순간, 찬란한 갑옷을 입은 기사가 백조가 이끄는 배를 타고 등장한다. (중략) 엘자는 미지의 기사와 결혼식을 올린다. 오르트루트의 협박에 엘자가 남편의 이름을 묻는 순간 복수를 하려던 프레데리크 백작을 발각한 기사는 그를 죽인다. 기사는 자신의 신분을 알기 전까지 엘자가 행복할 수 없음을 깨닫고 자신이 성배의 기사 파르지팔의 아들 로엔그린임을 밝히고 떠나려 자신이 타고 온 백조를 부른다. 하지만, 백조는 오르트루트가 백조로 만든 고트프리트였으며 로엔그린의 능력으로 원래대로 돌아온다. 로엔그린은 떠나고 엘자는 고트프리트에게 안겨 슬퍼하며 숨진다.

### 자료 4

## 2026학년도 중등학교교사 임용후보자 2차 선정경쟁시험
# 지도안 및 수업능력 평가 (음악)

| 수험번호 | | 성명 | | 관리번호 | |
|---|---|---|---|---|---|

| 단원 | 행사와 음악 |
|---|---|
| 학습목표 | 1. 다양한 행사와 의식에 활용되는 음악을 조사하여 발표할 수 있다. |
| | 〈응시자 작성부분 1〉 |
| | 2. |
| | 3. |
| | 4. |

| 단계 | 교수·학습활동 | 자료 | 지도상의 유의점 |
|---|---|---|---|
| 도입 | • 전시 학습 확인<br>• 동기유발<br>• 학습목표 제시 | | |
| 전개 | 활동 1. 다양한 행사와 의식에 활용되는 음악을 조사하기<br> 1) 국가 행사에서 활용되는 음악을 조사한다.<br> 2) 학교 행사에서 활용되는 음악을 조사한다.<br> 3) 생활 속에서 활용되는 음악을 조사한다.<br> 4) 모둠별로 조사한 내용을 발표한다.<br><br>활동 2. 대취타의 용도와 음악적 특징 알아보기<br>〈응시자 작성부분 2〉<br><br><br><br><br><br><br><br><br><br>활동 3. 베르디의 오페라 '아이다'와 바그너의 오페라 '로엔그린'을 비교하며 감상하기 | [자료 1] | - 집사 가락을 직접 표현해볼 수 있도록 한다. |

| | | | |
|---|---|---|---|
| | * 학생들은 플립드 러닝(Flipped Learning)을 통해 오페라 '아이다'와 오페라 '로엔그린'의 줄거리를 파악하고 주요 음악을 영상으로 미리 감상하였다.<br><br>〈응시자 작성부분 3〉<br><br><br><br><br><br><br><br><br><br><br><br><br> | [자료 2]<br><br>[자료 3]<br><br>[자료 4] | - [자료 4]의 선율이 오페라의 어떤 장면에서 활용되는지 파악하고, 이를 대취타의 용도와 연관지어 학습할 수 있도록 한다. |
| | 활동 3. 오페라 "아이다" 중 '개선 행진곡'과 오페라 "로엔그린" 중 '결혼 행진곡'의 선율에 맞춰 행사 노래 만들기<br><br>| 1 | 친구들과의 우정을 쌓기 위한 학급 행사 기획하기 |<br>\|---\|---\|<br>| 2 | 학급 행사에서 음악이 필요한 상황을 생각해보기 |<br>| 3 | 제재곡 선율에 맞춰 행사 노래 만들기 |<br><br>〈응시자 작성부분 4〉<br><br><br><br><br><br><br><br><br><br><br><br><br><br>• 모둠별로 만든 노래를 직접 부르며 발표한다. | [자료 4] | |
| 정리 | • 형성평가를 통해 배운 내용을 정리한다.<br>• 다음 차시에 배울 내용을 안내한다.<br>• 인사 후, 수업을 마무리한다. | | |

〈수고하셨습니다.〉

## 4 실전 모의평가 4회

# 2026학년도 음악과 2차 수업 실연

[교수·학습조건]
1. 과목명: 음악
2. 대상: 중학교 2학년(남녀 혼합 24명)
3. 교실 기자재: 피아노, 장구, 빔 프로젝터, 멀티미디어, 다양한 선율악기, ICT 기기
4. 수업시간: 90분(블록타임제)
5. 단원 교수·학습계획

| 단원명 | 차시 | 주요 내용 및 활동 | 비고 |
|---|---|---|---|
| 유네스코와 음악 | 1-2 | - 유네스코 인류 무형 문화유산으로 선정된 국악을 모둠별로 조사하여 발표하기 | 모둠활동 자기평가 |
| | 3-4 (본시) | - 각 지역을 대표하는 아리랑에 대해 알아보고 노래 부르기<br>- 베토벤 '합창 교향곡' 알아보기<br>- 국악의 계승과 발전을 위한 방안 토의하기 | |
| | 5-6 | - 국악을 계승·발전시키기 위한 UCC 제작하기 | |

[지도안 작성 조건]
1. [응시자 작성부분 1]: 〈자료 1〉을 활용한 교수·학습활동 4가지를 작성하시오.
2. [응시자 작성부분 2]: 〈자료 4〉를 활용한 교수·학습활동 3가지를 작성하시오.
3. [응시자 작성부분 3]: 제시된 자료와 '지도상의 유의점'을 고려하여 교수·학습활동 2가지를 작성하시오.
4. [응시자 작성부분 4]: 자기평가 문항 2가지를 작성하시오.
5. 교사와 학생의 활동이 명확히 구분되어 드러나도록 작성하시오.

[수업 실연 조건]
1. 응시자 작성부분 중 1, 2, 3을 시연하시오.
2. 제시된 교실 기자재와 자료를 모두 활용하시오.
3. 일정량의 판서를 활용하시오.

### 자료 1

(1)

아 － 리 랑 － 아 － 리 랑 － 아 라 － － 리 － 요 － － －

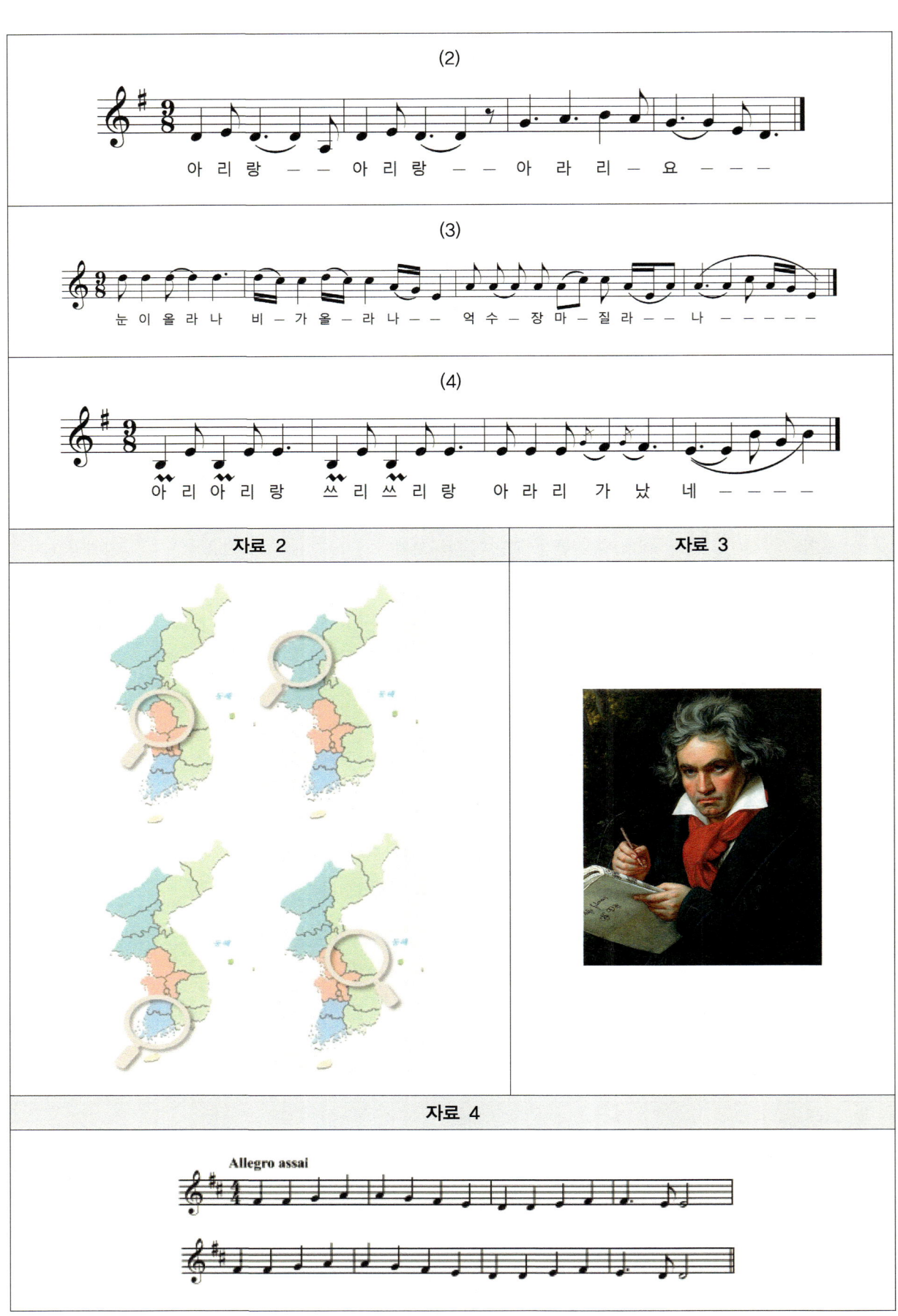

# 2026학년도 중등학교교사 임용후보자 2차 선정경쟁시험
# 지도안 및 수업능력 평가 (음악)

| 수험번호 | | 성명 | | 관리번호 | |
|---|---|---|---|---|---|

| 단원 | 유네스코와 음악 | | |
|---|---|---|---|
| 학습 목표 | 1. 각 지역을 대표하는 아리랑을 알아보고, 시김새를 살려 노래할 수 있다.<br>2. 베토벤 '합창 교향곡'의 음악적 특징을 이해하고 설명할 수 있다.<br>3. 국악의 계승과 발전을 위한 방안에 대해 토의할 수 있다. | | |
| 단계 | 교수·학습활동 | 자료 | 지도상의 유의점 |
| 도입 | • 전시 학습 확인<br>- 유네스코 인류 무형 문화유산으로 선정된 국악에 대해 알아보았다.<br><br>• 동기유발<br>- 아리랑의 역사적 배경을 주제로 한 영상을 시청한다.<br>- '합창 교향곡' 원본 악보의 유네스코 세계기록유산 지정 배경과 관련된 영상을 시청한다.<br><br>• 학습목표 제시 | | |
| 전개 | 활동 1. 각 지역을 대표하는 아리랑 알아보기<br>1) 각 지역의 대표되는 아리랑을 알아본다.<br>2) [자료 2]를 활용하여 우리나라의 아리랑 지도를 모둠별로 만들어본다. | [자료 1]<br><br>[자료 2] | |
| | 활동 2. 각 지역을 대표하는 아리랑 불러보기<br><br>〈응시자 작성부분 1〉 | [자료 1]<br><br>장구 | |
| | 활동 3. 유네스코 세계 기록유산으로 선정된 '합창 교향곡' 알아보기<br>1) '합창 교향곡'을 작곡한 베토벤에 대해 알아본다.<br>2) '합창 교향곡' 제 4악장을 감상한다. | [자료 3] | |

| | | | |
|---|---|---|---|
| | 3) '합창 교향곡'의 작곡 배경과 음악적 특징을 이해하고, 환희의 송가 선율을 악기로 연주해보기 | [자료 4]<br><br>선율<br>악기 | - 다양한 선율 악기를 활용하여 연주해보도록 한다. |
| | 〈응시자 작성부분 2〉 | | |
| | 활동 4. 국악의 계승과 발전을 위한 방안에 대해 토의하기 | ICT 기기 | - 토의 시에는 ICT 기기를 활용하여 토의 내용을 다양한 방법으로 기록할 수 있도록 한다.<br><br>- 국악에 익숙하지 않은 다문화 학생을 고려하여 지도한다. |
| | 〈응시자 작성부분 3〉 | | |
| 정리 | • 자기평가를 진행한다. | | |
| | 〈응시자 작성부분 4〉<br><br>| 활동 | 문항 | 상 | 중 | 하 |<br>|---|---|---|---|---|<br>| 연주 | 지역별 시김새의 특징을 살려 노래할 수 있는가? | | | |<br>| | 정확한 박자와 올바른 주법으로 연주할 수 있는가? | | | |<br>| 토의 | | | | | | | |
| | • 다음 차시에 진행할 UCC 제작 활동을 안내한다. | | |
| | • 인사 후, 수업을 마무리한다. | | |

〈수고하셨습니다.〉

# 5 실전 모의평가 5회

## 2026학년도 음악과 2차 수업 실연

[교수·학습조건]
1. 과목명: 음악
2. 대상: 고등학교 1학년(남녀 혼합 24명)
3. 교실 기자재: 피아노, 멀티미디어, 빔 프로젝터, 다양한 미술용품, 학생용 컴퓨터
4. 수업시간: 100분(블록타임제)
5. 단원 교수·학습계획

| 단원명 | 차시 | 주요 내용 및 활동 | 비고 |
|---|---|---|---|
| 음악과 미술 | 1-2 (본시) | - 미술 작품과 근·현대 시대의 음악을 연결하여 감상하기<br>- 기호, 그림을 활용하여 제재곡을 악보로 표현하기<br>- 그림과 어울리는 배경음악 만들기 | 모둠활동<br>동료평가 |

[지도안 작성 조건]
1. [응시자 작성부분 1]: 동기유발 활동을 작성하시오.
2. [응시자 작성부분 2]: 〈자료 1〉과 〈자료 2〉를 활용한 교수·학습활동 3가지를 작성하시오.
3. [응시자 작성부분 3]: 〈자료 3〉을 활용한 교수·학습활동을 작성하시오.
4. [응시자 작성부분 4]: 〈자료 4〉를 활용한 교수·학습활동 4가지를 작성하시오.
 1) 〈자료 4〉에 제시된 3가지 프로그램을 모두 활용하시오.
 2) 프로그램 사용에 어려움을 겪는 학생들을 위한 디지털 도구 활용 지도방안을 제시하시오.

[수업 실연 조건]
1. 응시자 작성부분 중 2, 3, 4를 시연하시오.
2. 제시된 교실 기자재와 자료를 모두 활용하시오.
3. 일정량의 판서를 활용하시오.

| 자료 1 |
|---|
| (가) (나) (다) |

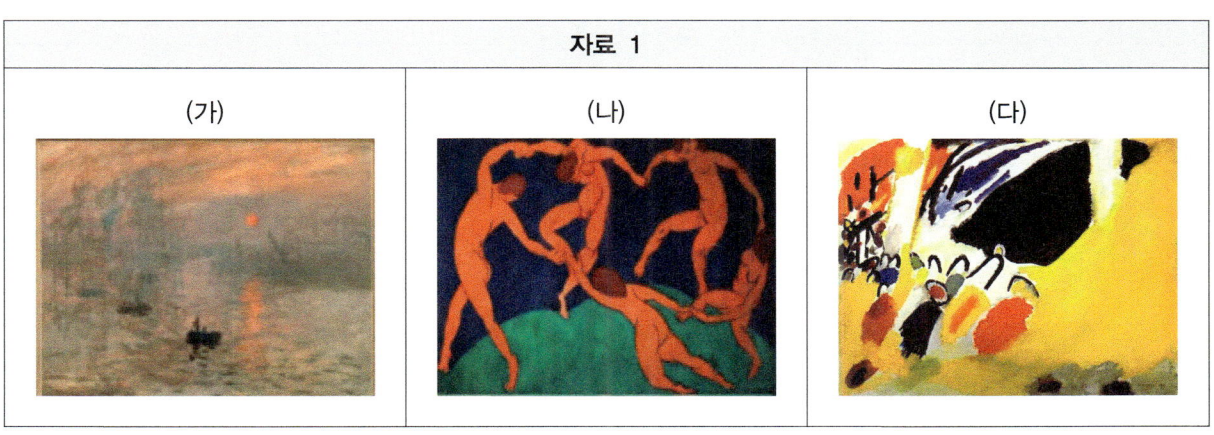

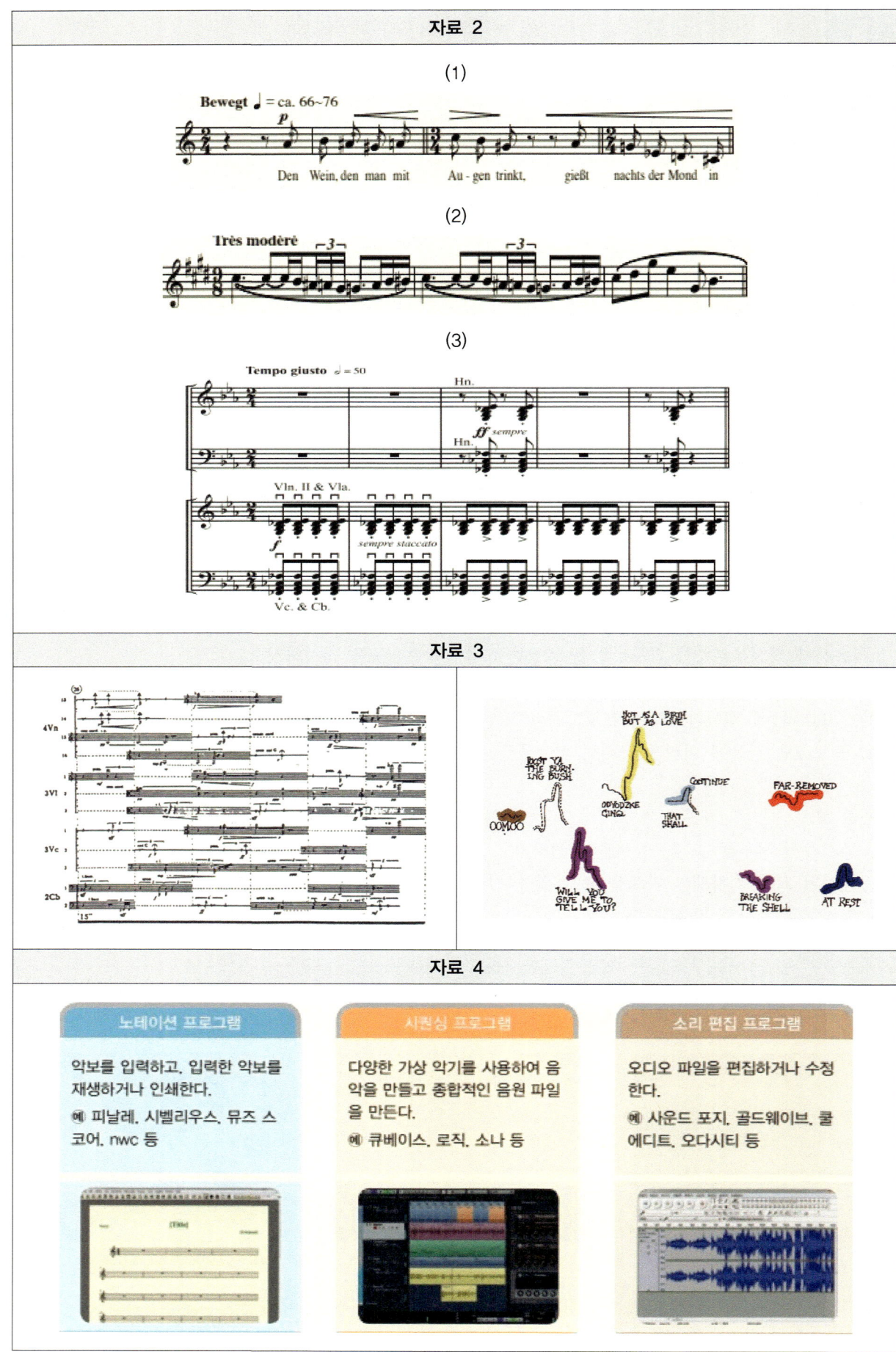

## 2026학년도 중등학교교사 임용후보자 2차 선정경쟁시험
# 지도안 및 수업능력 평가 (음악)

| 수험번호 | | 성명 | | 관리번호 | |
|---|---|---|---|---|---|

| 단원 | 음악과 미술 |
|---|---|
| 학습목표 | 1. 미술 작품과 근·현대 시대의 음악을 연결하여 감상할 수 있다.<br>2. 쇤베르크 '달에 홀린 피에로'를 듣고 기호와 그림을 활용하여 악보로 표현할 수 있다.<br>3. 다양한 컴퓨터 음악 프로그램을 활용하여 그림에 어울리는 배경음악을 만들 수 있다. |

| 단계 | 교수·학습활동 | 자료 | 지도상의 유의점 |
|---|---|---|---|
| 도입 | • 전시 학습 확인<br>　- 20세기의 사회적 변화와 이에 관련된 근·현대 시대 음악의 다양한 경향을 살펴보았다.<br>• 동기유발<br>〈응시자 작성부분 1〉<br><br><br><br><br>• 학습목표 제시 | | |
| 전개 | 활동 1. 미술 작품과 근·현대 시대의 음악을 연결하여 감상하기<br>〈응시자 작성부분 2〉<br><br><br><br><br><br><br><br>활동 2. 쇤베르크 '달에 홀린 피에로'를 듣고 그림 악보로 표현하기<br>　1) '달에 홀린 피에로' 알아보기<br>　　- 인간의 내적 상황을 담은 표현주의 음악이다.<br>　　- 조성이 없이 불협화음이 반복되는 무조 음악이다.<br>　　- 말과 노래의 중간에 해당하는 새로운 성악기법이 사용되었다. | [자료 1]<br><br>[자료 2] | |

| | | | |
|---|---|---|---|
| | 2) 기호와 그림을 활용하여 '달에 홀린 피에로'를 악보로 표현하기 | [자료 3] | |
| | 〈응시자 작성부분 3〉 | | |
| | 활동 3. 다양한 컴퓨터 음악 프로그램을 활용하여 그림에 어울리는 배경음악 만들기<br>　1) 모둠별로 사용할 그림 선정하기<br>　2) 다양한 컴퓨터 음악 프로그램 사용법 알아보기 | | |
| | 3) 프로그램을 활용하여 그림에 어울리는 배경음악 만들기 | [자료 4] | – 프로그램 사용에 어려움을 겪는 학생들을 고려하여 지도한다. |
| | 〈응시자 작성부분 4〉 | | |
| | 4) 모둠별로 제작한 음악 발표하기<br>　– 갤러리 워크를 통해 모둠별로 선정한 그림과 제작한 배경 음악을 함께 감상한다.<br>　– 교사가 배부한 평가지를 통해 동료평가를 진행한다. | | |
| 정리 | • 형성 평가를 통해 배운 내용을 확인한다.<br>• 다음 차시에 배울 내용을 예고한다.<br>• 인사 후, 수업을 마무리한다. | | |

〈수고하셨습니다.〉

## 2026학년도 음악과 2차 수업 실연

[교수·학습조건]
1. 과목명: 음악
2. 대상: 중학교 3학년(남녀 혼합 24명)
3. 교실 기자재: 피아노, 가야금, 멀티미디어, 빔 프로젝터
4. 수업시간: 90분(블록타임제)
5. 단원 교수·학습계획

| 단원명 | 차시 | 주요 내용 및 활동 | 비고 |
|---|---|---|---|
| 여러 가지 음계 | 1-2 (본시) | - 여러 가지 음계 알아보기<br>- 블루 음계를 이해하며 '랩소디 인 블루' 감상하기<br>- 12음 음계를 활용하여 음악 만들기 | 모둠활동<br>자기평가 |
| | 3-4 | - 여러 가지 음계 알아보기<br>- 다양한 음계를 이해하며 드뷔시의 음악 감상하기<br>- 온음 음계를 활용하여 음악 만들기 | |

[지도안 작성 조건]
1. [응시자 작성부분 1]: 〈자료 1〉을 활용한 동기유발 활동을 작성하시오.
2. [응시자 작성부분 2]: 〈자료 2〉를 활용한 교수·학습활동을 작성하시오.
3. [응시자 작성부분 3]: 〈자료 3〉을 활용한 교수·학습활동을 작성하시오.
4. [응시자 작성부분 4]: 〈자료 4〉를 활용한 교수·학습활동을 작성하시오.
 - 12음 기법의 다양한 음열을 학습할 때, 학습 위계를 설정하여 제시하시오.
 - 교사의 스캐폴딩 전략이 명확히 드러나도록 작성하시오.

[수업 실연 조건]
1. 응시자 작성부분 중 2, 3, 4를 시연하시오.
2. 제시된 교실 기자재와 자료를 모두 활용하시오.
3. 12음 기법의 각 음열에 대한 교사의 창작 예시를 판서로 제시하시오.

| 자료 1 |
|---|

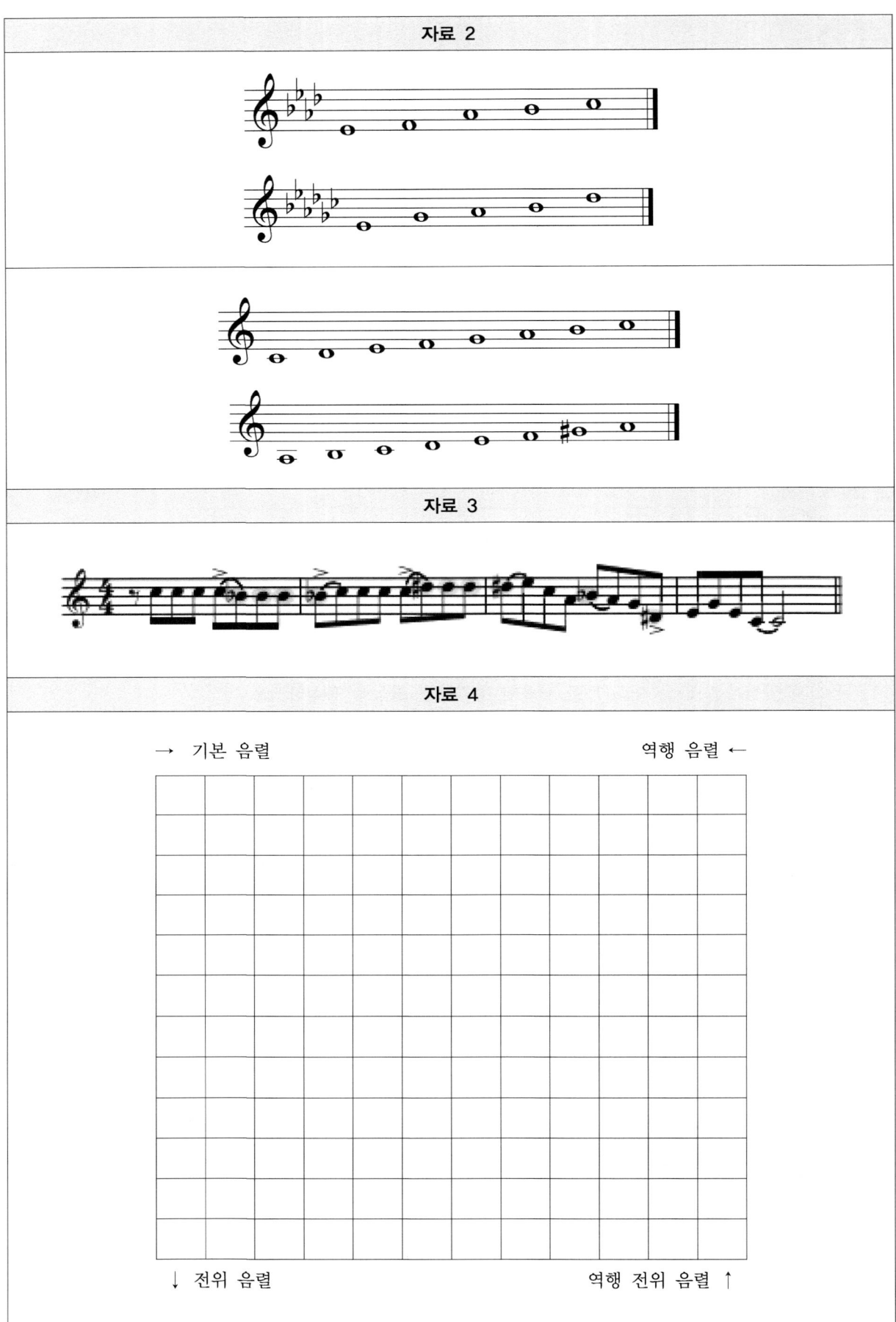

# 2026학년도 중등학교교사 임용후보자 2차 선정경쟁시험
# 지도안 및 수업능력 평가 (음악)

| 수험번호 | | 성명 | | 관리번호 | |
|---|---|---|---|---|---|

| 단원 | 여러 가지 음계 | | |
|---|---|---|---|
| 학습 목표 | 1. 여러 가지 음계를 이해하고 설명할 수 있다.<br>2. '랩소디 인 블루'에 사용된 블루 노트를 구별하며 감상할 수 있다.<br>3. 12음 기법을 활용하여 나만의 음악을 만들 수 있다. | | |
| 단계 | 교수·학습활동 | 자료 | 지도상의 유의점 |
| 도입 | • 전시 학습 확인<br>• 동기유발<br>〈응시자 작성부분 1〉<br><br><br><br>• 학습목표 제시 | [자료 1] | |
| 전개 | 활동 1. 여러 가지 음계 알아보기<br>〈응시자 작성부분 2〉<br><br><br><br><br><br><br> | [자료 2] | - 음계를 설명할 때, 피아노와 가야금을 활용하여 지도한다. |
| | 활동 2. 블루 음계를 이해하며 '랩소디 인 블루' 감상하기<br>1) 랩소디 인 블루 알아보기<br>  - 미국 작곡가 거슈윈이 1924년 작곡한 작품이다.<br>  - 피아노 독주와 오케스트라가 함께 연주한다.<br>  - 재즈 작곡 기법을 클래식에 적용하여 큰 성공을 거두었다. | | |

| | | |
|---|---|---|
| 2) 블루 음계와 블루 노트 알아보기<br>〈응시자 작성부분 3〉 | [자료 3] | |
| 활동 3. 12음 기법을 활용하여 나만의 음악 만들기<br> 1) 12음 기법 알아보기<br>  - 조성적 체계에서 벗어나 12음을 동등하게 사용하는 무조적 기법이다.<br>  - 쇤베르크의 무조 음악 기법으로, 이후 총렬주의에 영향을 미쳤다.<br> 2) 12음 기법을 활용하여 나만의 음악 만들기<br>〈응시자 작성부분 4〉<br><br>  \| 12음 기법의 음렬 학습 위계 \|  | [자료 4] | - 기본, 역행, 전위, 역행전위 음렬을 모두 활용할 수 있도록 한다.<br><br>- 다양한 스캐폴딩 전략을 활용한다. |

정리
- 자기 평가를 진행한다.

| 활동 | 문항 | 상 | 중 | 하 |
|---|---|---|---|---|
| 감상 | 음계의 특징을 이해하여 설명할 수 있는가? | | | |
| | 블루 음계를 구별하며 제재곡을 감상할 수 있는가? | | | |
| 창작 | 12음 기법의 다양한 음렬을 활용할 수 있는가? | | | |
| | 12음 기법을 활용하여 음악을 창작할 수 있는가? | | | |

- 다음 차시에 배울 내용을 예고한다.
- 인사 후, 수업을 마무리한다.

〈수고하셨습니다.〉

# 7 실전 모의평가 7회

## 2026학년도 음악과 2차 수업 실연

[교수·학습조건]
1. 과목명: 음악
2. 대상: 중학교 3학년(남녀 혼합 24명)
3. 교실 기자재: 피아노, 장구, 멀티미디어, 빔 프로젝터, 신시사이저, 태블릿 PC
4. 수업시간: 90분(블록타임제)
5. 단원 교수·학습계획

| 단원명 | 차시 | 주요 내용 및 활동 | 비고 |
|---|---|---|---|
| 음악과 춤 | 1-2 (본시) | - 음악과 춤의 관계 이해하기<br>- 리듬에 어울리는 선율 만들어 연주하기 | 모둠활동 |
| | 3-4 | - 당악 정재 포구락에 대해 알아보고 신체표현하기<br>- K-POP에 대해 조사하여 발표하기 | |

[지도안 작성 조건]
1. [응시자 작성부분 1]: 〈자료 1〉을 활용한 동기유발 활동을 작성하시오.
2. [응시자 작성부분 2]: 〈자료 1-(5)〉와 〈자료 2〉를 활용한 교수·학습활동 3가지를 작성하시오.
   - 단, ① 처용무의 형태, ② 처용무의 반주 음악, ③ 유네스코 세계문화유산의 3가지 관점에서 각 1가지씩 교수·학습활동을 제시한다.
3. [응시자 작성부분 3]: 〈자료 3〉을 활용한 교수·학습활동 3가지를 작성하시오.
   - 학생들이 리듬 카드를 코다이 리듬 음절로 직접 읽어보도록 한다.
4. [응시자 작성부분 4]: 〈자료 4〉를 활용한 교수·학습활동을 작성하시오.

[수업실연 조건]
1. 응시자 작성부분 중 2, 3, 4를 시연하시오.
2. 제시된 교실 기자재와 자료를 모두 활용하시오.
3. 〈자료 3〉을 활용할 때, 교사가 직접 창작한 리듬 음절을 포함하여 활용하시오.

자료 1

(1)　(2)　(3)　(4)

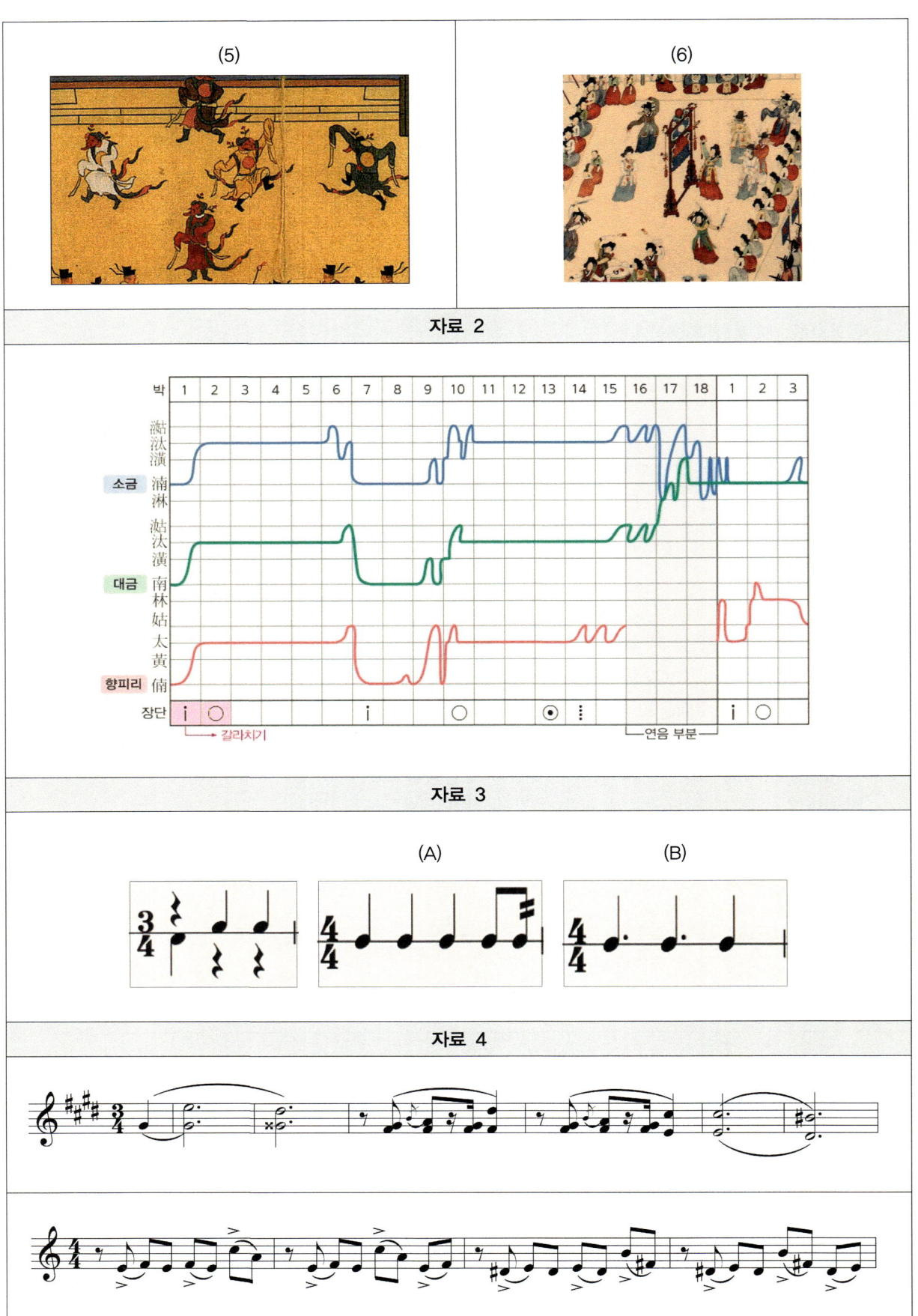

## 2026학년도 중등학교교사 임용후보자 2차 선정경쟁시험
# 지도안 및 수업능력 평가 (음악)

| 수험번호 | | 성명 | | 관리번호 | |
|---|---|---|---|---|---|

| 단원 | 음악과 춤 | | |
|---|---|---|---|
| 학습 목표 | 1. 다양한 춤과 음악의 관계를 이해하여 설명할 수 있다.<br>2. 왈츠와 탱고 리듬에 맞추어 간단한 음악 작품을 만들 수 있다. | | |
| 단계 | 교수·학습활동 | 자료 | 지도상의 유의점 |
| 도입 | • 전시 학습 확인<br>• 동기유발<br>〈응시자 작성부분 1〉<br><br><br><br><br><br>• 학습목표 제시 | [자료 1] | - [자료 1]의 춤들과 관련된 미디어 자료를 활용하여 지도한다. |
| 전개 | 활동 1. 다양한 춤과 음악의 관계 파악하기<br> 1) 서양의 춤과 음악 알아보기<br>  - 왈츠, 미뉴에트, 발레, 탱고의 유래 알아보기<br>  - 각 춤과 함께하는 음악 감상하기<br> 2) 국악의 춤과 음악 알아보기<br>  - 궁중에서 연주된 정재와 다양한 민속 무용을 감상하기<br>  - 처용무 알아보기<br>〈응시자 작성부분 2〉<br><br><br><br><br><br><br><br> | [자료 1]<br>[자료 2] | |

| | 활동 2. 왈츠와 탱고 리듬 배우기 | [자료 3] | - 코다이 리듬 음절을 활용하여 지도한다. |
|---|---|---|---|
| | 〈응시자 작성부분 3〉 | | |
| | 활동 3. 왈츠와 탱고 리듬에 어울리는 4마디의 주선율과 반주부 창작하기 | [자료 4]<br><br>신시사이저<br><br>태블릿 PC | - 선율은 신시사이저, 리듬은 태블릿 PC를 활용한 디지털 악기로 연주할 수 있도록 한다. |
| | 〈응시자 작성부분 4〉 | | |
| | • 모둠별로 창작한 음악을 직접 연주하며 발표하기 | | |
| 정리 | • 형성 평가를 진행한다.<br>• 다음 차시에 배울 내용을 예고한다.<br>• 인사 후, 수업을 마무리한다. | | |

〈수고하셨습니다.〉

## 8 실전 모의평가 8회

# 2026학년도 음악과 2차 수업 실연

[교수·학습조건]

1. 과목명: 음악
2. 대상: 고등학교 1학년(남녀 혼합 24명)
3. 교실 기자재: 피아노, 가야금, 멀티미디어, 빔 프로젝터, 산조 음원 편집본, 블록
4. 수업시간: 100분(블록타임제)
5. 단원 교수·학습계획

| 단원명 | 차시 | 주요 내용 및 활동 | 비고 |
| --- | --- | --- | --- |
| 장르와 형식 | 1-2 | - 소나타 형식을 이해하고 블록으로 표현하기<br>- 제재곡의 빠르기 변화를 이해하며 감상하기<br>- 가야금 산조의 중중모리를 구음으로 노래하기 | 모둠활동<br>자기평가 |

[지도안 작성 조건]

1. [응시자 작성부분 1]: 〈자료 1〉과 〈자료 2〉를 활용한 교수·학습활동 2가지를 작성하시오.
2. [응시자 작성부분 2]: 〈자료 1〉을 활용한 교수·학습활동 2가지를 작성하시오.
3. [응시자 작성부분 3]: 〈자료 3〉과 〈자료 4〉를 활용한 교수·학습활동 3가지를 작성하시오.
4. [응시자 작성부분 4]: 각 활동에 대한 자기평가 문항을 작성하시오.

[수업 실연 조건]

1. 응시자 작성부분 중 1, 2, 3을 시연하시오.
2. 제시된 교실 기자재와 자료를 모두 활용하시오.
3. 구음창에 대한 교사의 모델링을 포함하시오.

자료 2

〈여러 가지 블록으로 소나타 형식을 표현한 도식〉

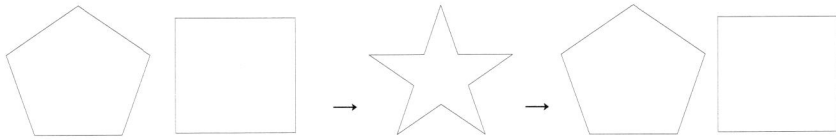

〈이외의 다양한 블록들〉

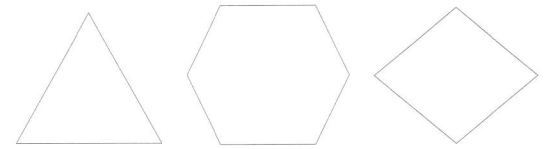

자료 3

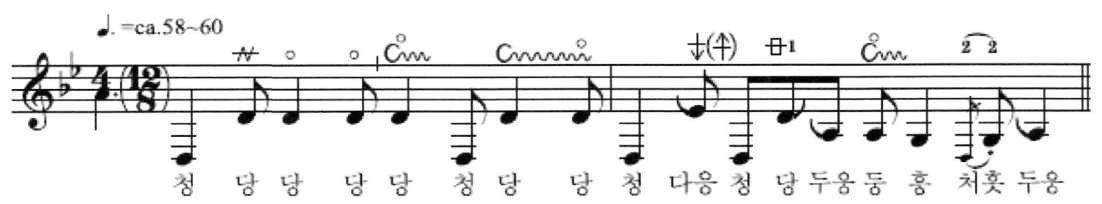

자료 4

| 현 | 1 | 2 | 3 | 4 | 5 | 6 | 7 | 8 | 9 | 10 | 11 | 12 |
|---|---|---|---|---|---|---|---|---|---|---|---|---|
| 구음 | 청 | 흥 | 둥 | 당 | 동 | 징 | 땅 | 지 | 찡 | 칭 | 쫑 | 쨍 |

# 2026학년도 중등학교교사 임용후보자 2차 선정경쟁시험
# 지도안 및 수업능력 평가 (음악)

| 수험번호 | | 성명 | | 관리번호 | |
|---|---|---|---|---|---|

| 단원 | 장르와 형식 | | |
|---|---|---|---|
| 학습 목표 | 1. 소나타 형식의 특징을 이해하고 그림으로 표현할 수 있다.<br>2. 제재곡을 감상하고 빠르기의 변화를 이해하여 설명할 수 있다.<br>3. 제재곡을 구음으로 노래할 수 있다. | | |
| 단계 | 교수·학습활동 | 자료 | 지도상의 유의점 |
| 도입 | • 전시 학습 확인<br>• 동기유발<br>• 학습목표 제시 | | |
| 전개 | 활동 1. 소나타 형식의 특징을 이해하고 블록으로 표현하기<br> 1) 소나타 형식 파악하기<br>  – 베토벤 피아노 소나타 17번 감상하기<br>  – 제시부, 발전부, 재현부로 분석하여 나누기<br><br> 2) 소나타 형식을 블록으로 표현하기<br><br>〈응시자 작성부분 1〉<br><br><br><br><br><br><br><br><br> | [자료 1]<br><br>[자료 2] | – [자료 2]의 각 블록과 소나타 형식을 연관지어 설명한다. |
| | 활동 2. 제재곡의 빠르기 변화 이해하기<br> 1) 김죽파류 가야금산조의 빠르기 변화 알아보기<br>  – 진양, 중모리, 중중모리, 자진모리, 휘모리, 세산조시(단모리)로 이어진다. | | |
| | 2) 베토벤 피아노 소나타 17번의 빠르기 변화 알아보기<br><br>〈응시자 작성부분 2〉<br><br><br> | [자료 1] | – [자료 1]의 여러 가지 빠르기 말과 연관지어 설명한다. |

| | | | | |
|---|---|---|---|---|
| | | | | |
| | 활동 3. "김죽파류 가야금산조" 중 '중중모리'를 구음으로 노래하기 | | [자료 3]<br><br>[자료 4] | - 가락선 악보를 제시하여, 시김새를 쉽게 표현할 수 있도록 지도한다. |
| | 〈응시자 작성부분 3〉 | | | |
| 정리 | • 자기 평가를 진행한다. | | | |
| | 〈응시자 작성부분 4〉 | | | |
| | <table><tr><th>활동</th><th>문항</th><th>상</th><th>중</th><th>하</th></tr><tr><td>표현</td><td></td><td></td><td></td><td></td></tr><tr><td>이해</td><td></td><td></td><td></td><td></td></tr><tr><td>가창</td><td></td><td></td><td></td><td></td></tr></table> | | | |
| | • 다음 차시에 배울 내용을 예고한다.<br>• 인사 후, 수업을 마무리한다. | | | |
| 〈수고하셨습니다.〉 | | | | |

## 9 실전 모의평가 9회

# 2026학년도 음악과 2차 수업 실연

[교수·학습조건]
1. 과목명: 음악
2. 대상: 중학교 3학년(남녀 혼합 24명)
3. 교실 기자재: 피아노, 칼림바, 멀티미디어, 태블릿 PC, 빔 프로젝터
4. 수업시간: 90분(블록타임제)
5. 단원 교수·학습계획

| 단원명 | 차시 | 주요 내용 및 활동 | 비고 |
|---|---|---|---|
| 변주곡 | 1-2 | - 모차르트 '작은별 변주곡' 감상하기<br>- 주제 선율을 여러 가지 음악 요소로 구별하기 | 모둠활동 |
| | 3-4<br>(본시) | - 다양한 음악 요소를 변형하여 변주곡 만들기<br>- 창작한 변주곡을 칼림바로 연주하기<br>- 자신의 음악에 대한 책임의식 기르기 | |

[지도안 작성 조건]
1. [응시자 작성부분 1]: 〈자료 1〉을 활용한 동기유발 활동을 작성하시오.
2. [응시자 작성부분 2]: 〈자료 2〉를 활용한 교수·학습활동을 작성하시오.
  - 아래의 흐름에 맞추어 각 변형 요소에 대한 교수·학습활동을 2가지씩 작성하시오.

| 변형 요소 | 주요 활동 |
|---|---|
| 리듬꼴 | $\frac{2}{4}$박자의 다양한 리듬꼴 만들기 |
| 조성 | 제재곡 선율의 관계조로 이조하기 |
| 선율 | 다양한 비화성음 활용하기 |

3. [응시자 작성부분 3]: 〈자료 3〉을 활용한 교수·학습활동 3가지를 작성하시오.
4. [응시자 작성부분 4]: 아래의 교수·학습활동 2가지에 대한 세부 활동을 작성하시오.

| 창작의 새로운 변주 소재로 삼고 싶은 음악 선정하기 |
|---|
| 해당 음악의 저작권과 관련하여 고려해야 할 부분 토의하기 |

[수업실연 조건]
1. 응시자 작성부분 중 2, 3, 4를 시연하시오.
2. 배움이 느린 학습자의 상황을 고려하여 수업을 진행하시오.

| 자료 1 |
|---|
| |

### 자료 2

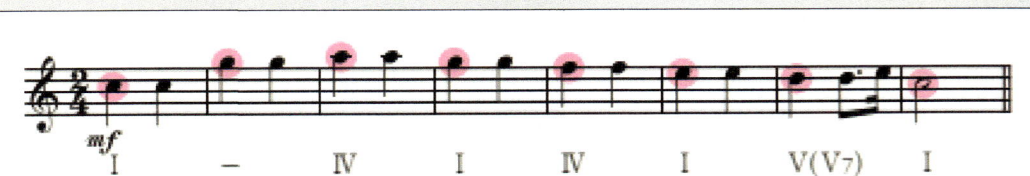

### 자료 3

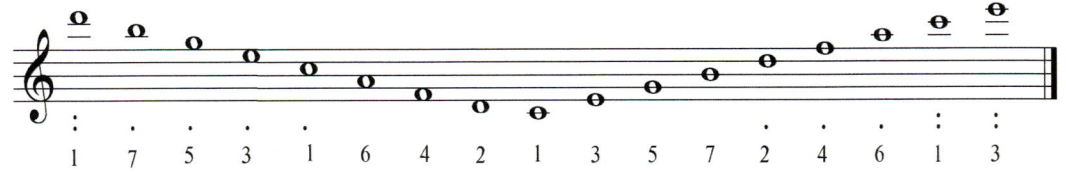

### 자료 4

- 5~6개를 맞춘 경우: 저작권 지식 마스터입니다.
- 3~4개를 맞춘 경우: 잘 알고 있군요.
- 0~2개를 맞춘 경우: 좀 더 분발하세요.

아래 물음에 ○, ×로 답하시오.

① 동물이 그린 그림도 저작물이라고 할 수 있을까?

② 수행 평가로 작곡한 내 작품도 저작물이 될 수 있을까?

③ 학교 축제에 놀러 왔던 친구가 내 공연을 스마트폰으로 촬영하여 그 영상을 본인의 UCC 과제에 활용하였다. 친구는 내 저작권을 침해한 것일까?

④ 쉬는 시간에 즉흥적으로 노래를 창작하여 부르고 악보로는 남기지 않았다. 저작물 보호를 받을 수 있을까?

⑤ 집에서 취미로 가요를 작사, 작곡하여 음악 공책에 적어 놓았다. 누구에게도 가요를 공개한 적이 없는데 저작물로 보호받을 수 있을까?

⑥ 베토벤의 '운명 교향곡' 선율을 이용하여 '베토벤 변주곡'을 작곡하였다. 나는 베토벤의 저작권을 침해한 것일까?

# 2026학년도 중등학교교사 임용후보자 2차 선정경쟁시험
# 지도안 및 수업능력 평가 (음악)

| 수험번호 | | | | | | | 성명 | | 관리번호 | |
|---|---|---|---|---|---|---|---|---|---|---|

| 단원 | 변주곡 |
|---|---|
| 학습<br>목표 | 1. 다양한 음악 요소를 변형하여 변주곡을 만들 수 있다.<br>2. 정확한 박자와 주법으로 칼림바를 연주할 수 있다.<br>2. 저작권에 대해 알아보고, 창작한 음악에 대한 책임의식을 가질 수 있다. |

| 단계 | 교수·학습활동 | 자료 | 지도상의<br>유의점 |
|---|---|---|---|
| 도입 | • 전시 학습 확인<br><br>• 동기유발<br><br>〈응시자 작성부분 1〉<br><br><br><br><br><br><br>• 학습목표 제시 | [자료 1] | |
| 전개 | 활동 1. 다양한 음악 요소를 변형하여 변주곡 만들기<br><br>| 변형 요소 | 주요 활동 |<br>|---|---|<br>| 리듬꼴 | $\frac{2}{4}$박자의 다양한 리듬꼴 만들기 |<br>| 조성 | 제재곡 선율의 관계조로 이조하기 |<br>| 선율 | 다양한 비화성음 활용하기 |<br><br>〈응시자 작성부분 2〉<br><br>1) 리듬꼴<br><br><br><br><br><br>2) 조성<br><br><br> | [자료 2] | |

| | | | |
|---|---|---|---|
| | 3) 선율 | | |
| | 활동 2. 창작한 변주곡을 칼림바로 연주하기<br>　1) 칼림바 알아보기<br>　　- 칼림바는 아프리카의 전통 악기에서 유래하였다.<br>　　- 금속판을 손가락으로 튕겨 연주하는 유율 타악기에 속한다.<br>　2) 창작한 변주곡을 칼림바로 연주하기<br>〈응시자 작성부분 3〉 | [자료 3] | |
| | 활동 3. 저작권에 대해 알아보고, 창작한 음악에 대한 책임의식 가지기<br>　1) 저작권 알아보기: 퀴즈와 관련된 저작권 법률 조사하기<br>　2) 창작한 음악에 대한 책임의식 가지기<br>　　　창작의 새로운 변주 소재로 삼고 싶은 음악 선정하기<br>　　　해당 음악의 저작권과 관련하여 고려해야 할 부분 토의하기<br>〈응시자 작성부분 4〉 | [자료 4] | - 태블릿 PC를 활용하여 토의 내용을 기록하도록 한다. |
| 정리 | • 다음 차시에 배울 내용을 예고한다.<br>• 인사 후, 수업을 마무리한다. | | |
| | 〈수고하셨습니다.〉 | | |

# 2026학년도 음악과 2차 수업 실연

[교수·학습조건]
1. 과목명: 음악
2. 대상: 중학교 3학년(남녀 혼합 24명)
3. 교실 기자재: 피아노, 장구, 멀티미디어, 빔 프로젝터, 다양한 악기들의 음원 편집본
4. 수업시간: 90분(블록타임제)
5. 단원 교수·학습계획

| 단원명 | 차시 | 주요 내용 및 활동 | 비고 |
|---|---|---|---|
| 여러 가지 악기 | 1-2 (본시) | - 다양한 악기들의 음색과 음역 구별하기<br>- 생활 속의 재료로 나만의 악기 만들기 | 모둠활동 |

[지도안 작성 조건]
1. [응시자 작성부분 1]: 〈자료 1〉을 활용한 동기유발 활동을 작성하시오.
2. [응시자 작성부분 2]: 〈자료 2〉를 활용한 교수·학습활동을 4가지 작성하시오.
3. [응시자 작성부분 3]: 〈자료 3〉과 〈자료 4〉를 활용한 교수·학습활동을 2가지 작성하시오.
4. [응시자 작성부분 4]: 〈활동 3〉의 교수·학습활동을 3가지 작성하시오.

[수업 실연 조건]
1. 응시자 작성부분 중 2, 3, 4를 시연하시오.
2. 제시된 교실 기자재와 자료를 모두 활용하시오.
3. 〈활동 2〉를 다음의 조건에 맞추어 시연하시오.
 - 교사와 학생 간의 문답을 통해 유추할 수 있도록 진행할 것
 - 악기의 모양과 소리를 탐색할 때, 다양한 디지털 매체를 활용하도록 할 것
4. 〈활동 3〉을 다음의 조건에 맞추어 시연하시오.
 - 악기를 제작할 수 있는 원리를 2가지 측면(길이, 소재 등)에서 제시할 것
 - 학생들이 실생활에서 쉽게 구할 수 있는 생활 재료를 제시할 것

| 자료 1 | |
|---|---|
|  |  |

## 자료 2

**제1부** 퍼셀 주제의 악기군별 연주부
관현악 → 목관악기군 → 금관 악기군 → 현악기군 → 타악기군 → 관현악

**제2부** 퍼셀 주제의 악기별 변주
목관악기 → 현악기 → 금관 악기 → 타악기(높은 음역에서 낮은 음역의 순서로 13번 변주)

**제3부** 브리튼 주제의 푸가 연주
푸가 연주 후 마지막에 모든 악기의 합주

## 자료 3

| 금부<br>金 : 쇠 | 석부<br>石 : 돌 | 사부<br>絲 : 실 | 혁부<br>革 : 가죽 |
|---|---|---|---|
| 죽부<br>竹 : 대나무 | 포부<br>匏 : 표주박 | 토부<br>土 : 흙 | 목부<br>木 : 나무 |

## 자료 4

|  |  |  |  |
|---|---|---|---|
|  | 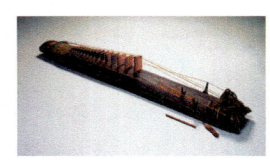 |  |  |

## 2026학년도 중등학교교사 임용후보자 2차 선정경쟁시험
# 지도안 및 수업능력 평가 (음악)

| 수험번호 | | 성명 | | 관리번호 | |
|---|---|---|---|---|---|

| 단원 | 여러 가지 악기 |||
|---|---|---|---|
| 학습 목표 | 1. 제재곡을 듣고 여러 가지 악기의 음색과 음역을 구별하여 설명할 수 있다.<br>2. 생활 속의 재료로 나만의 악기를 만들 수 있다. |||
| 단계 | 교수 · 학습활동 | 자료 | 지도상의 유의점 |
| 도입 | • 전시 학습 확인<br><br>• 동기유발<br><br>〈응시자 작성부분 1〉<br><br><br><br><br><br>• 학습목표 제시 | [자료 1] | |
| 전개 | 활동 1. '청소년을 위한 관현악 입문'을 듣고 악기들의 음색과 음역 구분하기<br> 1) 음색에 대해 알아보기<br>  - 음색이란, 어떤 소리를 들었을 때 느껴지는 소리의 이미지를 말한다.<br>  - 같은 높이의 소리라도 재료나 진동 방법에 따라 음색이 달라진다.<br> 2) 악기군별 음색과 악기별 음역 비교하기<br><br>〈응시자 작성부분 2〉 | [자료 2] | |

| | | | |
|---|---|---|---|
| | 활동 2. 다양한 국악기의 음색과 음역 구분하기<br>　1) 팔음 분류법에 대해 알아보기 | | |
| | 　2) 악기의 모양과 소리를 통해 해당하는 팔음을 유추하여 구분해보기 | | |
| | 〈응시자 작성부분 3〉<br><br><br><br><br><br><br><br> | [자료 3]<br><br>[자료 4] | - 발문과 응답을 통해 팔음 분류에 대한 빈칸을 채워나갈 수 있도록 지도한다. |
| | 　3) 악기들의 음역 알아보기 | | |
| | 활동 3. 다양한 원리를 활용하여, 생활 속의 재료로 나만의 악기 만들기 | | |
| | 〈응시자 작성부분 4〉<br><br><br><br><br><br><br><br><br><br> | | - 악기 제작 시 지켜야 할 안전 수칙에 대해 안내한다. |
| 정리 | • 다음 차시에 배울 내용을 예고한다.<br>• 인사 후, 수업을 마무리한다. | | |

〈수고하셨습니다.〉

## 11 실전 모의평가 11회

# 2026학년도 음악과 2차 수업 실연

[교수·학습조건]
1. 과목명: 음악
2. 대상: 고등학교 1학년(남녀 혼합 24명)
3. 교실 기자재: 피아노, 장구, 멀티미디어, 빔 프로젝터
4. 수업시간: 100분(블록타임제)
5. 단원 교수·학습계획

| 단원명 | 차시 | 주요 내용 및 활동 | 비고 |
|---|---|---|---|
| 아름다운 자연 | 1 | - 민족주의 음악의 특징 이해하기<br>- 제재곡의 장르와 해당 장르의 특징 이해하기 | 모둠활동 |
| | 2 | - 우리나라의 아름다움을 담은 가사 만들기<br>- 성부의 조화를 살려 합창하기 | |

[지도안 작성 조건]
1. [응시자 작성부분 1]: 〈자료 1〉을 활용한 동기유발 활동을 2가지 작성하시오.
2. [응시자 작성부분 2]: 〈자료 2〉를 활용한 교수·학습활동을 3가지 작성하시오.
3. [응시자 작성부분 3]: 〈자료 3〉을 활용한 교수·학습활동을 3가지 작성하시오.
 - 제재곡 가사의 일부분을 '우리나라 음악 문화의 아름다움'을 드러낼 수 있는 가사로 바꾸는 활동을 포함하시오.
4. [응시자 작성부분 4]: 〈자료 4〉를 활용한 교수·학습활동을 4가지 작성하시오.

[수업 실연 조건]
1. 응시자 작성부분 중 1, 3, 4를 시연하시오.
2. 제시된 교실 기자재와 자료를 모두 활용하시오.
3. 〈활동 4〉를 다음의 조건에 맞추어 시연하시오.
 - 학생의 음역대를 고려한 지도 방법(이조 등)을 제시할 것
 - 발성과 관련된 다양한 지도 방법을 포함할 것

### 자료 1

## 자료 2

## 자료 3

'나는 우리나라가 세계에서 가장 아름다운 나라가 되기를 원한다. 가장 부강한 나라가 되기를 원하는 것은 아니다. 내가 남의 침략에 가슴이 아팠으니 내 나라가 남을 침략하는 것을 원치 아니한다. 우리의 부력은 우리의 생활을 풍족히 할 만하고, 우리의 강력은 남의 침략을 막을 만하면 족하다. 오직 한없이 가지고 싶은 것은 높은 문화의 힘이다. 문화의 힘은 우리 자신을 행복하게 하고 나아가서 남에게 행복을 주겠기 때문이다.'

〈백범 김구 '나의 소원' 中〉

## 자료 4

## 2026학년도 중등학교교사 임용후보자 2차 선정경쟁시험
# 지도안 및 수업능력 평가 (음악)

| 수험번호 | | 성명 | | 관리번호 | |
|---|---|---|---|---|---|

| 단원 | 아름다운 자연 |
|---|---|
| 학습 목표 | 1. 역사·문화적 배경과 관련지어 민족주의 음악의 특징을 설명할 수 있다.<br>2. 제재곡의 장르와 그 특징을 설명할 수 있다.<br>3. 우리나라의 아름다움을 담은 가사를 만들어 노래할 수 있다.<br>4. 성부의 조화를 살려 부분 3부 합창할 수 있다. |

| 단계 | 교수·학습활동 | 자료 | 지도상의 유의점 |
|---|---|---|---|
| 도입 | • 전시 학습 확인<br><br>• 동기유발<br><br>〈응시자 작성부분 1〉<br><br><br><br><br><br>• 학습목표 제시 | [자료 1] | |
| 전개 | 활동 1. 민족주의 음악의 특징 알아보기<br> 1) 민족주의 음악은 19세기 말, 여러 나라들의 독립 운동의 영향을 받아 생겨났으며, 민족적 특색을 살린 음악이다.<br> 2) 민족의식을 고취시키기 위해 자국의 전설, 설화, 자연을 소재로 음악을 표현하거나 민요 선율을 활용하였다.<br><br>활동 2. 제재곡의 장르와 해당 장르의 특징 이해하기<br><br>〈응시자 작성부분 2〉 | [자료 2] | |

| | 활동 3. 우리나라의 아름다움을 담은 가사를 만들어 노래하기 | | |
|---|---|---|---|
| | 〈응시자 작성부분 3〉 | [자료 3] | |
| | 활동 4. 성부의 조화를 살려 부분 3부 합창하기 | | |
| | 〈응시자 작성부분 4〉 | [자료 4] | |
| 정리 | • 모둠별로 발표하는 시간을 가진다.<br>• 다음 차시에 배울 내용을 예고한다.<br>• 인사 후, 수업을 마무리한다. | | |

〈수고하셨습니다.〉

## 12 실전 모의평가 12회

# 2026학년도 음악과 2차 수업 실연

[교수·학습조건]
1. 과목명: 음악
2. 대상: 고등학교 1학년(남녀 혼합 28명)
3. 교실 기자재: 교사용 노트북, 학생용 노트북 28대, 빔 프로젝터, 피아노, 소리북
4. 수업시간: 100분(블록타임제)
5. 단원 교수·학습계획

| 단원명 | 차시 | 주요 내용 및 활동 | 비고 |
| --- | --- | --- | --- |
| 학급 뮤지컬 만들기 | 1-2 | - 뮤지컬의 구성 요소 알아보기<br>- 모둠별 역할 정하기<br>- 학급 뮤지컬 스토리보드 창작하기 | 모둠활동 |
| | 3-4 (본시) | - 극음악의 시대별 특징을 비교하고 이해하기<br>- 학급 뮤지컬에 활용할 음악의 가사 창작하기<br>- 인공지능 프로그램을 활용하여 음악 만들기 | |
| | 5-6 | - 모둠별 넘버 기획하기<br>- 학급 뮤지컬 공연 연습하기 | |
| | 7-8 | - 학급 뮤지컬 발표하기<br>- 평가하기 | |

[지도안 작성 요령]
1. [응시자 작성부분 1]: 〈자료 1〉을 활용한 교수·학습활동을 작성하시오.
2. [응시자 작성부분 2]: 〈자료 2〉를 활용한 교수·학습활동을 작성하시오.
3. [응시자 작성부분 3]: 〈자료 3〉을 활용한 교수·학습활동을 작성하시오.
4. [응시자 작성부분 4]: 수업 활동에 대한 상호평가지를 작성하시오.
   - 상호평가지의 평가 기준을 의문문으로 작성할 것

[수업 실연 조건]
1. 응시자 작성부분 중 1, 2, 3을 시연하시오.
2. [응시자 작성부분 1]: 〈자료 1〉을 활용하여 지도하시오.
 - 〈자료 1〉에 나타난 극음악 장르 4가지에 대해 설명할 것
 - 학생들의 깊이 있는 학습을 위한 핵심 질문 3가지를 제시할 것
3. [응시자 작성부분 2]: 〈자료 2〉를 활용하여 지도하시오.
 - 생성형 AI를 사용하여 창작하도록 할 것
4. [응시자 작성부분 3]: 〈자료 3〉을 활용하여 지도하시오.
 - 뮤지컬의 구성 요소별 특징을 반영하여 곡의 길이, 속도, 장르, 분위기, 주제를 적절히 선택할 수 있도록 음악 요소를 학습하는 활동을 포함할 것
 - 〈활동 2〉에서 제작한 가사를 활용하도록 할 것

| 자료 1 |
|---|

| 자료 2 | |
|---|---|
| 서곡 | 막이 오르기 전에 극의 내용을 암시하는 관현악곡 |
| 오프닝 넘버 | 서곡이 끝난 후 연주되는 노래나 합창곡 |
| 제시 | 곡의 배경과 앞으로 전개될 상황을 설명하는 노래 |
| 쇼 스토퍼 | 분위기 전환을 위해 익살스럽게 노래나 연기를 하는 부분 |
| 아리아 | 절정 부분에서 부르는 서정적인 가락의 독창이나 2중창 |
| 프로덕션 넘버 | 춤과 합창 등 중요한 요소가 모두 동원되는 화려한 음악 |
| 커튼콜 | 공연이 끝난 후 관객들의 박수에 화답하는 의미로 부르는 노래와 춤 |

| 자료 3 |
|---|

〈인공지능 작곡 프로그램〉

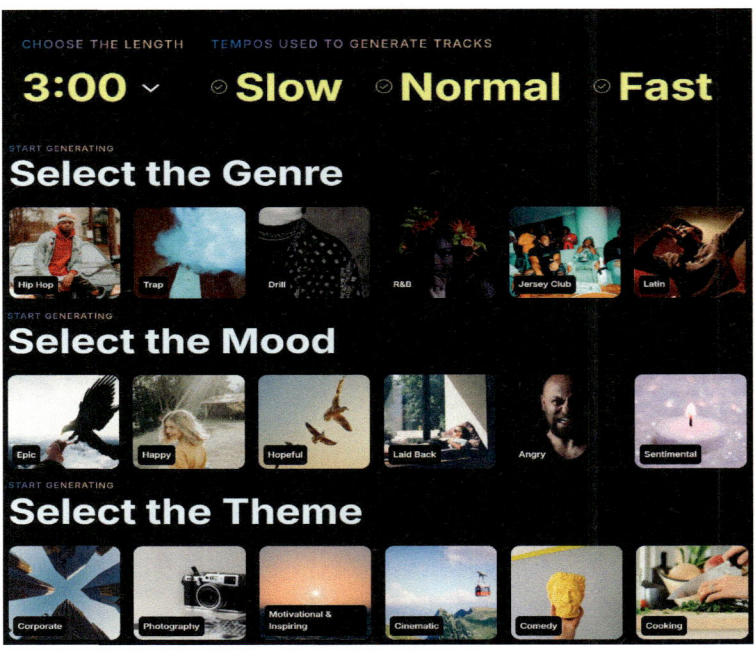

〈AI 작곡 프로그램 사용 가이드〉

1. 음악의 길이를 선택한다.
2. 음악의 속도(템포)를 설정한다.
3. 음악의 장르를 선택한다.
4. 음악의 분위기(무드)를 선택한다.
5. 음악의 주제(테마)를 선택한다.

## 2026학년도 중등학교교사 임용후보자 2차 선정경쟁시험
# 지도안 및 수업능력 평가 (음악)

| 수험번호 | | 성명 | | 관리번호 | |
|---|---|---|---|---|---|

| 단원명 | 학급 뮤지컬 만들기 |
|---|---|
| 학습 목표 | 1. 시대별 극음악의 특징을 비교하여 설명할 수 있다.<br>2. 뮤지컬 음악의 구성에 어울리는 가사를 창작할 수 있다.<br>3. AI 음악 창작 프로그램을 사용하여 학급 뮤지컬에 활용할 음악을 창작할 수 있다. |

| 단계 | 교수·학습활동 | 자료 | 지도상의 유의점 |
|---|---|---|---|
| 도입 | • 전시학습 확인<br>- 지난 시간에 배운 뮤지컬의 구성 요소에 대해 상기한다.<br><br>• 동기유발<br>- 스토리보드를 살펴보며 학급 뮤지컬에 활용할 수 있을 소품들이 무엇이 있을지 친구들과 의견을 나눈다.<br><br>• 학습목표 제시<br>1. 시대별 극음악의 특징을 비교하여 설명할 수 있다.<br>2. 뮤지컬 음악의 구성에 어울리는 가사를 창작할 수 있다.<br>3. AI 음악 창작 프로그램을 사용하여 학급 뮤지컬에 활용할 음악을 창작할 수 있다. | | |
| 전개 | 활동 1. 시대별 극음악의 특징 비교하기<br><br>〈응시자 작성부분 1〉<br><br>[깊이 있는 학습을 위한 핵심 질문]<br><br>| 1 | |<br>| 2 | |<br>| 3 | | | [자료 1] | |

| | | | |
|---|---|---|---|
| | 활동 2. 학급 뮤지컬에 활용할 음악의 가사 창작하기<br>1) 〈자료 2〉의 뮤지컬 구성 요소에 맞추어 스토리보드에 기획한 학급 뮤지컬 장면을 구분한다. | [자료 2] | – 모둠별로 가사를 창작할 수 있도록 한다. |
| | 2) 구분한 장면을 토대로 학급 뮤지컬에 활용할 음악의 가사를 창작한다. | | |
| | 〈응시자 작성부분 2〉 | | |
| | 활동 3. AI 프로그램으로 학급 뮤지컬에 활용할 음악 만들기 | [자료 3] | – 노트북 등 디지털 기기를 활용하도록 한다. |
| | 〈응시자 작성부분 3〉 | | |
| 정리 | • 상호 평가를 진행한다. | | |
| | 〈응시자 작성부분 4〉<br><br>| 영역 | | 평가 기준 | 상 | 중 | 하 |<br>|---|---|---|---|---|---|<br>| 가사 창작 | 태도 | | | | |<br>| | 표현 | | | | |<br>| 음악 창작 | 태도 | | | | |<br>| | 표현 | | | | | | | |
| | • 오늘 배운 학습 내용을 정리한다.<br>• 인사 후, 수업을 마무리한다. | | |

〈수고하셨습니다.〉

## 13 실전 모의평가 13회

# 2026학년도 음악과 2차 수업 실연

[교수·학습조건]
1. 과목명: 음악
2. 대상: 고등학교 1학년(남녀 혼합 24명)
3. 교실 기자재: 교사용 노트북, 빔 프로젝터, 세트 드럼, 전자 드럼패드 24개, 장구 6개, 태블릿 PC, 학습지
4. 수업시간: 100분(블록타임제)
5. 단원 교수·학습계획

| 단원명 | 차시 | 주요 내용 및 활동 | 비고 |
| --- | --- | --- | --- |
| 리듬 합주 | 1-2 | - 리듬의 구성요소 이해하기<br>- 여러 가지 리듬 악기 알아보기 | 모둠활동 |
| | 3-4<br>(본시) | - 드럼 세트와 장구의 구조 이해하기<br>- 드럼을 활용한 리듬 음악 만들고 연주하기 | |
| | 5-6 | - 장구의 다양한 장단 이해하기<br>- 장구를 활용한 변형 장단 만들고 연주하기 | |
| | 7-8 | - 모둠별 리듬합주 연습하기<br>- 리듬합주 발표하기 | |

[지도안 작성 요령]
1. [응시자 작성부분 1]: 〈자료 1〉을 활용한 교수·학습활동을 작성하시오.
2. [응시자 작성부분 2]: 〈자료 2〉를 활용한 교수·학습활동을 작성하시오.
3. [응시자 작성부분 3]: 〈자료 3〉을 활용한 교수·학습활동을 작성하시오.
4. [응시자 작성부분 4]: 수업 활동에 대한 평가 문항을 작성하시오.
  - 평가 문항을 의문문으로 작성할 것

[수업 실연 조건]
1. 응시자 작성부분 중 1, 2, 3을 시연하시오.
2. [응시자 작성부분 1]: 〈자료 1〉을 활용하여 지도하시오.
  - 드럼 세트의 구조와 각 명칭을 학습하는 활동을 포함할 것
3. [응시자 작성부분 2]: 〈자료 2〉를 활용하여 지도하시오.
  - 〈자료 2〉에서 제시한 리듬의 구성요소 4가지를 고려하여 창작할 수 있도록 할 것
  - 드럼 세트의 각 악기를 고려하여 기보할 수 있도록 할 것
  - 교사의 창작 예시를 판서로 제시할 것
4. [응시자 작성부분 3]: 〈자료 3〉을 활용하여 지도하시오.
  - 창작한 리듬을 전자 드럼패드로 연주하는 활동을 포함할 것(단, 신체장애로 드럼 연주가 어려운 특수 학생을 고려하여 지도할 것)

1) 아침나라 2022 개정 교과서 중학교 음악 2 p. 47

## 2026학년도 중등학교교사 임용후보자 2차 선정경쟁시험
# 지도안 및 수업능력 평가 (음악)

| 수험번호 | | 성명 | | 관리번호 | |
|---|---|---|---|---|---|

| 단원명 | 리듬합주 |
|---|---|
| 학습 목표 | 1. 드럼 세트와 장구의 구조를 이해하고 설명할 수 있다.<br>2. 드럼을 활용하여 리듬 음악을 창작하고 연주할 수 있다. |

| 단계 | 교수·학습활동 | 자료 | 지도상의 유의점 |
|---|---|---|---|
| 도입 | • 전시학습 확인<br>- 리듬의 정의와 구성 요소에 대해 상기한다.<br><br>• 동기유발<br>- 여러 악기를 활용한 리듬합주를 감상하고 느낀 점을 발표하도록 한다.<br><br>• 학습목표 제시<br>1. 드럼 세트와 장구의 구조를 이해하고 설명할 수 있다.<br>2. 드럼을 활용하여 리듬 음악을 창작하고 연주할 수 있다. | | |
| 전개 | 활동 1. 드럼 세트와 장구의 구조 이해하기<br>1) 드럼 세트의 구조에 대해 알아본다.<br><br>〈응시자 작성부분 1〉<br><br><br><br><br><br><br><br>2) 장구의 구조에 대해 알아본다.<br>- 북편과 채편의 차이를 알아본다.<br>- 소리를 조절하는 조이개, 조임줄에 대해 알아본다.<br>- 복판, 변죽, 열채, 궁글채를 연주에 어떻게 활용하는지 알아본다. | [자료 1] | - 실제 악기를 살펴보며 학습할 수 있도록 한다. |
| | 활동 2. 드럼을 활용한 리듬 음악 창작하기<br>1) 드럼 세트의 음색을 들어본다.<br>2) 드럼 세트를 활용한 4/4박자 리듬 음악을 감상한다.<br>3) 리듬의 구성요소가 잘 드러나도록 리듬 음악을 창작하고 기보한다.<br><br>〈응시자 작성부분 2〉 | [자료 2] | |

| | | | |
|---|---|---|---|
| | | | |
| | 활동 3. 전자 드럼패드를 활용하여 연주하기 | [자료 3] | - 신체장애를 가지고 있는 특수 학생을 고려하여 지도한다. |
| | 〈응시자 작성부분 3〉 | | |
| 정리 | 디지털 도구를 활용한 평가를 진행한다. | | - 태블릿 PC를 활용하여 학생들이 디지털 도구 활용 평가에 참여할 수 있도록 한다. |
| | 〈응시자 작성부분 4〉 | | |

| * 퀴즈 기반의 디지털 플랫폼을 활용한다. | | |
|---|---|---|
| 영역 | | 평가 문항 |
| 리듬 음악 | 1 | |
| | 2 | |
| 장단 창작 | 1 | |
| | 2 | |

- 오늘 배운 학습 내용을 정리한다.
- 인사 후, 수업을 마무리한다.

〈수고하셨습니다.〉

## 14 실전 모의평가 14회

# 2026학년도 음악과 2차 수업 실연

[교수·학습조건]
1. 과목명: 음악
2. 대상: 중학교 3학년(남녀 혼합 24명)
3. 교실 기자재: 교사용 노트북, 학생용 태블릿 PC, 지휘봉, 등채, 피아노, 징, 장구
4. 수업시간: 90분(블록타임제)
5. 단원 교수·학습계획

| 단원명 | 차시 | 주요 내용 및 활동 | 비고 |
|---|---|---|---|
| 음악과 표현 | 1-2 | - 여러 박자의 지휘 도형 익히기<br>- 동무 생각에 맞추어 4박자·3박자 지휘하기<br>- 대취타 감상하기 | 모둠활동 |
| | 3-4<br>(본시) | - 제재곡에 맞추어 적절한 도형으로 지휘하기<br>- 대취타의 구성을 이해하고 표현하기 | |
| | 5-6 | - 모둠별 제재곡 선정하기<br>- 모둠별로 제재곡에 맞추어 표현하고 발표하기 | |

[지도안 작성 요령]
1. [응시자 작성부분 1]: 〈자료 1〉을 활용한 동기유발 활동을 작성하시오.
2. [응시자 작성부분 2]: 〈자료 2〉와 〈자료 3〉을 활용한 교수·학습활동을 작성하시오.
3. [응시자 작성부분 3]: 〈자료 1〉과 〈자료 4〉를 활용한 교수·학습활동을 작성하시오.
4. [응시자 작성부분 4]: 수업 활동에 대한 평가 계획을 작성하시오.
  - 평가 요소 1가지와 그에 따른 루브릭 진술문을 수준별로 작성하시오.

[수업 실연 조건]
1. 응시자 작성부분 중 1, 2, 3을 시연하시오.
2. [응시자 작성부분 1]: 〈자료 1〉을 활용하여 지도하시오.
  - VR 교육자료를 활용할 수 있는 방법을 2가지 이상 제시할 것
3. [응시자 작성부분 2]: 〈자료 2〉와 〈자료 3〉을 활용하여 지도하시오.
  - 여러 박자에 대한 교사의 지휘 모델링을 시연할 것
  - 3가지의 지휘 연습 전략을 제시할 것
  - 학생들의 깊이 있는 사고를 촉진하는 질문과 성찰 활동을 포함할 것
4. [응시자 작성부분 3]: 〈자료 1〉과 〈자료 4〉를 활용하여 지도하시오.
  - 대취타에서 집사의 역할을 지휘자의 역할과 연관지어 비교하며 설명할 것
  - 대취타의 악기 편성을 〈자료 1〉을 활용해 학습하도록 할 것
  - 대취타를 직접 표현해보는 활동을 포함할 것
  - 대취타의 구성 타악기를 신체 및 생활 도구를 활용하여 대체하여 표현하도록 할 것

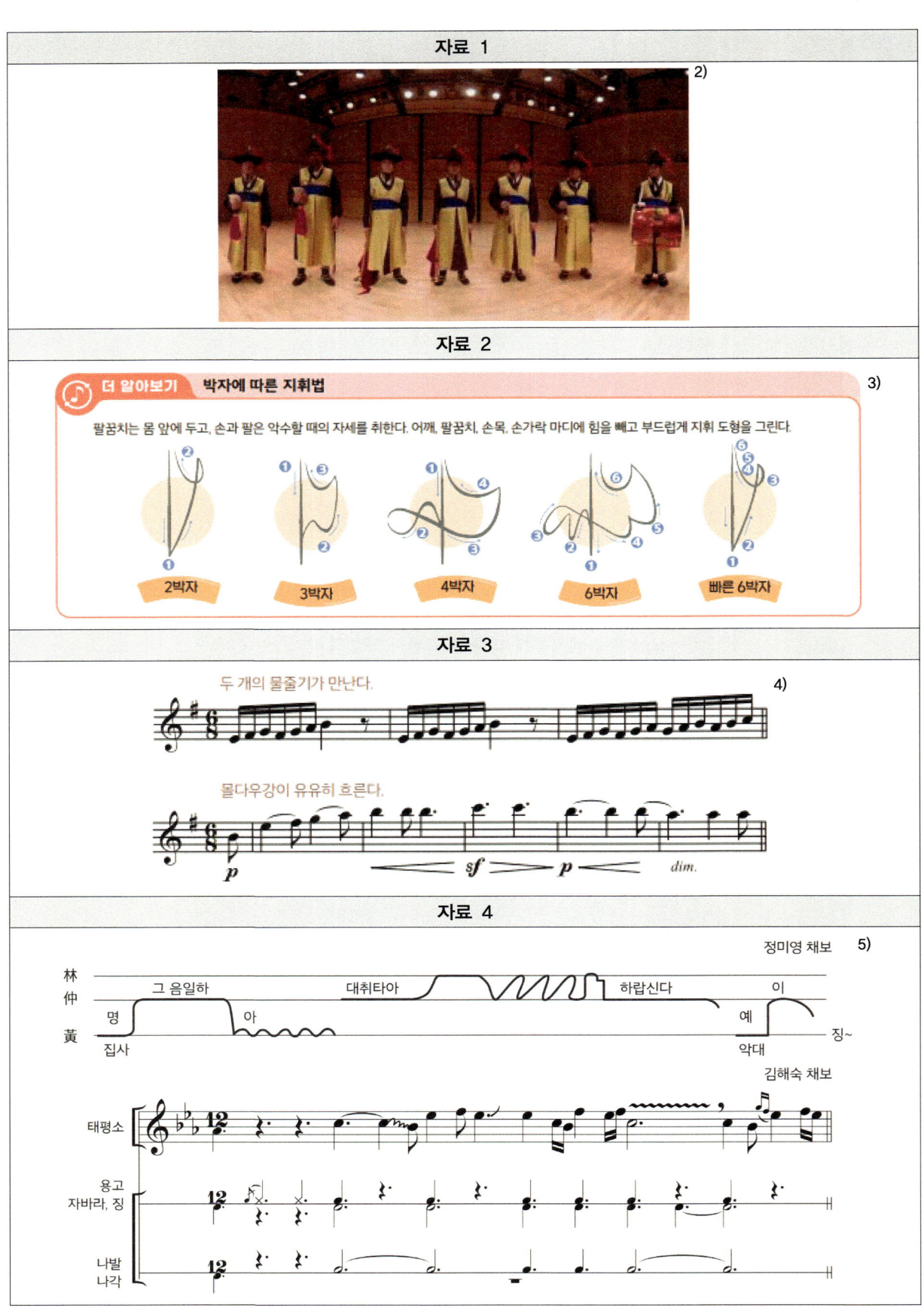

---

2) V020089 360° VR 영상: 국립국악원 - 대취타
3) 아침나라 2022 개정 교과서 중학교 음악 1 p. 18
4) 아침나라 2022 개정 교과서 중학교 음악 1 p. 75
5) 아침나라 2022 개정 교과서 음악 감상과 비평 p. 116

## 2026학년도 중등학교교사 임용후보자 2차 선정경쟁시험
# 지도안 및 수업능력 평가 (음악)

| 수험번호 | | 성명 | | 관리번호 | |
|---|---|---|---|---|---|

| 단원명 | 음악과 표현 |
|---|---|
| 학습 목표 | 1. 제재곡의 박자를 파악하고 적절한 도형으로 지휘할 수 있다.<br>2. 대취타의 구성을 이해하고, 여러 방법을 활용하여 표현할 수 있다. |

| 단계 | 교수·학습활동 | 자료 | 지도상의 유의점 |
|---|---|---|---|
| 도입 | • 전시학습 확인<br>- 여러 지휘 도형에 대해 확인한다.<br><br>• 동기유발 활동<br><br>〈응시자 작성부분 1〉<br><br><br><br><br><br><br><br>• 학습목표 제시<br>1. 제재곡의 박자를 파악하고 적절한 도형으로 지휘할 수 있다.<br>2. 대취타의 구성을 이해하고, 여러 방법을 활용하여 표현할 수 있다. | [자료 1] | |
| 전개 | 활동 1. 제재곡에 맞추어 지휘하기<br><br>〈응시자 작성부분 2〉<br><br>[지휘 연습 전략]<br>1.<br>2.<br>3. | [자료 2]<br><br>[자료 3] | - 질문과 성찰 과정을 통해 학생이 주도적으로 연습하고 발전할 수 있도록 한다. |

| | | | |
|---|---|---|---|
| | | | |
| | 활동 2. 대취타의 구성을 이해하고, 여러 방법으로 표현하기<br>1) 대취타의 악기 편성 살펴보기<br>- 대취타는 관악기, 타악기로 구성된다.<br>- 관악기에는 나발, 태평소, 나각, 타악기에는 징, 자바라, 용고가 있다.<br>2) 대취타의 구성을 이해하고 표현하기<br>〈응시자 작성부분 3〉 | [자료 1]<br><br>[자료 4] | - 자바라와 용고의 형태와 연주방법을 신체나 생활 도구를 활용하여 표현하도록 한다. |
| 정리 | 형성 평가를 진행한다.<br>〈응시자 작성부분 4〉<br><br>| 평가 요소 | 진술문 |<br>|---|---|<br>| A | |<br>| B | |<br>| C | |<br><br>• 오늘 배운 학습 내용을 정리한다.<br>• 인사 후, 수업을 마무리한다. | | |

〈수고하셨습니다.〉

## 15 실전 모의평가 15회

# 2026학년도 음악과 2차 수업 실연

[교수·학습조건]
1. 과목명: 음악 감상과 비평
2. 대상: 고등학교 2학년(남녀 혼합 24명)
3. 교실 기자재: 교사용 노트북, 빔 프로젝터, 학생용 노트북 24대
4. 수업시간: 50분
5. 단원 교수·학습계획

| 단원명 | 차시 | 주요 내용 및 활동 | 비고 |
|---|---|---|---|
| 함께하는 감상 | 1 | - 음악의 요소 분석하기<br>- 음악 정보 조사하기 | 모둠활동 |
| | 2<br>(본시) | - 다양한 방법을 통해 음악 감상하기<br>- 자신의 음악 재생목록 제작하기<br>- 음악 취향에 대한 비평문 작성하기 | |
| | 3 | - 자신의 음악 재생목록 발표하기<br>- 공유 플랫폼에 재생목록 업로드하기 | |

[지도안 작성 요령]
1. [응시자 작성부분 1]: 〈자료 1〉을 활용한 교수·학습활동을 작성하시오.
2. [응시자 작성부분 2]: 〈자료 2〉를 활용한 교수·학습활동을 작성하시오.
3. [응시자 작성부분 3]: 〈자료 3〉을 활용한 교수·학습활동을 작성하시오.
4. [응시자 작성부분 4]: 수업 활동에 대한 평가 문항을 작성하시오.
 - 평가 문항을 의문문으로 작성할 것

[수업 실연 조건]
1. 응시자 작성부분 중 1, 2, 3을 시연하시오.
2. [응시자 작성부분 1]: 〈자료 1〉을 활용하여 지도하시오.
 - 음악 감상의 각 유형에 대해 탐구할 수 있는 질문을 제시할 것
 - 제시한 질문을 중심으로 학습 활동을 구성할 것
3. [응시자 작성부분 2]: 〈자료 2〉를 활용하여 지도하시오.
 - 음악 재생목록을 만들 때 참고할 수 있는 음악 장르를 3가지 제시할 것
 - 학습 위계를 설정하여 디지털 협업 활동을 3가지 제시할 것
 - 음악 재생목록을 제작할 때 참고할 수 있는 교사의 작성 예시를 제시할 것
4. [응시자 작성부분 3]: 〈자료 3〉을 활용하여 지도하시오.
 - 음악 취향에 대한 비평 관점을 2가지 제시할 것
 - 학생이 작성한 비평문에 대한 교사의 피드백을 포함할 것

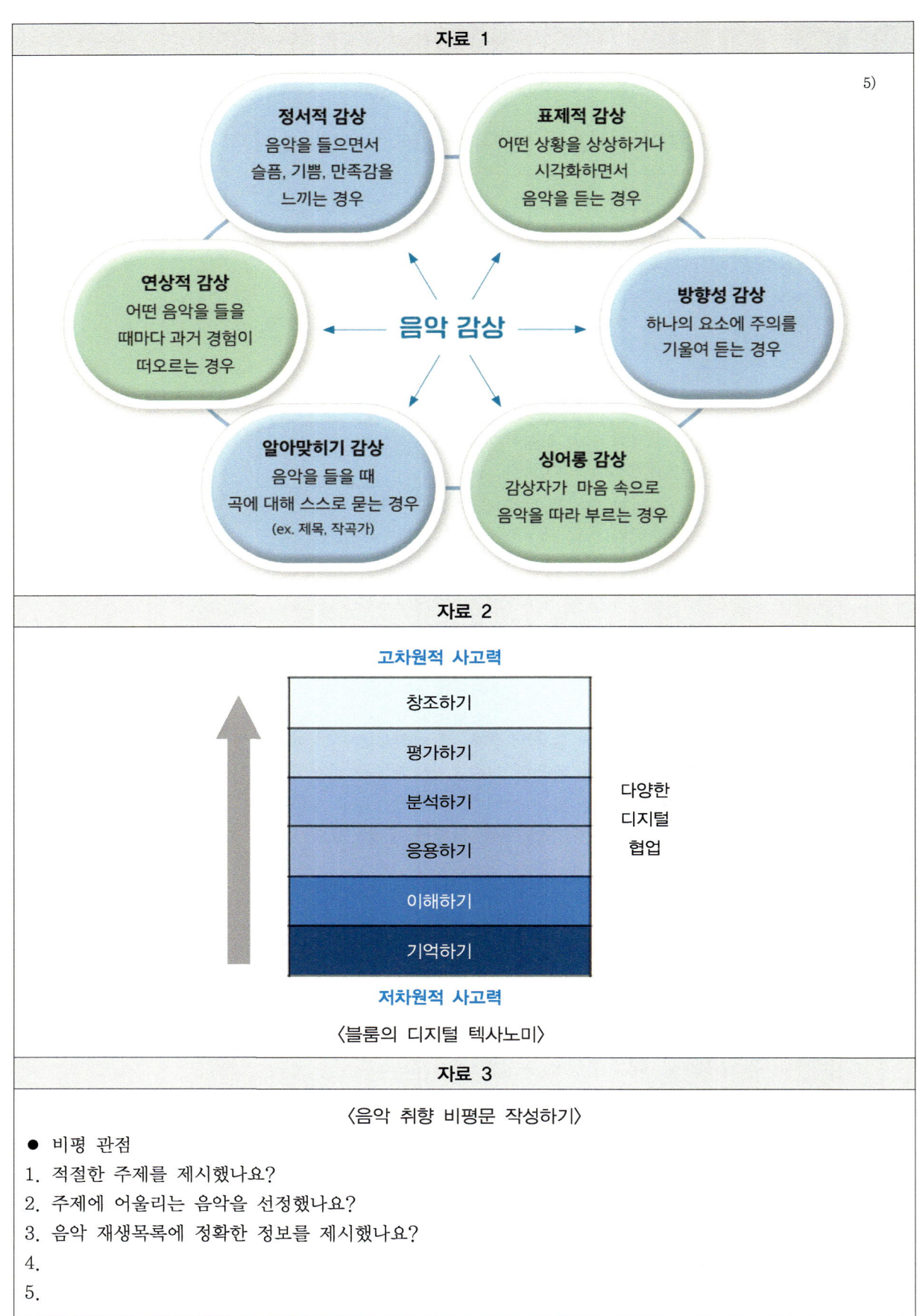

〈블룸의 디지털 텍사노미〉

자료 3

〈음악 취향 비평문 작성하기〉

● 비평 관점
1. 적절한 주제를 제시했나요?
2. 주제에 어울리는 음악을 선정했나요?
3. 음악 재생목록에 정확한 정보를 제시했나요?
4.
5.

---

5) 아침나라 2022 개정 교과서 음악 감상과 비평 p. 19

## 2026학년도 중등학교교사 임용후보자 2차 선정경쟁시험
# 지도안 및 수업능력 평가 (음악)

| 수험번호 | | 성명 | | 관리번호 | |
|---|---|---|---|---|---|

| 단원명 | 함께하는 감상 |
|---|---|
| 학습 목표 | 1. 음악 감상의 다양한 방법을 이해하고 감상할 수 있다.<br>2. 자신의 음악 취향을 반영한 음악 재생목록을 제작할 수 있다.<br>3. 음악 취향에 대한 비평문을 근거를 들어 논리적으로 작성할 수 있다. |

| 단계 | 교수·학습활동 | 자료 | 지도상의 유의점 |
|---|---|---|---|
| 도입 | • 전시학습 확인<br>- 지난 시간에 조사한 정보들을 다시 한번 살펴보도록 한다.<br><br>• 동기유발<br>- 자신이 가장 좋아하는 플레이리스트 채널을 발표해보도록 한다.<br><br>• 학습목표 제시<br>1. 음악 감상의 다양한 방법을 이해하고 감상할 수 있다.<br>2. 자신의 음악 취향을 반영한 음악 재생목록을 제작할 수 있다.<br>3. 음악 취향에 대한 비평문을 근거를 들어 논리적으로 작성할 수 있다. | | |
| 전개 | 활동 1. 다양한 방법을 통해 음악 감상하기<br><br>〈응시자 작성부분 1〉 | [자료 1] | - 탐구 질문을 토대로 학생들의 깊이 있는 사고를 자극할 수 있도록 한다. |
| | 활동 2. 자신의 음악 재생목록 제작하기<br><br>〈응시자 작성부분 2〉<br><br>[음악 장르 학습을 위한 디지털 협업 활동]<br>1. ○○ 하기:<br>2. ○○ 하기:<br>3. 창조하기: | [자료 2] | |

| | | |
|---|---|---|
| | | |

활동 3. 음악 취향에 대한 비평문 작성하기
1) 음악 재생목록의 주제를 선정한 이유를 설명한다.
2) 주제와 음악의 연관성에 대해 설명한다.
3) 자신의 음악 재생목록이 전달할 수 있는 음악적 가치에 대해 설명한다.

〈응시자 작성부분 3〉

[자료 3]

- 비평 관점에 알맞게 비평문을 작성할 수 있도록 지도한다.

**정리**

• 비평문에 대한 상호 평가를 진행한다.

〈응시자 작성부분 4〉

| 영역 | | 평가 문항 |
|---|---|---|
| 비평 | 1 | 음악 취향과 관련하여 주제를 적절히 제시하였는가? |
| | 2 | 주제와 음악의 연관성을 설명하였는가? |
| | 3 | 자신의 재생목록의 음악적 가치를 설명할 수 있는가? |
| | 4 | |
| | 5 | |

• 오늘 배운 학습 내용을 정리한다.
• 인사 후, 수업을 마무리한다.

〈수고하셨습니다.〉

# 제2장
# 내가 직접 만드는 SECRET 모의평가

지금까지 책 전반에 걸쳐 '평가자'의 입장을 고려해야 함을 계속해서 강조했다.

필자의 2차 시험 점수는 응시 지역인 경기 기준 96.77점이었다. 2차 점수만으로는 당시 경기 지역에서 가장 높았던 점수로 기억한다. 높은 점수를 받은 후 그 이유를 곰곰이 생각해보니, 준비하는 모든 과정에서 항상 '평가위원들은 어떻게 생각할까?'를 끊임없이 고민했다. 특히, 수업 실연을 준비하는데 있어 다른 사람들과 내가 달랐던 점은 강사 모의고사가 아닌 자체적으로 제작한 모의고사를 실연해보았던 것이다. 영역들 간의 공통된 부분을 계속해서 생각해보고 출제자라면 어떤 주제로 수험생들을 평가하고 싶을지 고민해보는 과정이 고득점에 큰 도움이 되었다.

어렵다고 생각할지도 모른다. 시간도 없는데 언제 문제까지 만드냐는 사람들도 있을 것이다. 물론이다. 평가자의 시선에서 문제를 만들어보는 것이 쉬운 길은 아니다. 하지만, 여기까지 공부한 사람들은 대부분 최종합격을 목전에 둔 사람들일 것이다. 한발 더 내딛으면 내가 그리던 음악 교사가 되어 나만의 행복한 음악수업을 꾸릴 수 있다. 그래도 하지 않을텐가?

지금부터 제시할 모의평가 제작 팁들은 앞서 〈3부. 수업 실연의 발전 - 1. 음악 수업 실연의 기출 경향〉에서 제안한 음악 교과 영역의 구분표를 토대로 각 영역들을 결합하는 필자의 노하우를 정리한 것이다.

### 음악 교과 영역의 구분

| 연번 | 기준 | 구분 | | | |
|---|---|---|---|---|---|
| 1 | 장르 | 국악 | 서양 클래식 | 세계 민요 | 대중 음악 |
| 2 | 지식 유형 | 지식, 이해 | | 과정, 기능 | 가치, 태도 |
| 3 | 실기 유형 | 가창 | 기악 | 창작 | 감상 |
| 4 | 교과목 | 음악 | 음악 감상과 비평 | 음악 연주와 창작 | 음악과 미디어 |
| 5 | 교육과정 영역 | 연주 | | 창작 | 감상 |

이제 본격적으로 필자가 제시하는 SECRET 모의평가 제작 팁을 알아보고, 영역 구분표를 참고하여 직접 문제를 만들어보자. 문제를 만들며 수업 실연에 대한 시각이 더욱 트일 것이다. 더불어, 자기가 제작한 문제를 스터디원과 교환하여 실연해보면 실전 연습에도 큰 도움이 될 것이다. 시간이 부족한 수험생들은 수업 주제를 추출하는 연습만이라도 꼭 해볼 것을 추천한다.

# 01 | 수업 주제 추출하기

### 1  국악과 서양음악(클래식)을 동일선상에서 비교할 수 있는 주제

 국악과 서양음악(클래식)은 우리나라 음악 교과 지식 체계의 뼈대를 이룬다. 역대 기출문제를 살펴보았을 때도 국악과 서양음악(클래식)의 공통된 요소들을 비교하며 수업 활동을 전개해나가는 식의 경향이 가장 많이 출제되었다. 두 영역 모두 전통적 음악 지식의 근본이고, 음악 교육계의 권위자들도 대부분 국악과 서양 클래식 음악 전공이기 때문이다.

 따라서 국악과 서양음악(클래식)을 동일선상에서 비교할 수 있는 주제는 가장 출제 가능성이 높은 주제라 할 수 있다. 국악과 서양음악(클래식)의 공통분모를 찾고, 이와 관련된 수업 주제를 추출해보자.

### 2  다양한 영역(연주, 감상, 창작)을 포괄할 수 있는 주제

 음악 수업은 연주, 감상, 창작 영역의 활동이 동시에 이루어진다. 노래를 부르는 가창 활동을 하더라도 먼저 노래를 감상해보고, 학생들의 생활에서 친숙한 노래를 제재곡으로 선정한다. 또한, 가창했던 곡을 기반으로 창작 활동을 진행하고 더욱 심도 있는 감상 주제를 끌어낼 수 있다. 하나의 주제로 연주, 감상, 창작 영역의 다양한 교수·학습활동이 가능한 소재를 찾아보자.

### 3  장르별 주요 제재곡들이 공통으로 가진 음악적 특징을 비교하는 주제

 음악의 3요소는 리듬, 선율, 화성이다. 구분이나 서술 형태의 미세한 차이는 있겠지만, 위 3가지 요소는 모든 장르의 음악에서 발견되는 공통적인 특징이다. 따라서, 장르가 다르다 하더라도 음악적 특징을 비교할 수 있는 경우가 많이 있다.

 여러 장르의 음악을 하나의 주제로 엮어 음악적 특징을 비교하는 수업 주제는 응시자의 교수 역량을 다방면에서 평가할 수 있다는 점에서 출제 가능성이 높다. 장르가 다르다 하더라도, 유사한 부분을 토대로 융합하여 수업할 수 있는 방안이 없을지 고민해보자.

### 4  타 과목과 융합 수업이 가능한 주제

 21세기를 관통하는 수업 트렌드를 꼽자면 단연 '융합'이다. 이전부터 융합은 교육계의 큰 화두였지만, 4차 산업혁명 시대를 지나며 그 중요성이 더욱 강조되고 있다. 특히나 타 과목과의 융합은 2022 개정 교육과정에서도 강조한 주요 방향이기에 더 눈여겨볼 필요가 있겠다.

 국어, 수학, 영어, 사회, 과학, 미술, 체육, 기술, 가정, 컴퓨터 등 다양한 교과목과 연결되어 있는 주제들을 주목하자.

### 5  핵심 개념을 토대로 가창, 기악, 창작 등의 실기 활동이 가능한 주제

 교과 핵심 개념에 대한 강조가 구시대적 교육의 산물이라고 오해해서는 안된다. 실제로 2022 개정 교육과정에서도 '핵심 아이디어의 전이'를 강조하듯이 교과의 근본을 이루는 핵심 개념에 대한 학습은 과거에도, 지금도, 미래에도 가장 중요한 사항이다.

 따라서 핵심 개념을 토대로 가창, 기악, 창작 등의 다양한 활동을 할 수 있는 주제를 눈여겨보아야 한다. 실제로 2021년 론도 형식을 기반으로 한 신체표현, 감상, 창작 활동이 수업 주제로 출제되었다. 핵심 개념을 중심으로 한 수업 주제가 등장하는 형태는 생소했기에 당황한 수험생들이 매우 많았고 체감 난이도도 높았다. 핵심 개념을 계속해서 강조하는 교육과정의 흐름을 고려할 때 충분히 출제될 수 있는 주제였음은 분명하다. 론도 외에도 핵심 개념과 함께 다양한 활동을 전개해나갈 수 있는 주제를 찾아보자.

## 02 | 문제 제작 방법

지금까지 자체 모의고사를 제작함에 있어 수업 주제를 어떤 방식으로 추출할 수 있는지 살펴보았다. 이제 어떠한 방법으로 문제를 제작하여야 하는지 본격적으로 알아보도록 하자.

### 1 교수·학습 조건

가장 먼저 등장하게 되는 '교수·학습 조건'에는 아래의 표와 같은 사항들이 차례로 제시된다.

| 교수·학습조건 제작 시 고려할 사항 | |
|---|---|
| 과목명 | - 음악<br>- 음악 감상과 비평, 음악 연주와 창작, 음악과 미디어 |
| 대상 | - 중학교 1~3학년<br>- 고등학교 1~3학년 |
| 교실 기자재 | - 다양한 교실 악기, 멀티미디어, 피아노, 장구, ICT 기기 등 |
| 수업 시간 | - 90분, 100분(블록타임제)<br>- 45분(중)<br>- 50분(고) |
| 단원명 | - 수업 주제와 관련된 단원명<br>- 간혹, 제시되지 않는 경우 있음 |
| 단원 교수·학습 계획 | - 본시 학습과 관련하여 전시 학습 내용 제시<br>- 간혹, 제시되지 않는 경우 있음 |

과목명의 경우, 음악 교과 중에서도 어떤 세부 과목인지 정확히 안내해주는 조건이다. 수업 실연은 수험생이 음악 교과 전체의 내용을 포괄적으로 가르칠 수 있는지 평가해야 하기에, 전체 영역을 아우르는 '음악' 과목이 출제될 가능성이 가장 높다. 다만, '음악 감상과 비평', '음악 연주와 창작', '음악과 미디어' 교과목 또한 2022 개정 교육과정에 신설된 후 한 번도 임용 시험에 등장하지 않았기에 연습해볼 필요는 있겠다.

대상은 중학교는 전체 학년, 고등학교는 3학년을 제외한 1~2학년 중 선택해보자. 그 중에서도 가장 출제 확률이 높은 대상은 중학교 3학년, 고등학교 1학년이다. 평균적으로 음악 수업을 가장 많이 하는 시기이기 때문이다.

교실 기자재의 경우 실연 주제와 관련된 악기가 주를 이루고, 멀티미디어, 피아노, 장구 등이 주로 제시된다. 더불어 디지털 역량을 강조하는 현 시점에서는 태블릿 PC나 스마트폰 등과 같은 ICT기기의 제시 가능성도 높아졌으니 잊지 말자.

수업시간은 90분·100분(블록타임제)이 채택될 가능성이 높다. 수업 실연은 음악 교과의 다양한 영역을 포괄하는 주제로 구성된다. 그렇기에 해당 주제와 관련하여 학습해야할 많은 개념과 활동들을 45-50분 만에 수업한다고 가정하기 어렵다. 되도록 90·100분의 블록타임제로 조건을 제시하고 이에 맞춰 문제를 구성해보자.

단원명과 단원 교수·학습계획이 제시될 경우, 단원명과 단원 교수·학습계획에만 등장하는 수업 상황을 꼼꼼히 체크해야 한다. 간혹 단원 교수·학습계획에서 등장했던 조건들이 구상지에 중복하여 제시되지 않아 놓치는 경우가 있기 때문이다. 실제 문제를 제작할 때도 구상지에만 제시되는 조건과 단원 교수·학습계획으로만 제시되는 조건을 적절히 나누어 배치하도록 한다. 수험생 입장에서는 실연 조건들을 빼먹지 않도록 한눈에 살펴볼 수 있게 제시해주길 바라겠으나, 실상의 수업 조건들은 조건지와 구상지에 나누어 제시될 수도 있다는 것을 잊지 말자.

### 2  지도안 작성 조건 / 수업 실연 조건

지도안 작성 조건의 경우, 교수·학습조건과 자료들을 활용하여 어떻게 수업 활동을 구성해야 하는지 상세한 가이드라인을 제시한다. 지도안이 없는 지역의 경우 수업 실연 조건이 실연 시간, 실연해야 할 부분, 자료 활용, 판서 방법 등을 제시한다.

지도안을 작성하는 지역에서 한 가지 주의해야 할 것은, 지도안 작성 이후 실연 직전에 주어지는 구상 시간에 새로운 조건들이 등장하는 경우이다. 이에 대비하여 문제 제작 시에도 실전과 가장 비슷한 상황을 가정하고 만들어야 한다. 이를테면, 지정하고자 하는 수업 상황을 지도안 작성 조건과 수업 실연 조건에 적절히 나누어 배치하는 방법이 있다. 이 방법을 통해 제작한 문제를 실연할 경우, 지도안 작성조건에 따라 지도안을 작성한 이후 새롭게 등장하는 수업 실연 조건 내용을 다시 살펴보고 수업을 구상해야 한다. 조건들을 적절하고 꼼꼼하게 배치하여, 실전과 가장 유사한 나만의 수업 실연 문제를 만들어보자.

### 3  수업자료

수업 실연에는 활용해야 할 다양한 수업 자료(악보, 그림 등)들이 제시된다. 일반적으로 4-5개 정도가 제시되지만, 자체 모의고사 제작에서는 수업자료를 찾는데 너무 많은 힘을 쏟을 필요는 없다. 우리의 목표는 출제가 아니라 실전 연습이기 때문이다. 주제와 관련된 1-2개의 자료를 제시하되, 이미 교과서에 수록되어있는 자료나 활동들을 적극 활용하면 시간을 절약할 수 있다.

### 4  구상지(지도안)

이제 구상지(지도안)를 만들어볼 차례이다.

# 2026학년도 중등학교교사 임용후보자 2차 선정경쟁시험
# 지도안 및 수업능력 평가 (음악)

| 수험번호 | | | | | | | | 성명 | | 관리번호 | |
|---|---|---|---|---|---|---|---|---|---|---|---|

| 단원 | |
|---|---|
| 학습목표 | 1.<br>2.<br>3. |

| 단계 | | 자료 | 지도상의 유의점 |
|---|---|---|---|
| 도입 | | | |
| 전개 | | | |
| 정리 | | | |

〈수고하셨습니다.〉

---

지도안의 평가 유무와 관계없이 위 양식과 유사한 구상지를 전 지역의 수험생들이 받아들게 된다. 여기서 눈여겨 볼 부분은 3가지다.

**첫째, 학습목표**
**둘째, 지도상의 유의점**
**셋째, 음영 처리된 부분(수업 실연에서 제외되는 부분)**

학습 목표는 해당 수업에서 학생들이 달성해야 하는 수업의 목표이기에 가장 중요한 실연 조건이다. 따라서, 문제를 제작할 때도 학습목표는 명시적 표현으로 확실하게 제시해주는 것이 좋다. 더불어, 학습목표가 제시되지 않을 가능성을 고려하여 1-2문제 정도는 직접 학습목표를 제시해보도록 문제지를 구성하는 것도 좋은 방법이다.

지도상의 유의점 또한 중요한 수업 실연 조건이다. 교수·학습의 전체적인 가이드라인 역할을 하기에 전반적으로 꼼꼼히 체크하며 실연에 반영해야 한다. 문제 제작 시에는 교수·학습 조건이나 지도안 작성 조건, 수업 실연 조건에서 제시하기 어려운 세부적인 지시 사항들을 지도상의 유의점으로 제시하면 된다. 예를 들면, 디지털 기기의 구체적인 활용 방법이나 모둠 구성방법 등이 있다. 또한, 최근의 교육 트렌드와 관련된 아이디어를 문제에 적용하고 싶을 때도 역시 지도상의 유의점을 활용하면 유용하다. 이를테면 '스마트폰 가상 악기 애플리케이션을 활용한다'와 같이 말이다.

음영 처리된 부분 또한 꼼꼼히 읽어보아야 하는데, 앞에서 제시되지 않은 수업의 조건 및 상황이 구상지의 음영 처리된 부분에서 갑자기 등장할 수 있기 때문이다. 필자의 경우, 해당 수업을 진행하기 위해 학생들이 이전에 반드시 배웠어야 할 개념이나 활동들을 주로 음영 부분에 제시하였다. 이는 수업의 절차상 꼭 필요한 지식이지만, 실연하기에는 애매한 개념들을 처리하는 일종의 문제 제작 팁이라 할 수 있겠다.

# 제3장
# FINAL TIP : 최종합격을 위해 실전에서 잊지 말아야 할 것들

지금까지 [최종합격을 위한 수업 실연 SECRET]을 모두 살펴보았다. 마지막으로 시험장에 들어가기 전 놓칠 수 있는 부분에 대한 소소한 팁을 준비해 보았다.

## 01 | 기존에 연습한 모의평가와 실제 시험에서 맞닥뜨린 문제의 구성이나 양식이 다르더라도 당황하지 말자.

실제로 매년 출제진들이 바뀌기에 수업 실연 문제의 구성이나 양식이 달라질 수 있다. 이를테면, 이전에는 수업 실연 조건으로 종합하여 한 번에 제시되었던 조건들이 올해는 지도상의 유의점과 실연 조건으로 나뉘어 제시될 수 있다. 또는 수업자료의 배치나 구상지의 양식과 크기가 달라질 가능성도 있다. 문제의 외형이 달라보여도 결국은 우리가 지금껏 연습해온 수업 실연과 다를 바 없음을 기억하자. 여러분들은 이미 훌륭한 수업 전문가이다.

## 02 | 생소한 주제나 개념이 등장했을 때는 기본에 다시 집중하자.

어떠한 수업 주제가 나오더라도 실전에서는 낯설게 느껴지기 마련이다. 이는 모든 수험생들이 똑같이 느끼는 감정이다. 당황하지 말고, 수업 실연의 기본 원리인 [문답법, 모델링, 활동 간의 연계]와 수업 실연의 기본 구성인 [인사 〉 동기 유발 〉 학습 목표 〉 개념 학습 〉 연주, 감상, 창작 활동 〉 정리]의 과정에 집중하자. 차분히 실연을 진행하다보면 어느새 나의 뛰어난 실력을 마음껏 펼치고 있을 것이다.

## 03 | 할까 말까 고민될 때는 하라!

그동안 쌓인 실력 덕분에 여러분들은 시험장에서 예상 외로(?) 훌륭한 수업 실연을 펼칠 것이다. 여기서 필자가 한 가지 더 바라는 것은, 할까 말까 고민되는 것이 있다면 무조건 하고 시험장을 나오라는 것이다. 임용 시험은 1년에 단 한번만 치러진다. 내가 하고 싶었던 재밌는 수업 멘트나, 활용하고자 했던 다양한 흥미 유발 아이디어들을 시험장에서 하지 못하고 나온다면 그 아쉬움은 길게 남을 것이다. 필자의 경우, 마지막 수업 나눔을 마치고 퇴장하라는 말을 들었을 때 망설여졌지만 결국 평가위원 분들에게 야심찬 한 마디를 내던졌다. "제가 경기 교사가 된다면, 열심히 발로 뛰며 학생들만을 위하는 훌륭한 음악 교사가 되겠습니다!" 평가위원 분들의 환한 웃음과 함께 나는 시험장을 빠져나올 수 있었다.

〈여러분들의 건승을 빌며, 동료 교사로 다시 만나게 될 날을 기다리겠습니다〉

# 에필로그

졸업을 목전에 둔 4학년 시절, 임용 시험을 준비하는 1년여의 기간 동안 바라보기만 해도 막막한 높은 산을 아둥바둥 올라가는 기분이었습니다. 범위가 제한되어 있지 않은 1차 시험을 준비하기 위해 이름도 몰랐던 수많은 개론서들을 공부했고, 노량진에 직접 방문해 일타라 불리는 강사의 현장 강의를 들어보기도 했습니다. 그렇게 정신없이 준비한 1차 시험이 마무리되고 남아있는 것은 최종합격을 위한 마지막 관문인 2차 시험이었습니다.

학부 과정을 거치며 민요, 단소, 범창범주 등의 실기는 수시로 연습해왔고, 면접의 경우도 시중에 출판된 책과 정보들을 통해 차근히 준비할 수 있었습니다. 가장 막막했던 것은 수업 실연이었습니다. 1차 시험을 준비하는 것처럼 사교육 강사의 커리큘럼만 따라가면 될 거라 생각했지만, 수업 역량이 전혀 발전하지 않는 것 같았습니다. 당시 따로 출간되는 음악 수업 실연 수험 서적도 전무한 상황이었습니다. 그래서 결단 끝에 스스로 문제를 제작하고 준비하였습니다.

수업은 교직의 근본을 이루는 교사의 가장 중요한 역량입니다. 그럼에도 불구하고, 많은 선생님들이 갈피를 잡지 못한 채 실연 준비에 어려움을 겪는 현실이 항상 안타까웠습니다. 그래서 예비 선생님들이 스스로의 힘으로 능력을 갈고 닦아 실연 평가를 준비할 수 있는 수험 서적을 만들고자 노력했습니다.

저자의 개인적인 생각과 경험을 토대로 제작했기에 다소 공감하기 어려운 부분들이 있을지도 모르겠습니다. 다만, 임용 시험을 처음 준비하더라도 본 책에서 제시한 과정들을 따라가기 위해 노력한다면 충분히 훌륭한 수업 실연을 펼칠 수 있을 것이라는 점은 자신합니다.

'공교육이 무너졌다'

요즘 교육 관련 기사들에 빠지지 않고 등장하는 주제입니다. 현장에 계신 많은 선생님들께서 공교육 신뢰 회복을 위해 노력하고 계시지만, 입시 위주의 우리나라 교육 현실을 극복하는 것은 참 쉽지 않습니다. 최근에는 교권과 관련한 이슈로 우리 사회 전체가 떠들썩하기도 했습니다. 이런 상황 속에 임용 시험을 준비하는 선생님들이 얼마나 불안한 마음일지 걱정됩니다. 하지만, 여전히 교직은 아이들과 함께하며 보람을 느낄 수 있고, 미래의 꿈과 희망을 키우는 숭고한 직업임은 변하지 않습니다. 미래 인재를 키우는 교육의 길에 귀한 첫 발걸음을 내딛으신 선생님들은 그 자체만으로 훌륭한 예비 선생님이십니다. 그 걸음을 끝까지 걸어나갈 수 있도록 응원하겠습니다.

마지막으로 근 1년 동안의 수험생활이 마무리되는 시기를 보내고 계실 선생님들에게 하고 싶은 말이 있습니다.

"선생님들은 이미 수업 전문가이십니다. 아이들을 생각하며 음악 교사가 되겠다고 다짐한 순간부터 자격을 갖추기 위해 노력한 인고의 시간들은 절대 배신하지 않습니다. 자신의 능력을 믿고, 미약하나마 이 책을 통해 조금씩 나아가시길 바랍니다. 음악을 사랑하는 인재들을 양성하는 동료 교사로 함께 만날 날을 기대하겠습니다. 최종 합격까지 건승을 빕니다. 화이팅!"

2025년 11월
저자 김범수

## 참고문헌

- 2015 개정 교과서 천재교과서 중학교 음악 ①
- 2015 개정 교과서 천재교과서 중학교 음악 ②
- 2015 개정 교과서 천재교과서 고등학교 음악
- 2015 개정 교과서 천재교과서 음악 감상과 비평
- 2022 개정 교과서 아침나라 중학교 음악 1
- 2022 개정 교과서 아침나라 중학교 음악 2
- 2022 개정 교과서 아침나라 고등학교 음악 감상과 비평
- 2022 개정 음악과 교육과정(국가교육과정 정보센터)
- 2023 경기교육 주요업무계획(경기도교육청)
- 에듀, 테크를 만나다(경기도교육청)
- 음악교육학 총론(학지사, 민경훈 외)
- 탐구-실행-성찰과정 프레임워크 2.0(경기도교육청)

# 모범답안

본 답안은 수업 흐름의 적절한 방향성에 대한 저자의 의견을 위주로 기술하였다. 실제 지도안은 본 답안에 제시된 방향에 더욱 구체적이고 창의적인 여러 하위 활동을 추가로 구성하여 작성하는 것을 추천한다.

## 1 기초 연습문제 – 활동 영역 별

1. 가창 ①  245
2. 가창 ②  247
3. 기악 ①  249
4. 기악 ②  251
5. 창작 ①  253
6. 창작 ②  255
7. 감상 ①  257
8. 감상 ②  259

## 2 복기 모의고사

1. 1회 (2018년도)  261
2. 2회 (2019년도)  263
3. 3회 (2020년도)  265
4. 4회 (2021년도)  267
5. 5회 (2022년도)  269
6. 6회 (2023년도)  271
7. 7회 (2024년도)  273
8. 8회 (2025년도)  275

## 3 실전 모의평가

1. 1회  277
2. 2회  279
3. 3회  281
4. 4회  283
5. 5회  285
6. 6회  287
7. 7회  289
8. 8회  291
9. 9회  293
10. 10회  295
11. 11회  297
12. 12회  299
13. 13회  301
14. 14회  303
15. 15회  305

# 1 기초 연습문제

## 1 가창 ① 모범답안

| 단원명 | | 우리나라 민요 | 지도 대상 | 중학교 2학년 | 차시 | 2/2차시 |
|---|---|---|---|---|---|---|
| 학습목표 | | \multicolumn{5}{l}{1. 육자배기 토리의 시김새를 살려 '강강술래'를 노래할 수 있다.<br>2. 긴·자진 형식을 이해하며 노래할 수 있다.} | |
| 학습단계 | | 교수-학습 활동 | | | 수업 자료 | 지도상의 유의점 |
| 도입 | 전시학습 확인 | - 지난 시간에 배운 우리나라 민요의 지역별 특징을 복습한다.<br>- 각 토리의 시김새를 손동작과 함께 연습해본다. | | | 태블릿 PC<br>[자료 2] | - 동기유발 시, 사전에 교과 홈페이지에 업로드한 강강술래 공연 영상을 참고하도록 한다. |
| 도입 | 동기유발 | - 모둠별로 노래에 맞추어 강강술래를 직접 춰본다.<br><응시자 작성부분 1><br>① 모둠별로 태블릿 PC를 활용하여 강강술래 영상을 시청한다.<br>② 모둠별로 강강술래 동작을 연습한다.<br>③ 교사의 장구 반주와 노래에 맞추어 강강술래를 춰본다.<br>④ 중모리 장단에 맞추어 노래하며 강강술래를 춰본다. | | | | |
| 도입 | 학습목표 제시 | - 본시 학습목표를 제시한다. | | | | |
| 전개 | 활동 1 | 1. 육자배기 토리의 시김새를 알아본다.<br><응시자 작성부분 2><br>1) 육자배기 토리의 다양한 시김새를 손동작으로 표현하기<br>① 육자배기 토리의 요성을 손동작으로 표현해본다.<br>② 육자배기 토리의 평성을 손동작으로 표현해본다.<br>③ 육자배기 토리의 퇴성을 손동작으로 표현해본다.<br>2) 육자배기 토리의 시김새를 가락선보로 표현하고 불러보기<br>① 강강술래의 일부 선율을 듣고, 음의 높낮이와 시김새에 유의하여 가락선으로 그려본다. 교사는 가락선보의 예시를 제시하여 학생들이 참고할 수 있도록 한다.<br>② 가락선보를 보며, 육자배기 토리의 시김새를 살려 불러본다. | | | [자료 1] | - [자료 1]에 제시된 오선보를 가락선보로 변형하여 지도한다. |
| 전개 | 활동 1 | 2. 육자배기 토리의 시김새를 살려 '강강술래'를 노래한다.<br> 1) 교사의 선창을 듣고 따라 부르며, '강강술래'의 노래 선율을 익힌다.<br> 2) 모둠별로 메기는 소리와 받는 소리의 역할을 나누어 '강강술래'를 불러본다.<br> 3) 메기는 소리와 받는 소리의 역할을 바꾸어 '강강술래'를 불러본다. | | | | |

| | | | | |
|---|---|---|---|---|
| | 활동 2 | 1. 긴·자진 형식에 대해서 알아본다.<br> 1) 긴·자진 형식의 의미를 알아본다.<br>  (1) 긴·자진 형식이란, 한배에 따른 형식 중 성악곡의 형태로 민요에서 느린 곡을 부른 후 빠른 곡으로 짝을 이루어 부르는 형식이다.<br> 2) '자진 강강술래'를 감상한다.<br>  (1) 강강술래 공연 영상을 통해 '강강술래'와 '자진 강강술래'가 연주되는 장면을 감상하고, 감상평을 학습지에 작성한다.<br>  (2) 모둠별로 긴·자진 형식으로 이루어진 다른 민요를 찾아 감상해본다. | | |
| | | 2. 중모리 장단과 자진모리 장단에 맞추어 '강강술래'와 '자진강강술래'를 노래한다. | 학습지 | - 장단을 익힐 때, 학생들은 무릎 장단을 활용하여 학습할 수 있도록 지도한다. |
| | | 〈응시자 작성부분 3〉<br><br>1) 중모리 장단과 자진모리 장단 익히기<br><br>| ⏀ | | ○ | ǃ | ǁ | ○ | ○ | | ○ | ǃ | ǁ |<br>| ⏀ | | ○ | | ○ | | | ○ | | |<br><br>① 교사의 장구 장단을 듣고, 장단의 흐름을 이해한다.<br>② 교사의 장구 장단과 함께 학생들은 무릎 장단을 활용하여 중모리 장단과 자진모리 장단을 직접 연주해보도록 한다.<br>2) 장단에 맞추어 강강술래 부르기<br>① 교사의 선창을 듣고, 따라 불러본다.<br>② 교사의 장구 장단에 맞추어 노래를 불러본다.<br>③ 직접 무릎 장단을 치며 노래해본다.<br>④ 모둠별로 한배의 변화에 유의하여 강강술래와 자진강강술래를 연습하고, 발표하는 시간을 가진다. | | |
| 정리 | 평가 | - 자기평가를 진행한다.<br><br>〈응시자 작성부분 4〉<br><br>| 영역 | 평가 내용 | 상 | 중 | 하 |<br>|---|---|---|---|---|<br>| 가창 | 시김새를 살려 노래할 수 있는가? | | | |<br>| | 변화하는 장단에 맞춰 노래할 수 있는가? | | | |<br>| 태도 | 적극적인 태도로 활동에 참여하였는가? | | | |<br>| | 모둠원들과 협력하며 활동하였는가? | | | | | 평가지 | |
| | 마무리 | - 인사 후, 수업을 마무리한다. | | |

## ② 가창 ② 모범답안

| 단원명 | 예술 가곡 | 지도 대상 | 고등학교 1학년 | 차시 | 2/2차시 |
|---|---|---|---|---|---|
| 학습목표 | | 1. 노랫말의 뜻을 살려 정확한 발음으로 노래 부를 수 있다.<br>2. 조바꿈에 유의하여 노래 부를 수 있다. | | | |
| 학습단계 | colspan="3" | 교수-학습 활동 | 수업 자료 | 지도상의 유의점 |

| 학습단계 | | 교수-학습 활동 | 수업 자료 | 지도상의 유의점 |
|---|---|---|---|---|
| 도입 | 전시학습 확인 | 〈응시자 작성부분 1〉<br><br>① 예술가곡의 특징에 대해 복습한다.<br>예술가곡은 낭만주의 시대에 등장하였으며, 시에 가락을 붙인 예술적인 노래로 피아노 반주의 역할이 중요해졌다.<br>② 슈베르트 '마왕'에 대하여 떠올려본다.<br>'마왕'에서 나타난 독일어 발음의 특징을 자유롭게 이야기한다. | ppt | |
| | 동기유발 | - 독일어 발음과 관련된 동영상을 시청한다.<br>- 조바꿈(전조)이 일어나는 음악을 감상한다. | | |
| | 학습목표 제시 | - 본시 학습목표를 제시한다. | | |
| 전개 | 활동 1 | 1. 독일어의 발음에 대해 알아본다.<br> 1) 모음과 자음의 발음을 구분하고 말해본다.<br> 2) '그대를 사랑해' 독일어 가사를 한글 발음으로 적어본다.<br><br>2. '그대를 사랑해'의 원어 발음을 익히고, 뜻을 이해하며 정확한 발음으로 노래한다.<br><br>〈응시자 작성부분 2〉<br><br>1) '그대를 사랑해'의 원어 발음 익히기<br>① 자신이 유추한 발음을 토대로 모둠원들과 함께 '그대를 사랑해'의 원어 발음을 생각해본다.<br>② [자료 2]를 통해 정확한 원어 발음을 확인한다.<br>③ '그대를 사랑해'를 감상하며 원어로 어떻게 노래하는지 확인해보도록 한다.<br><br>2) 원어의 뜻을 이해하며 정확한 발음으로 노래하기<br>① 원어 발음을 살려 '그대를 사랑해'를 노래한다.<br>② 번역 애플리케이션을 활용하여 원어의 뜻을 알아본다.<br>③ 노랫말의 뜻을 살려 정확한 발음으로 노래할 수 있도록 교사의 피아노 반주에 맞춰 연습해본다. | [자료 1]<br>[자료 2] | - [자료 1], [자료 2]를 활용하여 '그대를 사랑해'의 독일어 발음을 지도한다. |

| | | | | |
|---|---|---|---|---|
| | 활동 2 | 1. 조바꿈의 의미와 원리에 대해서 알아본다.<br>　1) 조바꿈의 의미를 설명한다.<br>　2) 같은 음악의 조가 바뀌었을 때, 어떤 변화된 느낌이 나는지 자유롭게 발표한다.<br><br>2. 관계조에 대해서 알아본다.<br>　1) 관계조의 특징을 알아본다.<br>　2) 모둠별로 제시된 조성에 관계되는 딸림조, 같은으뜸음조, 나란한조, 버금딸림조를 찾아본다.<br>　3) [자료 3]과 같은 형태의 도식으로, 찾은 조성을 정리한다.<br><br>3. '그대를 사랑해'에서 조바꿈되는 부분을 찾아보고, 이에 유의하여 노래한다.<br><br>〈응시자 작성부분 3〉<br><br>1) 조바꿈되는 부분을 찾아 분석하기<br>① 모둠별로 [자료 2]의 악보에서 조바꿈되는 부분을 찾아 어떠한 조성으로 변화하였는지 토의한다.<br>② [자료 3]을 통해 관계조로의 조성 변화를 파악한다.<br>2) 조바꿈에 유의하여 노래하기<br>① 바장조에서 다장조로 조성이 변화하는 부분에 유의하며 노래한다.<br>② 바장조에서 내림나장조로 조성이 변화하는 부분에 유의하며 노래한다.<br>③ 조성 변화 시, 음정을 맞추기 어려운 부분을 모둠원들과 함께 연습해본다. | [자료 3] | - [자료 3]을 활용하여 학생들이 조바꿈과 관계조에 대하여 학습할 수 있도록 지도한다. |
| | 활동 3 | - '그대를 사랑해'를 교사의 피아노 반주에 맞추어 노래한다. | 피아노 | |
| 정리 | 평가 | - 모둠별로 상호평가를 진행한다.<br><br>〈응시자 작성부분 4〉<br><br>| 영역 | 평가 내용 | 상 | 중 | 하 |<br>|---|---|---|---|---|<br>| 가창 | 정확한 발음으로 노래할 수 있는가? | | | |<br>| | 노랫말의 뜻을 살려 노래할 수 있는가? | | | |<br>| 태도 | 모둠원끼리 협력하며 활동하였는가? | | | | | 평가지 | - 평가 시, 제시된 평가지의 기준에 따라 평가할 수 있도록 지도한다. |
| | 정리 | - 오늘 배운 학습내용을 정리한다. | | |
| | 마무리 | - 다음 시간에 배울 제재곡을 예고한다.<br>- 인사 후, 수업을 마무리한다. | | |

## ③ 기악 ① 모범답안

| 단원명 | 연주의 즐거움 | 지도 대상 | 중학교 2학년 | 차시 | 3/4-4/4차시 |
|---|---|---|---|---|---|
| 학습목표 | 1. 바른 자세와 연주법으로 리코더를 연주할 수 있다.<br>2. 성부의 조화를 살려 소프라노 리코더로 2중주할 수 있다.<br>3. 다양한 악기들의 어울림을 느끼며 합주할 수 있다. | | | | |

| 학습단계 | | 교수-학습 활동 | 수업 자료 | 지도상의 유의점 |
|---|---|---|---|---|
| 도입 | 전시학습 확인 | - 지난 시간에 연습한 악기에 어떤 것들이 있었는지 떠올려본다.<br>- 모둠별로 준비된 악기들을 연주해보며, 다양한 교실 악기들의 음색을 들어본다. | 연주영상 | |
| | 동기유발 | - 소프라노 리코더 연주 영상을 감상한다. | | |
| | 학습목표 제시 | - 본시 학습목표를 제시한다. | | |
| 전개 | 활동 1 | 리코더의 올바른 연주법과 자세를 알아보고 연주해본다.<br><br>〈응시자 작성부분 1〉<br><br>1) 텅잉 주법 알아보기<br>① 혀끝을 윗잇몸에 댔다 떨어뜨리는 '두-' 발음을 연습한다.<br>② '두-' 발음을 유지하며 리코더를 입술에 붙이는 방식으로 텅잉 주법을 연습해본다.<br>③ 이음줄 없이 음을 부드럽게 끊어 연주하는 포르타토와 이음줄이 있을 때 음을 이어 연주하는 레가토를 연습해본다.<br><br>2) 리코더 연주의 올바른 자세 알아보기<br>① 리코더의 취구를 얇게 물고, 힘을 빼고 양손으로 살짝 잡는다.<br>② 올바른 자세를 유지하며, 리코더의 다양한 텅잉주법(논 레가토, 레가토, 포르타토, 스타카토)을 연습해본다. | [자료 1]<br>소프라노 리코더 | |
| | 활동 2 | 1. 소프라노 리코더의 운지법을 익힌다.<br> 1) 사장조 음계의 스케일을 연주해본다.<br> 2) 제재곡 '봄'에서 반음 올려(#) 연주해야 하는 음에 유의하여 연주해본다.<br><br>2. 성부의 조화를 살려 소프라노 리코더로 2중주 한다.<br><br>〈응시자 작성부분 2〉<br><br>1) 성부를 나누어 연습하기 | [자료 2] | |

|  |  | ① 1-3모둠은 윗성부, 4-6모둠은 아랫성부로 나누어 정확한 운지와 주법으로 제재곡의 선율을 연습한다. |  |  |
|  |  | ② D.S(달세뇨), Fine(피네) 등 연주기호에 유의하여 연습한다. |  |  |
|  |  | ③ 숨표와 빠르기, 셈여림 등 다양한 악상기호를 살려 연습한다. |  |  |
|  |  | ④ 교사의 시범연주에 맞추어 같은 성부를 맡은 모둠끼리 합주해보도록 한다. |  |  |
|  |  | 2) 성부의 조화를 살려 2중주하기 |  |  |
|  |  | ① 자신이 맡은 성부의 선율을 교사의 지휘에 맞추어 연주한다. |  |  |
|  |  | ② 교사는 학생들이 다른 성부의 선율을 듣고 음악의 조화를 느끼며 연주할 수 있도록 지도한다. |  |  |
|  | 활동 3 | 다양한 교실악기와 리코더를 활용하여 합주한다.<br><br>〈응시자 작성부분 3〉<br><br>1) 다양한 교실악기 알아보기<br>① 각 악기들의 외형을 보고 연주법과 음색을 유추하여 자유롭게 의견을 이야기한다.<br>② 각 악기의 연주를 들어보고, 악기들의 명칭을 알아본다.(멜로디언, 글로켄슈필, 트라이앵글, 우드블록)<br>2) 음악의 흐름에 맞는 적절한 리듬을 만들고 연주하기<br>① 트라이앵글과 우드블록의 음색을 고려하여 모둠별로 제재곡에서 어떤 부분에 연주하면 좋을지 토의한다.<br>② 트라이앵글과 우드블록을 연주할 부분의 박자를 고려하여 적절한 $\frac{4}{4}$박자 리듬을 창작한다.<br>③ 모둠원끼리 소프라노 리코더, 멜로디언, 글로켄슈필, 트라이앵글, 우드블록의 역할을 나눈다.<br>④ 모둠별로 합주 연습을 진행한다. | [자료 2]<br>[자료 3] | - 악기들의 명칭을 구분할 수 있도록 지도한다.<br>- 리듬악기의 경우, 음악의 흐름에 맞추어 적절한 리듬을 창작하고 연주할 수 있도록 지도한다. |
| 정리 | 발표 | - 모둠별로 합주 발표를 진행한다. |  |  |
|  | 평가 | - 모둠별 상호평가를 진행한다. |  |  |
|  | 마무리 | - 다음 시간에 배울 악기에 대해 설명한다.<br>- 인사 후, 수업을 마무리한다. |  |  |

## 4 기악 ② 모범답안

| 단원명 | 장구 연주하기 | 지도 대상 | 중학교 3학년 | 차시 | 2/2차시 |
|---|---|---|---|---|---|
| 학습목표 | 1. 굿거리장단을 장구로 연주할 수 있다.<br>2. 여러 가지 장단꼴을 활용하여 굿거리장단의 변형 장단을 만들 수 있다.<br>3. 굿거리장단의 변형 장단을 장구로 연주할 수 있다. | | | | |
| 학습단계 | | 교수-학습 활동 | | 수업 자료 | 지도상의 유의점 |
| 도입 | 전시학습 확인 | - 장구의 올바른 자세와 주법에 대해 떠올려본다.<br>- 장구의 구조와 부호에 대해 떠올려본다.<br>- 교사의 장구 반주에 맞추어 풍년가를 불러본다. | | | - 동기유발 시, 다양한 미디어(그림, 영상, 음원 등) 자료를 활용하여 지도한다. |
| | 동기유발 | 〈응시자 작성부분 1〉<br>① 조선시대 풍류를 즐기는 모습이 담겨있는 여러 그림에서 장구를 찾아 표시해보도록 한다.<br>② 장구의 역사적 배경과 구조에 대한 다큐멘터리 영상을 시청하고, 모둠원들과 장구에 대해 자유롭게 이야기한다.<br>③ 삼도설장구 가락 음원을 감상해보고, 자신이 느낀 점을 모둠원들과 자유롭게 이야기한다. | | | |
| | 학습목표 제시 | - 본시 학습목표를 제시한다. | | | |
| 전개 | 활동 1 | 1. 굿거리장단에 대해 알아본다.<br> 1) 굿거리장단의 기본 장단을 살펴본다.<br>  (1) 굿거리장단의 장구보를 살펴본다.<br>  (2) 굿거리장단의 구조를 이해한다.<br>   - 굿거리장단은 3소박이 4개 모여 한 장단을 이룬다.<br>   - 굿거리장단은 1번째 박과 9번째 박에 장단의 세가 있다.<br>2. 굿거리장단을 장구로 연주한다.<br> 1) 교사의 장구 연주에 맞추어 무릎장단을 쳐본다.<br> 2) 모둠별로 1개씩 비치된 장구를 활용해 번갈아가며 굿거리장단을 직접 연주해본다. | | [자료 1] | |
| | 활동 2 | 1. 여러 가지 장단꼴을 활용해 굿거리장단의 변형 장단을 만든다.<br><br>〈응시자 작성부분 2〉<br>교사의 굿거리 변형 장단 예시<br><br>\| ⓛ \| Ⅰ \| ○ \| ¡ \| ○ \| ⋮ \| ○ \| Ⅰ \|<br>\| ⓛ \| ¡ \| ○ \| ⋮ \| ○ \| Ⅰ \| Ⅰ \| ○ \| | | [자료 2]<br>[자료 3] | - 변형 장단을 만들 때, 모둠원들이 협동하여 학습할 수 있도록 지도한다. |

| | | | | |
|---|---|---|---|---|
| | | 1) 장단의 풀고 맺음 이해하기 | | |
| | | ① 굿거리 장단과 변형 장단의 연주를 들으며 장단 가락의 풀고 맺음을 느껴본다. | | |
| | | ② [자료 3]의 장단 유형을 장단 중간 부분에 넣을 수 있는 유형과 장단의 마지막 부분에 넣을 수 있는 유형으로 구분한다. | | |
| | | 2) '풍년가'에 맞추어 굿거리 장단의 변형 장단 만들기 | | |
| | | ① 모둠원과 함께 '풍년가'의 흐름에 맞추어 [자료 2]의 빈 부분에 들어갈 변형 장단을 창작한다. | | |
| | | ② 창작한 장단이 음악의 흐름에 적절한지 토의한다. | | |
| | | 2. 창작한 굿거리장단의 변형 장단을 무릎장단으로 연주해본다.<br> 1) 모둠별로 창작한 장단을 발표한다.<br> 2) '풍년가'에 맞추어 자신의 모둠이 창작한 변형 장단을 무릎장단으로 연주해본다. | | |
| | 활동 3 | 굿거리장단의 변형 장단을 장구로 연주해본다. | [자료 2]<br><br>[자료 3] | |
| | | 〈응시자 작성부분 3〉 | | |
| | | 1) 장구 연주법 익히기 | | |
| | | ① 장구의 궁편은 왼손, 채편은 열채로 잡는다. | | |
| | | ② 열채는 주먹을 쥐듯 잡되, 새끼손가락 쪽이 약간 벌어지도록 가볍게 잡는다. | | |
| | | 2) 굿거리장단의 변형 장단을 장구로 연주하기 | | |
| | | ① 정확한 주법으로 장단 기호에 맞게 연주한다. | | |
| | | ② 장단의 강세와 흐름을 살려 연주한다. | | |
| | | ③ 직접 장구로 반주하며 '풍년가'를 불러본다. | | |
| 정리 | 평가 | - 자기평가를 진행한다. | | |
| | | 〈응시자 작성부분 4〉 | | |
| | | <table><tr><th>영역</th><th>평가 내용</th><th>상</th><th>중</th><th>하</th></tr><tr><td rowspan="2">연주</td><td>올바른 자세와 주법으로 연주하는가?</td><td></td><td></td><td></td></tr><tr><td>장단의 강세와 흐름을 표현할 수 있는가?</td><td></td><td></td><td></td></tr><tr><td rowspan="2">태도</td><td>적극적인 태도로 활동에 임하였는가?</td><td></td><td></td><td></td></tr><tr><td>모둠원과 협력적인 태도로 활동하였는가?</td><td></td><td></td><td></td></tr></table> | | |
| | 마무리 | - 다음 시간에 배울 악기에 대해 설명한다.<br>- 인사 후, 수업을 마무리한다. | | |

## 5 창작 ① 모범답안

| 단원명 | 우리가 만드는 음악 | 지도 대상 | 중학교 2학년 | 차시 | 2/2차시 |
|---|---|---|---|---|---|
| 학습목표 | 1. 다양한 화음을 이해하고 설명할 수 있다.<br>2. 주어진 리듬꼴과 화음을 활용하여 한도막 형식의 가락을 창작할 수 있다.<br>3. 애플리케이션을 활용하여 모둠별로 창작한 음악을 발표할 수 있다. | | | | |
| 학습단계 | | 교수-학습 활동 | | 수업 자료 | 지도상의 유의점 |

| 학습단계 | | 교수-학습 활동 | 수업 자료 | 지도상의 유의점 |
|---|---|---|---|---|
| 도입 | 전시학습 확인 | - 음표와 쉼표의 종류를 떠올려본다.<br>- 지난 시간에 창작한 리듬꼴을 박수치기로 복습한다. | | |
| | 동기유발 | 〈응시자 작성부분 1〉<br><br>① [자료 1]의 초상화를 보고 어떤 음악가인지 맞춰보도록 한다.<br><br>② 각 음악가의 생애와 작품에 대해 자유롭게 이야기한다.<br><br>- 모차르트: 음악의 신동, 오페라 〈마술피리〉<br><br>- 베토벤: 음악의 성인(악성), 교향곡 〈운명〉<br><br>- 윤이상: 동양의 철학 및 국악의 음향을 최초로 서양 음악과 결합, 가곡 〈달무리〉 | [자료 1] | |
| | 학습목표 제시 | - 본시 학습목표를 제시한다. | | |
| 전개 | 활동 1 | 1. 화음의 종류에 대해 알아본다.<br> 1) 3화음에 대해 알아본다.<br>  (1) 3화음의 의미를 살펴본다.<br>  (2) 주요 3화음과 부 3화음에 대해 알아본다.<br> 2) 딸림7화음에 대해 알아본다.<br><br>2. 마침꼴의 종류에 대해 알아본다.<br><br>〈응시자 작성부분 2〉<br><br>1) 마침꼴 이해하기<br><br>① 마침꼴이란, 악곡이나 악구를 마칠 때 쓰는 화음의 연결법을 말한다.<br><br>② 다양한 악곡의 마침꼴을 들어본다.<br><br>2) 마침꼴의 종류 알아보기<br><br>① 바른마침, 벗어난 마침, 반마침의 진행을 들어본다.<br><br>② 각 마침꼴의 느낌을 이야기해본다.<br><br>③ 각 마침꼴의 화음 진행에 대해 알아본다. | | |

| | | | | |
|---|---|---|---|---|
| | 활동 2 | 1. 악곡의 구성과 한도막 형식에 대해 알아본다.<br> 1) 악곡은 2마디의 동기, 4마디의 작은 악절, 8마디의 큰 악절로 이루어진다.<br> 2) 한도막 형식은 작은 악절(4마디) 2개로 이루어진 8마디의 형식이며, 보통 민요나 동요에서 쓰인다.<br> 3) 한도막 형식의 4마디는 반마침, 8마디는 바른마침을 활용하는 경우가 많다.<br>2. 지난 시간에 창작한 리듬꼴을 바탕으로 제작한 리듬카드를 활용하여 한도막 형식의 가락을 창작한다.<br>〈응시자 작성부분 3〉<br>1) 각 마디의 화음과 구성음 파악하기<br>2) 리듬카드를 활용하여 한도막 형식의 가락 창작하기<br>① 각 마디에서 활용할 리듬카드를 선정한다.<br>② 교사의 창작 예시를 참고하되, 다양한 리듬꼴과 음정을 음악의 흐름에 맞게 조합하여 작곡한다.<br><br>I(으뜸화음) IV(버금딸림화음) I(으뜸화음) V(딸림화음)<br>I(으뜸화음) (자유 창작 화음) V7(딸림7화음) I(으뜸화음)<br><br>③ 음표의 기보가 올바른지 확인하고 보완한다. | [자료 2]<br>[자료 3] | |
| | 활동 3 | 스마트폰 애플리케이션을 활용하여 창작한 가락을 발표한다.<br>〈응시자 작성부분 4〉<br>1) 모둠별로 한도막 형식의 가락 만들기<br>각자 창작한 가락을 적절하게 조합하여 모둠별 가락을 만든다.<br>2) 스마트폰 애플리케이션에 가락 입력하기<br>① '오선 악보 그리기' 앱을 활용하여 창작한 가락을 입력한다.<br>② 가락을 입력할 때에는 모둠원들이 협력하여 창작한 가락의 구성과 가장 유사한 형태로 입력할 수 있도록 한다.<br>3) 스마트폰 애플리케이션으로 오디오 편집하기<br>① 입력한 선율을 오디오로 송출한다.<br>② 송출된 오디오를 다양한 아이디어를 활용해 녹음·편집한다.<br>4) 스마트폰 애플리케이션으로 창작한 모둠별 가락 발표하기<br>5) 상호 평가지를 통해 각 모둠의 가락 평가해보기 | [자료 4] | - 모둠원들이 서로 협력하여 창작한 가락을 애플리케이션에 입력할 수 있도록 한다. 발표가 끝난 후에는 상호평가를 진행한다. |
| 정리 | 마무리 | - 다음 시간에 배울 악기에 대해 설명한다.<br>- 인사 후, 수업을 마무리한다. | | |

## 6 창작 ② 모범답안

| 단원명 | 창작민요 만들기 | 지도 대상 | 고등학교 1학년 | 차시 | 2/2차시 |
|---|---|---|---|---|---|
| 학습목표 | 1. '학교 생활'을 주제로 창작민요의 가사를 만들 수 있다.<br>2. 육자배기 토리에 맞추어 창작한 민요 가락을 정간보로 기보할 수 있다.<br>3. 모둠별로 창작한 민요를 노래할 수 있다. | | | | |

| 학습단계 | | 교수-학습 활동 | 수업 자료 | 지도상의 유의점 |
|---|---|---|---|---|
| 도입 | 전시학습 확인 | 지난 시간에 배운 우리나라 민요의 토리별 특징을 복습한다.<br><응시자 작성부분 1><br>① 토리별 음계 복습하기<br>짝과 함께 토의하여 [자료 1]의 선율을 보고 육자배기 토리, 메나리 토리, 경토리, 수심가 토리의 음계를 유추해본다.<br>② 토리별 시김새 복습하기<br>- 육자배기 토리의 요성, 퇴성을 알아본다.<br>- 메나리 토리의 하행 선율을 알아본다.<br>- 수심가 토리의 잘게 떠는 요성을 알아본다.<br>③ 각 토리의 음계와 시김새를 배움 노트에 정리한다. | [자료 1] | - 토리별 음계와 시김새의 특징을 중점적으로 학습할 수 있도록 지도한다. |
| | 동기유발 | - 이전년도에 제작한 'OO고등학교 창작민요 발표회'의 연주영상을 함께 감상한다. | | |
| | 학습목표 제시 | - 본시 학습목표를 제시한다. | | |
| 전개 | 활동 1 | 1. 학생들이 학교에서 겪는 다양한 경험 생각해보기<br> 1) 자신이 학교에서 가장 즐거웠던 경험 떠올려보기<br> 2) 모둠원들과 함께 학교 생활을 주제로 이야기 나누기<br>2. 학교생활을 주제로 한 민요 가사 창작하기<br> 1) 학교생활을 잘 나타내는 키워드 꼽아보기<br> 2) 키워드를 활용하여 적당한 음절의 가사 만들기<br> 3) 모둠원들과 협력하여 우리 모둠의 창작 민요 가사 만들기 | | |
| | 활동 2 | 1. 12율명에 대해 알아보기<br><응시자 작성부분 2><br>1) 12율명 이해하기<br>① 전통 국악에 사용되는 음을 '율'이라고 하며, 국악에 사용되는 12개의 율에 이름을 붙여 '12율명'이라 한다.<br>② 12율명을 악보에 표기할 때는 첫 자만 기록한다.<br>2) 음역에 따른 율의 구분 알아보기 | [자료 2] | |

| | | | | |
|---|---|---|---|---|
| | | ① 음역에 따라 배성, 중성, 청성으로 나뉘며, 중성을 기준으로 한 옥타브 아래를 배성, 한 옥타브 위를 청성이라 한다. | | |
| | | ② 청성은 앞에 삼수변(氵), 배성은 사람인변(亻)을 붙인다. | | |
| | | 3) [자료 2]의 빈칸에 각 12율명의 청성과 배성 적어보기 | | |
| | | 2. 민요 가락 카드를 활용하여 모둠별로 육자배기 토리의 창작민요 만들기 | [자료 3] | – 민요 가락 카드의 선율과 박자에 적합한 율명과 장단을 사용하여 정간보에 기보할 수 있도록 한다. |
| | | 〈응시자 작성부분 3〉 | | |
| | | 1) 민요 가락 카드를 활용하여 8마디의 민요 선율 만들기 | | |
| | | ① 2마디, 5마디에는 앞 선율과 같은 가락 또는 비슷한 가락 카드를 활용한다. | | |
| | | ② 8마디에는 평으로 내는 소리를 활용하여 종지한다. | | |
| | | 2) 창작한 선율에 적합한 장단 선정하기 | | |
| | | ① 민요 가락 카드에 제시된 박자표에 적절한 장단이 무엇인지 모둠별로 토의해본다. | | |
| | | ② 세마치 장단에 맞추어 정간보를 그린다. | | |
| | | 3) 창작한 민요 선율을 정간보에 기보하기 | | |
| | | ① 12율명을 활용하여 창작한 민요 선율을 정간보에 기보한다. | | |
| | | ② 창작한 가사를 정간보에 기보한다. | | |
| | 활동 3 | 1. 창작민요 연습하기<br> 1) 모둠별로 창작한 민요를 불러본다.<br> 2) 모둠 구성원들과 어떤 방식으로 발표할지 토의한다.<br>2. 모둠별 창작 민요 발표하기<br> 1) 모둠별로 창작한 민요를 발표한다.<br> 2) 투표를 통해 창작민요 발표회에서 연주할 모둠을 선정한다. | | |
| 정리 | 평가 | – 자기평가를 진행한다. | | |
| | | 〈응시자 작성부분 4〉 | | |
| | | | | |
| | 마무리 | – 다음 시간에 진행할 창작민요 발표회에 대해 안내한다.<br>– 인사 후, 수업을 마무리한다. | | |

| 영역 | 평가 내용 | 상 | 중 | 하 |
|---|---|---|---|---|
| 창작 | 학교생활을 주제로 선율에 적절한 음절의 가사를 만들 수 있는가? | | | |
| | 창작한 선율을 정간보에 올바르게 표기할 수 있는가? | | | |
| 태도 | 적극적인 태도로 모둠활동에 임하였는가? | | | |
| | 상호 존중하는 태도로 다른 모둠의 발표를 경청하였는가? | | | |

## 7 감상 ① 모범답안

| 단원명 | 음악 감상의 세계 | 지도 대상 | 고등학교 1학년 | 차시 | 1차시 |
|---|---|---|---|---|---|
| 학습목표 | 1. 헨델의 "메시아" 중 '할렐루야'를 감상하고, 오라토리오의 특징에 대해 설명할 수 있다.<br>2. 소리의 다양한 어울림을 구별하며 음악을 감상할 수 있다.<br>3. 역사·문화적 배경과 관련지어 바로크 음악의 특징을 설명할 수 있다. | | | | |

| 학습단계 | | 교수-학습 활동 | 수업 자료 | 지도상의 유의점 |
|---|---|---|---|---|
| 도입 | 전시학습 확인 | - 오페라 "리날도" 중 '울게 하소서'를 감상하고 불러보았다. | | |
| | 동기유발 | 〈응시자 작성부분 1〉<br><br>① 오페라, 오라토리오, 칸타타의 공연 사진을 보고, 모둠원들과 함께 차이점 유추해보기<br><br>② 바로크의 어원 살펴보기<br><br>- '바로크'는 포르투갈어로 '찌그러진 진주'라는 의미를 가진다.<br><br>- 당시 예술 양식이 '바로크'라고 불린 배경을 생각해본다. | | |
| | 학습목표 제시 | - 본시 학습목표를 제시한다. | | |
| 전개 | 활동 1 | 1. 헨델의 오라토리오 "메시아" 중 '할렐루야' 감상하기<br><br>2. 오라토리오에 대해 알아보기<br><br>〈응시자 작성부분 2〉<br><br>1) 오라토리오 장르 이해하기<br>오라토리오란 성서를 바탕으로 한 종교적인 내용의 극음악을 말하며, 주로 합창곡으로 이루어진다.<br><br>2) 그레고리오 성가와 오라토리오의 관련성 이해하기<br>① 그레고리오 성가와 오라토리오의 연관성을 유추해본다.<br>② 교사는 학생들이 그레고리오 성가와 오라토리오가 종교성을 지닌다는 공통점을 발견할 수 있도록 한다.<br><br>3) 오페라와 오라토리오 비교하기<br>다루는 소재, 무대장치, 구성의 3가지 관점에서 다양한 발문을 통해 오페라와 오라토리오를 비교한다 | [자료 1]<br>[자료 2] | - [자료 1]의 제재곡과 [자료 2]의 연관성을 오라토리오의 특징과 연계하여 지도한다. |
| | 활동 2 | 1. 단성 음악, 다성 음악, 화성 음악에 대해 알아보기<br><br>〈응시자 작성부분 3〉<br><br>1) 음악을 듣고 해당하는 카드 짝짓기<br>① 교사의 피아노 연주를 듣고, 각 음악에 해당하는 성부 구성을 유추해 | [자료 2]<br>[자료 3] | - [자료 2]와 [자료 3]에서 (1), (2), (3)의 악보카드와 (a), (b), (c)의 그림 카드를 활용하여 지도한다. |

| | | | | |
|---|---|---|---|---|
| | | (a), (b), (c)의 그림 카드를 짝지어보도록 한다.<br>② 모둠원들과 함께 (1), (2), (3)의 악보카드와 대응하는 (a), (b), (c)의 그림 카드를 짝지어보도록 한다.<br>2) 단성 음악, 다성 음악, 화성 음악 이해하기<br>① 단성 음악은 단선율의 성부 구성으로 이루어짐을 이해한다.<br>② 다성 음악은 독립적인 여러 개의 성부로 구성됨을 이해한다.<br>③ 화성 음악은 주선율과 반주부의 다성부로 구성됨을 이해한다.<br>2. 악보 카드에 해당하는 다양한 시대의 음악들을 성부의 어울림 형태를 구별하며 감상한다.<br>  1) 그레고리오 성가<br>  2) 바흐 인벤션 1번<br>  3) 모차르트 피아노 소나타 16번 제1악장 | | |
| | 활동 3 | 1. 바로크 시대의 역사·문화적 배경을 살펴본다.<br>  1) 바로크 시대(17세기-18세기 중엽)는 근대 과학이 성립되고, 자본주의 경제 체제가 등장한 큰 변화의 시기였다.<br>  2) 정치·사회의 중심이 교회에서 왕정체제로 옮겨졌으며, 강력한 왕권의 통치 하에 있던 시대이다.<br><br>2. 바로크 음악의 특징 알아보기<br>〈응시자 작성부분 4〉<br>1) [자료 1]과 [자료 4]에서 바로크 음악의 특징 유추하기<br>① 헨델 "메시아" 중 '할렐루야'의 악보를 보고, 성부적 특징에 대하여 모둠원들과 토의한다.<br>② 베르사유 궁전의 화려한 내부를 보고, 당시의 왕정 체제 사회가 음악에 끼친 영향에 대하여 모둠원들과 토의한다.<br>③ 바로크 시대의 합주 모습을 살펴보고, 이전 르네상스 시대와 비교하여 새롭게 나타난 특징에 대하여 모둠원들과 토의한다.<br>2) 질문과 응답을 통해 바로크 음악의 특징 정리하기<br>① 다성 음악의 체계가 완성되었다.<br>② 귀족이나 왕족을 중심으로 한 음악이 발전하였다.<br>③ 기악의 중요성이 대두되었다. | [자료 1]<br><br>[자료 4] | - [자료 1]의 악보에서 나타나는 특징을 바로크 음악의 특징과 연계하여 학습할 수 있도록 한다. |
| 정리 | 형성평가 | - 오늘 배운 내용을 확인할 수 있는 퀴즈를 통해 학생들이 다함께 복습하는 시간을 가지도록 한다. | | |
| | 마무리 | - 다음 시간에 배울 '고전주의'에 대해 안내한다.<br>- 인사 후, 수업을 마무리한다. | | |

## 8 감상 ② 모범답안

| 단원명 | 우리나라 음악의 역사 | 지도 대상 | 중학교 3학년 | 차시 | 2/2차시 |
|---|---|---|---|---|---|
| 학습목표 | \multicolumn{5}{l}{1. 여민락을 감상하고, 조선 전기 음악의 특징을 설명할 수 있다.<br>2. 한배의 변화를 느끼며 '현악 영산회상'을 감상할 수 있다.<br>3. 조선 후기 음악의 특징을 역사·문화적 배경과 관련지어 설명할 수 있다.} |

| 학습단계 | | 교수-학습 활동 | 수업 자료 | 지도상의 유의점 |
|---|---|---|---|---|
| 도입 | 전시학습 확인 | - 우리나라 음악의 전반적 역사를 연표를 통해 살펴보았다.<br>- 고려 시대에 우리나라에 유입된 문묘 제례악, 보허자, 낙양춘을 감상해보았다. | 시청각 자료 | |
| | 동기유발 | - 조선 시대 음악을 주제로 한 교육 영상을 시청한다. | | |
| | 학습목표 제시 | - 본시 학습목표를 제시한다. | | |
| 전개 | 활동 1 | 1. '여민락'에 대해 알아보고 감상하기<br>  1) '여민락'은 세종대왕이 '용비어천가'의 노랫말 위에 곡을 얹어 만든 관현 합주곡이다.<br>  2) '여민락'은 '백성과 더불어 즐긴다'는 뜻이다.<br><br>2. 조선 전기의 음악적 특징 알아보기<br><br>〈응시자 작성부분 1〉<br><br>1) 세종대왕의 업적 알아보기<br>① 세종대왕상을 보고, 어떠한 인물인지 맞춰본다.<br>② 세종대왕의 음악적 업적을 알아본다.<br>- 건국을 송축하는 여민락, 보태평, 정대업 등을 창작함<br>- 동양 최초의 유량 기보법인 정간보를 창안함<br>- 아악과 향악을 정비함<br>2) 조선 전기에 편찬된 악학궤범에 대해 알아보기 | [자료 1]<br>[자료 3] | |
| | 활동 2 | 1. '영산회상'에 대해 알아보고 '현악 영산회상' 감상하기<br>  1) "영산회상"은 '영산회상불보살'이라는 가사를 지닌 성악곡이었으나, 현재는 가사 없이 모음곡 형태의 기악곡으로 연주된다.<br>  2) 악기 편성과 음악의 쓰임에 따라 '현악 영산회상', '관악 영산회상', '평조회상'으로 구분된다.<br>  3) '현악 영산회상'은 현악기 중심의 줄풍류 편성으로 이루어진다.<br>  4) 중광지곡, 거문고회상이라고도 부르며 9곡의 모음곡이다.<br><br>2. '현악 영산회상'의 빠르기 변화를 구별하며 감상하기<br><br>〈응시자 작성부분 2〉 | [자료 2] | |

| | | | | |
|---|---|---|---|---|
| | | 1) 현악 영산회상의 장단 구성 알아보기 | | – 변화되는 장단을 학습할 수 있도록 지도한다. |
| | | ① 현악 영산회상에 등장하는 여러 장단을 정간보로 살펴본다. | | |
| | | ② 장단이 변하는 부분을 듣고, 장단이 어떻게 변하고 있는지 파악한다. | | |
| | | ③ 한배의 변화를 곡선을 이용한 그림으로 표현해본다. | | |
| | | 2) 도드리 장단과 타령 장단 알아보기 | | |
| | | ① 도드리 장단과 쓰임새에 대해 알아본다. | | |
| | | ② 타령 장단과 쓰임새에 대해 알아본다. | | |
| | | 3) 현악 영산회상의 한배의 변화를 도식으로 표현하기 | | |
| | 활동 3 | – 조선 후기 음악의 특징 이해하기 | [자료 3] [자료 4] | – [자료 3], [자료 4]와 관련된 계층과 음악 장르를 들어 설명하도록 한다. |
| | | 〈응시자 작성부분 3〉 | | |
| | | 1) 조선 후기 음악의 향유 계층 알아보기 | | |
| | | ① 김홍도 '군현도'와 김규진의 '평양도'를 보고, 당시의 음악 향유계층에 대해 자유롭게 이야기한다. | | |
| | | ② 선비들과 중인이 음악 수요층으로 나타났음을 이해한다. | | |
| | | 2) 조선 후기 음악의 특징 알아보기 | | |
| | | ① 교사는 김홍도 '군현도'에서 선비들이 풍류를 즐기는 모습과 관련하여 풍류 음악이 발달했음을 설명한다. | | |
| | | ② 교사는 학생들이 판소리 '춘향가'와 가야금 산조를 감상하도록 하고, 당시 음악의 고음화 경향에 대해 설명한다. | | |
| 정리 | 평가 | – 자기 평가를 진행한다. | | |
| | | 〈응시자 작성부분 4〉 | | |

| 영역 | 평가 내용 | 상 | 중 | 하 |
|---|---|---|---|---|
| 감상 | 조선 전기 음악의 특징과 연관지어 제재곡의 특징을 설명할 수 있는가? | | | |
| | 조선 후기 음악의 특징과 연관지어 제재곡의 특징을 설명할 수 있는가? | | | |
| 태도 | 수업 활동에 적극적으로 참여하였는가? | | | |
| | 집중하고 경청하는 바른 태도로 수업에 참여하였는가? | | | |

| | | | | |
|---|---|---|---|---|
| | 마무리 | – 다음 시간에 감상할 산조와 판소리에 대해 안내한다.<br>– 인사 후, 수업을 마무리한다. | | |

# 2 복기 모의고사

## ① 1회 (2018년도) 모범답안

| 수험번호 | | | | | | | | 성명 | | 관리번호 | |
|---|---|---|---|---|---|---|---|---|---|---|---|

| 단원명 | 극음악 | | |
|---|---|---|---|
| 학습 주제 | • 오페라와 판소리의 특징 비교하기<br>• '사랑가'와 '울게 하소서'의 일부를 표현하며 노래 부르기<br>• 우리 문화와 타문화의 다양한 음악적 표현을 이해하고 존중하는 마음 기르기 | | |
| 학습 목표 | 1. 판소리와 오페라의 특징을 비교하여 설명할 수 있다.<br>2. '사랑가'와 '울게 하소서'의 특징을 살려 노래할 수 있다.<br>3. 우리 문화와 타문화의 다양한 음악적 표현을 이해하고 존중하는 마음을 가질 수 있다. | | |
| 학년 | 중학교 3학년(남녀 30명) | 장소 | 음악실 | 차시 | 1/2차시, 2/2차시 |

| 단계 | 교수 · 학습활동 | 자료 | 지도상의 유의점 |
|---|---|---|---|
| 도입 | • 전시학습 상기<br>• 학습동기 유발<br>〈응시자 작성부분 1〉<br>① 자료에 해당하는 공연들에 대하여 아는 내용을 자유롭게 발표하기<br>② 자료에 나타난 음악 공연의 공통점을 찾아 발표하기(극음악)<br>③ 오페라, 판소리, 경극을 관람할 때 지켜야 할 규칙들과 관련하여 OX 퀴즈 풀어보기<br>• 본시 학습목표 제시<br>- 학습목표를 제시한다. | [자료 1]<br>[자료 2]<br>[자료 3]<br><br>ppt | |
| 전개 | 활동 1. 판소리와 오페라의 구성요소, 제재곡의 배경 등에 대하여 모둠별로 조사한 후 학습지를 완성한다.<br>- 학생들은 '사랑가'와 '울게 하소서'의 음악적 특징을 파악하였다.<br><br>활동 2. 판소리와 오페라의 관람객 참여방법 및 태도 알아보기<br>〈응시자 작성부분 2〉<br>1) 판소리의 관람객 참여방법 및 태도 알아보기<br>① 소리꾼을 북돋거나 음악의 흥을 위해 사용하는 추임새에 대해 알아본다.<br>② '사랑가'를 감상하며, 적절한 위치에 추임새를 넣어본다.<br>2) 오페라의 관람객 참여방법 및 태도 알아보기<br>① 오페라 관람 시, 유의해야 할 에티켓(공연 시 정숙 등)에 대해 알아본다.<br>② 오페라 '리날도'를 감상하며 적절한 오페라 환호성(브라보, 브라바, 브라비, 브라베)을 외쳐본다. | 학습지 | |

| | | | |
|---|---|---|---|
| | 활동 3. 제재곡의 음악적 특징 이해하기(장단, 음계 등) | | |
| | 활동 4. 아니리와 레치타티보를 비교하여 표현하기 | | |
| | 〈응시자 작성부분 3〉 | | |
| | 1) 아니리와 레치타티보의 개념 비교하기<br>① 아니리는 상황이나 감정을 촘촘히 엮어 전달하는 말을 의미한다.<br>② 레치타티보는 대사를 말하듯이 노래하는 창법을 말한다.<br>2) 아니리와 레치타티보의 역할 비교하기<br>모둠원끼리 협력하여 '사랑가'의 아니리와 '울게 하소서'의 레치타티보 가사를 확인하고, 극의 상황을 전달하는 역할을 하고 있음을 파악한다.<br>3) 아니리와 레치타티보 표현하기<br>각 요소의 음악적 특징을 살려 표현해본다. | [자료 4]<br><br>[자료 5] | - 모둠 활동을 통해 학습할 수 있도록 지도한다.<br><br>- 개별 학생들의 수준을 고려하여 수업을 진행하도록 한다. |
| | 활동 5. 소리와 아리아를 비교하여 표현하기 | | |
| | 〈응시자 작성부분 4〉 | | |
| | 1) 소리와 아리아의 개념 비교하기<br>① 소리는 고수의 북 장단에 맞춰 창자가 부르는 노래를 말한다.<br>② 아리아는 오페라에서 서정적으로 노래하는 독창곡을 의미한다.<br>2) 시김새에 유의하여 '사랑가'의 소리 노래하기<br>판소리의 발성과 시김새가 어떻게 표현되는지 유의하며, 교사의 '사랑가' 선창을 듣고 따라 불러본다.<br>3) 노랫말의 뜻을 살려 '울게 하소서'의 아리아 노래하기<br>원어의 뜻을 살펴보고, 노랫말의 뜻을 생각하며 불러본다.<br>4) 발림을 표현하며 '사랑가'의 소리 노래하기<br>소리를 다채롭게 해줄 수 있는 다양한 발림을 표현하며 불러본다.<br>5) 다양한 악상 기호를 살려 '울게 하소서'의 아리아 노래하기 | | |
| 정리 | • 모둠별 발표하기<br>• 형성평가 | | |
| | • 다음 차시에 배울 뮤지컬에 대해 안내한다.<br>• 인사 후, 수업을 마무리한다. | | |
| | 〈수고하셨습니다.〉 | | |

## ② 2회 (2019년도) 모범답안

| 수험번호 | | | | | | | | | 성명 | | 관리번호 | |
|---|---|---|---|---|---|---|---|---|---|---|---|---|

| 단원명 | 다양한 기보법 | 대상 | 중학교 3학년<br>(남녀 24명) | 차시 | 1/4, 2/4차시 |
|---|---|---|---|---|---|
| 학습 목표 | 1. 다양한 기보법을 이해하고 설명할 수 있다.<br>2. 정간보와 오선보의 원리를 이해하며 노래할 수 있다.<br>3. 정간보와 오선보를 사용한 음악을 창작하여 발표할 수 있다. | | | | |

| 단계 | 교수·학습활동 | 자료 | 지도상의 유의점 |
|---|---|---|---|
| 도입 | • 인사 및 출석<br><br>• 전시학습 상기<br><br>• 학습동기 유발<br>- 〈자료 1〉의 음악을 들으며 어울리는 악보 유추해보기<br><br>• 본시 학습목표 제시<br>- 다 같이 학습목표를 읽어본다. | [자료 1]<br><br>ppt | |
| 전개 | 활동 1. 다양한 기보법에 대해 알아보기<br><br>〈응시자 작성부분 1〉<br><br>1) 중세 시대의 네우마 기보법을 이해하고 설명해보기<br><br>2) 슈톡하우젠의 전자 음악을 기보한 그림 악보를 이해하고 설명해보기<br><br>3) 몽금포타령 선율의 흐름을 기보한 가락선보를 이해하고 설명해보기<br><br>4) 악곡의 소리를 그림으로 표현한 리게티의 '분절법' 그림 악보를 이해하고 설명해보기<br><br>활동 2. 정간보와 오선보의 원리를 이해하며 노래 부르기<br>1) 정간보의 창안 이유와 배경에 대해 모둠별로 조사한 내용을 발표한다.<br>2) 교사는 모둠별로 발표한 내용을 정리하여 설명한다.<br><br>3) 정간보에 대하여 이해하고 노래 부르기<br><br>〈응시자 작성부분 2〉<br><br>1) 정간보의 창제 배경과 역사 이해하기<br><br>2) 정간보의 역사적 의의 이해하기: 동양 최초의 유량 악보<br><br>3) 정간보를 읽는 방법 알아보기<br><br>① 정간보에는 율명의 첫 자만을 기보한다.<br><br>② 정간보를 읽을 때에는 위에서 아래로, 오른쪽에서 왼쪽의 순서로 읽는다.<br><br>4) 정간보를 읽는 방법에 따라 [자료 2]의 노래를 율명으로 불러보기 | [자료 1]<br><br><br><br><br><br><br><br><br><br><br><br>[자료 2] | <br><br><br><br><br><br><br><br><br><br><br><br>- [자료 2]를 활용하여 정간보를 읽는 방법에 대해 설명한다. |

| | | | |
|---|---|---|---|
| | 4) 오선보에 대하여 알아보기<br>　- 모둠별로 오선보의 변화 과정에 대해 이해한 내용을 발표한다.<br>　- 오선보에 기보된 악보를 다함께 노래한다. 가창 활동 시에는 음악 요소와<br>　　특징이 드러나도록 노래한다.<br>　- 오선보의 원리를 이해하고 노래한다. | [자료 3] | |
| | 활동 3. 오선보와 정간보를 이용해 모둠별로 음악을 창작하기<br>　1) 1-2모둠은 정간보, 3-4모둠은 오선보를 이용해 창작하도록 한다.<br>　2) 모둠별로 창작한 음악을 발표한 후, 모둠별 평가와 동료평가가 이루어짐을<br>　　안내한다.<br>　3) 정간보를 이용하여 음악 만들기<br>　　- 정간보를 이용하여 음악을 만들 때 지켜야 할 조건을 제시한다.<br>　4) 오선보를 이용하여 음악 만들기<br><br>〈응시자 작성부분 3〉<br><br>1) 오선보를 이용하여 음악을 만들 때 지켜야 할 규칙을 제시한다.<br>　① 박자표와 일치하도록 음표 사용하기<br>　② 정확한 위치에 음표의 머리를 기보하기<br>　③ 음표의 기둥은 한 옥타브 위의 같은 계명의 위치까지 그리기<br>2) 앞 선율에 이어지는 음악의 흐름을 고려하여 모둠원끼리 사용할 화음 선택하기<br>3) 선율과 리듬의 역할을 나누어 8마디의 선율과 리듬꼴 창작하기<br>4) 창작한 선율과 리듬꼴을 토대로 활동지에 음악 기보하기 | [자료 2]<br><br>[자료 3] | - 교사는 평가<br>기준에 적합한<br>음악을 창작할<br>수 있도록 모둠<br>별로 순회하며<br>지도한다. |
| 정리 | • 모둠별 발표<br>　- 학생들은 상호 평가지를 통해 다른 모둠의 발표를 보고 평가한다.<br>　- 교사는 발표 후 모둠별로 피드백한다.<br><br>〈응시자 작성부분 4〉<br><br>| 영역 | 기준 | 점수 1 | 점수 2 | 점수 3 |<br>|---|---|---|---|---|<br>| 표현 | 다양한 기보법을 이해하고 설명할 수 있는가? | | | |<br>| | 올바른 순서로 정간보를 읽을 수 있는가? | | | |<br>| 창작 | 정간보를 활용하여 음악을 만들 수 있는가? | | | |<br>| | 흐름에 적절한 선율과 리듬을 만들었는가? | | | |<br>| 태도 | 적극적이고 협력적인 태도로 임하였는가? | | | |<br>| | 모둠에서 자신의 역할에 성실히 임하였는가? | | | |<br><br>• 오늘 배운 학습 내용을 정리한다.<br>• 다음 차시 예고 및 과제 제시 | | |
| 〈수고하셨습니다.〉 | | | |

## 3 3회 (2020년도) 모범답안

| 수험번호 | | | | | | | 성명 | | 관리번호 | |
|---|---|---|---|---|---|---|---|---|---|---|

| 학습<br>목표 | 1. 세종조의 12율관 제작 배경을 이해하고, 삼분손익법에 대해 설명할 수 있다.<br>2. 피타고라스 조율법의 발생 배경을 이해하고, 피타고라스 음정 산출 방식에 대해 설명할 수 있다.<br>3. 피타고라스 음계의 원리에 따라 팬플루트를 제작하여 연주할 수 있다. | | |
|---|---|---|---|
| 단계 | 교수·학습활동 | 자료 | 지도상의<br>유의점 |
| 도입 | • 전시학습 확인<br>  - 소리는 물체의 길이, 무게 등과 관련이 있음을 배웠다.<br><br>• 동기 유발<br><br>〈응시자 작성부분 1〉<br><br>① 교사는 [자료 1]과 [자료 2]의 연관성에 대해 질문하고, 학생들이 짝과 함께 자유롭게 추측하고 이야기해보도록 한다.<br><br>② 기타의 줄을 잡는 위치에 따라 음정이 달라지는 것을 들어본다.<br><br>③ [자료 4]에 그려진 모습이 소리와 어떤 연관이 있는지 생각해본다.<br><br>• 학습목표 제시 | [자료 1]<br><br>[자료 2]<br><br>[자료 3]<br><br>[자료 4] | |
| 전개 | 활동 1. 세종조의 12율관 제작 배경과 삼분손익법에 대해 알아보기<br> 1) 세종조의 12율관 제작 배경에 대해 알아본다.<br>   - 12율관 제작 배경에 대해 알아보았다.<br><br> 2) 삼분손익법의 원리에 대해 알아보기<br><br>〈응시자 작성부분 2〉<br><br>1) 삼분손익법의 원리에 대해 이해하기<br><br>삼분손익법은 국악에서 12율을 산출하는 음률산정법으로, 일정한 길이의 율관을<br><br>삼분손일과 삼분익일을 교대로 반복하여 산출하는 방법이다.<br><br>2) 가야금을 활용하여 삼분손익법의 원리 이해하기<br><br>4현 황종을 기준으로 삼분손일과 익일에 따라 달라지는 음정을 들어본다.<br><br>활동 2. 피타고라스 조율법의 발생 배경과 원리에 대해 알아본다.<br> 1) 피타고라스 조율법의 배경을 설명한다.<br> 2) 피타고라스 조율법의 원리에 대해 알아본다.<br>   - 1/2지점을 누르면 옥타브, 2/3지점을 누르면 완전 5도 위, 3/4지점을 누르면 완전 4도 위의 소리가 난다.<br>   - 해당 음들을 모두 모으면 한 옥타브 내의 음들이 모두 나타난다.<br>   - 학생들은 〈자료 5〉를 보고 이를 확인한다. | [자료 1]<br><br>[자료 2]<br><br><br>[자료 3]<br><br>[자료 5] | - 교실에 비치된 가야금을 활용해 실음과 연계하여 지도한다.<br><br>- 가야금의 제4현을 황종이라 가정한다. |

| | | | |
|---|---|---|---|
| | 활동 3. 팬플루트 만들기<br>1) 삼분손익의 원리를 활용하여 각 음정에 맞는 길이로 빨대를 잘라 악기를 만든다.<br>2) 악기를 제작할 때는 〈자료 5〉를 활용하도록 한다. | [자료 5] | |
| | 활동 4. 제작한 팬플루트로 '아름다운 세상' 연주하기 | [자료 6] | - 모둠에서 노래하는 역할과 팬플루트를 연주하는 역할을 나누어 연습할 수 있도록 한다. |
| | 〈응시자 작성부분 3〉 | | |
| | 1) 팬플루트 연주법 알아보기 | | |
| | ① 양쪽 입술을 당기고 동그란 구멍으로 바람을 불어 연주한다. | | |
| | ② 혀를 사용하는 텅잉 주법을 활용하여 연주한다. | | |
| | 2) 모둠원끼리 토의하여 팬플루트 연주와 노래 부르기의 역할 나누기 | | |
| | 3) 팬플루트 연습하기 | | |
| | 정확한 주법과 박자로 연주할 수 있도록 연습한다. | | |
| | 4) 노래 연습하기 | | |
| | ① 정확한 음정과 박자로 노래할 수 있도록 연습한다. | | |
| | ② 팬플루트 연주와 함께 노래를 연습해본다. | | |
| | • 발표<br>- 모둠별로 연습한 '아름다운 세상' 연주를 발표하도록 한다. | | |
| 정리 | • 자기평가를 진행한다. | | |
| | 〈응시자 작성부분 4〉 | | |

| 영역 | 기준 | 상 | 중 | 하 |
|---|---|---|---|---|
| 팬플루트 제작 | 삼분손익법의 원리를 이해하여 팬플루트의 관을 제작할 수 있는가? | | | |
| | 정확한 관의 비율을 사용하여 팬플루트를 제작할 수 있는가? | | | |
| 연주 | (생략) | | | |
| 태도 | 모둠원들과 역할을 나눌 때, 상호 존중하는 태도로 임하였는가? | | | |
| | 열정적이고 적극적인 태도로 다양한 수업활동에 참여하였는가? | | | |

• 다음 차시 예고
• 인사 후, 수업을 마무리한다.

〈수고하셨습니다.〉

## ④ 4회 (2021년도) 모범답안

| 수험번호 |  |  |  |  |  |  | 성명 |  | 관리번호 |  |
|---|---|---|---|---|---|---|---|---|---|---|

| 단원 | 들으면서 익히는 음악 형식 | | |
|---|---|---|---|
| 학습<br>목표 | 1. 선율카드를 활용하여 론도 형식의 음악을 창작하고 연주할 수 있다.<br>2. 악곡의 구조와 연주형태를 구별하여 설명할 수 있다. | | |
| 단계 | 교수 · 학습활동 | 자료 | 지도상의<br>유의점 |
| 도입 | • 전시학습 확인<br><응시자 작성부분 1><br>① 론도 형식의 구조 떠올려보기: 론도는 하나의 주제부(르프랭)가 되풀이되는 사이에 삽입부(쿠플레)가 끼어 있는 형식을 말한다.<br>② 리듬 론도를 신체로 표현해보기: 교사의 신체 표현을 토대로, 학생들이 이를 다채롭게 발전시켜 표현해보도록 한다.<br><br>• 동기 유발<br> 1) 학생들이 블록을 활용하여 론도 형식을 나타내보도록 한다.<br> 2) 실생활에서 론도 형식과 비슷한 형태의 구조물이 있는지 이야기 나눈다.<br><br>• 학습목표 제시 | [자료 1]<br><br>[자료 2] | - 학생들은 지난 시간에 배웠던 리듬론도를 신체로 표현하도록 한다. |
| 전개 | 활동 1. 모둠별로 론도 선율을 창작하고 연주하기<br><응시자 작성부분 2><br>교사는 <자료 3>의 A선율을 실음으로 지도하고, 학생들이 충분히 연습하여 익숙하게 연주할 수 있도록 한다.<br>↓<br>B선율을 창작하는 두 모둠의 대표자가 4개의 선율카드를 선택한다. 이후, C선율을 창작하는 두 모둠의 대표자가 남은 4개의 선율카드를 선택한다. 자리로 돌아가, 각 모둠은 어떤 순서로 선율카드를 배열하여 만들지 토의한다.<br>↓<br>각 모둠은 토의한 결과를 바탕으로 B와 C의 쿠플레 선율을 창작한다. 같은 선율을 맡은 두 모둠은 선율 악기와 신시사이저로 실음을 연주해보며 A선율에 음악적으로 더 자연스럽게 이어지기 위해 어떻게 하면 좋을지 토의한다.<br>↓<br>토의 결과를 바탕으로 B와 C의 최종 쿠플레 선율을 선정한다. 태블릿 PC의 가상악기 애플리케이션에 자신의 모둠이 창작한 선율과 A선율을 입력하여 실음으로 들어보도록 한다. | [자료 2]<br><br>[자료 3]<br><br>오선지<br><br>피아노<br><br>태블릿 PC<br><br>선율<br>악기<br><br>신시<br>사이저 | - 두 모둠씩 협력하여 각각 B와 C부분을 창작하도록 안내한다. |

| | 창작활동에 대한 교사의 모둠별 피드백 | | |
|---|---|---|---|
| | ① A선율의 시작과 끝에 자연스럽게 이어지는 선율인지 확인해보자. | | |
| | ② [자료 2]를 참고해 B와 C선율의 흐름이 어떠해야 할지 고민해보자. | | |
| | ③ 실음으로 연주해보았을 때, 상상한 선율과 같은지 비교해보도록 하자. | | |
| | • 창작한 악곡을 악기로 연습한 후, 모둠별로 발표한다.<br>  - A선율은 반 전체가 연주하고 B, C선율은 창작한 모둠이 선율악기로 연주해본다. 이후, B와 C선율을 서로 바꾸어 연주해보도록 한다.<br>  - 수업에서 창작하고 연주했던 활동에 대한 소감을 나눈다. | | |
| | 활동 2. 〈자료 4〉와 〈자료 5〉의 악곡구조와 연주형태를 비교하고 감상한다.<br>  - 학생들은 거꾸로 학습(Flipped Learning)을 통해 제재곡을 감상하였다. | [자료 4]<br>[자료 5]<br>사전<br>학습지 | - 거꾸로 학습의 사전학습 내용을 확인한다.<br>- 필요한 경우, 악곡 음원을 부분적으로 편집하여 사용한다. |
| | 〈응시자 작성부분 3〉 | | |
| | 1) '하이든 피아노 3중주 집시 3악장'의 악곡 구조와 연주형태 알아보기 | | |
| | ① 집시 3악장의 음원 편집본을 듣고, 태블릿 PC를 활용하여 교사가 제시한 르프랭 선율과 쿠플레 선율을 론도 형식에 알맞게 배열한다. | | |
| | ② 피아노 3중주에 대해 알아보기 | | |
| | 활동지의 빈칸에 피아노 3중주의 구성(피아노, 바이올린, 첼로)을 적어본다. | | |
| | 2) '생상스 서주와 론도 카프리치오소'의 악곡 구조와 연주형태 알아보기 | | |
| | ① 생상스 서주와 론도 카프리치오소의 음원 편집본을 듣고, 태블릿 PC를 활용하여 교사가 제시한 르프랭 선율과 쿠플레 선율을 론도 형식에 알맞게 배열한다. | | |
| | ② 바이올린 독주와 오케스트라 편성 알아보기 | | |
| | 활동지의 빈칸에 독주와 오케스트라 편성의 악기 배치를 적어본다. | | |
| | 3) 악곡 퀴즈 맞추기 | | |
| | 음원 편집본을 듣고, 악곡구조와 연주형태에 대한 퀴즈를 풀어본다. | | |
| | - 두 악곡의 악곡 구조와 연주 형태를 비교하고 감상한 후, 학생의 수준에 따라 학습지에 내용을 정리한다. 이후, 론도 형식을 감상한 후의 느낀 점을 발표하도록 한다. | | |
| 정리 | • 자기평가를 진행한다. | | |
| | 〈응시자 작성부분 4〉 | | |
| | <table><tr><td>활동</td><td>영역</td><td>문항</td><td>상</td><td>중</td><td>하</td></tr><tr><td>론도<br>창작</td><td>소통</td><td>모둠 간의 다양한 의견을 조율하고 협동하여 음악을 창작할 수 있는가?</td><td></td><td></td><td></td></tr><tr><td>감상</td><td>내용</td><td>악곡의 구조와 연주형태를 이해하며 음악을 감상할 수 있는가?</td><td></td><td></td><td></td></tr></table> | | |
| | • 다음 차시 예고<br>• 인사 후, 수업을 마무리한다. | | |
| | 〈수고하셨습니다.〉 | | |

## 5 5회 (2022년도) 모범답안

| 수험번호 | | | | | | | | 성명 | | 관리번호 | |
|---|---|---|---|---|---|---|---|---|---|---|---|

| 단원명 | 세계의 음악 | 대상 | 중학교 3학년<br>(남녀 24명) | 차시 | 1/2, 2/2<br>(블록타임제) |
|---|---|---|---|---|---|
| 학습 목표 | colspan="5" | 1. 제재곡의 음악적 특징을 살려 노래할 수 있다.<br>2. 오스티나토와 보르둔을 창작하여 반주할 수 있다. |

| 단계 | 교수·학습활동 | 자료 | 지도상의 유의점 |
|---|---|---|---|
| 도입 | • 인사 및 출석<br><br>• 전시학습 확인<br>  - 세계의 다양한 민요들을 배우고 불러보았다.<br>  - 학생들은 [자료 2]의 악기에 대한 특징을 조사하여 발표하였다.<br><br>• 학습동기 유발<br><br>〈응시자 작성부분 1〉<br><br>1) 중국의 다양한 문화유산 살펴보기<br>중국의 전통 의복, 대표 음식, 경극 공연, 만리장성 등 문화유산과 관련된 다큐멘터리 영상을 시청한다.<br><br>2) 중국의 전통 악기와 국악기 비교하기<br>우리나라의 해금과 중국의 얼후, 우리나라의 가야금과 중국의 고쟁의 특징을 비교하여 발표하도록 한다.<br><br>3) 푸치니의 오페라 '투란도트' 감상하기<br>"투란도트"의 줄거리와 함께 '공주는 잠 못 이루고'를 영상으로 감상한다.<br><br>• 학습목표 제시 | [자료 1]<br><br>[자료 2]<br><br>[자료 3] | - [자료 1], [자료 3]과 관련된 영상 자료를 활용한다.<br><br>- [자료 2]의 악기들을 비교하여 학습할 수 있도록 한다. |
| 전개 | 활동 1. 제재곡의 음악적 특징을 살려 노래 부르기<br><br>〈응시자 작성부분 2〉<br><br>| 노랫말 이해하기 | 가사의 의미를 파악하기 |<br>|---|---|<br>| 가창 지도 | 〈자료 4〉를 활용하여 가창하기 |<br>| 이론의 이해 | 제재곡에 등장하는 음악적 개념 배우기 |<br>| 다양하게 노래하기 | 다양한 방식으로 노래 부르기 |<br>| 이론의 정리 | 그동안 배운 내용 정리하기 |<br><br>1) '모리화'의 노랫말 이해하기<br>① 가사의 의미에 집중하여 교사의 시범 가창을 들어본다.<br>② 스마트폰을 활용하여 '모리화'의 뜻과 의미를 검색해본다. | [자료 4] | - 제시된 수업 흐름에 맞추어 학생들을 지도한다.<br><br>- 모둠 활동을 진행한다.<br><br>- 자기평가, 동료평가를 활용한다. |

| | | | |
|---|---|---|---|
| | 2) '모리화' 노래하기 | | |
| | ① 교사의 시범 가창을 듣고, 따라 부르며 노래를 익힌다. | | |
| | ② 교사의 원어 시범 가창을 듣고, 따라 부르며 노래를 익힌다. | | |
| | ③ 모둠원들과 함께 노래를 연습한다. 이 때, 교사는 동료 평가지를 제공하여 학생들이 서로의 가창을 피드백하며 연습할 수 있도록 한다. | | |
| | 3) '모리화'의 조성, 박자, 음계 이해하기 | | |
| | 라장조, $\frac{2}{4}$박자, 5음음계의 개념에 대해 알아본다. | | |
| | 활동 2. 제재곡에 어울리는 오스티나토와 보르둔 반주를 만들어 연주하기 | | |
| | 〈응시자 작성부분 3〉 | | |
| | 1) 오스티나토와 보르둔 이해하기 | | |
| | ① 오스티나토란, 같은 형태의 선율이나 리듬이 반복되는 것을 말한다. | | |
| | ② 보르둔이란, 1음과 5음을 활용한 특정 반주형이 지속되는 것을 말한다. | | |
| | 2) 다양한 교실 악기를 역할에 따라 구분하기 | [자료 5] | - [자료 5]에 제시된 악기들을 활용하여 합주하도록 지도한다. |
| | ① 다양한 교실악기를 선율 악기와 리듬 악기로 구분한다. | | |
| | ② 리듬 악기(귀로, 리듬스틱, 트라이앵글, 콩가)로는 리듬 오스티나토를, 선율악기(소프라노 리코더, 오카리나, 글로켄슈필)로는 보르둔 반주를 창작한다. | | |
| | 3) 리듬 오스티나토와 보르둔 반주 창작하기 | | - 모둠 활동을 진행한다. |
| | ① 리듬 악기들의 음색을 고려하여 리듬 오스티나토를 창작한다. | | |
| | ② 레벨 보르둔을 창작하여 리코더, 오카리나로 함께 연주한다. | | |
| | ③ 크로스오버 보르둔을 창작하여 글로켄슈필로 연주한다. | | |
| | 4) 창작한 리듬 오스티나토와 보르둔 반주 합주하기 | | |
| | 모둠별로 창작한 반주를 다양한 교실 악기를 활용해 합주하고 연습한다. | | |
| | • 모둠별로 창작한 반주에 맞춰 제재곡을 연주한다. | | |
| 정리 | • 형성평가<br>- 형성 평가지를 제공하여 풀어보도록 한다.<br>- 채점 후, 피드백한다. | | |
| | • 오늘 배운 학습 내용을 정리한다.<br>• 다음 차시 예고 | | |
| | • 인사 후, 수업을 마무리한다. | | |
| 〈수고하셨습니다.〉 | | | |

## 6 6회 (2023년도) 모범답안

| 수험번호 | | | | | | | | 성명 | | 관리번호 | |
|---|---|---|---|---|---|---|---|---|---|---|---|

| 단원명 | 의식 음악 | | | |
|---|---|---|---|---|
| 학습 목표 | 1. 중세 시대 미사곡과 조선 시대 종묘제례악의 음악적 특징을 비교하여 설명할 수 있다.<br>2. 제재곡을 올바른 발성으로 노래할 수 있다.<br>3. 생활 악기를 활용하여 제재곡의 특징을 표현할 수 있다. | | | |
| 단계 | 교수 · 학습활동 | | 자료 | 지도상의 유의점 |
| 도입 | • 전시학습 확인<br>• 학습동기 유발<br>• 학습목표 제시 | | | |
| 전개 | 활동 1. 미사곡과 종묘제례악 비교하기<br><br>〈응시자 작성부분 1〉<br><br>1) 미사곡에 대해 알아보기<br>① 미사곡은 가톨릭 교회의 미사를 행하는 동안 부르는 성가를 통칭한다.<br>② 미사곡의 구성과 순서를 알아본다.<br><br>2) 종묘제례악에 대해 알아보기<br>① 종묘제례악은 종묘제례 행사 시 사용하는 악가무 일체를 말한다.<br>② 구성 음악과 등가·헌가의 악기 구성, 일무에 대해 알아본다.<br><br>3) 미사곡과 종묘제례악 비교하기<br><br>|  | 미사곡 | 종묘제례악 |<br>|---|---|---|<br>| 용도 | | |<br>| 연주 형태 | | |<br><br>교사의 발문과 학생의 응답을 통해 빈칸의 음악적 특징을 찾아본다. | | [자료 1] | – 학생과 발문을 통해 수업을 이끌어 나가도록 한다. |
| | 활동 2. 팔레스트리나의 6성부 합창 미사곡 "교황 마르첼로 미사" 중 '키리에' 노래하기<br><br>〈응시자 작성부분 2〉<br><br>1) '키리에'에 적합한 가창 방법 탐색하기<br>① 교사의 국악 발성, 서양음악 발성, 대중음악 발성을 듣고 서로 비교해본다.<br>② '키리에'에 적합한 발성법을 선택하고, 직접 연습해본다.<br><br>2) 다양한 성부의 선율 익히기 | | [자료 2] | – 학생들의 가창 활동에 대한 피드백을 제시한다. |

|  |  |  |  |
|---|---|---|---|
| | ① 교사는 학생들의 개인별 음역에 따라 성부를 나누도록 한다. | | |
| | ② 각 성부의 선율을 음원을 통해 들어보고 연습한다. | | |
| | 3) 성부 별로 모여 연습하기 | | |
| | ① 각 성부를 맡은 학생들끼리 모여 모둠을 구성한다. | | |
| | ② 각 성부의 선율을 음원을 통해 들어보고 연습한다. | | |
| | ③ 교사는 모둠을 순회하며, 어려움을 겪는 학생들에게 시범 가창을 들려주며 개선할 점에 대하여 피드백 한다. | | |
| | 4) 교사의 지휘에 맞춰 '키리에' 합창하기 | | |
| | 활동 3. 종묘제례악의 악작과 악지 표현하기 | | |
| | 1) 종묘제례악의 악작과 악지 이해하기 | | |
| | ① 악작은 시작을, 악지는 끝을 알리는 부분이다. | | |
| | ② 박, 축, 북, 어의 다양한 타악기가 사용된다. | | |
| | 2) 악작과 악지에 사용되는 악기들을 구음으로 표현하기 | | |
| | ① 태블릿 PC를 통해 실제 악기의 소리를 들어보고, 박·축·북·어를 표현한 구음을 실음과 비교해본다. | [자료 3]<br>태블릿 PC<br>생활<br>악기 | - 악작과 악지에서 사용되는 악기의 구음을 활용하여 가르친다. |
| | ② 악작과 악지의 악보를 보고, 모둠원들과 함께 구음으로 표현해본다. | | |
| | 3) 생활 속의 도구를 활용해 악기 만들기 | | |
| | ① 다양한 도구(우산, 페트병, 펜, 빨래판 등)를 활용하여 종묘제례악의 악작과 악지에 활용할 수 있는 생활 악기를 만든다. | | |
| | ② 교사는 순회 지도를 하며, 구음으로 표현한 박·축·북·어의 소리를 가장 잘 나타낼 수 있는 소재를 선택할 수 있도록 지도한다. | | |
| | ③ 학생들은 모둠원들과 다양한 아이디어를 공유하며 악기를 제작한다. | | |
| | 4) 생활 악기로 종묘제례악의 악작과 악지 연주하기 | | |
| 정리 | • 평가<br> - 평가지를 제공하여 오늘 배운 내용을 풀어보도록 한다.<br> - 채점 후, 틀린 부분을 복습하도록 한다.<br><br>• 오늘 배운 학습 내용을 정리한다.<br>• 다음 차시 예고<br><br>• 인사 후, 수업을 마무리한다. | | |
| 〈수고하셨습니다.〉 | | | |

## 7 7회 (2024년도) 모범답안

| 수험번호 | | | | | | | | 성명 | | 관리번호 | |

| 단원명 | 어플리케이션을 활용한 음악 창작 |
|---|---|
| 학습 목표 | 1. 우리나라 지역별 민요의 특징을 이해하고 설명할 수 있다.<br>2. 지역별 토리의 특징에 맞추어 민요 가락을 창작하고 노래할 수 있다.<br>3. 창작 어플리케이션을 활용하여 가락에 어울리는 반주를 만들 수 있다. |

| 단계 | 교수·학습활동 | 자료 | 지도상의 유의점 |
|---|---|---|---|
| 도입 | • 전시학습 확인<br>- 국악, 서양 클래식, 대중음악 등 다양한 음악에 대하여 이야기 나눈다.<br><br>〈응시자 작성부분 1〉<br>- 지난 시간에 활용한 창작 프로그램과 가상악기 어플리케이션에 대해 상기하도록 한다.<br><br>- 노테이션 프로그램, 소리 편집 프로그램, 시퀀싱 프로그램의 특징과 사용법에 대하여 모둠별로 토의하고 발표한다.<br><br>- 가상악기를 활용할 때의 장단점을 모둠별로 토의하고 발표한다.<br><br>- 교사는 창작 프로그램을 활용할 때 어려웠던 점은 없었는지 학생에게 질문하고 이에 대하여 학생들과 상호작용하며 피드백한다.<br><br>• 학습목표 제시<br>1. 우리나라 지역별 민요의 특징을 이해하고 설명할 수 있다.<br>2. 지역별 토리의 특징에 맞추어 민요 가락을 창작하고 노래할 수 있다.<br>3. 창작 어플리케이션을 활용하여 가락에 어울리는 반주를 만들 수 있다. | [자료 1] | 학생과 상호작용하며 수업을 진행한다. |
| 전개 | 활동 1. 지역별 민요 특징 이해하기<br> 1) 지난 차시 과제인 '지역별 토리 조사' 내용을 확인하고 피드백한다.<br> 2) 각 토리별 민요의 예시를 살펴보고 지역별 민요의 특징을 정리한다.<br><br>활동 2. 민요 가락 창작하기<br><br>〈응시자 작성부분 2〉<br><br>1) 창작 조건 파악하기<br><br>- 5가지 창작 조건을 안내한다: ① 토리의 음계 지키기, ② 토리의 시김새 지키기, ③ 장단 지키기, ④ 가사와 말붙임새 고려하기, ⑤ 음역 고려하기<br><br>2) 모둠별로 5-8마디의 민요 가락 창작하기<br><br>- 창작 조건을 고려하여 개인별로 학습지에 가락을 창작해본다.<br><br>- 창작 조건이 잘 지켜졌는지 토의하고 노래하며 모둠별 가락을 완성한다. | [자료 2] | - 학생들이 [자료 2]의 내용을 학습할 수 있도록 한다. |

| | | | |
|---|---|---|---|
| | 3) 민요 가락 보완하기<br>- 교사의 창작 예시와 피드백을 참고하여 모둠별 가락을 수정하고 보완한다.<br><br>♪ 동 지 섣 달 -- 꽃 본 듯 - 이 - 날 좀 -- 보 -- 소 ---<br><br>4) 모둠별 민요 가락 발표하기<br>- 모둠별로 완성한 가락에 맞추어 노래를 연습하고 발표한다. | | |
| | 활동 3. 어플리케이션을 활용하여 반주 창작하기<br>  1) 어플리케이션을 활용하여 창작한 민요 가락의 반주를 만든다.<br>    : 9/8박자 비트 입력하기 → 토리에 적절한 베이스 선율 입력하기 →<br>      창작한 민요 가락에 어울리는 반주 창작하기 → 빠르기 설정하기<br><br>  2) 교사는 학생들의 결과물에 대해 피드백한다. (순회지도) | [자료 2] | - 모둠별로 반주를 창작할 수 있도록 한다.<br><br>-학생들이 결과물에 대해 성찰하고 개선할 수 있도록 피드백한다. |
| | 〈응시자 작성부분 3〉<br><br>① 노테이션 프로그램을 활용하여 적절한 음정과 박자로 반주를 기보하였는지 확인하고 잘못된 부분을 수정할 수 있도록 피드백한다.<br><br>② 소리 편집 프로그램을 활용하여 1-8마디의 민요 구성과 길이에 알맞도록 창작한 반주를 편집하고 수정할 수 있도록 피드백한다.<br><br>③ 시퀀싱 프로그램을 활용하여 모둠별로 만들고 싶은 음악의 스타일을 어떤 가상악기로 표현하면 좋을지 토의하고 연습할 수 있도록 피드백한다.<br><br>3) 모둠별로 창작한 반주를 가상악기로 연습하고 발표한다.<br>4) 온라인 게시판에 창작한 반주의 음원을 게시하고 형성평가를 진행한다. | | |
| 정리 | • 상호 평가를 진행한다.<br><br>〈응시자 작성부분 4〉

| 영역 | | 평가 기준 | 상 | 중 | 하 |
|---|---|---|---|---|---|
| 민요<br>창작 | 태도 | 적극적이고 협력적인 태도로 임하였는가? | | | |
| | 표현 | 조건을 지켜 민요 가락을 창작하였는가? | | | |
| 반주<br>창작 | 태도 | 모둠에서 자신의 역할에 성실히 임하였는가? | | | |
| | 표현 | 어플리케이션을 적절히 활용할 수 있는가? | | | |

• 오늘 배운 학습 내용을 정리한다.<br>• 다음 차시 예고<br>• 인사 후, 수업을 마무리한다. | | |
| | 〈수고하셨습니다.〉 | | |

## 8 8회 (2025년도) 모범답안

| 수험번호 | | | | | | | | 성명 | | 관리번호 | |
|---|---|---|---|---|---|---|---|---|---|---|---|

| 단원명 | 장단과 리듬 |
|---|---|
| 학습 목표 | 1. 주어진 가사를 활용하여 굿거리 장단에 어울리는 말붙임새를 만들 수 있다.<br>2. 주어진 가사를 활용하여 4박자 리듬에 어울리는 랩을 만들 수 있다.<br>3. 모둠별로 창작한 말붙임새와 랩을 발표할 수 있다. |

| 단계 | 교수 · 학습활동 | 자료 | 지도상의 유의점 |
|---|---|---|---|
| 도입 | • 전시학습 확인<br>- 장단꼴 카드를 활용해 여러 가지 굿거리 장단꼴 연주해보기<br>- 모둠별로 창작한 노랫말 확인하기<br><br>• 동기 유발<br><br>〈응시자 작성부분 1〉<br><br>1) '뱃노래'와 '쾌지나 칭칭나네'의 맞붙임새 파악하기<br><br>① 음원을 들으며 3소박 구조에 맞춰 어떻게 가사를 구분해야할지 발문한다.<br><br>② 구분한 가사를 12정간에 어떻게 나누어 작성하면 좋을지 생각해본다.<br><br>2) '지구를 지켜요' 랩 들으며 라임 파악하기<br><br>① 음원을 들으며 비슷한 발음의 단어에 표시해보도록 한다.<br><br>② 라임을 살려 다같이 랩을 불러보도록 한다.<br><br>• 학습목표 제시<br>1  주어진 가사를 활용하여 굿거리 장단에 맞는 말붙임새를 만들 수 있다.<br>2. 주어진 가사를 활용하여 4박자 리듬에 어울리는 랩을 만들 수 있다.<br>3. 모둠별로 창작한 말붙임새와 랩을 발표할 수 있다. | [자료 1]<br><br>[자료 2]<br><br>음원 | |
| 전개 | 활동 1. 굿거리 장단에 어울리는 말붙임새 만들기<br><br>〈응시자 작성부분 2〉<br><br>1) 굿거리 장단의 장단 구조 이해하기<br><br>① 굿거리 장단이 3소박 4박자로 구성되어있음을 파악한다.<br><br>② 〈자료 1〉의 말붙임새를 분석하고, 정간에 표시해보도록 한다.<br><br>2) 노랫말을 토대로 말붙임새 만들기<br><br>① 노랫말을 읽으며 각 발음의 길이 등을 구분하여 표시해보도록 한다.<br><br>② 발음의 길이를 고려하여 노랫말의 말붙임새를 만든다.<br><br>③ 굿거리 장단에 맞춰 불러보며 말붙임새가 적절한지 판별해본다. | [자료 1]<br><br>[자료 3] | - 모둠활동 시 순회하며 지도하도록 한다. |

| | | | |
|---|---|---|---|
| | 3) 모둠 말붙임새 만들고 연습하기 | | |
| | 각자 만든 말붙임새를 토대로 모둠의 말붙임새를 만들고 함께 연습해본다. | | |
| | 모둠별로 창작할 때 교사는 순회지도하며 피드백하고, 학생들은 피드백을 토대로 창작한 말붙임새를 수정한다. | | |
| | 활동 2. 4박자 리듬에 어울리는 랩 만들기 | [자료 4] | - 모둠활동 시 순회하며 지도하도록 한다. |
| | 〈응시자 작성부분 3〉 | | |
| | 1) 4박자 리듬 파악하기 | | |
| | ① 1박이 2개로 나누어지는 4박 리듬에 대해 이해한다. | | |
| | ② 4박 리듬을 손뼉치기와 발구르기로 연주하며 파악해본다. | | |
| | 2) 4박자 리듬에 맞추어 노랫말 배치하기 | | |
| | ① 주어진 노랫말을 4박자 리듬에 알맞게 배치해보도록 한다. | | |
| | ② 4박자 리듬의 비트에 맞추어 배치한 노랫말을 불러보도록 한다. | | |
| | 3) 모둠 랩 만들고 연습하기 | | |
| | ① 모둠별로 노랫말을 수정하고 라임, 4박자 리듬 등을 고려해 랩을 만든다. | | |
| | ② 창작한 랩을 함께 불러보며 연습한다. | | |
| | 모둠별로 창작할 때 교사는 순회지도하며 피드백하고, 학생들은 피드백을 토대로 창작한 랩을 수정한다. | | |
| 정리 | • 모둠별로 창작한 말붙임새와 랩을 발표한다.<br>• 자기 평가 및 상호 평가를 진행한다.<br><br>〈응시자 작성부분 4〉<br><br>| 영역 | 평가 문항 | 상 | 중 | 하 |<br>|---|---|---|---|---|<br>| 표현 | 굿거리 장단의 구조를 설명할 수 있는가? | | | |<br>| | 장단의 구조에 맞게 말붙임새를 창작했는가? | | | |<br>| | 4박자 리듬을 신체로 표현할 수 있는가? | | | |<br>| | 리듬에 어울리는 랩을 만들 수 있는가? | | | |<br>| | 라임을 고려하여 랩을 만들 수 있는가? | | | |<br>| 태도 | 모둠 활동에 적극적인 태도로 참여하였는가? | | | |<br>| | 친구의 의견을 경청하고 존중하였는가? | | | |<br><br>• 오늘 배운 학습 내용을 정리한다.<br>• 다음 차시 예고<br>• 인사 후, 수업을 마무리한다. | | |
| | 〈수고하셨습니다.〉 | | |

# 3 실전 모의평가

## 1 1회 모범답안

| 수험번호 | | | | | | | 성명 | | 관리번호 | |
|---|---|---|---|---|---|---|---|---|---|---|

| 단원 | 음악과 문학 | | |
|---|---|---|---|
| 학습 목표 | 1. 가곡과 시조의 음악적 특징을 비교하여 설명할 수 있다.<br>2. 자신이 국어 시간에 창작한 시와 어울리는 말붙임새와 리듬을 만들어 발표할 수 있다. | | |
| 단계 | 교수·학습활동 | 자료 | 지도상의 유의점 |
| 도입 | • 전시 학습 확인<br> 1) 낭만주의 시대 음악의 특징과 역사적 배경에 대해 배웠다.<br> 2) 예술가곡 '월계꽃'을 불러보았다.<br>• 동기유발<br>〈응시자 작성부분 1〉<br>① [자료 1]의 두 그림을 보고, 어떤 계층의 모습인지 유추한다.<br>② 조선시대 후기의 풍류 문화에 대해 알아본다.<br>③ 낭만주의 시대의 살롱 문화에 대해 알아본다.<br>④ 각 문화(풍류, 살롱)에서 자주 연주된 음악 장르에 대해 조사해본다.<br>• 학습목표 제시 | [자료 1] | |
| 전개 | 활동 1. 가곡과 시조의 음악적 특징을 비교하여 파악하기<br> 1) 가곡과 시조의 형식에 대해 알아본다.<br>  - 가곡은 5장 형식의 음악으로 초장과 2장은 시조의 초장을, 3장은 시조의 중장을, 4장은 시조의 종장 첫 3음절을, 5장은 종장의 나머지를 부른다.<br>  - 가곡은 노래 없이 악기로 연주하는 대여음(전주 혹은 후주)과 중여음(3장과 4장 사이에 있는 한 장단의 간주)이 있다.<br> 2) 가곡과 시조의 장단, 음계, 반주 형태를 알아본다.<br>〈응시자 작성부분 2〉<br>① 가곡과 시조의 장단 이해하기<br> - 가곡은 10박·16박 장단, 시조는 5박과 8박 장단이 혼용되어 사용된다.<br>② 가곡과 시조의 음계 이해하기<br> - 가곡의 음계는 우조(5음음계)와 계면조(3음음계, 4음음계)로 나뉜다.<br> - 시조의 음계는 3음음계 계면조로 구성된다.<br> - 교사는 각 음계의 구성음을 단소로 연주하여 실음으로 지도한다.<br>③ 가곡과 시조의 반주 알아보기<br> - 가곡과 시조는 국악 관현악기의 줄풍류 편성으로 반주할 수 있다.<br> - [자료 3]의 줄풍류 편성 악기들에 대해 알아본다.<br> (가야금, 거문고, 대금, 세피리, 단소, 해금, 양금, 장구 등) | [자료 2]<br>[자료 3]<br>[자료 4] | - 가곡과 시조의 음계를 설명할 때, 단소를 활용하도록 한다.<br>- [자료 3]을 활용하여 반주에 사용되는 악기들을 학습할 수 있도록 한다. |

| | | | |
|---|---|---|---|
| | 활동 2. 가곡과 시조의 말붙임새 파악하기<br> 1) 평시조 '동창이 밝았느냐'와 남창 가곡 '동창이 밝았느냐'의 말붙임새를 정간보에 옮겨 적어본다.<br> 2) 평시조 '동창이 밝았느냐'와 남창 가곡 '동창이 밝았느냐'를 노래할 때 앞음절은 짧게 붙이고 마지막 음절은 길게 늘여서 부름을 이해한다. | | |
| | 활동 3. 자신이 국어 시간에 창작한 시와 어울리는 말붙임새를 만들고, 그에 맞는 $\frac{2}{4}$박자 리듬을 창작한다. | | |
| | 〈응시자 작성부분 3〉 | [자료 5]<br>동료<br>평가지 | - 모둠 활동을 통해 학습 수준이 다른 학생들이 협력하여 함께 활동할 수 있도록 지도한다. |
| | 1) 자신이 창작한 시와 어울리는 말붙임새 만들기 | | |
| | ① 말붙임새와 리듬 창작의 소재로 사용할 구절 선정하기 | | |
| | ② 구절의 단어를 직접 읽어보고, 말리듬 파악하기 | | |
| | ③ 파악한 말리듬을 토대로 노랫말을 배열하여 말붙임새 만들기 | | |
| | 2) 말붙임새를 토대로 $\frac{2}{4}$박자 리듬 창작하기 | | |
| | ① 말붙임새를 직접 읽어보고, 말리듬이 잘 표현되는지 확인하기 | | |
| | ② 1칸을 반 박으로 계산하여 적절한 리듬 넣기 | | |
| | ③ 1마디에 들어가는 음표들의 합이 2박자인지 확인하기 | | |
| | 3) 모둠별 창작하기 | | |
| | ① 창작한 말붙임새와 리듬을 모둠원에게 발표하기 | | |
| | ② 다양한 말붙임새를 조합하여 새로운 말붙임새 만들기 | | |
| | ③ 말리듬이 가장 잘 표현되기 위해 어떻게 해야 할지 토의하기 | | |
| | • 모둠이 만든 말붙임새와 리듬을 학급 친구들에게 발표한다. 발표 시에는 교사가 배부한 평가지에 근거하여 친구들의 작품을 평가해보도록 한다. | | |
| 정리 | 자기평가를 진행한다.<br><br>〈응시자 작성부분 4〉<br><br>| 활동 | 문항 | 상 | 중 | 하 |<br>|---|---|---|---|---|<br>| 창작 | 자신이 창작한 시에 어울리는 말붙임새를 창작할 수 있는가? | | | |<br>| | 말붙임새에 적절한 리듬을 창작할 수 있는가? | | | |<br>| 발표 | 자신감 있는 태도로 자신의 작품을 모둠원들에게 발표하였는가? | | | |<br>| | 다른 친구들의 발표를 경청하였는가? | | | |<br><br>• 다음 차시에 창작한 리듬을 바탕으로 두도막 형식의 음악 작품을 만들어볼 것임을 예고한다.<br>• 인사 후, 수업을 마무리한다. | | |

〈수고하셨습니다.〉

## ② 2회 모범답안

| 수험번호 | | | | | | | | 성명 | | 관리번호 | |

| 단원 | 모음곡 |
|---|---|
| 학습<br>목표 | 1. '영산회상'의 종류와 구성을 이해하고, '현악 영산회상'을 감상할 수 있다.<br>2. '전람회의 그림'의 특징과 구성을 이해하며 감상할 수 있다.<br>3. 여러 가지 박자와 리듬꼴을 다양한 방식으로 표현할 수 있다. |

| 단계 | 교수·학습활동 | 자료 | 지도상의 유의점 |
|---|---|---|---|
| 도입 | • 전시 학습 확인<br> 1) 시대 변화에 따른 모음곡의 구성 변화를 배웠다.<br>  - 고전 모음곡은 알르망드, 쿠랑트, 사라방드, 지그의 구성을 따르고 그외 다양한 춤곡들로 구성되었다.<br>  - 모음곡은 근대 낭만으로 접어들며 오페라·발레 등에 사용되는 음악을 종합한 형태가 많아졌고, 표제 음악 형태의 모음곡들이 등장하였다.<br> 2) 바흐 '무반주 첼로 모음곡'을 감상해보았다.<br>• 동기유발<br>〈응시자 작성부분 1〉<br>① 나만의 모음곡 만들기<br>- 자신만의 모음곡 주제를 생각한다.<br>- 주제에 적절한 다양한 악곡들을 선정한다.<br>② 나만의 모음곡을 학급 친구들에게 발표하기<br>• 학습목표 제시 | | |
| 전개 | 활동 1. '영산회상' 알아보기<br> 1) 영산회상의 종류와 구성 알아보기<br>  - 영산회상은 악기 편성에 따라 현악 영산회상, 관악 영산회상, 평조회상이 있다.<br>  - 현악 영산회상은 상령산, 중령산, 세령산, 가락덜이, 삼현도드리, 하현도드리, 염불도드리, 타령, 군악으로 구성된다.<br> 2) 박이 바뀌는 부분에서 나타나는 특징에 유의하여 '현악 영산회상'을 감상한다.<br>〈응시자 작성부분 2〉<br>① 현악 영산회상의 돌장과 급박 이해하기<br>돌장과 급박은 조(음계)나 장단의 변화가 나타날 때 연결하는 역할을 한다.<br>② 전람회의 그림 중 프롬나드와 돌장·급박 비교하기<br>- 프롬나드는 다음 그림을 감상하기 위해 이동하는 모습을 묘사한 부분이다.<br>- 프롬나드와 돌장·급박의 공통점을 찾아 발표한다. (악곡 사이를 연결) | [자료 1]<br><br>[자료 3] | - '전람회의 그림' 중 [자료 3-(가)]의 부분과 '현악 영산회상'의 박이 바뀌는 부분을 비교하여 설명한다. |

| | | | |
|---|---|---|---|
| | 활동 2. '전람회의 그림' 알아보기<br> 1) '전람회의 그림'의 장르와 제작 배경에 대해 알아본다.<br>   - '전람회의 그림'은 무소륵스키가 화가이자 건축가였던 친구 빅토르 하르트만의 유작 전시회를 보고 친구를 그리워하는 마음과 작품에서 느낀 감정을 피아노 모음곡으로 작곡한 표제음악이다.<br> 2) 음악과 그림의 관계를 이해하며 '전람회의 그림'을 감상한다. | [자료 2]<br>[자료 3]<br>태블릿 PC | - 그림에 대응되는 음악이 무엇인지 학습할 수 있도록 지도한다.<br>- 태블릿 PC를 활용한다. |
| | 〈응시자 작성부분 3〉<br>1) 그림에 적절한 음악 짝짓기<br>① [자료 3]의 음악을 듣고, 음악에 해당하는 그림을 유추해본다.<br>② 교사는 학생들이 음악에 해당하는 그림을 유추할 때, 그림의 제목을 제시하여 음악과 그림을 연상하는 것에 대한 도움을 제공한다.<br>2) 태블릿 PC로 전람회의 그림 감상하기<br>① 그림을 클릭하여 연결된 음악을 감상해본다.<br>② 교사는 디지털 음악실을 활용하여 학생들이 실제 전시회장에 온 것처럼 그림을 감상하며 음악을 함께 들어보도록 한다. | | |
| | 활동 3. '전람회의 그림'에 등장하는 여러 가지 박자표와 리듬꼴을 이해하고, 다양한 방식으로 표현하기 | | |
| | 〈응시자 작성부분 4〉<br>1) 전람회의 그림에 등장하는 여러 가지 박자 파악하기<br>① $\frac{2}{4}$, $\frac{3}{4}$, $\frac{5}{4}$, $\frac{6}{4}$, $\mathbf{C}(\frac{4}{4})$, $\mathbf{\mathcal{C}}(\frac{2}{2})$의 박자표 이해하기<br>② 각 박자표가 의미하는 박자 알아보기<br>- 분모는 단위 음표를 의미하며, 분자는 1마디에 단위 음표가 몇 개 들어가야 하는지를 표시한다.<br>- $\frac{4}{4}$박자는 $\mathbf{C}$(common time), $\frac{2}{2}$박자는 $\mathbf{\mathcal{C}}$(alla breve)로 표시하기도 한다.<br>2) 전람회의 그림에 등장하는 여러 가지 리듬꼴 파악하기<br>모둠원들과 함께 각 악곡에서 등장하는 여러 리듬꼴을 분석해본다.<br>3) 다양한 방식으로 여러 가지 박자와 리듬꼴 표현하기<br>① 목소리로 페르마타의 점2분음표 표현하기<br>② 신체로 스타카토의 16분음표 표현하기<br>③ 그림으로 프롬나드의 박자 변화 표현하기 | | - 2015 개정 음악과 교육과정 중 표현 영역의 '교수·학습 방법 및 유의사항'에 근거하여 다양한 표현 활동을 구성한다. |
| 정리 | • 형성평가를 통해 배운 내용을 정리한다.<br>• 다음 차시에 배울 내용을 안내한다.<br>• 인사 후, 수업을 마무리한다. | | |

〈수고하셨습니다.〉

## ③ 3회 모범답안

| 수험번호 | | | | | | | | 성명 | | 관리번호 | |

| 단원 | 행사와 음악 | | |
|---|---|---|---|
| 학습<br>목표 | 1. 다양한 행사와 의식에 활용되는 음악을 조사하여 발표할 수 있다. | | |
| | 〈응시자 작성부분 1〉 | | |
| | 2. 대취타의 음악적 특징을 이해하고 설명할 수 있다. | | |
| | 3. 베르디와 바그너의 오페라 특징을 비교하여 감상할 수 있다. | | |
| | 4. 제재곡의 선율에 맞춰 학급 행사에 사용할 음악을 만들 수 있다. | | |
| 단계 | 교수·학습활동 | 자료 | 지도상의<br>유의점 |
| 도입 | • 전시 학습 확인<br>• 동기유발<br>• 학습목표 제시 | | |
| 전개 | 활동 1. 다양한 행사와 의식에 활용되는 음악을 조사하기<br> 1) 국가 행사에서 활용되는 음악을 조사한다.<br> 2) 학교 행사에서 활용되는 음악을 조사한다.<br> 3) 생활 속에서 활용되는 음악을 조사한다.<br> 4) 모둠별로 조사한 내용을 발표한다.<br><br>활동 2. 대취타의 용도와 음악적 특징 알아보기<br><br>〈응시자 작성부분 2〉<br><br>1) 대취타의 용도 알아보기<br>① 대취타의 연주 영상을 보고, 모둠원들과 함께 어떠한 용도로 사용되었을지 유추해 본다.<br>② 대취타는 왕의 행차나 군대의 행진에서 연주되던 행악이다.<br>2) 대취타의 음악적 특징 알아보기<br>① 대취타는 큰 편성(대)의 불고(취) 때리며(타) 연주하는 음악으로 관악기인 태평소·나발·나각, 타악기인 자바라·징·용고로 편성된다.<br>② 시작과 끝에 집사 가락이 등장하며, 12박의 취타 장단으로 연주한다.<br>3) 집사 가락 표현해보기<br>집사의 역할을 이해하고, 모둠원들과 함께 직접 집사 가락을 표현해본다.<br><br>활동 3. 베르디의 오페라 '아이다'와 바그너의 오페라 '로엔그린'을 비교하며 감상하기 | [자료 1] | - 집사 가락을<br>직접 표현해볼<br>수 있도록 한다. |

| | | | |
|---|---|---|---|
| | * 학생들은 플립드 러닝(Flipped Learning)을 통해 오페라 '아이다'와 오페라 '로엔그린'의 줄거리를 파악하고 주요 음악을 영상으로 미리 감상하였다. | | |
| | 〈응시자 작성부분 3〉<br><br>1) 베르디와 바그너 오페라의 특징 비교하기<br>① 베르디는 인간적인 주제를, 바그너는 신화적인 소재를 주로 사용했다.<br>② 베르디와 달리 바그너는 주로 대규모의 오페라 작품을 창작하였다.<br>③ 베르디의 오페라는 오케스트라가 성악의 반주 역할에 머무른다면, 바그너의 오페라는 오케스트라와 성악이 동등하게 사용되었다.<br>2) 오페라 '아이다'와 '로엔그린'의 대표 악곡 감상하기<br>① 오페라 "아이다" 중 '개선 행진곡'과 오페라 "로엔그린" 중 '결혼 행진곡'을 감상한다.<br>② 해당 악곡들이 오페라의 어떤 장면에서 활용되는지 알아본다.<br>③ 행악으로 사용된 대취타의 용도와 관련지어 생각해본다. | [자료 2]<br>[자료 3]<br>[자료 4] | – [자료 4]의 선율이 오페라의 어떤 장면에서 활용되는지 파악하고, 이를 대취타의 용도와 연관지어 학습할 수 있도록 한다. |
| | 활동 3. 오페라 "아이다" 중 '개선 행진곡'과 오페라 "로엔그린" 중 '결혼 행진곡'의 선율에 맞춰 행사 노래 만들기<br><br>| 1 | 친구들과의 우정을 쌓기 위한 학급 행사 기획하기 |<br>| 2 | 학급 행사에서 음악이 필요한 상황을 생각해보기 |<br>| 3 | 제재곡 선율에 맞춰 행사 노래 만들기 | | [자료 4] | |
| | 〈응시자 작성부분 4〉<br><br>1) 제재곡 리듬을 고려하여 가사 창작하기<br>① 학급 행사와 관련된 키워드를 생각해본다.<br>② 키워드를 활용하여 행사에 적절한 가사를 창작한다.<br>③ 모둠원들과 토의하여 제재곡의 리듬에 적절한 음절로 가사를 보완한다.<br>2) 다양한 ICT 기기를 활용하여 노래 연습하기<br>① 태블릿 PC의 가상악기 앱을 활용하여 선율을 직접 연주하며 익힌다.<br>② 스마트폰에 선율을 녹음하고, 배속을 조절하며 노래를 연습한다.<br>③ 교사는 레코딩 기기를 활용하여 학생이 자신이 부른 노래를 녹음해볼 수 있도록 하고, 학생은 이를 들으며 부족한 부분을 연습한다. | | |
| | • 모둠별로 만든 노래를 직접 부르며 발표한다. | | |
| 정리 | • 형성평가를 통해 배운 내용을 정리한다.<br>• 다음 차시에 배울 내용을 안내한다.<br>• 인사 후, 수업을 마무리한다. | | |
| | 〈수고하셨습니다.〉 | | |

## 4 4회 모범답안

| 수험번호 | | | | | | | | | 성명 | | 관리번호 | |

| 단원 | 유네스코와 음악 | | |
|---|---|---|---|
| 학습 목표 | 1. 각 지역을 대표하는 아리랑을 알아보고, 시김새를 살려 노래할 수 있다.<br>2. 베토벤 '합창 교향곡'의 음악적 특징을 이해하고 설명할 수 있다.<br>3. 국악의 계승과 발전을 위한 방안에 대해 토의할 수 있다. | | |
| 단계 | 교수·학습활동 | 자료 | 지도상의 유의점 |
| 도입 | • 전시 학습 확인<br>  – 유네스코 인류 무형 문화유산으로 선정된 국악에 대해 알아보았다.<br>• 동기유발<br>  – 아리랑의 역사적 배경을 주제로 한 영상을 시청한다.<br>  – '합창 교향곡' 원본 악보의 유네스코 세계기록유산 지정 배경과 관련된 영상을 시청한다.<br>• 학습목표 제시 | | |
| 전개 | 활동 1. 각 지역을 대표하는 아리랑 알아보기<br>  1) 각 지역의 대표되는 아리랑을 알아본다.<br>  2) [자료 2]를 활용하여 우리나라의 아리랑 지도를 모둠별로 만들어본다. | [자료 1]<br>[자료 2] | |
| | 활동 2. 각 지역을 대표하는 아리랑 불러보기 | | |
| | 〈응시자 작성부분 1〉 | | |
| | 1) 경기 아리랑을 이해하고 불러보기 | | |
| | ① 경토리의 음계와 선율적 특징 이해하기 | | |
| | ② 경토리의 특징을 살려 경기 아리랑 노래하기 | | |
| | 2) 서도 아리랑을 이해하고 불러보기 | | |
| | ① 수심가 토리의 음계와 잘게 떠는 요성 이해하기 | [자료 1]<br>장구 | |
| | ② 수심가 토리의 특징을 살려 서도 아리랑 노래하기 | | |
| | 3) 정선 아리랑을 이해하고 불러보기 | | |
| | ① 메나리 토리의 음계와 하행 선율 이해하기 | | |
| | ② 메나리 토리의 특징을 살려 정선 아리랑 노래하기 | | |
| | 4) 진도 아리랑을 이해하고 불러보기 | | |
| | ① 육자배기 토리의 음계와 시김새(굵게 떠는 요성, 퇴성) 이해하기 | | |
| | ② 육자배기 토리의 특징을 살려 진도 아리랑 노래하기 | | |
| | 활동 3. 유네스코 세계 기록유산으로 선정된 '합창 교향곡' 알아보기<br>  1) '합창 교향곡'을 작곡한 베토벤에 대해 알아본다.<br>  2) '합창 교향곡' 제 4악장을 감상한다. | [자료 3] | |

| | | | |
|---|---|---|---|
| | 3) '합창 교향곡'의 작곡 배경과 음악적 특징을 이해하고, 환희의 송가 선율을 악기로 연주해보기 | | |
| | 〈응시자 작성부분 2〉<br><br>① 합창 교향곡의 작곡 배경 알아보기<br><br>합창 교향곡은 베토벤이 청력을 완전히 상실한 상태에서 작곡한 베토벤의 마지막 교향곡이다.<br><br>② 합창 교향곡의 음악적 특징 알아보기<br><br>- 교향곡은 관현악으로 연주되는 다악장의 기악곡을 말한다.<br><br>- 실러의 '환희의 송가'에 곡을 붙였으며, 교향곡에 최초로 사람의 목소리와 오케스트라가 함께 사용되었다.<br><br>③ 환희의 송가 선율 익히기<br><br>다양한 선율 악기(리코더, 오카리나, 글로켄슈필 등)로 선율을 연주해본다. | [자료 4]<br>선율<br>악기 | - 다양한 선율 악기를 활용하여 연주해보도록 한다. |
| | 활동 4. 국악의 계승과 발전을 위한 방안에 대해 토의하기 | ICT 기기 | - 토의 시에는 ICT 기기를 활용하여 토의 내용을 다양한 방법으로 기록할 수 있도록 한다.<br><br>- 국악에 익숙하지 않은 다문화 학생을 고려하여 지도한다. |
| | 〈응시자 작성부분 3〉<br><br>1) 국악의 계승 방안 토의하기<br><br>① 현재 유네스코 세계문화유산으로 선정된 국악이 어떤 방법을 통해 계승되고 있는지 조사한다.<br><br>② 브레인스토밍을 통해 국악을 계승할 수 있는 아이디어를 공유한다.<br><br>2) 국악의 발전 방안 토의하기<br><br>① 교사는 다문화 학생이 국악을 들었을 때 받은 느낌을 발표하도록 한다.<br><br>② 국악이 다양한 관점에서 발전할 수 있는 방안에 대해 토의한다.<br><br>* 교사는 토의 전반에 걸쳐 학생들이 크롬북에 내용을 기록하도록 한다. | | |
| 정리 | • 자기평가를 진행한다. | | |
| | 〈응시자 작성부분 4〉<br><br>| 활동 | 문항 | 상 | 중 | 하 |<br>|---|---|---|---|---|<br>| 연주 | 지역별 시김새의 특징을 살려 노래할 수 있는가? | | | |<br>| | 정확한 박자와 올바른 주법으로 연주할 수 있는가? | | | |<br>| 토의 | 주제와 관련된 다양한 아이디어를 제시하였는가? | | | |<br>| | 상대방의 의견을 존중하며 경청하였는가? | | | | | | |
| | • 다음 차시에 진행할 UCC 제작 활동을 안내한다. | | |
| | • 인사 후, 수업을 마무리한다. | | |
| 〈수고하셨습니다.〉 | | | |

## 5 5회 모범답안

| 수험번호 | | | | | | | | 성명 | | 관리번호 | |

| 단원 | 음악과 미술 | | |
|---|---|---|---|
| 학습<br>목표 | 1. 미술 작품과 근·현대 시대의 음악을 연결하여 감상할 수 있다.<br>2. 쇤베르크 '달에 홀린 피에로'를 듣고 기호와 그림을 활용하여 악보로 표현할 수 있다.<br>3. 다양한 컴퓨터 음악 프로그램을 활용하여 그림에 어울리는 배경음악을 만들 수 있다. | | |
| 단계 | 교수·학습활동 | 자료 | 지도상의<br>유의점 |
| 도입 | • 전시 학습 확인<br>  - 20세기의 사회적 변화와 이에 관련된 근·현대 시대 음악의 다양한 경향을<br>    살펴보았다.<br>• 동기유발<br>〈응시자 작성부분 1〉<br>① 20세기의 다양한 미술 작품 살펴보기<br>다양한 미술작품을 살펴보고, 지난 시간에 배운 근·현대 시대의 사회적 배경과 어떤<br>연관이 있을지 유추해본다.<br>② 미술 작품에 어울릴만한 근·현대 시대의 음악 떠올려보기<br>• 학습목표 제시 | | |
| 전개 | 활동 1. 미술 작품과 근·현대 시대의 음악을 연결하여 감상하기<br>〈응시자 작성부분 2〉<br>1) 인상주의 사조의 미술 작품과 음악 감상하기<br>① 인상주의란, 순간적인 느낌의 모호한 인상을 표현하는 예술 사조이다.<br>② (가) 모네 '해돋이'와 (2) 드뷔시 '목신의 오후에의 전주곡'을 감상한다.<br>2) 표현주의 사조의 미술 작품과 음악 감상하기<br>① 표현주의란, 잠재된 내면을 외적으로 표출하여 표현하는 예술 사조이다.<br>② (다) 칸딘스키 '음악회'와 (1) 쇤베르크 '달에 홀린 피에로'를 감상한다.<br>3) 원시주의 사조의 미술 작품과 음악 감상하기<br>① 원시주의란, 원시 시대의 정신을 현대 예술에 접목한 예술 사조이다.<br>② (나) 마티스 '춤'과 (3) 스트라빈스키 '봄의 제전 중 소녀의 춤'을 감상한다.<br><br>활동 2. 쇤베르크 '달에 홀린 피에로'를 듣고 그림 악보로 표현하기<br> 1) '달에 홀린 피에로' 알아보기<br>   - 인간의 내적 상황을 담은 표현주의 음악이다.<br>   - 조성이 없이 불협화음이 반복되는 무조 음악이다.<br>   - 말과 노래의 중간에 해당하는 새로운 성악기법이 사용되었다. | [자료 1]<br><br>[자료 2] | |

| | | | |
|---|---|---|---|
| | 2) 기호와 그림을 활용하여 '달에 홀린 피에로'를 악보로 표현하기 | | |
| | 〈응시자 작성부분 3〉 | [자료 3] | |
| | ① [자료 3]의 악보를 보며 악곡 감상하기 | | |
| | 펜데레츠키의 '히로시마 희생자를 위한 애가', 케이지의 '아리아' 악보를 보며 악곡을 감상한다. | | |
| | ② 달에 홀린 피에로를 감상하며, 모둠원들과 함께 시간에 따라 달라지는 음악의 흐름을 분석하기 | | |
| | ③ 음악의 흐름을 묘사할 수 있는 다양한 기호와 그림을 창작하기 | | |
| | ④ 모둠별로 제작한 기호와 그림을 활용하여 달에 홀린 피에로를 악보로 표현해보고 이를 발표하기 | | |
| | 활동 3. 다양한 컴퓨터 음악 프로그램을 활용하여 그림에 어울리는 배경음악 만들기<br> 1) 모둠별로 사용할 그림 선정하기<br> 2) 다양한 컴퓨터 음악 프로그램 사용법 알아보기 | | |
| | 3) 프로그램을 활용하여 그림에 어울리는 배경음악 만들기 | [자료 4] | - 프로그램 사용에 어려움을 겪는 학생들을 고려하여 지도한다. |
| | 〈응시자 작성부분 4〉 | | |
| | ① 노테이션 프로그램으로 음악 입력하기 | | |
| | - 모둠별로 그림에 어울리는 다양한 음악을 선정한다. | | |
| | - 선정한 음악의 악보를 노테이션 프로그램으로 입력한다. | | |
| | ② 시퀀싱 프로그램을 활용하여 다양한 가상악기로 음악 연주하기 | | |
| | - 입력한 악보를 참고하여, 시퀀싱 프로그램에 음악을 입력한다. | | |
| | - 프로그램 내의 다양한 가상악기를 통해 음악을 연주하며 감상한다. | | |
| | - 가장 마음에 드는 형태를 선정하여 음원 파일을 제작한다. | | |
| | ③ 소리 편집 프로그램으로 음악 편집하기 | | |
| | - 음원 파일을 소리 편집 프로그램에 입력한다. | | |
| | - 모둠원들과의 협의를 통해 적절한 길이로 음악을 편집한다. | | |
| | ④ 온라인 보충학습 안내하기 | | |
| | - 교사는 사전에 프로그램의 사용 절차와 방법에 대한 교육 영상을 만든다. | | |
| | - 프로그램 사용이 어려운 학생들은 온라인으로 영상을 시청한다. | | |
| | 4) 모둠별로 제작한 음악 발표하기<br> - 갤러리 워크를 통해 모둠별로 선정한 그림과 제작한 배경 음악을 함께 감상한다.<br> - 교사가 배부한 평가지를 통해 동료평가를 진행한다. | | |
| 정리 | • 형성 평가를 통해 배운 내용을 확인한다.<br>• 다음 차시에 배울 내용을 예고한다.<br>• 인사 후, 수업을 마무리한다. | | |
| 〈수고하셨습니다.〉 | | | |

## 6 6회 모범답안

| 수험번호 | | | | | | | | | 성명 | | | 관리번호 | | |
|---|---|---|---|---|---|---|---|---|---|---|---|---|---|---|

| 단원 | 여러 가지 음계 | | |
|---|---|---|---|
| 학습<br>목표 | 1. 여러 가지 음계를 이해하고 설명할 수 있다.<br>2. '랩소디 인 블루'에 사용된 블루 노트를 구별하며 감상할 수 있다.<br>3. 12음 기법을 활용하여 나만의 음악을 만들 수 있다. | | |
| 단계 | 교수·학습활동 | 자료 | 지도상의<br>유의점 |
| 도입 | • 전시 학습 확인<br><br>• 동기유발<br><br>〈응시자 작성부분 1〉<br><br>① 재즈 공연의 사진을 보고, 음악의 분위기를 예측해보기<br><br>재즈 공연의 사진을 보고, 어떤 음악을 연주하고 있을지 자유롭게 발표한다.<br><br>② 뭉크의 '절규'를 보고, 그림 속 인물의 감정 생각해보기<br><br>뭉크의 '절규' 속 인물이 어떤 감정을 느끼고 있을지 생각해본다.<br><br>• 학습목표 제시 | [자료 1] | |
| 전개 | 활동 1. 여러 가지 음계 알아보기<br><br>〈응시자 작성부분 2〉<br><br>1) 국악의 평조와 계면조 이해하기<br><br>① 국악 음계의 변천과 역사에 대해 조사한다.<br><br>② 평조와 계면조의 구성음(황·태·중·임·남, 황·협·중·임·무)을 비교한다.<br><br>교사는 가야금을 활용하여 평조와 계면조의 구성음을 실음으로 지도한다.<br><br>③ 평조와 계면조로 이루어진 악곡을 찾아 감상한다.<br><br>2) 서양음악의 장음계와 단음계 이해하기<br><br>① 서양 음악 음계의 변천과 역사에 대해 조사한다.<br><br>② 장음계와 단음계의 음정 간격과 구성음을 비교한다.<br><br>교사는 피아노를 활용하여 장음계와 단음계를 실음으로 지도한다.<br><br>③ 장음계와 단음계로 이루어진 악곡을 찾아 감상한다. | [자료 2] | - 음계를 설명<br>할 때, 피아노와<br>가야금을 활용<br>하여 지도한다. |
| | 활동 2. 블루 음계를 이해하며 '랩소디 인 블루' 감상하기<br>  1) 랩소디 인 블루 알아보기<br>   - 미국 작곡가 거슈윈이 1924년 작곡한 작품이다.<br>   - 피아노 독주와 오케스트라가 함께 연주한다.<br>   - 재즈 작곡 기법을 클래식에 적용하여 큰 성공을 거두었다. | | |

| | | | |
|---|---|---|---|
| | 2) 블루 음계와 블루 노트 알아보기 | [자료 3] | |
| | 〈응시자 작성부분 3〉<br><br>① 블루 음계 이해하기<br>- 랩소디 인 블루 선율을 통해 블루 음계의 선율을 유추해본다.<br>- 교사는 피아노를 활용하여 블루 음계의 구성음을 실음으로 지도한다.<br>② 블루 노트 이해하기<br>- 장음계에 어떤 음들을 추가하면 블루 음계가 되는지 논의한다.<br>- 랩소디 인 블루 선율에서 블루 노트를 찾아 표시해본다. | | |
| | 활동 3. 12음 기법을 활용하여 나만의 음악 만들기<br>  1) 12음 기법 알아보기<br>   - 조성적 체계에서 벗어나 12음을 동등하게 사용하는 무조적 기법이다.<br>   - 쇤베르크의 무조 음악 기법으로, 이후 총렬주의에 영향을 미쳤다.<br>  2) 12음 기법을 활용하여 나만의 음악 만들기 | [자료 4] | - 기본, 역행, 전위, 역행전위 음렬을 모두 활용할 수 있도록 한다.<br><br>- 다양한 스캐폴딩 전략을 활용한다. |
| | 〈응시자 작성부분 4〉<br><br>**12음 기법의 음렬 학습 위계**<br>기본 음렬 〉 역행 음렬과 전위 음렬 〉 역행전위 음렬 〉 음렬 매트릭스<br><br>① 12음 기법의 기본 음렬 창작하기<br>12음을 모두 1번씩 사용한 기본 음렬을 창작한다.<br>② 역행 음렬과 전위 음렬 창작하기<br>- 기본 음렬을 역행한 음렬과 위아래로 뒤집은 전위 음렬을 창작한다.<br>- 교사는 음정 계산에 대한 노하우를 제시하여 학생들이 참고하도록 한다.<br>③ 역행전위 음렬 창작하기<br>역행 음렬을 전위한 역행전위 음렬을 창작한다.<br>④ 음렬 매트릭스 창작하기<br>- 창작한 음렬들을 매트릭스에 배열한다.<br>- 음렬들의 음정 간격을 토대로 모둠원들과 협력하여 매트릭스를 완성한다. | | |
| 정리 | • 자기 평가를 진행한다.<br><br>| 활동 | 문항 | 상 | 중 | 하 |<br>|---|---|---|---|---|<br>| 감상 | 음계의 특징을 이해하여 설명할 수 있는가? | | | |<br>| | 블루 음계를 구별하며 제재곡을 감상할 수 있는가? | | | |<br>| 창작 | 12음 기법의 다양한 음렬을 활용할 수 있는가? | | | |<br>| | 12음 기법을 활용하여 음악을 창작할 수 있는가? | | | |<br><br>• 다음 차시에 배울 내용을 예고한다.<br>• 인사 후, 수업을 마무리한다. | | |
| | 〈수고하셨습니다.〉 | | |

## 7 7회 모범답안

| 수험번호 | | | | | | | | 성명 | | 관리번호 | |
|---|---|---|---|---|---|---|---|---|---|---|---|

| 단원 | 음악과 춤 | | |
|---|---|---|---|
| 학습 목표 | 1. 다양한 춤과 음악의 관계를 이해하여 설명할 수 있다.<br>2. 왈츠와 탱고 리듬에 맞추어 간단한 음악 작품을 만들 수 있다. | | |
| 단계 | 교수·학습활동 | 자료 | 지도상의 유의점 |
| 도입 | • 전시 학습 확인<br><br>• 동기유발<br><br>〈응시자 작성부분 1〉<br><br>① (1)-(4)의 이미지를 보고, 모둠원들과 함께 어떤 춤인지 유추해보기<br><br>교사는 세계 각국의 다양한 춤의 특징적인 동작을 담은 짧은 길이의 영상을 제공하여 학생들이 태블릿 PC로 볼 수 있도록 한다.<br><br>② 왈츠, 미뉴에트, 발레, 탱고의 공연 영상 감상하기<br><br>• 학습목표 제시 | [자료 1] | - [자료 1]의 춤들과 관련된 미디어 자료를 활용하여 지도한다. |
| 전개 | 활동 1. 다양한 춤과 음악의 관계 파악하기<br>  1) 서양의 춤과 음악 알아보기<br>   - 왈츠, 미뉴에트, 발레, 탱고의 유래 알아보기<br>   - 각 춤과 함께하는 음악 감상하기<br>  2) 국악의 춤과 음악 알아보기<br>   - 궁중에서 연주된 정재와 다양한 민속 무용을 감상하기<br><br>   - 처용무 알아보기<br><br>〈응시자 작성부분 2〉<br><br>① 처용무의 형태 알아보기<br>- 처용무는 악귀를 쫓는 나례 의식에서 기원한 춤이다.<br>- 처용의 탈을 쓴 5명의 무용수가 오방색의 의상을 입고 춤을 춘다.<br>② 처용무의 반주 음악 알아보기<br>- 처용무의 다양한 반주음악에 대해 조사한다.<br>- 처용무의 반주 음악 중 '수제천'을 감상한다.<br>- 가락선보와 함께 수제천을 감상하며 연음형식에 대해 이해한다.<br>③ 처용무가 세계문화유산으로 지정된 배경 살펴보기<br>처용무가 유네스코 문화유산으로 지정된 이유에 대해 조사한다. | [자료 1]<br><br>[자료 2] | |

| | | | |
|---|---|---|---|
| | 활동 2. 왈츠와 탱고 리듬 배우기 | [자료 3] | - 코다이 리듬음절을 활용하여 지도한다. |
| | 〈응시자 작성부분 3〉 | | |
| | 1) 왈츠 리듬 익히기 | | |
| | ① 3박자의 왈츠 리듬을 신체(발구르기, 손뼉치기)로 표현한다. | | |
| | ② 왈츠 리듬을 코다이 리듬음절로 읽어본다. (타 타 타) | | |
| | ③ 신체표현과 리듬음절을 함께 사용하여 왈츠 리듬을 표현한다. | | |
| | 2) 탱고 리듬 익히기 | | |
| | ① 4박자의 탱고 리듬 A를 신체(무릎치기)로 표현한다. | | |
| | ② 4박자의 탱고 리듬 B를 신체(발구르기)로 표현한다. | | |
| | ③ 각 탱고 리듬을 코다이 리듬음절과 교사가 창작한 리듬음절로 읽어본다. (A: 타 타 타 티 티르, B: 타아아 타아아 타아) | | |
| | 3) 왈츠와 탱고 리듬을 자신만의 방식으로 표현하기 | | |
| | 자신만의 신체 표현과 리듬음절로 왈츠와 탱고 리듬을 표현해본다. | | |
| | 활동 3. 왈츠와 탱고 리듬에 어울리는 4마디의 주선율과 반주부 창작하기 | [자료 4] 신시사이저 태블릿 PC | - 선율은 신시사이저, 리듬은 태블릿 PC를 활용한 디지털 악기로 연주할 수 있도록 한다. |
| | 〈응시자 작성부분 4〉 | | |
| | 1) 제재곡 선율에 맞춰 왈츠와 탱고 리듬 표현하기 | | |
| | ① 쇼팽 왈츠 op.64 no.2 선율에 맞춰 왈츠 리듬을 자유롭게 표현해본다. | | |
| | ② 리베르 탱고 선율에 맞춰 탱고 리듬을 자유롭게 표현해본다. | | |
| | 2) 왈츠와 탱고 리듬을 활용하여 반주 선율 창작하기 | | |
| | ① 모둠별로 왈츠와 탱고 리듬 중 하나를 선택한다. | | |
| | ② 반주부에 활용할 화음을 선택한다. | | |
| | ③ 선택한 리듬과 화음을 활용하여 적절한 반주 선율을 창작한다. | | |
| | 3) 반주 선율에 맞춰 4마디의 주선율 창작하기 | | |
| | ① 교사는 선율 창작 시 지켜야 할 조건을 안내한다. | | |
| | ② 모둠원들과 함께 협력하여 4마디의 주선율을 창작한다. | | |
| | 4) 창작한 선율을 연주하기 | | |
| | ① 창작한 선율을 신시사이저로 연주해본다. | | |
| | ② 모둠원들끼리 역할을 나누어 신시사이저와 디지털 타악기로 합주해본다. | | |
| | • 모둠별로 창작한 음악을 직접 연주하며 발표하기 | | |
| 정리 | • 형성 평가를 진행한다.<br>• 다음 차시에 배울 내용을 예고한다.<br>• 인사 후, 수업을 마무리한다. | | |
| | 〈수고하셨습니다.〉 | | |

## 8 8회 모범답안

| 수험번호 | | | | | | | | 성명 | | 관리번호 | |
|---|---|---|---|---|---|---|---|---|---|---|---|

| 단원 | 장르와 형식 | | |
|---|---|---|---|
| 학습<br>목표 | 1. 소나타 형식의 특징을 이해하고 그림으로 표현할 수 있다.<br>2. 제재곡을 감상하고 빠르기의 변화를 이해하여 설명할 수 있다.<br>3. 제재곡을 구음으로 노래할 수 있다. | | |
| 단계 | 교수·학습활동 | 자료 | 지도상의<br>유의점 |
| 도입 | • 전시 학습 확인<br>• 동기유발<br>• 학습목표 제시 | | |
| 전개 | 활동 1. 소나타 형식의 특징을 이해하고 블록으로 표현하기<br> 1) 소나타 형식 파악하기<br>  - 베토벤 피아노 소나타 17번 감상하기<br>  - 제시부, 발전부, 재현부로 분석하여 나누기<br><br> 2) 소나타 형식을 블록으로 표현하기<br><br>〈응시자 작성부분 1〉<br><br>① 소나타 형식의 세부 구성 알아보기<br>- 소나타 형식은 제시부에 1주제, 2주제가 등장하고 발전부에서 다양하게 변형되며, 재현부에서 다시 1주제와 2주제가 재현된다.<br>- 소나타 형식의 세부 구성을 블록으로 표현한다.<br>② 베토벤 피아노 소나타 17번의 각 악장을 블록으로 표현하기<br>- 모둠별로 블록으로 표현하고 싶은 악장을 선택한다.<br>- 주제와 다양한 연결구들을 분석하여 블록으로 표현한다. | [자료 1]<br><br>[자료 2] | - [자료 2]의 각 블록과 소나타 형식을 연관지어 설명한다. |
| | 활동 2. 제재곡의 빠르기 변화 이해하기<br> 1) 김죽파류 가야금산조의 빠르기 변화 알아보기<br>  - 진양, 중모리, 중중모리, 자진모리, 휘모리, 세산조시(단모리)로 이어진다. | | |
| | 2) 베토벤 피아노 소나타 17번의 빠르기 변화 알아보기<br><br>〈응시자 작성부분 2〉<br><br>① 악보에 등장하는 빠르기말 이해하기<br>- 악보에 등장하는 빠르기말을 찾아 정리해본다.<br>- 스마트폰을 활용하여 빠르기말의 의미를 찾는다. | [자료 1] | - [자료 1]의 여러 가지 빠르기말과 연관지어 설명한다. |

| | | | |
|---|---|---|---|
| | - 빠르기 순서에 따라 악보에 나타난 빠르기말을 배열한다.<br>(Largo 〉 Adagio 〉 Allegretto 〉 Allegro)<br>② 빠르기 변화에 유의하여 베토벤 소나타 17번 감상하기<br>악보에 등장하는 빠르기말에 따라 달라지는 빠르기에 유의하여 감상한다. | | |
| | 활동 3. "김죽파류 가야금산조" 중 '중중모리'를 구음으로 노래하기<br><응시자 작성부분 3><br>1) 산조 가야금의 구음 알아보기<br>① 구음표의 빈칸을 채우며 산조 가야금의 구음을 학습한다.<br>② 실제 가야금의 각 현을 퉁겨 소리를 들어보고, 구음과 비교해본다.<br>2) 김죽파류 가야금산조 중 중중모리 감상하기<br>① 음원 편집본을 통해 김죽파류 가야금산조 중 중중모리를 감상한다.<br>② 음원 편집본을 통해 김죽파류 가야금산조 중중모리 구음창을 감상한다.<br>3) 김죽파류 가야금산조 중 중중모리를 구음으로 노래하기<br>① 악보에 제시된 구음을 천천히 읽어본다.<br>② 가야금 선율에 맞추어 구음으로 노래한다.<br>③ 교사는 제재곡에 나타나는 다양한 시김새를 가락선보로 표현하여, 학생들이 보다 쉽게 표현할 수 있도록 한다. | [자료 3]<br>[자료 4] | - 가락선 악보를 제시하여, 시김새를 쉽게 표현할 수 있도록 지도한다. |
| 정리 | • 자기 평가를 진행한다.<br><응시자 작성부분 4><br><br>| 활동 | 문항 | 상 | 중 | 하 |<br>|---|---|---|---|---|<br>| 표현 | 소나타 형식의 구성을 블록으로 알맞게 표현할 수 있는가? | | | |<br>| | 제재곡을 스스로 분석하여 표현할 수 있는가? | | | |<br>| 이해 | 소나타 형식의 구성을 이해하여 설명할 수 있는가? | | | |<br>| | 다양한 빠르기말의 의미를 이해할 수 있는가? | | | |<br>| 가창 | 산조가야금의 적절한 구음으로 노래할 수 있는가? | | | |<br>| | 다양한 시김새를 살려 노래할 수 있는가? | | | |<br><br>• 다음 차시에 배울 내용을 예고한다.<br>• 인사 후, 수업을 마무리한다. | | |
| | <수고하셨습니다.> | | |

## ⑨ 9회 모범답안

| 수험번호 | | | | | | | 성명 | | 관리번호 | |
|---|---|---|---|---|---|---|---|---|---|---|

| 단원 | 변주곡 | | |
|---|---|---|---|
| 학습<br>목표 | 1. 다양한 음악 요소를 변형하여 변주곡을 만들 수 있다.<br>2. 정확한 박자와 주법으로 칼림바를 연주할 수 있다.<br>2. 저작권에 대해 알아보고, 창작한 음악에 대한 책임의식을 가질 수 있다. | | |
| 단계 | 교수·학습활동 | 자료 | 지도상의<br>유의점 |
| 도입 | • 전시 학습 확인<br><br>• 동기유발<br><br>〈응시자 작성부분 1〉<br><br>① 모차르트 '작은별 변주곡'을 아이스크림과 비교하기<br><br>같은 재료라도 모양이 변하는 아이스크림을 변주곡의 성격과 연관 짓는다.<br><br>② 변주곡과 성격이 비슷한 실생활의 소재 찾아보기<br><br>변주곡과 같이 동일한 소재가 다양하게 변화하는 예를 찾아본다.<br><br>• 학습목표 제시 | [자료 1] | |
| 전개 | 활동 1. 다양한 음악 요소를 변형하여 변주곡 만들기<br><br>\| 변형 요소 \| 주요 활동 \|<br>\|---\|---\|<br>\| 리듬꼴 \| $\frac{2}{4}$박자의 다양한 리듬꼴 만들기 \|<br>\| 조성 \| 제재곡 선율의 관계조로 이조하기 \|<br>\| 선율 \| 다양한 비화성음 활용하기 \|<br><br>〈응시자 작성부분 2〉<br><br>1) 리듬꼴<br><br>① 다양한 음표를 활용하여 $\frac{2}{4}$박자에 맞는 여러 가지 리듬꼴 만들기<br><br>4분음표, 8분음표, 16분음표를 자유롭게 활용하여 리듬꼴을 만든다.<br><br>② 작은별 변주곡 선율에 창작한 리듬꼴을 적용하여 변주곡 만들기<br><br>2) 조성<br><br>① 다양한 장조 조성으로 이조하여 변주곡 만들기<br><br>② 다양한 단조 조성으로 이조하여 변주곡 만들기<br><br>교사는 이조한 변주곡의 음정이 정확한지 피드백한다. | [자료 2] | |

| | | | |
|---|---|---|---|
| | 3) 선율 | | |
| | ① 다양한 화성음과 비화성음을 활용하여 선율 변주하기 | | |
| | 제시된 화성을 토대로 화성음과 비화성음을 활용하여 선율을 변주한다. | | |
| | ② 다양한 음을 첨가하여 선율과 리듬을 함께 변주하기 | | |
| | 활동 2. 창작한 변주곡을 칼림바로 연주하기<br>　1) 칼림바 알아보기<br>　　- 칼림바는 아프리카의 전통 악기에서 유래하였다.<br>　　- 금속판을 손가락으로 튕겨 연주하는 유율 타악기에 속한다. | | |
| | 　2) 창작한 변주곡을 칼림바로 연주하기 | [자료 3] | |
| | 〈응시자 작성부분 3〉 | | |
| | ① 칼림바 음계 연습하기 | | |
| | - 칼림바를 올바른 자세로 잡고, 음계를 연주해보도록 한다. | | |
| | - 교사는 칼림바 금속판을 튕기기 어려워하는 학생들에게 골무를 제공한다. | | |
| | ② 창작한 변주곡을 숫자 악보로 바꾸기 | | |
| | 오선보를 읽으며 동시에 연주하기 어려워하는 학생들을 위해, 창작한 변주곡의 오선보를 숫자 악보로 바꿔보도록 한다. | | |
| | ③ 창작한 변주곡을 칼림바로 연주하기 | | |
| | 올바른 자세와 정확한 주법으로 창작한 변주곡을 연주한다. | | |
| | 활동 3. 저작권에 대해 알아보고, 창작한 음악에 대한 책임의식 가지기<br>　1) 저작권 알아보기: 퀴즈와 관련된 저작권 법률 조사하기 | | |
| | 　2) 창작한 음악에 대한 책임의식 가지기<br>　　　창작의 새로운 변주 소재로 삼고 싶은 음악 선정하기<br>　　　해당 음악의 저작권과 관련하여 고려해야 할 부분 토의하기 | | |
| | 〈응시자 작성부분 4〉 | [자료 4] | - 태블릿 PC를 활용하여 토의 내용을 기록하도록 한다. |
| | ① 창작의 소재 탐색하기 | | |
| | 고전주의 클래식 음악, 클래식 선율을 리메이크한 음악, 대중음악의 3분야로 나누어 모둠별로 창작의 새로운 변주 소재로 삼고 싶은 음악을 선정한다. | | |
| | ② 소재로 삼은 음악의 저작권에 대해 토의하기 | | |
| | - [자료 4]의 저작권 퀴즈와 관련된 법률 내용을 참고하여 토의한다. | | |
| | - 해당 음악의 성격(창작 시기, 작곡가 등)을 참고하여 토의한다. | | |
| 정리 | • 다음 차시에 배울 내용을 예고한다.<br>• 인사 후, 수업을 마무리한다. | | |

〈수고하셨습니다.〉

## 🔟 10회 모범답안

| 수험번호 | | | | | | | | 성명 | | 관리번호 | |

| 단원 | 여러 가지 악기 | | |
|---|---|---|---|
| 학습 목표 | 1. 제재곡을 듣고 여러 가지 악기의 음색과 음역을 구별하여 설명할 수 있다.<br>2. 생활 속의 재료로 나만의 악기를 만들 수 있다. | | |
| 단계 | 교수 · 학습활동 | 자료 | 지도상의 유의점 |
| 도입 | • 전시 학습 확인<br><br>• 동기유발<br><br>〈응시자 작성부분 1〉<br><br>① 펜으로 책상의 목재 부분과 철 부분을 두드려보고, 소리를 비교해본다.<br><br>② 글로켄슈필과 실로폰의 소리 비교하기<br><br>- 글로켄슈필과 실로폰의 소재를 알아본다.<br><br>- 각 악기의 음색과 소재의 연관성을 자유롭게 발표한다.<br><br>• 학습목표 제시 | [자료 1] | |
| 전개 | 활동 1. '청소년을 위한 관현악 입문'을 듣고 악기들의 음색과 음역 구분하기<br> 1) 음색에 대해 알아보기<br>　 - 음색이란, 어떤 소리를 들었을 때 느껴지는 소리의 이미지를 말한다.<br>　 - 같은 높이의 소리라도 재료나 진동 방법에 따라 음색이 달라진다.<br><br> 2) 악기군별 음색과 악기별 음역 비교하기<br><br>〈응시자 작성부분 2〉<br><br>① 악기군별 음색 유추하기<br><br>- 음색 변화에 유의하여 퍼셀 주제의 악기군별 연주부를 감상한다.<br><br>- 다양한 악기군 카드를 통해 악기의 소재와 모양을 살펴보고, 음색을 유추하여 연주부의 어느 부분에 해당하는지 맞춰본다.<br><br>② 악기군별 음색 알아보기<br><br>- 악기군별 대표 악기들의 실제 소리를 음원 편집본으로 감상한다.<br><br>- 퍼셀 주제 연주부의 악기군별 음색과 동일한 악기군 내 개별 악기들의 음색을 비교해보며 같은 악기군이 만들어내는 음색을 이해한다.<br><br>③ 악기별 음역 알아보기<br><br>- 퍼셀 주제의 악기별 변주를 감상한다. | [자료 2] | |

| | | | |
|---|---|---|---|
| | - 동일 악기군 내 각 악기들의 음역 차이를 알아본다. | | |
| | ④ 악기들의 음색과 음역을 종합하여 도식으로 배움 노트에 정리하기 | | |
| | 활동 2. 다양한 국악기의 음색과 음역 구분하기<br> 1) 팔음 분류법에 대해 알아보기 | [자료 3]<br><br>[자료 4] | - 발문과 응답을 통해 팔음 분류에 대한 빈칸을 채워나갈 수 있도록 지도한다. |
| | 2) 악기의 모양과 소리를 통해 해당하는 팔음을 유추하여 구분해보기 | | |
| | 〈응시자 작성부분 3〉<br><br>① 다양한 국악기의 모양과 소리를 탐색하기<br><br>- 각 악기들의 연주 영상을 찾아본다.<br><br>- 가상악기 앱을 활용하여 소리를 들어본다.<br><br>- 퀴즈 프로그램을 활용하여 악기 카드와 소리를 함께 학습한다.<br><br>② 다양한 국악기의 팔음 분류 유추하기<br><br>교사와의 문답을 통해 학생들이 각 악기의 팔음을 유추하고, 활동지의 빈칸을 채워보도록 한다. | | |
| | 3) 악기들의 음역 알아보기 | | |
| | 활동 3. 다양한 원리를 활용하여, 생활 속의 재료로 나만의 악기 만들기 | | - 악기 제작 시 지켜야 할 안전 수칙에 대해 안내한다. |
| | 〈응시자 작성부분 4〉<br><br>1) 악기 제작의 원리 알아보기<br><br>① 줄이나 관의 길이에 따라 음정이 달라지는 원리 이해하기<br><br>- 길이의 비율에 따라 소리나는 음정이 달라짐을 이해한다.<br><br>- 길이에 따라 음정이 달라지는 악기를 찾아 발표한다.<br><br>② 소재에 따라 음색이 달라지는 원리 이해하기<br><br>- 같은 원리로 제작하더라도 소재에 따라 음색이 달라짐을 이해한다.<br><br>- 같은 모양이지만 소재에 따라 음색이 달라지는 악기를 찾아 발표한다.<br><br>2) 생활 속의 재료로 악기 만들기<br><br>교사는 악기 제작에 활용할 수 있는 다양한 재료(고무줄, 페트병, 빨대, 나무젓가락 등)를 제공하고, 악기 제작 시 주의해야 할 안전 수칙을 안내한다.<br><br>3) 제작한 악기를 활용하여 자유롭게 음악을 표현하기 | | |
| 정리 | • 다음 차시에 배울 내용을 예고한다.<br>• 인사 후, 수업을 마무리한다. | | |
| | 〈수고하셨습니다.〉 | | |

## 11 11회 모범답안

| 수험번호 | | | | | | | | 성명 | | 관리번호 | |
|---|---|---|---|---|---|---|---|---|---|---|---|

| 단원 | 아름다운 자연 |
|---|---|
| 학습 목표 | 1. 역사·문화적 배경과 관련지어 민족주의 음악의 특징을 설명할 수 있다.<br>2. 제재곡의 장르와 그 특징을 설명할 수 있다.<br>3. 우리나라의 아름다움을 담은 가사를 만들어 노래할 수 있다.<br>4. 성부의 조화를 살려 부분 3부 합창할 수 있다. |

| 단계 | 교수·학습활동 | 자료 | 지도상의 유의점 |
|---|---|---|---|
| 도입 | • 전시 학습 확인<br><br>• 동기유발<br><br>〈응시자 작성부분 1〉<br><br>① [자료 1]과 관련된 다양한 기후 위기 현상에 대해 조사하기<br><br>이상 기후로 발생하는 다양한 재난들에 대해 조사하고 이야기 나눈다.<br><br>② 기후 위기를 음악을 통해 극복할 수 있는 방안 생각해보기<br><br>기후 위기에 음악이 기여할 수 있는 방안을 자유롭게 생각하고 발표한다.<br><br>• 학습목표 제시 | [자료 1] | |
| 전개 | 활동 1. 민족주의 음악의 특징 알아보기<br> 1) 민족주의 음악은 19세기 말, 여러 나라들의 독립 운동의 영향을 받아 생겨났으며, 민족적 특색을 살린 음악이다.<br> 2) 민족의식을 고취시키기 위해 자국의 전설, 설화, 자연을 소재로 음악을 표현하거나 민요 선율을 활용하였다.<br><br>활동 2. 제재곡의 장르와 해당 장르의 특징 이해하기<br><br>〈응시자 작성부분 2〉<br><br>1) 표제음악에 대해 알아보기<br><br>표제와 관련된 음악 외적인 요소를 표현하는 기악곡 장르를 말한다.<br><br>2) 교향시에 대해 알아보기<br><br>① 관현악을 통해 시적이고 회화적인 내용을 표현하는 표제음악을 말한다.<br><br>② 민족주의 음악에 자주 사용되었던 장르 중 하나이다.<br><br>3) 스메타나 교향시 "나의 조국" 중 '몰다우' 감상하기<br><br>① 대표 선율이 나오는 부분이 어디인지 찾아보며 음악을 감상한다.<br><br>② 몰다우 강의 아름다운 정경을 보며 음악을 감상한다. | [자료 2] | |

| | | | |
|---|---|---|---|
| | 활동 3. 우리나라의 아름다움을 담은 가사를 만들어 노래하기 | [자료 3] | |
| | 〈응시자 작성부분 3〉 | | |
| | 1) 문화의 중요성에 대해 토의하기 | | |
| | [자료 3] 중 백범 김구의 '나의 소원'을 읽고, 문화의 중요성에 대해 모둠원들과 토의한다. | | |
| | 2) 우리나라의 다양한 음악 문화 조사하기 | | |
| | ① 우리나라 전통음악인 국악과 관련된 다양한 문화를 조사한다. | | |
| | ② 세계에서 큰 인기를 끌고 있는 케이팝과 관련된 다양한 문화를 조사한다. | | |
| | 3) 우리나라 음악 문화의 아름다움을 담은 가사 창작하여 노래하기 | | |
| | ① 모둠원들과 함께 우리나라 음악 문화와 관련된 키워드를 선정한다. | | |
| | ② 선정한 키워드를 활용하여 '아름다운 나라'의 가사를 개사한다. | | |
| | 활동 4. 성부의 조화를 살려 부분 3부 합창하기 | [자료 4] | |
| | 〈응시자 작성부분 4〉 | | |
| | 1) '아름다운 나라' 감상하기 | | |
| | 제재곡인 아름다운 나라의 부분 3부 합창 공연을 감상한다. | | |
| | 2) 다양한 방법으로 발성 연습하기 | | |
| | 고양이 소리로 목 풀기, 아-에-이-오-우 등 다양한 방법으로 발성해본다. | | |
| | 3) 각 성부의 선율 익히기 | | |
| | ① 교사는 변성기 학생들의 음역을 고려하여 내림 마장조의 곡을 라장조로 이조하여 지도한다. | | |
| | ② 교사는 개인의 음역에 따라 성부를 나눈다. | | |
| | ③ 각 모둠의 같은 성부를 맡은 학생들끼리 모여 연습한다. 이 때, 피아노를 활용하여 정확한 음정으로 노래할 수 있도록 한다. | | |
| | 4) 모둠별 합창 연습하기 | | |
| | ① 원래의 모둠으로 돌아가 부분 3부 합창을 연습한다. | | |
| | ② 성부가 나뉘어지는 부분의 음정에 유의하여 연습한다. | | |
| 정리 | • 모둠별로 발표하는 시간을 가진다.<br>• 다음 차시에 배울 내용을 예고한다.<br>• 인사 후, 수업을 마무리한다. | | |

〈수고하셨습니다.〉

## 12  12회 모범답안

| 수험번호 | | | | | | | 성명 | | 관리번호 | |
|---|---|---|---|---|---|---|---|---|---|---|

| 단원명 | 학급 뮤지컬 만들기 |
|---|---|
| 학습 목표 | 1. 시대별 극음악의 특징을 비교하여 설명할 수 있다.<br>2. 뮤지컬 음악의 구성에 어울리는 가사를 창작할 수 있다.<br>3. AI 음악 창작 프로그램을 사용하여 학급 뮤지컬에 활용할 음악을 창작할 수 있다. |

| 단계 | 교수·학습활동 | 자료 | 지도상의 유의점 |
|---|---|---|---|
| 도입 | • 전시학습 확인<br>- 지난 시간에 배운 뮤지컬의 구성 요소에 대해 상기한다.<br><br>• 동기유발<br>- 스토리보드를 살펴보며 학급 뮤지컬에 활용할 수 있을 소품들이 무엇이 있을지 친구들과 의견을 나눈다.<br><br>• 학습목표 제시<br>1. 시대별 극음악의 특징을 비교하여 설명할 수 있다.<br>2. 뮤지컬 음악의 구성에 어울리는 가사를 창작할 수 있다.<br>3. AI 음악 창작 프로그램을 사용하여 학급 뮤지컬에 활용할 음악을 창작할 수 있다. | | |
| 전개 | 활동 1. 시대별 극음악의 특징 비교하기<br><br>〈응시자 작성부분 1〉<br><br>[깊이 있는 학습을 위한 핵심 질문]<br><br>| 1 | 시대별로 극음악의 종류와 특징은 무엇이 있나요?(사실적 질문) |<br>| 2 | 극적인 요소가 음악에 미치는 영향은 무엇일까요?(개념적 질문) |<br>| 3 | 발전된 기술은 극음악의 가치를 높일 수 있을까요?(논쟁적 질문) |<br><br>1) 오페라-뮤지컬, 창극-판소리의 배경과 특징 비교하기<br><br>① 오페라와 뮤지컬, 판소리와 창극이 등장한 시대적 배경을 조사한다.<br><br>② 각 장르의 구성, 공연 방식 등을 표로 비교하여 정리한다.<br><br>③ 뮤지컬과 창극이 대중 공연예술로 확장된 사회적 배경을 생각해본다.<br><br>2) 극적 요소와 음악의 관계 분석하기<br><br>모둠별로 하나의 장르를 선택하여 극적 요소와 음악의 관계를 분석하고자 하는 장면을 선택하고, 극적 요소가 음악으로 어떻게 표현되는지 분석한다.<br><br>3) 기술 발전에 따른 극음악의 변화에 대해 토론하기<br><br>기술이 극음악의 가치를 높일 수 있는지 모둠별로 토론한다. | [자료 1] | |

| | | | |
|---|---|---|---|
| | 활동 2. 학급 뮤지컬에 활용할 음악의 가사 창작하기<br>1) 〈자료 2〉의 뮤지컬 구성 요소에 맞추어 스토리보드에 기획한 학급 뮤지컬 장면을 구분한다.<br><br>2) 구분한 장면을 토대로 학급 뮤지컬에 활용할 음악의 가사를 창작한다.<br><br>〈응시자 작성부분 2〉<br><br>① 각 장면에 어울리는 키워드 선정하기<br><br>각 장면을 적절히 표현할 수 있는 단어들을 브레인스토밍을 통해 수집한다.<br><br>② 키워드를 활용하여 가사 만들기<br><br>수집한 단어들을 토대로 생성형 AI를 활용하여 가사를 창작한다.<br><br>③ 각 구성 요소의 특징을 고려하여 가사 수정하기<br><br>뮤지컬 구성 요소의 특징이 드러나도록 생성된 가사를 수정한다. | [자료 2] | - 모둠별로 가사를 창작할 수 있도록 한다. |
| | 활동 3. AI 프로그램으로 학급 뮤지컬에 활용할 음악 만들기<br><br>〈응시자 작성부분 3〉<br><br>1) AI 프로그램에서 선택할 수 있는 음악 요소 이해하기<br><br>① 길이, 속도, 장르, 분위기, 주제를 의미하는 다양한 단어의 뜻을 살펴본다.<br><br>② 모둠별로 각 장면에 적합한 키워드를 요소별로 3가지씩 선택한다.<br><br>2) AI 프로그램을 활용하여 음악 창작하기<br><br>① 선택한 키워드를 토대로 음악을 창작해본다.<br><br>② 창작한 음악 중 가사의 의미와 구성적 특징을 고려하여 가장 적합한 음악을 선택하고, 선택한 이유에 대해 발표한다. | [자료 3] | - 노트북 등 디지털 기기를 활용하도록 한다. |
| 정리 | • 상호 평가를 진행한다.<br><br>〈응시자 작성부분 4〉<br><br>| 영역 | | 평가 기준 | 상 | 중 | 하 |<br>|---|---|---|---|---|---|<br>| 가사<br>창작 | 태도 | 브레인스토밍 시, 자신의 의견을 적극적으로 제시하였는가? | | | |<br>| | 표현 | 뮤지컬 구성 요소의 특징이 가사에 적절히 반영되었는가? | | | |<br>| 음악<br>창작 | 태도 | 키워드를 선택할 때, 모둠원들과 협력하는 태도로 임하였는가? | | | |<br>| | 표현 | AI로 창작한 음악에 음악적 의도가 적절히 표현되었는가? | | | |<br><br>• 오늘 배운 학습 내용을 정리한다.<br>• 인사 후, 수업을 마무리한다. | | |
| | 〈수고하셨습니다.〉 | | |

## 13 13회 모범답안

| 수험번호 | | | | | | | | 성명 | | 관리번호 | |

| 단원명 | 리듬합주 | | |
|---|---|---|---|
| 학습 목표 | 1. 드럼 세트와 장구의 구조를 이해하고 설명할 수 있다.<br>2. 드럼을 활용하여 리듬 음악을 창작하고 연주할 수 있다. | | |
| 단계 | 교수·학습활동 | 자료 | 지도상의 유의점 |
| 도입 | • 전시학습 확인<br>- 리듬의 정의와 구성 요소에 대해 상기한다. | | |
| | • 동기유발<br>- 여러 악기를 활용한 리듬합주를 감상하고 느낀 점을 발표하도록 한다. | | |
| | • 학습목표 제시<br>1. 드럼 세트와 장구의 구조를 이해하고 설명할 수 있다.<br>2. 드럼을 활용하여 리듬 음악을 창작하고 연주할 수 있다. | | |
| 전개 | 활동 1. 드럼 세트와 장구의 구조 이해하기<br>1) 드럼 세트의 구조에 대해 알아본다.<br><br>〈응시자 작성부분 1〉<br><br>① 스틱과 페달 연주 방법 알아보기<br>- 스틱의 그립 방법(매치드 그립, 레귤러 그립), 오른쪽 페달(베이스 드럼)과 왼쪽 페달(하이햇 심벌)에 대해 설명한다.<br><br>② 드럼 세트의 북 알아보기<br>- 스네어 드럼, 스몰 톰, 미들 톰, 플로어 톰에 대해 설명한다.<br><br>③ 드럼 세트의 심벌 알아보기<br>- 하이 햇 심벌, 크래시 심벌, 라이드 심벌에 대해 설명한다.<br><br>2) 장구의 구조에 대해 알아본다.<br>- 북편과 채편의 차이를 알아본다.<br>- 소리를 조절하는 조이개, 조임줄에 대해 알아본다.<br>- 복판, 변죽, 열채, 궁글채를 연주에 어떻게 활용하는지 알아본다. | [자료 1] | - 실제 악기를 살펴보며 학습할 수 있도록 한다. |
| | 활동 2. 드럼을 활용한 리듬 음악 창작하기<br>1) 드럼 세트의 음색을 들어본다.<br>2) 드럼 세트를 활용한 4/4박자 리듬 음악을 감상한다.<br>3) 리듬의 구성요소가 잘 드러나도록 리듬 음악을 창작하고 기보한다.<br><br>〈응시자 작성부분 2〉 | [자료 2] | |

|  |  |  |  |
|---|---|---|---|
|  | ① 리듬의 구성요소(박자, 속도, 패턴, 강세)를 활용하여 리듬 만들기<br>- 박자와 속도가 다른 여러 리듬 음악을 듣고 자신이 음악에 반영하고 싶은 박자와 속도를 선택한다.<br>- 4개의 리듬 패턴을 만들고 적절하게 조합하여 8마디의 리듬을 만든다.<br>- 창작한 리듬의 강세를 고려하여 악상 기호를 표현해본다.<br>② 드럼 악보 기보법 이해하기<br>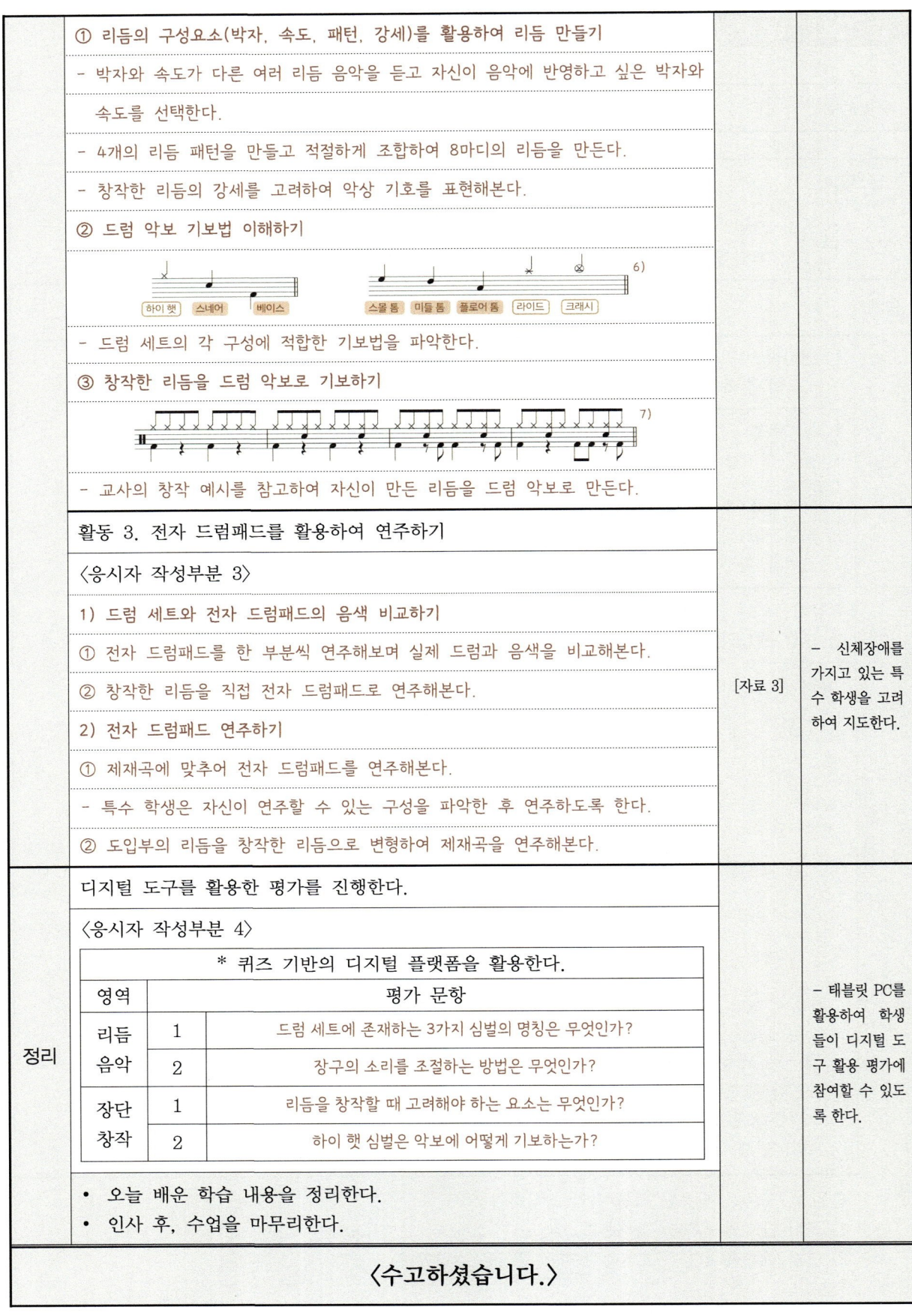<br>- 드럼 세트의 각 구성에 적합한 기보법을 파악한다.<br>③ 창작한 리듬을 드럼 악보로 기보하기<br>- 교사의 창작 예시를 참고하여 자신이 만든 리듬을 드럼 악보로 만든다. |  |  |
|  | 활동 3. 전자 드럼패드를 활용하여 연주하기 |  |  |
|  | 〈응시자 작성부분 3〉<br>1) 드럼 세트와 전자 드럼패드의 음색 비교하기<br>① 전자 드럼패드를 한 부분씩 연주해보며 실제 드럼과 음색을 비교해본다.<br>② 창작한 리듬을 직접 전자 드럼패드로 연주해본다.<br>2) 전자 드럼패드 연주하기<br>① 제재곡에 맞추어 전자 드럼패드를 연주해본다.<br>- 특수 학생은 자신이 연주할 수 있는 구성을 파악한 후 연주하도록 한다.<br>② 도입부의 리듬을 창작한 리듬으로 변형하여 제재곡을 연주해본다. | [자료 3] | - 신체장애를 가지고 있는 특수 학생을 고려하여 지도한다. |
| 정리 | 디지털 도구를 활용한 평가를 진행한다. |  | - 태블릿 PC를 활용하여 학생들이 디지털 도구 활용 평가에 참여할 수 있도록 한다. |
| 정리 | 〈응시자 작성부분 4〉<br><br>* 퀴즈 기반의 디지털 플랫폼을 활용한다.<br><br>| 영역 |  | 평가 문항 |<br>|---|---|---|<br>| 리듬 음악 | 1 | 드럼 세트에 존재하는 3가지 심벌의 명칭은 무엇인가? |<br>| 리듬 음악 | 2 | 장구의 소리를 조절하는 방법은 무엇인가? |<br>| 장단 창작 | 1 | 리듬을 창작할 때 고려해야 하는 요소는 무엇인가? |<br>| 장단 창작 | 2 | 하이 햇 심벌은 악보에 어떻게 기보하는가? |<br><br>• 오늘 배운 학습 내용을 정리한다.<br>• 인사 후, 수업을 마무리한다. |  |  |
|  | 〈수고하셨습니다.〉 |  |  |

---

6) 2022 개정 교과서 아침나라 중학교 음악 2 p. 48
7) 2022 개정 교과서 아침나라 중학교 음악 2 p. 48

## ⑭ 14회 모범답안

| 수험번호 | | | | | | | | 성명 | | 관리번호 | |
|---|---|---|---|---|---|---|---|---|---|---|---|

| 단원명 | 음악과 표현 | | |
|---|---|---|---|
| 학습 목표 | 1. 제재곡의 박자를 파악하고 적절한 도형으로 지휘할 수 있다.<br>2. 대취타의 구성을 이해하고, 여러 방법을 활용하여 표현할 수 있다. | | |
| 단계 | 교수·학습활동 | 자료 | 지도상의 유의점 |
| 도입 | • 전시학습 확인<br>- 여러 지휘 도형에 대해 확인한다.<br><br>• 동기유발 활동<br><br>〈응시자 작성부분 1〉<br><br>1) 집사의 역할 추측하기<br><br>① VR 자료를 통해 대취타를 감상하며 "명금일하 대취타"를 외치는 집사가 누구인지 찾아보도록 한다.<br><br>② VR 자료를 통해 집사를 관찰하며 그 역할을 추측해본다.<br><br>2) 대취타 행렬의 구성 파악하기<br><br>대취타 행렬의 순서와 인원, 구성되는 악기 등을 VR을 통해 살펴본다.<br><br>• 학습목표 제시<br>1. 제재곡의 박자를 파악하고 적절한 도형으로 지휘할 수 있다.<br>2. 대취타의 구성을 이해하고, 여러 방법을 활용하여 표현할 수 있다. | [자료 1] | |
| 전개 | 활동 1. 제재곡에 맞추어 지휘하기<br><br>〈응시자 작성부분 2〉<br><br>[지휘 연습 전략]<br>1. 교사의 시범 영상을 거울처럼 따라하며 지휘 도형 익히기<br>2. 제재곡의 박자에 맞추어 일정하게 직선형의 타점 반복적으로 맞추기<br>3. 예비박과 마무리 동작을 정하고 음악에 맞추어 연습하기<br><br>1) 제재곡에 적절한 도형으로 지휘하기<br><br>① 스메타나의 몰다우를 감상하고 리듬(6/8박자)을 파악한다.<br><br>② 파악한 리듬에 어울리는 지휘 도형을 선택하도록 한다.<br><br>(이 때, 곡의 템포를 함께 고려하여 도형을 고를 수 있도록 설명한다.)<br><br>③ 선택한 지휘 도형을 토대로 제재곡에 맞추어 연습해본다.<br><br>2) 제재곡의 악상 분석하고 지휘로 표현하기 | [자료 2]<br><br>[자료 3] | - 질문과 성찰 과정을 통해 학생이 주도적으로 연습하고 발전할 수 있도록 한다. |

| | | | |
|---|---|---|---|
| | ① 악곡에 나타나는 악상 기호와 그 의미를 파악한다. | | |
| | ② 악상을 표현하는 다양한 지휘 방법에 대해 조사하고 연습해본다. | | |
| | 3) 연습 성찰노트 작성하기 | | |
| | 연습하며 어려웠던 점에 대해 질문을 작성하고, 교사의 피드백을 참고하여 스스로 극복한 방법에 대해 성찰노트에 정리한다. | | |
| | 활동 2. 대취타의 구성을 이해하고, 여러 방법으로 표현하기<br>1) 대취타의 악기 편성 살펴보기<br>- 대취타는 관악기, 타악기로 구성된다.<br>- 관악기에는 나발, 태평소, 나각, 타악기에는 징, 자바라, 용고가 있다. | | - 자바라와 용고의 형태와 연주방법을 신체나 생활 도구를 활용하여 표현하도록 한다. |
| | 2) 대취타의 구성을 이해하고 표현하기 | | |
| | 〈응시자 작성부분 3〉 | | |
| | ① 집사의 역할 파악하기 | [자료 1]<br><br>[자료 4] | |
| | - 대취타를 감상하며 집사가 등장하는 부분을 파악한다. | | |
| | - 집사의 외침에 담긴 의미를 조사한다. (명금일하 대취타 하랍신다) | | |
| | - 등채와 외침의 역할을 지휘와 비교하며 자유롭게 이야기한다. | | |
| | ② 대취타의 악기 편성을 VR 영상을 통해 살펴보기 | | |
| | - VR 영상을 통해 대취타 악기 편성의 실제 모습을 관찰한다. | | |
| | ③ 대취타 표현하기 | | |
| | - 모둠별로 악기 편성에 맞추어 역할을 정한다. | | |
| | - 집사를 맡은 학생은 등채를 들고 외침을 연습한다. | | |
| | - 용고는 책상 두드리기, 자바라는 금속 수저를 활용해 연주해보도록 한다. | | |
| 정리 | 형성 평가를 진행한다.<br><br>〈응시자 작성부분 4〉<br><br>| 평가 요소 | | 진술문 |<br>|---|---|---|<br>| 올바른 박자로<br>지휘하기 | A | 박자가 정확히 일치하며<br>안정적으로 지휘함. |<br>| | B | 박자를 인식하고 지휘하나,<br>손동작에 약간의 불균형이 있음. |<br>| | C | 박자 인식이 불분명하고<br>손동작이 일정하지 않음. |<br><br>• 오늘 배운 학습 내용을 정리한다.<br>• 인사 후, 수업을 마무리한다. | | |

〈수고하셨습니다.〉

## 15 15회 모범답안

| 수험번호 | | | | | | | 성명 | | 관리번호 | |
|---|---|---|---|---|---|---|---|---|---|---|

| 단원명 | 함께하는 감상 |
|---|---|
| 학습 목표 | 1. 음악 감상의 다양한 방법을 이해하고 감상할 수 있다.<br>2. 자신의 음악 취향을 반영한 음악 재생목록을 제작할 수 있다.<br>3. 음악 취향에 대한 비평문을 근거를 들어 논리적으로 작성할 수 있다. |

| 단계 | 교수·학습활동 | 자료 | 지도상의 유의점 |
|---|---|---|---|
| 도입 | • 전시학습 확인<br>- 지난 시간에 조사한 정보들을 다시 한번 살펴보도록 한다.<br><br>• 동기유발<br>- 자신이 가장 좋아하는 플레이리스트 채널을 발표해보도록 한다.<br><br>• 학습목표 제시<br>1. 음악 감상의 다양한 방법을 이해하고 감상할 수 있다.<br>2. 자신의 음악 취향을 반영한 음악 재생목록을 제작할 수 있다.<br>3. 음악 취향에 대한 비평문을 근거를 들어 논리적으로 작성할 수 있다. | | |
| 전개 | 활동 1. 다양한 방법을 통해 음악 감상하기<br><br>〈응시자 작성부분 1〉<br><br>1) 탐구 질문 1: 음악은 무엇을 표현하는가?<br>① 음악이 표현하는 대상에는 무엇이 있을지 고민해보고, 감상 노트를 작성해 보도록 한다. (표현 대상 예시: 정서, 상황, 경험)<br>② 정서적 감상, 표제적 감상, 연상적 감상에 대해 설명하고 1가지 감상법을 선택하여 지난 시간에 조사한 음악을 감상해보도록 한다.<br><br>2) 탐구 질문 2: 음악에 담겨있는 정보는 무엇인가?<br>① 음악 요소, 정보(제목, 작곡), 선율에 집중하여 들어보도록 한다.<br>② 방향성 감상, 싱어롱 감상, 알아맞히기 감상에 대해 설명하고 1가지 감상법을 선택하여 지난 시간에 조사한 음악을 감상해보도록 한다. | [자료 1] | - 탐구 질문을 토대로 학생들의 깊이 있는 사고를 자극할 수 있도록 한다. |
| | 활동 2. 자신의 음악 재생목록 제작하기<br><br>〈응시자 작성부분 2〉<br><br>[음악 장르 학습을 위한 디지털 협업 활동]<br>1. 이해하기: 곡과 관련된 정보를 정리한 보고서 작성하기<br>2. 분석하기: 조사 내용에 오류가 없는지 분석하고 피드백 작성하기<br>3. 창조하기: 각자의 재생목록을 모아 모둠별 컨셉 기획하기 | [자료 2] | |

| | | | |
|---|---|---|---|
| | 1) 음악 장르에 대해 이해하기 ① 국악, 서양 클래식, 대중음악 장르에 대해 설명한다. ② 각 장르의 특징을 조사하고 디지털 노트에 작성해보도록 한다. 2) 재생목록과 관련된 정보를 이해하고 분석하기 ① 장르별 곡을 선정하고 곡과 관련된 정보를 디지털 노트에 정리한다. ② 노트를 서로 살펴보며 잘못된 정보가 없는지 확인하고 피드백하도록 한다. 3) 모둠별 컨셉 기획하기 ① 각자 만든 재생목록을 발표하고 공유하도록 한다. ② 모둠별로 재생목록을 모아 공통 컨셉을 기획해보도록 한다. | | |
| | 활동 3. 음악 취향에 대한 비평문 작성하기 1) 음악 재생목록의 주제를 선정한 이유를 설명한다. 2) 주제와 음악의 연관성에 대해 설명한다. 3) 자신의 음악 재생목록이 전달할 수 있는 음악적 가치에 대해 설명한다. | [자료 3] | – 비평 관점에 알맞게 비평문을 작성할 수 있도록 지도한다. |
| | 〈응시자 작성부분 3〉 1) 음악 재생목록의 의도 설명하기 ① 재생목록에 담고자 한 자신의 의도를 설명한다. ② 자신의 의도와 선정한 음악의 연관성을 설명한다. 2) 음악 재생목록의 음악적 가치 판단하고 평가하기 ① 음악 재생목록에 사회·문화적 가치가 담겨있는지 평해보도록 한다. ② 음악 재생목록에 음악적 의도가 담겨있는지 평해보도록 한다. ③ 스스로 평가한 내용을 바탕으로 음악 재생목록을 보완하여 완성한다. | | |
| 정리 | • 비평문에 대한 상호 평가를 진행한다. | | |
| | 〈응시자 작성부분 4〉 | | |
| | | | | |
|---|---|---|---|---|
| | | 영역 | | 평가 문항 |
| | | 비평 | 1 | 음악 취향과 관련하여 주제를 적절히 제시하였는가? |
| | | | 2 | 주제와 음악의 연관성을 설명하였는가? |
| | | | 3 | 자신의 재생목록의 음악적 가치를 설명할 수 있는가? |
| | | | 4 | 자신의 의도를 명확하게 설명하였는가? |
| | | | 5 | 음악적 가치를 담아 재생목록을 완성하였는가? |

| | | | |
|---|---|---|---|
| | • 오늘 배운 학습 내용을 정리한다. • 인사 후, 수업을 마무리한다. | | |
| 〈수고하셨습니다.〉 | | | |

## 이미지 출처

- P.58 강강술래 공연 모습(국립국악원)
- P.66 자료 3 - 우드블럭(위키미디어커먼즈, Ferbr1, CC-BY-SA 3.0)
- P.66 자료 3 / P.121 자료 5 - 트라이앵글(셔터스톡)
- P.86 자료 3 - 군현도(국립중앙박물관)
- P.86 자료 4 - 가야금 연주(국립국악원)
- P.97 자료 1 - 오페라(위키미디어커먼즈, Denys Ovchar, CC-BY-SA 4.0)
- P.97 자료 1 / P.120 자료 1 - 경극
  (위키미디어커먼즈, 첸 웬, https://www.flickr.com/people/univers-finder/, CC-BY-SA 2.5)
- P.97 자료 1 - 판소리(국립국악원)
- P.110 자료 2 - 성 그림(Freepik)
- P.113 자료 1. (가) - 그림(셔터스톡)
- P.114 자료 2 - 해금(국립중앙박물관)
- P.114 자료 2 - 고쟁(위키미디어커먼즈, 오스카 0711, CC-BY-SA 4.0)
- P.114 자료 2 - 가야금(위키미디어커먼즈, Notamusic.ale, CC-BY-SA 4.0)
- P.114 자료 5 - 리듬스틱(위키미디어커먼즈, 흐니도피치위키, CC-BY-SA 4.0)
- P.114 자료 5 - 오카리나(위키미디어커먼즈, Stepla, CC-BY-SA 2.0)
- P.118 자료 1. (나) - 종묘제례악(국립고궁박물관)
- P.139 스틸텅드럼(위키위키)
- P.166 자료 3 - 국악기(셔터스톡)
- P.166 자료 3 - https://musiquecontemporarine.wordpress.com/tag/john-cage/
- P.190 자료 1 - 포구락(국립중앙박물관)
- P.202 자료 4 - 편종, 편경, 훈(국립고궁박물관) / 대금, 거문고, 생황, 박(국립국악원)
- P.206 자료 3 - 케이팝(위키피디아, Angela Zhao, CC-BY-SA 2.0)

최종합격을 위한
# 음악 수업 실연
## SECRET

**초판 1쇄 발행** 2023년 11월 20일
　　　**2쇄 발행** 2023년 12월 05일
**개정 1쇄 발행** 2024년 12월 02일
　　　**2쇄 발행** 2025년 11월 28일

**편저** 김범수
**발행인** 공태현　**발행처** (주)법률저널
**등록일자** 2008년 9월 26일　**등록번호** 제15-605호
**주소** 151-862 서울 관악구 복은4길 50 (서림동 120-32)
**대표전화** 02)874-1144　**팩스** 02)876-4312
**홈페이지** www.lec.co.kr
**ISBN** 979-11-7384-075-3 (13670)
**정가** 29,000원